KB179685

소설과
영어를   님께 드립니다.
즐기는

20   .   .   .

영한대역

TOP10 단편소설

Mike Hwang 옮김

MikLish .COM

머리말

영어단어가 잘 외워지지 않는 이유는 '단어장'으로 외웠기 때문입니다. 대부분의 단어장은 '어근, 연상, 동의어, 반의어, 예문, 빈도 등' 마치 수학 공식처럼 모여 있습니다. 읽다 보면 다른 생각이 들고 잘 외워지지도 않습니다. 그래서 스스로의 힘으로 **끝까지 단어장을 본 사람은 20명 중의 한 명** 정도로 드뭅니다.

단어장을 한 번 본다고 단어가 외워지지는 않습니다. 적어도 5번에서 30번을 봐야 하는데, 웬만큼 독한사람이 아니고는 불가능합니다. 대부분의 **단어장은 독학용이 아니라 강의용**입니다.

단어를 외워도 해석이 안 되는 이유는 '단어만' 외우기 때문입니다. 품사나 용법, 맥락에 따라 해석하는 방식과 뜻이 완전히 다른데, 단어만 외워서는 그 차이까지 익힐 수가 없습니다.

잘 외워지는 단어와 잘 외워지지 않는 단어가 있습니다. 취미처럼 평소 **관심이 많은 분야의 새로운 내용은 한 번만 들어도 외워지지만**, 관심이 없는 분야는 금방 잊혀집니다. 단어도 마찬가지입니다. 그래서 맥락이 없는 단어보다는 문장에서, 문장보다는 단락에서, 단락보다는 글에서 익히는 것이 더 **빠릅니다**.

독해가 되는 중급 이상의 학습자가 **가장 쉽고, 빠르게, 스스로 단어를 익히는 방법은 '단편소설'**로 익히는 것입니다. 맥락 속에서 익히기에 빨리 외워지고, 나중에 다시 봤을 때도 해석이 됩니다.

반복해서 볼 수 있도록 **가장 재미있는 단편소설 10개**를 모아 500페이지에 꽉꽉 채웠습니다. **원어민이 읽는 단어와 지문의 MP3도 드립니다.** (bit.ly/3zk7kf 에서 제공)

중고급 수준의 단어만 약 2500단어를 제시합니다. 수준에 따라 1000~5000단어를 익힐 수 있습니다. 반복해서 즐기면 **토익, 토플, 편입, 공무원 단어의 60%는 끝납니다.** (찾아보기 p.504)

이 책이 어렵다면, <TOP10 연설문>을 추천합니다. 비슷한 구성에 구어체이므로, 문어체보다 더 쉽습니다. **궁금하신 점은 miklish. com**에 질문해주세요. 늦어도 3일 내에는 답변을 드립니다.

4

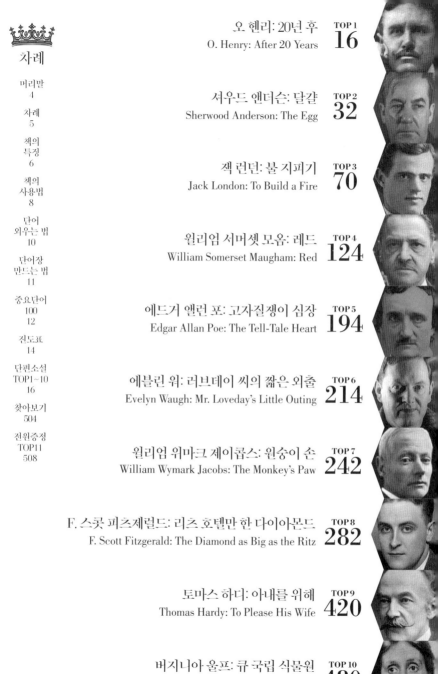

차례

O. Henry　작가의 이름
After 20 Years, 1906　소설의 영어제목, 발표 년도

TOP 1
20년 후　소설의 한글 제목

소설에 대한 Mike의 평가

P.16-17

각 소설의 들어가는 페이지입니다.

왼편 하단의 소설에 대한 평가는 Mike의 주관적인 평가로 실제와 다를 수 있습니다.

소설의 자료
QR코드
원어민 MP3,
관련된 자료,
bit.ly/3zk7kf

P.18-19

소설의 페이지별로 단어를 넣었습니다. 소설에서 **굵게 표시된 단어를 모아놓은 것입니다.** 변형된 형태(분사)가 더 많이 쓰이거나 해석상 자연스러운 경우 변형된 형태를 썼습니다. QR코드(bit.ly/3zk7kf)로 들어가시면 단어의 원어민 MP3와 소설과 관련된 다양한 자료가 있습니다.

원어민 MP3를 들으며 꼭 한 번 이상 따라 읽으시면 더 쉽게 단어가 외워지고, 영어회화에도 큰 도움이 됩니다.

소설의 페이지

밑줄 친 부분

밑줄 친 부분의
문법 설명

P.20-21

왼쪽은 영어, 오른쪽은 한글입니다. 가능한 앞에서부터 모든 단어의 뜻을 살려 직독직해했으며, 각 **영어 문장이 같은 줄의 한글 문장과 대응되도록 편집**하여 보기 편합니다. 어려운 구문은 따로 설명했습니다.

자세한 해석법은 더 쉬운 책인 <고등영어 독해비급>을 추천합니다.
고등영어 독해비급 소개, 자료: bit.ly/3yuo1y8

20년 후

소설의 간략한 소개

소설을
읽으며 느낀점

Mike의
감상문

P.30-31

소설에 대한 감상입니다. **상단**에는 객관적인 소설에 대한 자료가 짤막하게 들어있습니다. QR코드는 단어에 수록된 것과 같은 QR코드로, 소설에 대한 자세한 자료나, 관련 소설, 관련 영화 등이 있습니다.

왼쪽은 소설을 읽으며 느낀 잡담이고, 오른쪽은 소설의 감상문입니다. **Mike의 점수(5점 만점)와 인상적인 구절**을 적었으므로 독자분께서 정한 점수, 구절과 비교해 보시면 더 재미있게 보실 수 있습니다.

미국·영국의 대표 단편소설을 150편가량 읽으며 가장 재미있는 10편을 뽑았습니다. 이 책의 어떤 소설이든 **첫 3페이지만 읽으면 끝까지 멈출 수 없을 것입니다.** 5페이지의 단편 소설부터 60페이지의 중편소설까지 다양한 내용으로 담겨 있습니다.

영어 실력을 키우려면 **가능한 한 오른쪽 페이지(한글)은 읽지 말고,** 해석이 잘 안 되거나 모르는 단어가 나왔을 때만 오른쪽 페이지를 보셔야 합니다.

영어(왼쪽 페이지)가 어렵다면 한글 부분(오른쪽 페이지)만 읽으셔도 좋습니다. 영어 문장을 앞에서부터 직독직해했지만, 해석에 어려움이 예상되는 경우에는 단어의 순서를 바꿨습니다. 가능한 한글만 읽어도 자연스럽게 느껴지도록 했습니다. a, the, my, his 등 한정사는 해석이 부자연스러운 경우에 뺐습니다.

단어를 외우려면 적어도 3회~20회를 반복해서 보셔야 하는데, 단어 암기에 대한 자세한 사항은 p.14를 참고하시면 됩니다.

이 책을 한 두 번 본 이후에는 원어민이 읽어주는 것을 활용하시면 좋습니다. **이 책을 보지 않고 들리는 대로 따라 말하시면(쉐도잉)** 가장 좋고, 어렵다면 이 책을 보면서 따라 읽으셔도 좋습니다.

<TOP10 영한대역 단편소설>이 어렵다면 <TOP10 연설문>이나, 더 쉬운 <솔로몬의 지혜: 잠언 영어성경>을 추천합니다. 이 책처럼 영한대역으로 되어있고, 직독직해 해석법도 있습니다.

시간이 있다면 독해보다 **영어회화를 먼저 배우는 것이** 더 쉽고, 유익하고, 재미있습니다. 이 책과 비슷한 수준으로 <4시간에 끝내는 영화영작>, 어렵다면 <6시간에 끝내는 생활영어 회화천사>, 그것도 어렵다면 <8시간에 끝내는 기초영어 미드천사>를 추천합니다. 알파벳도 모르는 분들을 위한 <2시간에 끝내는 한글영어 발음천사>와 <8문장으로 끝내는 유럽여행 영어회화>도 있고, 부모님이 하루 10분씩 자녀를 가르칠 수 있는 <아빠표 영어 구구단>도 있습니다.

영어의 수준이 더 쉬운 것부터

책의 순서는 '난이도 순서'로 되어있습니다. 1.오 헨리의 <20년 후>가 가장 쉽고, 10.버지니아 울프의 <큐 국립 식물원>이 가장 어렵습니다. 하지만 꼭 앞에서부터 읽으실 필요는 없습니다.

더 재미있는 것부터

6.러브데이 씨의 짧은 외출 > 9.아내를 위해 > 4.레드
> 2.달걀 > 8.리츠 호텔만 한 다이아몬드 > 7.원숭이 손
> 3.불지피기 > 10.큐 국립 식물원 > 5.고자질쟁이 심장 > 1.20년 후

더 짧은 것부터

1.20년 후 > 5.고자질쟁이 심장 > 10.큐 국립 식물원
> 6.러브데이 씨의 짧은 외출 > 2.달걀 > 7.원숭이 손 > 3.불지피기
> 9.아내를 위해 > 4.레드 > 8.리츠호텔 만 한 다이아몬드

더 최신 것부터

6(1936) > 8(1922) > 2(1921) > 4(1921) > 10(1919)
> 3(1908) > 1(1906) > 7(1902) > 9(1893) > 5(1843)

느낌별로

무서운 것 5, 7 / 놀라운 것 1, 6, 8 /
일상적인 것 2, 3, 9 / 특이한 것 10

주제별로

사랑 4, 9, 10 / 사회 4, 6, 8 /
가족 2, 6, 7 / 개인 2, 3, 5, 8

단어
외우는
법

단어를 익힐 때, 영어 부분만 읽으면서 모르는 단어만 오른쪽의 한글 페이지를 참고하면 됩니다. 한 번에 완벽히 외우려고 하기보다는 단어에 '익숙해진다'는 데에 초점을 맞추고 자주 보시면 됩니다. 자주 쓰는 단어들은 그만큼 반복해서 많이 나옵니다.

고등학교 2학년부터 토익, 토플, 편입, 공무원 영어 수준의 학생들이 모를만한 단어를 굵게 표시했습니다. 쉬운 단어라도 원래의 뜻과 다르게 쓰인 경우에는 굵게 표시했습니다.

1 모르는 단어가 굵게 표시되지 않았다면 밑줄을 칩니다. 형광펜이나 볼펜을 추천합니다. 영어부분과 한글부분 모두 밑줄을 칩니다.

2 한 편의 소설을 끝까지 읽고 난 후에, 다시 소설의 처음부터 모르는 단어만 보면서 **이 책을 단어장처럼 활용**하시면 됩니다. 시간이 있다면, 단어만 보기보다는 소설을 다시 읽는 것이 더 좋습니다. 적어도 3회~20회를 반복해서 읽어야 합니다. (p.14, 15 활용) 읽는 **횟수가 반복될수록 읽는 속도도 빨라**집니다.

단어를 외울 때는 1.짧게 자주 보는 것이 좋습니다. 2.소리를 내고 손으로 써보면 더 좋습니다. 어느 정도 외워졌으면 3.가리고 테스트해봐야 합니다. 다 외운 단어는 4.지우고 다시 보지 않습니다.

모르는 단어의 수가 적어지면(이 책의 페이지당 4개 이하) 단어장을 만들면 좋습니다. 단어장은 작은 수첩보다는 큰 유선노트가 좋습니다. 1.왼편 끝에는 영어단어를 쓰고, 2.뜻을 찾아본 후에 3.한쪽의 해석이 끝나면 노트의 오른편 끝에 한글의 뜻을 씁니다. 자세한 내용은 오른쪽 페이지(p.11)를 참고해주세요.

왼편의 영어단어를 봤을 때 뜻을 알면 다음 단어를 보면 됩니다. 잘 외워지지 않는 단어는 앞에 표시하면 됩니다. 그리고 외워진 단어는 줄을 긋거나 색을 칠해 지웁니다.

〈TOP10 영어공부〉에서 발췌

1 해석하면서 모르는 영어단어를 노트 왼편에 쓰기 (뜻은 확인만 하고 쓰지는 않습니다. p.20~21의 단어)

on the beat	
spectator	
barely	

2 한 페이지의 해석이 끝나면 노트의 오른편에 뜻을 씁니다. (뜻을 모르는 단어는 뜻만 확인하고 쓰지 않습니다.)

on the beat	(모르는 단어)
spectator	구경꾼
barely	가까스로

3 다음 페이지(p.22~23)의 해석을 하면서 모르는 단어를 적고, 해석이 끝난 뒤에, 앞서 못 썼던 단어부터 보면서 뜻을 적습니다.

on the beat	순찰 중인
spectator	구경꾼
~~barely~~ 아는 단어인 경우 지우기	가까스로
eyebrow	
scarfpin	

4 왼편의 영어 단어(on the beat)를 보고, 뜻을 알면 뜻(순찰 중인)을 보지 않고 다음 단어(spectator)를 보고, 뜻을 모르면 오른편의 뜻을 확인하고 다음 단어를 보면 됩니다. 그리고 2~3회 반복했을 때에도 아는 단어는 취소선을 그어서 지우고 보지 않습니다.

중요
단어
100

원어민 MP3
bit.ly/
3bgbgn

꼭 알아야 할 단어

amber	황색
assured	확신하는
cease	그만두다
creek	샛강
distinctly	뚜렷하게
dreadfully	끔찍하게
dull	둔하게 하다
faintly	희미하게
fancy	상상하다, 원하다
glance	흘깃 보다
hastily	급히
induce	유도하다, 설득하다
magnificent	아름다운
mutter	중얼거리다
parlour	응접실
peer	응시하다
reef	산호초
seize	움켜잡다
shiver	떨다

아주 중요한 단어

absurd	터무니없는
apathetically	냉담하게
apparently	보아하니
compel	강요하다
content	만족스러운
creep	기어오다
dazzling	눈부시는
eagerly	열렬히
enveloped	뒤덮인
exclaim	소리치다
fragment	파편
grin	크게 미소짓다
hesitate	망설이다
hollow	공허한
impatiently	성급하게
indifferent	무관심한
jerk	빠르게 움직이다
lagoon	석호
numb	감각이 없는
precisely	정확하게
reproach	비난하다
startled	놀란
strained	긴장한
thrust	밀치다
tremble	떨다

중요한 단어

absence	없음	occupy	차지하다
ascend	오르다	panic	공포
at any rate	어쨌든	particular	까다로운
bare	헐벗은	patch	조각
bloodshot	충혈된	persist	집요하게 주장하다
bough	가지	pitch	던지다
boulder	바위	plantation	농장
clutch	쥐다	quay	부두
conceal	숨기다	refrain	자제하다
dim	어두운	regard	보다
distressed	고통스러운	remark	말하다
enthusiastically	의욕적으로	schooner	범선
exceedingly	과도하게	sensible	분별있는
fiercely	맹렬하게	shell	껍데기
fortnight	2주	shriek	비명을 질르다
genially	친절하게	shrug	으쓱하다
gradually	서서히	simultaneously	동시에
grimly	잔인하게	snap	비난하다, 추위, 부러지다
grove	숲	squat	쪼그리고 앉다
gust	돌풍	stain	얼룩지게 하다
household	가정	stalk	몰래 접근하다, 줄기
incessantly	끊임없이	still	고요한
intolerable	참을 수 없는	stumble	넘어지다
intricate	복잡한	thread	맥락, 줄
keenly	예민하게	thresh	요동치다
mist	안개	triumph	승리
mysterious	신비로운	turf	잔디
nerve	용기를 내다	upright	똑바로
notion	생각	utter	말하다
obscure	모호한	weariness	지침

진도표

진도는 참고용입니다. 진도를 꼭 따르기보다, 자신의 읽는 속도에 맞춰서 나가면 됩니다. 여기서 제시하는 것은 한 달 동안 하루에 1시간~2시간씩 보면서 **각 소설을 3회 반복**하는 진도표입니다.

소설의 모든 단어를 익히려면 **적어도 3회~20회를 반복**해서 읽어야 합니다. 한 달간 이 진도표대로 했다면, 둘째 달에는 이 진도표의 2배 속도로(2달간 총 9회 반복), 셋째 달에는 3배 속도(3달간 총 18회 반복)로 진행하시면 됩니다.

일주일에 한 번은 정리하는 날을 넣었는데, 밀렸거나 빼먹은 것을 해도 좋고, 6일간 했던 것을 다시 한번 읽어도 좋습니다.

한 달 완성 3회 읽기

1	2	3	4	5	6	7
1단원 3회	2단원 1회	2단원 2회	3단원 1회	3단원 2회	4단원 절반	정리

8	9	10	11	12	13	14
4단원 앞절반 2회	4단원 뒷절반 1회	4단원 뒷절반 2회	5단원 2회	5단원 1회 6단원 1회	6단원 2회	정리

15	16	17	18	19	20	21
7단원 1회	7단원 2회	8단원 1,1회	8단원 1,2회	8단원 2~6 1회	8단원 2~6 2회	정리

22	23	24	25	26	27	28
8단원 7~9, 1회	8단원 7~9, 2회	8단원 10~11, 2회	8단원 10~11, 1회	9단원 1, 2회 9단원 2, 1회	9단원 2, 2회 9단원 3, 1회	정리

29	30	31
9단원 3, 2회 10단원 1회	10단원 2회	정리

학원에서는 **주 2회인 경우 9회, 주 3회인 경우 13회**입니다. 하단에 제시된 것은 주 3회 진도를 나갈 경우입니다. 한 달에 9회를 하는 경우에는 양이 많은 8단원(총 3회)을 빼고 가르치는 것을 추천합니다.

대학교의 수업시간에서는 각 소설을 앞부분부터 나갈 수 있는 만큼만 해석해 주시는 것을 추천합니다. 나머지는 학생들이 알아서 공부하고, 대신 시험에 출제해 주시면 됩니다.

한 달 13회 강의 예시

1	2	3	4	5	6	7
오리엔테이션 1단원		2단원		3단원		

8	9	10	11	12	13	14
4단원 앞절반		4단원 뒷절반		5단원, 6단원		

15	16	17	18	19	20	21
7단원		8단원 1/3		8단원 1/3		

22	23	24	25	26	27	28
8단원 1/3		9단원 앞절반		9단원 뒷절반		

29	30	31				
10단원		정리/시험				

O. Henry

After 20 Years, 1906

TOP 1

20년 후

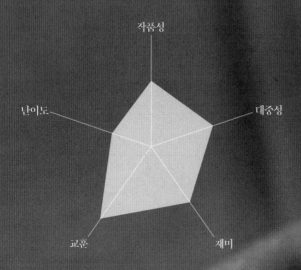

원어민 MP3
bit.ly/
3zk7kf

1

on the beat	순찰 중인
spectator	구경꾼
barely	가까스로
gust	돌풍
well-nigh	거의, 대부분
depeople	사람 수를 줄이다
twirling	돌리면서
intricate	복잡한
cast	던지다
thoroughfare	통행로
stalwart	건장한
swagger	위협적으로
kept early hours	일찍 자고 일찍 일어나다
the majority of	~의 대부분은
long since	훨씬 전부터
midway	중간
hardware store	철물점
reassuringly	안심시키며
straight	솔직한
torn down	허물어진
pale	창백한
keen	날카로운

2

eyebrow	눈썹
scarfpin	넥타이핀
oddly	특이하게
chum	친구
finest	가장 좋은

destiny	운명
it seems to me	내 생각에는
correspond	편지를 주고받다
lost track	행방을 놓치다
proposition	사업
hustle around	설치고 다니다
lively	적극적인
stanchest	충실하게
turn up	나타나다

3

well out	돈 좀 벌다
plodder	느릿하고 꾸준한
wit	재치있는
pile	재산
get in a groove	삶이 편한
twirl	돌리다
beat	관할구역
drizzle	이슬비
puff	공기
foot passenger	보행자
dismally	우울하게
hardware store	철물점
absurdity	어리석음
overcoat	긴 외투
doubtfully	의심하며

4

exclaim	소리치다
sure as fate	틀림없이
existence	존재

last	지속하다
treated	대하다
bully	근사한
moderately	그럭저럭
egotism	자기중심적인
submerged	덮인
glare	섬광
simultaneously	동시에
snap	비난하다
pug	퍼그(개의 종류)
drop over	들르다

5

sensible	분별있는
hand	건네다
patrolman	순찰 경찰
unfold	펴서
steady	안정된
tremble	떨다
on time	시간 맞춰
wanted	현상 수배된
plain	보통의

The policeman **on the beat** moved up the avenue impressively. The impressiveness was habitual and not for show, for **spectators** were few. The time was **barely** 10 o'clock at night, but chilly **gust**s of wind with a taste of rain in them had **well nigh depeopled** the streets.

Trying doors as he went, **twirling** his club with many intricate and artful movements, turning **now and then** to cast his watchful eye adown the pacific **thoroughfare**, the officer, with his **stalwart** form and slight **swagger**, made a fine picture of a guardian of the peace. The **vicinity** was one that **kept early hours**. Now and then you might see the lights of a cigar store or of an all-night lunch counter; but **the majority of** the doors belonged to business places that had **long since** been closed.

When about **midway** of a certain block the policeman suddenly slowed his walk. In the doorway of a darkened **hardware store** a man leaned, with an unlighted cigar in his mouth. As the policeman walked up to him the man spoke up quickly.

"It's all right, officer," he said, **reassuringly**. "I'm just waiting for a friend. It's an appointment made twenty years ago. Sounds a little funny to you, doesn't it? Well, I'll explain if you'd like to make certain it's all **straight**. About that long ago there used to be a restaurant where this store stands—'Big Joe' Brady's restaurant."

"Until five years ago," said the policeman. "It was **torn down** then."

The man in the doorway struck a match and lit his cigar. The light showed a **pale**, square-jawed face with **keen** eyes,

순찰 중인 경찰은 인상 깊게 그 거리로 올라갔다.

인상적인 이유는 습관적인데다가 / 보여주기 위한 게 아니라,

왜냐하면 **구경꾼들은** 몇(2~3) 명 뿐이었다. 시간은 **가까스로** 저녁 10시 정각

이었다, 하지만 비의 맛(기운)을 가진 쌀쌀한 **돌풍이**

5 거리의 **대부분** 사람 수를 줄였다.

그가 문을 열고 갔을 때, 그의 곤봉을 **돌리면서** / 많은

복잡하고 기교적인 움직임으로, 돌아서면서 / **때때로**

그가 지켜보는 시선을 **보냈다** / 아래의 평온한 **통행로에,**

그 경찰은, **건장한** 체구에 다소 **위협적으로,**

10 좋은 그림을 만들어냈다 / 평화의 수호자의. 그 **부근은**

일찍 자고 일찍 일어났다. 가끔 보였다 /

잎담배 가게나 밤-새 (운영하는) 간이 식당의 불빛을; 하지만

그 문의 **대부분**은 사업적인 장소(가게)에 속해 있어서 /

훨씬 전부터 닫혀있었다.

15 그 특정한 구역의 **중간** 즈음에서 / 경찰은

갑자기 걸음을 늦췄다. 캄캄한

철물점의 출입구에서 / 한 남자가 기대어 있었다, 불붙이지 않은 시가(담
배)를 입에 물고. 그 경찰관이 그에게 올라왔을 때 / 그 남자는

빠르게 말했다.

20 "괜찮습니다, 경관님," 그는 말했다, **안심시키며,** "저는 단지

제 친구를 기다리는 중입니다. 20년 전에 했던 약속이거든요.

당신에겐 좀 웃기게 들릴 수 있겠네요, 그렇지요? 다만, 제가 설명하자면 / 당
신이 완전히 **솔직한** (설명)으로 확실히 하길 원한다면요. 그렇게 (20년) 오래

전쯤에 이 가게가 서 있는 곳에 식당이 있었어요─'빅 조'라는 별명을 가진

25 브래디의 식당이라는."

"5년 전까지는요," 그 경찰은 말했다. "그것은 그때 **허물어
졌지요.**"

출입구의 남자는 성냥을 그어서 잎담배에 불붙였다.

빛은 보여줬다 / **창백하고,** 사각진-턱과 **날카로운** 눈이 있는 얼굴을,

문법&용법
Trying doors as
he went, twirling
his club with
many intricate
and artful
movements,
turning now and
then to cast
his watchful
eye adown
the pacific
thoroughfare,
the officer, with
his stalwart
form and slight
swagger, made
a fine picture
분사 구문으로
Trying(시도하면
서), twirling(돌리
면서, turning(몸
을 돌리면서)이 된
다.
그리고 주절의 주
어는 the officer,
동사는 made,
목적어는 a fine
picture로 콤마 2
개의 사이가 삽입되
었다. 괄호로 표시
해보면,
The officer,
(with his
stalwart form
and slight
swagger), made
a fine picture

and a little white scar near his right **eyebrow**. His **scarfpin** was a large diamond, **oddly** set.

"Twenty years ago to-night," said the man, "I **dine**d here at 'Big Joe' Brady's with Jimmy Wells, my best **chum**, and the **finest** chap in the world. He and I were raised here in New York, just like two brothers, together. I was eighteen and Jimmy was twenty. The next morning I was to start for the West to make my fortune. You couldn't have dragged Jimmy out of New York; he thought it was the only place on earth. Well, we agreed that night that we would meet here again exactly twenty years from that date and time, no matter what our conditions might be or from what distance we might have to come. We figured that in twenty years each of us ought to have our **destiny** worked out and our fortunes made, whatever they were going to be."

"It sounds pretty interesting," said the policeman. "Rather a long time between meets, though, **it seems to me**. Haven't you heard from your friend since you left?"

"Well, yes, for a time we **correspond**ed," said the other. "But after a year or two we **lost track** of each other. You see, the West is a pretty big **proposition**, and I kept **hustling around** over it pretty **lively**. But I know Jimmy will meet me here if he's alive, for he always was the truest, **stanchest** old chap in the world. He'll never forget. I came a thousand miles to stand in this door to-night, and it's worth it if my old partner **turns up**."

The waiting man pulled out a handsome watch, the lids of it set with small diamonds.

"Three minutes to ten," he announced. "It was exactly

그리고 작은 흰색 흉터가 오른편 **눈썹** 근처에 있었다. 그의 **넥타이핀**에

큰 다이아몬드가, **특이하게** 박혀 있었다.

"20년 전 오늘-밤이었어요," 그 남자는 말했다, "저는 **식사했어요**/ 여기

'빅 조' 브래디네 에서/ 제 최고의 **친구** 지미 웰즈와, 그리고 (그는)

5 　 세상에서 **가장 좋은** 녀석이기도 했지요. 그와 저는 여기

뉴욕에서 자랐어요, 마치 두 형제처럼, 함께요. 저는 18살이었고/

지미는 20살이었지요. 다음 날 아침/ 저는

서부로 출발했어요/ 재산을 만들기 위해. 당신은

지미를 뉴욕 밖으로 끌어낼 수 없었을 거예요; 그는 지구에 장소는 여기

10 　 (뉴욕) 밖에 없다고 생각하니까요. 어쨌든, 우리는 그날 밤에 동의했지요/

우리가 여기서 정확히 20년 뒤에 다시 만나기로/ 저 날의 그 시간부터,

우리의 신분이 어떻든지/ 또는 우리가 얼마나 멀리서

와야 하든지 간에. 우리는 판단했어요/ 20년 후

우리 각각은 우리의 **운명**이 움직이게 해야 할 것이고/ 우리의

15 　 재산은 만들어질 것이라고요, 그 재산이 무엇이 되든지 간에요."

"그것은 꽤 재미있네요," 경찰관이 말했다. "다소

만남 사이 시간이 길긴 하지만요, **제 생각에는요**.

당신의 친구에 대해서 (소식을) 들어봤나요/ 당신이 떠난 뒤에?"

"글쎄요, 잠시동안 우리는 **편지를 주고받았**지요," 그 사람이 말했다.

20 　 "하지만 1~2년 뒤에 서로의 **행방을 놓쳤어요**. 당신이

알듯, 서부는 꽤 큰 **사업**이잖아요, 그리고 저는 (바빠서) **설치고** 다녔거든요/

그곳에서 꽤 **적극적으로**. 하지만 제가 아는 지미는 여기서 저를 만날 거에

요/ 그가 살아있다면요, 왜냐하면 그는 항상 세상에서 가장 고지식하고, **충**

실하게 나이든 녀석이거든요. 그는 절대 (약속을) 잊지 않아요. 저는 천 마일

25 　 (1609km)을 와서 오늘 이 문에 서 있는 거예요, 그리고 그럴만한 가치가 있지

요/ 제 옛 동료가 **나타난다**면요."

그 기다리는 남자는 잘생긴 시계를 꺼냈다, 그것의 뚜껑에

작은 다이아몬드들이 박혀 있었다.

"10시까지 3분 남았네요," 그는 말했다. "정확히

ten o'clock when we parted here at the restaurant door."

"Did pretty **well out** West, didn't you?" asked the policeman.

"You bet! I hope Jimmy has done half as well. He was a kind of **plodder**, though, good fellow as he was. I've had to compete with some of the sharpest **wit**s going to get my **pile**. A man **gets in a groove** in New York. It takes the West to put a razor-edge on him."

The policeman **twirled** his club and took a step or two.

"I'll be on my way. Hope your friend comes around all right. Going to call time on him sharp?"

"I should say not!" said the other. "I'll give him half an hour at least. If Jimmy is alive on earth he'll be here by that time. So long, officer."

"Good-night, sir," said the policeman, passing on along his **beat**, trying doors as he went.

There was now a fine, cold **drizzle** falling, and the wind had risen from its uncertain **puff**s into a steady blow. The few **foot passengers** astir in that quarter hurried **dismally** and silently along with coat collars turned high and pocketed hands. And in the door of the **hardware store** the man who had come a thousand miles to fill an appointment, uncertain almost to **absurdity**, with the friend of his youth, smoked his cigar and waited.

About twenty minutes he waited, and then a tall man in a long **overcoat**, with collar turned up to his ears, hurried across from the opposite side of the street. He went directly to the waiting man.

"Is that you, Bob?" he asked, **doubtfully**.

"Is that you, Jimmy Wells?" cried the man in the door.

정각 10시에 우리는 이 식당 문에서 헤어졌었지요."

"서부에서 **돈 좀 벌었**나 봐요, 당신은 그랬지요?" 경찰은 물었다.

"물론이지요! 저는 지미도 절반은 했으리라 믿어요. 그는

느릿하게 꾸준히 하는 스타일이긴 하지만요, 좋은 친구였지요. 저는

5 경쟁해야 했어요 / 가장 예리하게 **재치있는** 사람들과 / 제

재산을 가지려는. 어떤 남자는 뉴욕에서는 **삶이 편해져**요. 그것은 서부에

면도날처럼 (예리한) 사람들을 데려가지요."

경찰은 곤봉을 **돌리고** 한두 발자국 내디뎠다.

"저는 제 길로 가겠습니다. 당신의 친구가 무사히 오기를 바랍니다.

10 그에게 정각 시간이 다 됐다고 할 것인가요?"

"저는 그렇게 말하지 않을 거예요!" 그 사람이 말했다. "저는 그에게 최소한

30분을 줄 것입니다. 지미가 지상에 살아있다면 / 그는 그때까지 올거에

요. 잘 가세요, 경관님."

"좋은-밤 되십시오, 님께서도," 경찰이 말했다,

15 그의 **관할구역**을 따라 지나가면서, 그가 나갈 때 문이 열리면서.

그곳에는 가늘고, 추운 **이슬비**가 내렸고, 바람이

더 불었다 / 그것의 불안정한 **공기**에서 일정한 바람이 되었다.

몇(2~3) 명의 **보행자들**이 저 구역에서 서둘렀다 / **쓸쓸하고**

조용하게 / 코트의 깃을 높게 세우고 주머니에

20 손을 넣으며. 그리고 **철물점**의 문에 / 그 남자는

(천 마일을 온 / 약속을 지키기 위해,

어리석음에 거의 불확실해 하며, 그의 어린 시절의 친구와 함께),

잎담배를 피우며 기다렸다.

약 20분쯤 기다렸을 때, 그리고 나서 키 큰 남자가

25 **긴 외투**를 입고, 깃을 귀까지 올리고, 서둘러

건너왔다 / 길의 반대편에서. 그는 곧바로

그 기다리는 남자에게 갔다.

"너니, 밥?" 그는 **의심하며** 물었다.

"너구나, 지미 웰스?" 그 문의 남자는 소리쳤다.

"Bless my heart!" **exclaimed** the new arrival, grasping both the other's hands with his own. "It's Bob, **sure as fate**. I was certain I'd find you here if you were still in **existence**. Well, well, well!—twenty years is a long time. The old restaurant is gone, Bob; I wish it had **lasted**, so we could have had another dinner there. How has the West **treated** you, old man?"

"**Bully**; it has given me everything I asked it for. You've changed lots, Jimmy. I never thought you were so tall by two or three inches."

"Oh, I grew a bit after I was twenty."

"Doing well in New York, Jimmy?"

"**Moderately**. I have a position in one of the city departments. Come on, Bob; we'll go around to a place I know of, and have a good long talk about old times."

The two men started up the street, arm in arm. The man from the West, his **egotism** enlarged by success, was beginning to outline the history of his career. The other, **submerged** in his overcoat, listened with interest.

At the corner stood a drug store, brilliant with electric lights. When they came into this **glare** each of them turned **simultaneously** to gaze upon the other's face.

The man from the West stopped suddenly and **release**d his arm.

"You're not Jimmy Wells," he **snap**ped. "Twenty years is a long time, but not long enough to change a man's nose from a Roman to a **pug**."

"It sometimes changes a good man into a bad one," said the tall man. "You've been under arrest for ten minutes, 'Silky' Bob. Chicago thinks you may have **dropped over** our

"이럴 수가!" 그 새로 도착한 사람은 **소리쳤다,** 쥐면서/

두 개의 다른 손을 그의 손으로. "밥 맞아, **틀림없이.**

나는 확신했어/ 너를 여기서 찾을 것이라고/ 네가 여전히 **존재**한다면.

역시, 역시, 역시!—20년은 긴 시간이야. 예전 식당은

5 사라졌어, 밥; 나는 그것이 **지속되길** 소망해, 그래서 우리가 거기서 또 다른

저녁 식사를 가질 수 있도록. 어떻게 서부가 너를 **대했니,** 늙은것아?"

"**근사했지**; 그것은 내가 요구한 모든 것을 주었어. 너는

많이 바뀌었네, 지미야. 나는 절대 생각하지 않았어/ 네가 그렇게 클 것이

라고/ 2~3인치까지 (더)."

10 "아, 난 좀 더 컸어/ 20살이 지나서."

"뉴욕에서 잘 지냈어, 지미?"

"**그럭저럭은**. 나는 도시 부서 중 한 곳에 직업(공무원)을 가졌어.

이리와, 밥; 내가 아는 장소에 들러보자,

그리고 지난 시간에 대해 할 말이 많아."

15 두 사람은 그 거리로 걷기 시작했다, 팔짱을 끼고.

서부에서 온 남자는, 성공으로 **자기중심적**인 게 더 커져서, 시작하고

있었다/그의 생애의 개요를 서술하기를. 다른 남자는, 그의 긴 외투에 **덮여서,**

흥미롭게 들었다.

약국의 모퉁이를 돌 때, 전등 때문에 눈이 부셨다.

20 그들이 이 **섬광**에 왔을 때/ 그들 각각은

동시에 서로의 얼굴을 바라봤다.

서부에서 온 남자는 갑자기 멈춰서 그의 팔을 **풀었다.**

"너는 지미 웰즈가 아니잖아," 그는 **비난했다.** "20년은

25 긴 시간이지만, 사람의 코를 바꿀 만큼 충분히 긴 시간은 아니야/

로마사람의 코에서 **퍼그**(개)의 코로."

"20년은 때때로 좋은 사람을 나쁜 사람으로 변화시키곤 하지," 그

키 큰 사람은 말했다. "너는 10분 전에 체포되었다,

'실키' 밥. 시카고(경찰)는 네가 우리 지역에 **다녀갈 것** 같다고 생각하지/

way and wires us she wants to have a chat with you. Going quietly, are you? That's **sensible**. Now, before we go on to the station here's a note I was asked to **hand** you. You may read it here at the window. It's from **Patrolman** Wells."

The man from the West **unfold**ed the little piece of paper handed him. His hand was **steady** when he began to read, but it **trembled** a little by the time he had finished. The note was rather short.

"Bob: I was at the appointed place **on time**. When you struck the match to light your cigar I saw it was the face of the man **wanted** in Chicago. Somehow I couldn't do it myself, so I went around and got a **plain** clothes man to do the job.

JIMMY."

그리고 우리에게 전보를 보냈어/ 그녀가 너와 대화하기를 원한다고.

조용히 가, 그럴 거지? **분별력이 있다면** 말이야. 지금, 우리가 이 역으로 가기 전에/ 여기에 너에게 **건네기**를 요청한 쪽지가 있어. 너는 여기서 창가에서 그것을 읽을 수 있어. 그것은 **순찰 경찰** (지미) 웰즈로부터 온 거야."

서쪽에서 온 남자는 그 작은 종잇조각을 **폈다**/

그에게 건네진. 그의 손은 **안정됐다**/ 그가 읽기 시작할 때,

하지만 그것은 약간 **떨렸다**/ 그가 (읽기를) 끝냈을 때. 그 쪽지는

다소 짧았다.

"밥에게: 나는 그 약속한 장소에 **시간 맞춰** 있었어. 네가

잎담배에 불을 붙일 때/ 나는 봤지/ 그것이 그 사람의 얼굴이라는 것을/

시카고에서 **현상 수배했던**. 어쨌든 나는 그것(체포)을 할 수 없었어,

그래서 (돌아)가서/ **보통의** 옷을 입은 사람(경찰)을 불렀지/

그 일을 하기 위해.

지미가."

20년 후

미국작가 오 헨리 (1862~1910, 미국) 지음
1906년 출간된 The Four Million에 21번째로 수록

**뒤에서
꺼안는
아이**

딸은 6살인데 인기가 많다. 어느 어린이집이든 한두 명의 남자들이 딸을 따라다닌다. 지금 어린이집에서는 7살 오빠가 딸을 무척 좋아한다. 만날 때마다 뒤에서 꽉 껴안고 놔주지 않는다. 힘이 약한 딸은 저항할 수 없었다. 4개월 동안 매일 같이 그랬다고 한다.

어린이집 선생님들은 그 남자아이에게 좋지 않은 행동이라고 말만 할 뿐이었다. 우연히 내가 직접 봤는데 생각보다 심각했다. 안 되겠다 싶어서 강하게 항의했더니, 사과 후 조치를 취하기 시작했다.

20년 전, 아니 거의 30년 전, 초등학교 3학년 때, 나도 비슷한 장난을 했었다. 여자아이들한테 관심은 있는데, 어떻게 해야 할지를 모르니 넘어지는척 껴안거나, 때리고 도망갔다. 몇몇 아이의 불쾌한 표정은 아직도 기억난다.

20대에 정서적으로 불안한 여자친구와 종종 사귀었는데(자세한 내용은 <TOP10 돈꿈사> 참고), '왜 내가 연애 운이 없었을까?'에 대해 생각해보면, 어릴적 괴롭혔던 여자애들 때문에 내가 괴롭힘을 돌려받았거나, 아니면 평소 너무 말을 직설적으로 해서 그 상처만큼 돌려받은 것은 아닐까 싶다.

20대 중반까지도 도덕적으로 잘못된 행동을 종종 했다. 그때도 과거의 일이 조금 미안했지만 그리 잘못됐다고 생각하지는 못했다. 하지만 지금은 잘못됐다고 생각한다. 지금 역시 죄를 짓기는 해도 도덕적 가치관이 어느정도는 확립됐다고 생각한다.

시간을 되돌릴 수는 없겠지만, 용서 받을 수 있는 기한이 얼마나 될지 모르겠지만, 지금이라도 그때 그 아이들을 만날 수 있다면 사과하고 싶다. "정말 미안해, 내가 뭘 몰라서 그랬어."

Mike의 감상

가장 좋아하는 단편소설 작가는 프랑스의 '모파상'으로, 특히 데뷔작인 '비곗덩어리'를 좋아한다. 이 책이 '영어' 단편 소설이 주제가 아니었다면 모파상이 꼭 들어갔을 것이다. 모파상의 영향을 많이 받은 미국의 오. 헨리도 전문 단편소설 작가로 10년의 활동 기간 동안 300편가량을 썼는데, 다른 단편소설에 비해 짧고 인상 깊은 글이 많다.

소설에서처럼 겉모습은 20년 동안 크게 바뀌기 어렵지만, 속 모습은 크게 바뀔 수 있다. 그래서 It sometimes changes a good man into a bad one(20년이라는 세월은 때때로 좋은 사람을 나쁜 사람으로 바꾸기도 하지)이 인상적이었다. 어찌 보면 뻔할 수도 있지만, 대부분의 사람은 잊고 있는 진리라고나 할까. 어제의 내 내면과 오늘의 내면, 그리고 내일의 내면은 다른 사람일까?

예전에 공무원 시험을 준비하는 학생들을 가르쳤는데, 이 소설은 경찰 공무원 시험에 내면 딱 좋을 것 같다.

잘 알려진 마지막 잎새(2.8), 크리스마스 선물(3.6)보다 20년 후를 더 인상 깊게(3.65) 읽었다. 잘 알려지지는 않았지만 물레방아가 있는 교회(3.5, The Church with an Overshot Wheel)도 추천한다.

Sherwood Anderson

The Egg, 1921

TOP 2

달걀

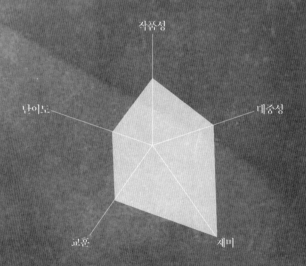

원어민 MP3
bit.ly/
3zk7kf

1

by nature	천성적으로
social intercourse	사교 활동
saloon	술집
notion	생각
thump	두드리다
rise in the world	출세하다
wriggle	꿈틀거리다
ambitious	야망이 있는
responsible	책임이 있는
doubt	의심
presume	추정하다
poverty	가난
at any rate	어쨌든
induce	유도하다
embark	시작하다

2

incurably	구제할 수 없을 만큼
turn out	밝혀지다
stony	돌이 많은
launch	시작하다
impression	느낌
disaster	참담함, 재앙
incline	경향이 있는,
attribute	~때문이다
joyous	기쁜
unversed	밝지 못한
notion	생각
fluffy	솜털로 뒤덮인
easter	부활절

hideously	소름끼치게
brow	이마
intend	~라고 생각하다
struggle	투쟁한다
dreadful	끔찍한
disillusioned	환상이 깨지게 된
alert	정신이 기민한

3

mix up	혼동하다
thoroughly	완전히
squashed	찌부러져
vermin	해충
curative	치료의
literature	문학
lead astray	미혹하다
faith	믿음
concerning	~에 대해
digress	주제에서 벗어나다
primarily	주로
centre	초점
incubator	부화기
hatch	부화시키다
fluff	솜털로 뒤덮인
pullethood	영계 시절
caravan	마차

4

upward	위쪽
lot	무리
fancy	상상하다

refugee	난민	**6**		
stuck	꽉 끼어있는	at any rate	어쨌든	
pile	포개놓은	monstrous	괴물 같은	
utensil	기구	clung	붙잡혀진	
crate	상자	protest	항의하다	
baby carriage	유모차	strange	낯선	
infancy	유아기	exaggerate	과장하다	
unlikely	~할 것 같지 않다	foot	기슭	
cling	매달린다	shore	강변	
discourage	낙담시키다	cider	사과주	
association	교제	main street	중심가	
laborer	노동자	out of the way place	구석진 곳	
remedy	치료 약	embark	시작하다	
preparation	조제용 물질	go off	자리를 뜨다	
poultry	식용 새들	opposite	맞은편	
patch	부분	profitable	돈이 되는	
stove	난로			
bald	대머리			

5

legion	부대
tuft	다발
eggless	달걀이 없는
flight	탈출
entire	총
wagon	마차
grotesque	괴기한 것
tremble	떨다
tragedy	비극
exhibit	전시하다

My father was, I am sure, intended **by nature** to be a cheerful, kindly man. Until he was thirty-four years old he worked as a farm-hand for a man named Thomas Butterworth whose place lay near the town of Bidwell, Ohio. He had then a horse of his own and on Saturday evenings drove into town to spend a few hours in **social intercourse** with other farm-hands. In town he drank several glasses of beer and stood about in Ben Head's **saloon**—crowded on Saturday evenings with visiting farm-hands. Songs were sung and glasses **thumped** on the bar. At ten o'clock father drove home along a lonely country road, made his horse comfortable for the night and himself went to bed, quite happy in his position in life. He had at that time no **notion** of trying to **rise in the world**.

It was in the spring of his thirty-fifth year that father married my mother, then a country school-teacher, and in the following spring I came **wriggling** and crying into the world. Something happened to the two people. They became **ambitious**. The American passion for getting up in the world took possession of them.

It may have been that mother was **responsible**. Being a school-teacher she had no **doubt** read books and magazines. She had, I **presume**, read of how Garfield, Lincoln, and other Americans rose from **poverty** to fame and greatness and as I lay beside her—in the days of her lying-in—she may have dreamed that I would some day rule men and cities. **At any rate** <u>she **induced** father to give up his place as a farm-hand, sell his horse and **embark** on an independent enterprise of his own</u>. She was a tall silent woman with a

나의 아버지는, 확실히, **천성적으로** 타고나길

활기차고, 친절한 사람이었다. 그가 만 34살이 될 때까지 그는

일했다/ 농장-노동자로서/ 토마스 버터워스라는 사람을 위해/

그의 집은 오하이오의, 비드웰 마을 근처에 위치했다.

5   그 이후 그는 말 한 마리를 가졌는데/ 토요일 오후에

마을에 몰고 가서/ 2~3시간을 보내며 다른 농장-노동자들과 **사교 활동**을

했다. 마을에서 그는 4~5잔의

맥주를 마시고 벤 헤드의 **술집**에 어슬렁거렸다—

토요일에 붐비는/ 농장-노동자들의 방문으로. 노래들은

10   불러졌고/ 술잔들은 탁자를 **두드렸다**. 10시 정각에 아버지는

집으로 왔다/ 한적한 시골길을 따라서, 그의 말이

편안하게 만들었다/ 그 밤 동안/ 그리고 그 스스로 자러 갔다,

그의 삶에서 꽤 행복한 위치에서. 그는 그때 아무 **생각**도 없었다/

출세하려고 노력하려는.

15   그것은 35번째 봄이었다/ 아버지가

결혼한 것은/ 어머니이자, 그때 시골의 학교-선생님이었던, 그리고

따라오는(다음) 봄에/ 나는 왔다(태어났다) **꿈틀거리고** 울면서/

세상으로. 어떤 것이 두 사람에게 일어났다. 그들은

야망이 있게 됐다. 미국인의 열정은

20   (세상에서 일어서서) 그것들을 소유하려는.

그것은 엄마의 **탓**이었을 것 같다.

학교-선생님이 **의심**을 가지지 않고 책과

잡지를 읽은 것은. 그녀는, (내가 **추정하기에**), 읽었다/ 가필드, 링컨,

그리고 다른 미국인들이 어떻게 **가난**을 극복하고 유명하고 위대하게 됐는

25   지를/ 내가 그녀 옆에 누워있을 때—그녀가 누워있던(산후조리) 그 날에—

그녀는 꿈꿨던 것 같다/ 내가 언젠가 사람들과

도시들을 다스릴 것이라고. **어쨌든 그녀는 유도했다**/ 아버지가 그만두도

록 농장-노동자인 그의 위치를, 그의 말을 팔도록/ 한 독립적인

사업체를 **시작하도록**. 그녀는 키 크고 조용한 여자였다/

문법&용법
she induced
father to give up
his place as a
farm-hand, sell
his horse and
embark on an
independent
enterprise of his
own.
,와 and 뒤에 동
사원형(sell,
embark)이 나
왔으므로, 앞에
서 동사 원형을 찾
으면(give)그 앞
부분이 각각 생략
된 것이다. she
induced father
to sell~, and she
induced father
to embark~

long nose and troubled grey eyes. For herself she wanted nothing. For father and myself she was **incurably** ambitious.

The first venture into which the two people went **turned out** badly. They rented ten acres of poor **stony** land on Griggs's Road, eight miles from Bidwell, and **launched** into chicken raising. I grew into boyhood on the place and got my first **impressions** of life there. From the beginning they were impressions of **disaster** and if, in my turn, I am a gloomy man **inclined** to see the darker side of life, I **attribute** it to the fact that what should have been for me the happy **joyous** days of childhood were spent on a chicken farm.

One **unversed** in such matters can have no **notion** of the many and tragic things that can happen to a chicken. It is born out of an egg, lives for a few weeks as a tiny **fluffy** thing such as you will see pictured on **Easter** cards, then becomes **hideously** naked, eats quantities of corn and meal bought by the sweat of your father's **brow**, gets diseases called pip, cholera, and other names, stands looking with stupid eyes at the sun, becomes sick and dies. A few hens, and now and then a rooster, **intended** to serve God's mysterious ends, **struggle** through to maturity. The hens lay eggs <u>out of which come other chickens</u> and the **dreadful** cycle is thus made complete. It is all unbelievably complex. Most philosophers must have been raised on chicken farms. One hopes for so much from a chicken and is so dreadfully **disillusioned**. Small chickens, just setting out on the journey of life, look so bright and **alert** and they are in fact so dreadfully stupid. They are so much like people they

긴 코와 아픈듯한 회색의 눈. 그녀는 그녀를 위해서는 어떤 것도 원하지 않
았다. 아버지와 나를 위해서/ 그녀는 **구제할 수 없을 만큼** 야망이 넘쳤다.
그 첫 번째 모험은 (그 모험으로 두 사람이 들어갔다) 끔찍하게 **되어갔다.**
그들은 10에이커(1만 3천평)의 **돌이 많은** 형편없는 땅을 빌렸다/

5   그리그의 길에, 비드웰에서 8마일(약 13km) 떨어진, 그리고 **시작했다/**
닭을 기르기를. 나는 소년 시절 그 장소에서 자랐다/ 그리고
생겼다/ 나의 삶에 대한 첫 번째 **느낌이** 그곳에서. 시작부터
그들은 **참담한** 느낌이었고, 나한테는, 내가
우울한 사람이라면/ 삶의 더 어두운 면을 보는 **경향이 있는,** 그것은 그 사실

10 **때문이었을** 것이다/ 나에게는
행복하고 **기쁠** 수도 있었던 어린 시절을/ 닭
농장에서 보낸 (사실).
그런 문제들에 **밝지 못한** 사람은 아무 **생각이** 없다/
많고 비극적인 일들에/ 닭들에게 발생하는. 그것은

15 알에서 태어나진다, 생명은 2~3주 동안 작고 **솜털로 뒤덮여** 있다/
당신이 **부활절** 엽서에서 그려진 것을 보는 것처럼, 그 이후
소름끼치게 벌거벗고, 많은 양의 옥수수와 음식을
먹어치우고/ (그것들은 구입된다/ 당신의 아버지의 **이마의** 땀으로), 병을
얻는다/ 혀의 전염병, 콜레라, 그리고 다른 이름들의,

20 서 있다/ 태양을 멍청한 눈으로 보면서, 아프게 돼서 죽는다. 2~3마리의
암탉들은, 또는 한 수컷은, (**생각되는**/ 신의 이해하기 어려운 마지막을 제
공하기 위해), 다 자랄 때까지 **투쟁한다.** 그 암탉들은
알을 낳고/ 그 알에 다른 닭들이 와서 **끔찍한**
순환이 이렇게 완성된다. 그것은 모두 믿기 힘들 정도로 복잡하다.

25 대부분의 철학자는 닭 농장에서 자랐음이 분명하다.
사람은 닭에 대한 너무 많이 소망해서/ 그만큼 끔찍하게
환상이 깨지게 된다. 작은 닭들은, (단지 출발하는/ 그
삶의 여정을), 보인다/ 아주 밝게 그리고 **정신이 기민하게,** 그들은 사실
아주 끔찍하게 명청하다. 그들은 아주 사람이랑 비슷하다/ 그들이

문법&용법
<u>out of which
come other
chickens</u>
도치된 구문
도치되기 전의
구문은 other
chickens
come out of
which(eggs)

mix one **up** in one's judgments of life. If disease does not kill them they wait until your expectations are **thoroughly** aroused and then walk under the wheels of a wagon—to go **squashed** and dead back to their maker. **Vermin** infest their youth, and fortunes must be spent for **curative** powders. In later life I have seen how a **literature** has been built up on the subject of fortunes to be <u>made out of the raising of chickens</u>. It is intended to be read by the gods who have just eaten of the tree of the knowledge of good and evil. It is a hopeful literature and declares that much may be done by simple ambitious people who own a few hens. Do not be **led astray** by it. It was not written for you. Go hunt for gold on the frozen hills of Alaska, put your **faith** in the honesty of a politician, believe if you will that the world is daily growing better and that good will triumph over evil, but do not read and believe the literature that is written **concerning** the hen. It was not written for you.

I, however, **digress**. My tale does not **primarily** concern itself with the hen. If correctly told it will **centre** on the egg. For ten years my father and mother struggled to make our chicken farm pay and then they gave up that struggle and began another. They moved into the town of Bidwell, Ohio and **embark**ed in the restaurant business. After ten years of worry with **incubator**s that did not **hatch**, and with tiny—and in their own way lovely—balls of **fluff** that passed on into semi-naked **pullethood** and from that into dead hen-hood, we threw all aside and packing our belongings on a wagon drove down Griggs's Road toward Bidwell, a tiny **caravan** of hope looking for a new place from which to

누군가를 **혼동하므로**/ 그의 삶의 판단에서. 질병이 그들을

죽이지 않는다면/ 그들은 기다린다/ (성체가 된다는) 당신의 기대가 **완전히**

흥분될 때까지/ 그러고 나서 걷는다/ 그 마차 바퀴 밑으로—

찌부러져 죽기 위해 그들을 만든 사람에게 돌아가며. **해충**이 그들의 어린

시절에 들끓고, 재산은 **치료** 가루에 쓰여져야 한다.

나중의 삶에서/ 나는 봤다/어떻게 **문학**이 창조 되어지는지/

재산이라는 주제에 대해/ 닭을 기르며 만들어지는.

그것은 읽히도록 의도된다/ 신들에 의해서/ 그 신들은

단지 나무를 먹었다/ 지식의 선악과의. 그것은

희망에 찬 문학이고, (그것은) 선언한다/ 많은 것들이 끝날 것 같다고/ 단순하

고 야망이 넘치는 사람들에 의해/ 그 사람들은 몇(2~3) 마리의 암탉을 가진.

그것에 **미혹되지** 마라. 이 말은 당신을 위해 쓰여진 것이 아니다. (차라리) 금

을 사냥하러 다녀라/ 알래스카의 얼음 언덕(의 금)에서, 당신의 **믿음**을 놓아

라/ 정치인의 정직함에, 믿어라/ 당신이 믿고 싶다면 세상이 매일

더 좋게 자라고 있고, 선이 악에 승리할 것이라고, 하지만

읽거나 믿지 마라 그 문학을/ 그 문학은 쓰여졌다/ 그 암탉에 **대해**.

그것은 당신을 위해 쓰여진 것이 아니다.

하지만 나는 **주제에서 벗어난다**. 나의 이야기는 **주로** 관심이 있지 않다/

닭 자체에. 정정한다면, 그것은 달걀에 **초점**을 맞출 것이다.

10년 동안 나의 아버지와 어머니는 만들도록 투쟁했다/

우리의 닭 농장이 수지맞도록/ 그 뒤 그들은 포기했다/ 그 투쟁을/

그리고 다른 것을 시작했다. 그들은 오하이오의 비드웰 마을로 이사했다,

그리고 식당 사업을 **시작했다**. 10년의

걱정의 세월 동안 **부화기**와 함께/ 그 부화기는 **부화시키지** 않았고,

아주 작은—그들만의 방식으로 사랑스러운 **솜털** 뭉치들이 지나갔다/

반쯤-벗은 **영계 시절**로 그리고 죽은

암탉-시절부터, 우리는 모든 것을 한쪽에 던졌고/ 우리의 소지품들을 한

마차에 포장했다/ 그리그의 길 아래로 운전했다/ 비드웰을 향해,

작은 소망의 **마차**가 찾았다/ 새로운 장소를 찾으며/

문법&봉법
made out of
the raising of
chickens.
make A out of B
B를 이용해서 A를
만들다.

start on our **upward** journey through life.

We must have been a sad looking **lot**, not, I **fancy**, unlike **refugee**s fleeing from a battlefield. Mother and I walked in the road. <u>The wagon that contained our goods had been borrowed</u> for the day from Mr. Albert Griggs, a neighbor. Out of its sides **stuck** the legs of cheap chairs and at the back of the **pile** of beds, tables, and boxes filled with kitchen **utensil**s was a **crate** of live chickens, and on top of that the **baby carriage** in which I had been wheeled about in my **infancy**. Why we stuck to the baby carriage I don't know. It was **unlikely** other children would be born and the wheels were broken. People who have few possessions **cling** tightly to those they have. That is one of the facts that make life so **discouraging**.

Father rode on top of the wagon. He was then a bald-headed man of forty-five, a little fat and from long **association** with mother and the chickens he had become habitually silent and discouraged. All during our ten years on the chicken farm he had worked as a **laborer** on neighboring farms and most of the money he had earned had been spent for **remedi**es to cure chicken diseases, on Wilmer's White Wonder Cholera Cure or Professor Bidlow's Egg Producer or some other **preparation**s that mother found advertised in the **poultry** papers. There were two little **patch**es of hair on father's head just above his ears. I remember that as a child I used to sit looking at him when he had gone to sleep in a chair before the **stove** on Sunday afternoons in the winter. I had at that time already begun to read books and have notions of my own and the **bald**

그 장소로부터 **위쪽을** 향한 삶의 여정을 시작하기 위해.

우리는 한 슬픈 모습의 **무리**였음이 분명하다, 아니, 나는 **상상했다**,

전쟁지역에서 도망치는 **난민** 같다고. 어머니와 나는 걸었다/

그 길에서. 그 마차는 (우리의 물품들을 지녔던)

5 　빌려졌다/ 이웃인 알버트 그리그 씨에게/ 그 날을 위해.

그것의 옆의 떨어진 곳에 싸구려 의자의 다리들이 **꽉 끼어**있었고/

뒤에는 **포개놓은** 침대, 탁자, 주방용

기구로 가득 찬 상자들이/ 살아있는 닭들의 나무 **상자**가, 그 상자 위에

유모차가 있었는데/ 그 것 안에서 내가

10 **유아기**에 여기저기 끌려졌다. 왜 우리는 붙어있었을까/ 그 유모차/ 나도 모

르는. 그것은 다른 아이들이 태어날 **것 같지 않**고, 그 바퀴는

(이미) 부숴졌다. 사람들은 (소유물을 얼마 갖지 못한) 단단히 **매달린다**(집

착한다)/ 그들이 가진 것에. 저것은 삶을

낙담시키는 사실 중 하나이다/

15 　아버지는 마차의 꼭대기에 탔다. 그는 그러고 나서 대

-머리의 45세인 남자였다, 살짝 뚱뚱했다/ 오랜 **교제**로부터

어머니, 그리고 닭들과의/ 그는

습관적으로 조용해지고 용기를 잃게 되었다. 우리의 모든 10년 동안/

닭 농장에서의/ 그는 일했다/ **노동자**로서/

20 　이웃의 농장에서/ 그가 벌었던 대부분의 돈은

쓰여졌다/ 치료하기 위한 **치료 약**으로 닭의 질병들을, 월머의

백색의 놀라운 콜레라 치료제 또는 비드로우 박사의

달걀 생산 또는 다른 **조제용 물질**들 어머니가

발견한 **식용 새들**에 관련된 잡지에 광고된. 두

25 　개의 작은 **부분**의 머리카락이 아버지의 머리에 있었다/ 바로 귀 위에.

나는 기억한다/ 한 아이로서 나는 그를 보면서 앉곤 했다/

그가 **난로** 앞의 의자에서 잠에 빠졌을 때/ 일요일

오후 한겨울에. 나는 그때 이미 시작했다/

책 읽기를/ 그리고 나만의 생각을 가졌고/ 그 **대머리**의

문법&용법
The wagon that
contained our
goods had been
borrowed~
관계대명사 that질
이 삽입됐다.
The wagon
(that contained
our goods)
had been
borrowed~

path that led over the top of his head was, I fancied, something like a broad road, such a road as Caesar might have made on which to lead his **legion**s out of Rome and into the wonders of an unknown world. The **tuft**s of hair that grew above father's ears were, I thought, like forests. I fell into a half-sleeping, half-waking state and dreamed I was a tiny thing going along the road into a far beautiful place where there were no chicken farms and where life was a happy **eggless** affair.

One might write a book concerning our **flight** from the chicken farm into town. Mother and I walked the **entire** eight miles—she to be sure that nothing fell from the **wagon** and I to see the wonders of the world. <u>On the seat of the wagon beside father was his greatest treasure</u>. I will tell you of that.

On a chicken farm where hundreds and even thousands of chickens come out of eggs surprising things sometimes happen. **Grotesque**s are born out of eggs as out of people. The accident does not often occur—perhaps once in a thousand births. A chicken is, you see, born that has four legs, two pairs of wings, two heads or what not. The things do not live. They go quickly back to the hand of their maker <u>that has</u> for a moment **trembled**. The fact that the poor little things could not live was one of the **tragedi**es of life to father. He had some sort of notion that if he could but bring into henhood or roosterhood a five-legged hen or a two-headed rooster his fortune would be made. He dreamed of taking the wonder about to county fairs and of growing rich by **exhibiting** it to other farm-hands.

길은 이끌었다 그의 머리 위쪽을, 나는 상상했다, 어떤

넓은 길을, 시저가

만들었을 것 같은/ 그곳에서 그의 **부대**들을 이끌기 위해 로마에서부터

그 놀라운 곳으로/ 알려지지 않은 세계. 머리 **다발**들은 자랐다/

아버지의 귀 위에서, 나는 생각했다, 숲처럼. 나는

절반 정도-잠에 **빠졌고**, 절반 정도-깨어있는 상태였고/ 꿈을 꿨다/ 나는 아주

작은 것이었다/ 길을 따라 가는 중인/ 멀고 아름다운 장소로/ 그곳에서

어떤 닭 농장도 없고/ 그곳에서 인생은

달걀이 없어서 행복했다.

누군가는 책을 쓸지도 모른다/ 우리의 **탈출**에 대해/

닭 농장에서 마을로 가는. 어머니와 나는 걸었다/ **총**

8마일(약 13km)을—그녀는 확인하려 했다/ 어떤 것도 **마차**에서 떨어지

지 않는 것을/ 그리고 나는 보려고 했다/ 세상의 놀라움을. 마차 의자에/

아버지 옆에 있는/ 그의 가장 위대한 보물이 있었다. 당신에게 저것을 들려줄

것이다.

닭 농장에서(그곳에서 수백, 심지어 수천 마리의

닭들이 달걀에서 나왔다/ 놀라운 것들이 때로는

발생한다. 달걀에서 **괴기한 것**들이 태어난다/

사람들에서 그런 것처럼. 그런 사고는 자주 일어나지 않는다—아마도 천번

에 한번의 탄생 정도이다. 한 닭은, 당신은 아는가,

4개의 다리를 갖고 태어난다, 두 쌍의 날개를 갖고, 두 개의 머리 또는 무엇이

없는. 그것들은 살지 못한다. 그들은 **빠르게 돌아간다**/ 그들을

만든 사람의 손으로/ 저것이 순간의 **떨림**을 가지면서. 그 사실은 (그 불쌍

한 작은 것들이 살 수 없다는) 아버지에게 삶의 **비극** 중 하나였다.

그는 어떤 종류의 생각을 가졌다/ 그가 할 수 있다면 하지만 (할 수 없는)

암탉 시절이나 수탉 시설로 데려가 나리를 5개 가진 임닭이나

머리를 2개 가진 수탉이 만들어지도록. 그는

꿈꿨다/ 그 놀라운 것들을 주의 품평회에 가져가는 것을/

(꿈꿨다) 부자가 되는 것을/ 다른 농장-노동자에게 **전시해서**.

문법&용법
On the seat
of the wagon
beside father
was his greatest
treasure
도치되기 전의 문장
은 His greatest
treasure was on
the seat of the
wagon beside
father.

At any rate he saved all the little **monstrous** things that had been born on our chicken farm. They were preserved in alcohol and put each in its own glass bottle. These he had carefully put into a box and on our journey into town it was carried on the wagon seat beside him. He drove the horses with one hand and with the other **clung** to the box. When we got to our destination the box was taken down at once and the bottles removed. All during our days as keepers of a restaurant in the town of Bidwell, Ohio, the **grotesque**s in their little glass bottles sat on a shelf back of the counter. Mother sometimes **protested** but father was a **rock** on the subject of his treasure. The grotesques were, he declared, valuable. People, he said, liked to look at **strange** and wonderful things.

Did I say that we embarked in the restaurant business in the town of Bidwell, Ohio? I **exaggerated** a little. The town itself lay at the **foot** of a low hill and on the **shore** of a small river. The railroad did not run through the town and the station was a mile away to the north at a place called Pickleville. There had been a **cider** mill and pickle factory at the station, but before the time of our coming they had both gone out of business. In the morning and in the evening busses came down to the station along a road called Turner's Pike from the hotel on the **main street** of Bidwell. Our going to the **out of the way place** to **embark** in the restaurant business was mother's idea. She talked of it for a year and then one day **went off** and rented an empty store building **opposite** the railroad station. It was her idea that the restaurant would be **profitable**. Travelling men, she

어쨌든 그는 작은 **괴물 같은** 것들을 모았다/ 그것들은

태어났다/ 우리의 닭 농장에서. 그들은 보존됐다/

알코올 안에/ 그리고 각각의 유리병 안에 놓였다. 이것들은 그가

조심스럽게 상자에 넣어/ 우리의 마을로 가는 여행에서

5 날려졌다/ 그의 옆에 있는 마차 의자에서. 그는 말들을 몰아갔다/

한 손으로/ 그리고 다른 (손으로는) **붙잡았다**/ 그 상자를.

우리가 목적지에 갔을 때/ 그 상자는 한번 분해돼서/

그 병들은 옮겨졌다. 우리가 식당을 보는 내내/

그 비드웰 마을에서, 오하이오의, 작은 유리병들 안의 그 **기괴함**을/

10 계산대 뒤의 선반에 앉아있는.

어머니는 때때로 **항의했**지만 아버지는 그의 보물에 관한 주제에 대해서는 **단**

호했다. 그 기괴함은, 그가 주장하기를,

값진 것이었다. 사람들은, 그가 말하길, 좋아했다/ **낯설고**

멋진 것들을.

15 내가 말했던가/ 우리가 식당 사업을 시작했다고/

비드웰 마을에서, 오하이오의? 내가 약간 **과장했다**. 그 마을은 그것 스스

로 놓여 있었다/ 낮은 언덕 **기슭**에서/ 작은 강변의.

그 철길은 마을을 통과하지 않았고/

그 역은 1마일 북쪽으로 떨어졌다/

20 피클빌이라 불리는 장소에. 그곳의 역에 **사과주** 공장과 피클

공장이 있었지만, 우리가 오기 전에/

그들은 사업을 끝냈다. 아침과

저녁에 버스가 왔다/ 그 역으로/

터너의 창이라고 불리는 길을 따라/ 호텔에서부터 비드웰의 **중심가**의.

25 우리가 **구석진 곳으로** 간 것은 (식당 사업을 **시작하기** 위해)

엄마의 발상이었다. 그녀는 그것에 대해

일 년간 말했다/ 그리고 나서 어느 날 **자리를 떴고** 빌렸다/

빈 가게를/ 철도역 **맞은편**에 있는. 그것은 그녀의 발상이었다/

식당이 **돈이 될 거**라는. 여행하는 남자들은, 그녀가

7

incoming	들어오는
motive	동기
rise in the world	출세하다
necessity	꼭 필요한 일
put A into B	A에 B를 더하다
command	명령
seldom	아주 드물게
scrub	문지르다
presence	존재
discourage	낙담하다
troop	무리
solemnly	진지하게
hippity	깡충
shrilly	귀가 찢어지듯
done	용납된

8

passenger train	여객 열차
freight	화물 열차
north-bound	북행
tend	돌보다
boarder	하숙인
occupy	차지하다
go off	자리를 뜨다
in regard to	~에 대한
take hold	장악하다
undoing	실패의 원인
cheerful	쾌활한
adopt	채택하다
outlook	관점
words	말
impression	인상 깊은 것
obscure	모호한

entertainer	연예인

9

occasion	행사
jolly	즐거운
sought	추구된
company	손님
spring up	생겨나다, 일어나다
troop	무리 지어 다니다
festivity	축제 기분
uncommunicative	말이 별로 없는
blank	빈 곳
invade	난입하다
earnestly	진지하게
glum	침울한
boarder	하숙객
infection	전염병
feverish	흥분한
lurking	숨어있는
showman	즐겁게 하는 사람
ammunition	탄약
serve	시중들다

10

being	존재가 되는 것
pre-natal	출생-이전의
at any rate	어쨌든
impulse	충동
upright	똑바로
tremble	떨다
tramp	쿵쾅거리다
chill	오한
insane	미친
glare	노려보다

drop on his knees	무릎을 꿇다
carry away	넋을 잃다
wail	울부짖다
stroke	어루만지다
bald	벗겨진
induce	유도하다
fright	두려움
glowing	빛나는
as to	~에 관해서
discomfiture	실패

11

loaf about	빈둥거리다
freight train	화물 열차
crew	승무원
puzzled	당황한
hang around	서성거리다
apparently	보아하니
fancy	원하다
apologetically	변명으로
gaze	응시하다
stage fright	무대 공포증
confronted	닥친
somewhat	다소
thrust	힘차게 내밀다
stare	쳐다보다
hesitatingly	망설이며
cheat	사기꾼

12

emphatically	강조하며
duplicity	이중성
mutter	중얼거리다
critical	아주 중요한

bluff	허세	attempt	시도하다
grumble	투덜거리다	stand out	눈에 띄다
genially	친절하게		
mumble	중얼거리다	**15**	
shell	껍데기	spurt	분출하다
virtue	장점	a string of	일련의
gravity	중력	dodge	빠르게 피하다
mildly	가볍게	presence of	~가 있는 곳
handle	다루다	so	그렇게
palm	손바닥	mutter	투덜거리다
		troubled	~하기 어려운

13

		get into my blood	
disconcerted	불안해진		계속 생각나다
monstrosity	흉물	triumph	승리
remarkable	놀랄만한		
play over	스치다		
slap	(찰싹)치다		
saloon	술집		
deformed	기형이 된		
take hold	사로잡다		
outburst	솟아남		
compel	강요하다		
jug	단지		
vinegar	식초		
resume	돌아가다		

14

grin	크게 미소짓다
mildly	가볍게
stove	난로
desperate	필사적인
consummated	완전하게 된
nonchalantly	무심하게
reputation	평판

said, would be always waiting around to take trains out of town and town people would come to the station to await **incoming** trains. They would come to the restaurant to buy pieces of pie and drink coffee. Now that I am older I know that she had another **motive** in going. She was ambitious for me. She wanted me to **rise in the world**, to get into a town school and become a man of the towns.

At Pickleville father and mother worked hard as they always had done. At first there was the **necessity** of **putting** our place **into** shape to be a restaurant. That took a month. Father built a shelf on which he put tins of vegetables. He painted a sign on which he put his name in large red letters. Below his name was the sharp **command**—"EAT HERE"— that was so **seldom** obeyed. A show case was bought and filled with cigars and tobacco. Mother **scrub**bed the floor and the walls of the room. I went to school in the town and was glad to be away from the farm and from the **presence** of the **discouraged**, sad-looking chickens. Still I was not very joyous. In the evening I walked home from school along Turner's Pike and remembered the children I had seen playing in the town school yard. A **troop** of little girls had gone hopping about and singing. I tried that. Down along the frozen road I went hopping **solemnly** on one leg. "**Hippity** Hop To The Barber Shop," I sang **shrilly**. Then I stopped and looked doubtfully about. I was afraid of being seen in my **gay** mood. It <u>must have seemed</u> to me that I was doing a thing that should not be **done** by one who, like myself, had been raised on a chicken farm where death was a daily visitor.

말하길, 항상 기차를 타기 위해 주변에서 기다리는 중이다/

마을 밖에서/ 그리고 마을 사람들도 역에 와서 기다린다/

들어오는 기차를. 그들은 식당에 오곤 했다/ 몇 조각의 파이를 사고

커피를 마시려고. 지금 나는 더 나이 들고 알았다/

5   그녀가 다른 **동기**를 가졌음을. 그녀는 나에게 야망이 있었다.

그녀는 원했다/ 내가 **출세하기를**,

마을 학교에 가서/ (시골이 아닌) 마을 사람이 되기를.

피클빌에서 아버지와 어머니는 열심히 일했다/ 그들이

항상 해왔던 것처럼. 처음에는 우리의 **꼭 필요한 일**이 있었다/

10   우리의 장소에 **특성을 더하기 위한** 식당의 형태로 갖추기 위해. 저것은 한 달

이 걸렸다. 아버지는 선반을 지었고/ 그곳에 채소 캔을 놓았다. 그는

간판을 칠했다/ 그곳에 그의 이름을 거대한 붉은 글씨로 썼다.

그의 이름 아래에는 날카로운 **명령**으로—"여기서 드시오"—

저것은 **아주 드물게** 복종 되었다. 진열장이 구입됐고/

15   잎담배(시가)와 담배로 채워졌다. 엄마는 그 방의 바닥과 벽을 **문질러** 청소

했다. 나는 마을의 학교에 가서

기뻐했다/ 농장으로부터 떨어진 곳에 있어서/ 닭들의 **존재**로(부터 떨어져

있어서)/ **낙담하고, 불쌍한**-모습의. 여전히

아주 즐겁지는 않았다. 밤에 나는 집으로 걸어왔다/ 학교에서부터

20   터커의 창을 따라/ 그리고 그 아이들을 기억한다/ (내가

봤던) 학교 운동장에서 놀고 있는. 한 **무리**의 소녀들은

펄쩍 뛰고 노래 부르며 갔다. 나도 저것을 시도했다.

얼어붙은 길을 아래로 따라 내려가며 나는 **진지하게** 한 다리로 펄쩍 뛰었다.

"**깡충** 뛰어라/ 이발소로," 나는 **귀가 찢어지듯** 노래했다. 그 이후

25   나는 멈춰서 의심스럽게 주변을 봤다. 나의 **즐거운** 분위기의 모습이 보여

지는 것이 두려웠다. 나는 이렇게 생각했음이 분명하나/

내가 무언가를 하는 것은 (누군가에 의해) **용납되지** 말아야 한다고,

나처럼, 닭-농장에서 길러진/ 그곳에서 죽음은

일상의 손님이다.

문법&용법
<u>must have
seemed</u>
과거의 조동사
+have+과거완료
는 과거의 시제를
가정하는 것이다.
must는 과거의 형
태가 없기에, must
로 쓰고, '과거에 ~
였음이 분명하다'를
의미한다.

Mother decided that our restaurant should remain open at night. At ten in the evening a **passenger trai**n went north past our door followed by a local **freight**. The freight crew had switching to do in Pickleville and when the work was done they came to our restaurant for hot coffee and food. Sometimes one of them ordered a fried egg. In the morning at four they returned **north-bound** and again visited us. A little trade began to grow up. Mother slept at night and during the day **tend**ed the restaurant and fed our **boarder**s while father slept. He slept in the same bed mother had **occupied** during the night and I **went off** to the town of Bidwell and to school. During the long nights, while mother and I slept, father cooked meats that were to go into sandwiches for the lunch baskets of our **boarder**s. Then an idea **in regard to** getting up in the world came into his head. The American spirit **took hold** of him. He also became ambitious.

In the long nights when there was little to do father had time to think. That was his **undoing**. He decided that he had in the past been an unsuccessful man because he had not been **cheerful** enough and that in the future he would **adopt** a cheerful **outlook** on life. In the early morning he came upstairs and got into bed with mother. She woke and the two talked. From my bed in the corner I listened.

It was father's idea that both he and mother should try to entertain the people who came to eat at our restaurant. I cannot now remember his **words**, but he gave the **impression** of one about to become in some **obscure** way a kind of public **entertainer**. When people, particularly young

어머니는 결정했다/ 우리 식당이 열리도록 남아있어야 한다고/

저녁에도. 밤 10시에 **여객 열차**는 북쪽으로

우리 문을 지나갔다/ 지역의 **화물 열차**가 따라서. 그 화물 열차 승무원은

가졌다/ 피클빌에서 선로 변경하는 것을/ 그리고 일이

5 끝났을 때/ 그들은 우리 식당에 왔다/ 뜨거운 커피와 음식을 위해.

때때로 그들 중 한 명이 달걀후라이를 주문했다. 이른 아침

4시에 그들은 돌아갔다/ **북행**으로/ 그리고 다시 우리를 방문했다.

작은 교환이 시작되고 자라났다. 어머니는 밤에 잤고 낮 동안에는 식당을

돌봤고/ 하숙인들을 먹였다/

10 아버지가 자는 동안. 그는 같은 침대에 잤다/ 어머니가

밤에 **차지했던**/ 그리고 나는 비드웰 마을**로 떠나**

학교로 갔다/ 그 긴 밤 동안, 엄마와

내가 자는 동안에, 아버지는 고기를 요리했다/ 샌드위치에 넣을/

우리의 **하숙인**들의 점심 바구니를 위해. 그때

15 출세에 **대한** 생각이 떠올랐다/ 그의 머리에.

미국인의 정신은 그를 **장악했다**. 그는 또한(엄마처럼)

야망을 갖게 됐다.

긴 밤 동안 할 일이 적을 때/ 아빠는

생각할 시간을 가졌다. 저것이 그의 **실패의 원인**이었다. 그는 결심했다/

20 그가 과거에 한 성공적이지 못한 남자였던 것을/ 그가

충분히 **쾌활하**지 못했기 때문에/ 그리고 미래에서

취하려고 했기에/ 삶에서 쾌활한 **관점**을. 이른 아침 그는 위층으로 가서

엄마가 있는 침대에 누웠다. 그녀는 일어났고

두 사람은 대화했다. 나는 내 침대의 구석에서 귀를 기울였다.

25 그것은 아버지의 생각이었는데/ 아버지와 어머니 둘 다 시도하는 것이

다/ 사람들을 즐겁게 하려고/ 우리 식당에 먹으러 온.

나는 지금은 그의 **말**을 기억할 수 없지만, 그는 준 **인상 깊은 것** 중

하나는/ 어떤 **모호한** 방식이 되는 것이었다/ 어떤

대중 **연예인** 같은 종류의. 사람들이, 특히 젊은

people from the town of Bidwell, came into our place, as on very rare **occasion**s they did, bright entertaining conversation was to be made. From father's words I gathered that something of the **jolly** inn-keeper effect was to be **sought**. Mother must have been doubtful from the first, but she said nothing discouraging. It was father's notion that a passion for the **company** of himself and mother would **spring up** in the breasts of the younger people of the town of Bidwell. In the evening bright happy groups would come singing down Turner's Pike. They would **troop** shouting with joy and laughter into our place. There would be song and **festivity**. I do not mean to give the impression that father spoke so **elaborately** of the matter. He was as I have said an **uncommunicative** man. "They want some place to go. I tell you they want some place to go," he said over and over. That was as far as he got. My own imagination has filled in the **blank**s.

For two or three weeks this notion of father's **invaded** our house. We did not talk much, but in our daily lives tried **earnestly** to make smiles take the place of **glum** looks. Mother smiled at the **boarder**s and I, <u>catching the infection, smiled at our cat.</u> Father became a little **feverish** in his anxiety to please. There was no doubt, **lurking** somewhere in him, a touch of the spirit of the **showman**. He did not waste much of his **ammunition** on the railroad men he **serve**d at night but seemed to be waiting for a young man or woman from Bidwell to come in to show what he could do. On the counter in the restaurant there was a wire basket kept always filled with eggs, and it must have been before

사람들은/ 비드웰 마을에서, 우리 장소로 온,

아주 드문 **행사**였다. 그들이 하는, 밝고 재미있는 대화가

만들어져야 했다. 아버지의 말로부터 나는 모았다/

어떤 것들을 **즐거운** 여관-지키는 사람의 효과가 **추구될** 수 있게.

5 어머니는 처음부터 의심스러웠음이 분명하지만,

낙담시키는 말을 하지 않았다. 그것은 아버지의 생각이었다/ 열망이 (그

자신과 어머니의 **손님**을 위한) **생겨날** 것이라고/

더 젊은 사람들의 가슴에/ 비드웰 마을의.

그 밤에 밝고 행복한 사람들은 와서 노래할 것이라고/ 저 밑의

10 터너의 창에. 그들은 **무리 지어** 소리 지르며 걸어갈 것이라고/ 기쁨과

웃음으로 우리의 장소로. 그곳에 노래와 **축제 기분**이 있을 것이라고.

나는 그 인상을 주는 것을 의미하지 않는다/ 아버지가 말했다는/

그 일에 대해 아주 **공을 들여**. 그는 내가 말했듯 **말이 별로 없는**

남자였다. "그들이 가기를 원하는 어떤 장소가 있어. 내 말처럼

15 그들이 원하는 어떤 장소가 말이야." 그는 (같은 말을) 반복해서 말했다. 저것

은 그가 할 수 있는 최대였다. 내가 가진 상상이 (그의 말의)

빈 곳을 채웠다.

2~3주 동안 이 아버지의 생각은 **난입했다**/

우리의 집을. 우리는 많이 말하지 않았지만, 일상에서 노력했다/

20 **진지하게 만드는 것을**/ 웃음이 그 **침울한** 모습의 장소에 생기도록.

어머니는 **하숙객**들에게 미소지었다/ 그리고 나는, **전염병** (웃음)에 옮기며,

웃었다/ 우리의 고양이에게도. 아버지는 와서 약간 **흥분했다**/ 그의

즐겁게 해야 한다는 걱정에서. 틀림 없었다, 그의 어딘가에 **숨어있다는** 것

은, 약간의 **쇼맨(대중을 즐겁게 하는)** 정신이. 그는

25 낭비하지 않았다/ 그의 **탄약**을 기차길 남자들에게/ 그가 밤에 **시중드는**/

하지만 기다리는 것처럼 보였다/ 젊은 남자나

여자들을/ 비드웰에서 쇼를 보러온/ 그(아버지)가 무엇을 할 수 있는지.

그 식당의 계산대에는 철사로 된 바구니가 있었는데

항상 달걀로 채워져 있었고, 그것은

his eyes when the idea of **being** entertaining was born in his brain. There was something **pre-natal** about the way eggs kept themselves connected with the development of his idea. **At any rate** an egg ruined his new **impulse** in life. Late one night I was awakened by a roar of anger coming from father's throat. Both mother and I sat **upright** in our beds. With **trembling** hands she lighted a lamp that stood on a table by her head. Downstairs the front door of our restaurant went shut with a bang and in a few minutes father **tramped** up the stairs. He held an egg in his hand and his hand trembled as though he were having a **chill**. There was a half **insane** light in his eyes. As he stood **glaring** at us I was sure he intended throwing the egg at either mother or me. Then he laid it gently on the table beside the lamp and **dropped on his knees** beside mother's bed. He began to cry like a boy and I, **carried away** by his grief, cried with him. The two of us filled the little upstairs room with our **wailing** voices. It is ridiculous, but of the picture we made I can remember only the fact that mother's hand continually **stroked** the **bald** path that ran across the top of his head. I have forgotten what mother said to him and how she **induced** him to tell her of what had happened downstairs. His explanation also has gone out of my mind. I remember only my own grief and **fright** and the shiny path over father's head **glowing** in the lamp light as he knelt by the bed.

As to what happened downstairs. For some unexplainable reason I know the story as well as though I had been a witness to my father's **discomfiture**. One in time gets to

그의 눈앞에 있음이 분명했다/ 재미있는 **존재가 된다는** 생각이 태어난 때에/
그의 뇌에서. 어떤 **출생-이전의** (운명적인) 것이 있었다/ 달걀이
그것들 스스로 관련되도록 유지하는 방식에 대한/ 그(아버지)의
생각의 발전에. **어쨌든** 한 달걀은 그의 인생에서 새로운 **충동을** 망쳤다. 늦은

5 저녁/ 나는 한 성내는 고함소리에 깼다/
아버지의 목청으로부터 나온. 어머니와 나는 우리 침대에 **똑바로** 앉았다.
떨리는 손으로 그녀는 전등을 밝혔다/ 그 전등은 그녀의 머리 근처 탁자에
서 있다/ 아래층에서 우리 식당 앞문은
닫혔다/ 쾅 소리와 함께/ 2~3분 뒤에 아버지는

10 **쿵쾅거리며** 그 계단을 올라왔다. 그는 손에 달걀을 쥐고 있었고/ 그의
손은 떨렸다/ 그가 **오한을** 가진 것처럼.
반쯤 **미친듯한** 빛이 그의 눈에 있었다. 그가 서서 우릴 **노려보고 있을** 때/
나는 확신했다/ 그가 던지려고 한다고/ 그 달걀을 엄마나
나한테. 그러고 나서 그는 그것을 부드럽게 탁자에 놓았다/ 전등 옆에 있는/

15 그리고 **무릎을 꿇었다**/ 어머니의 침대 옆에서. 그는
소년처럼 울기 시작했다/ 그리고 나는, 그의 슬픔에 **넋을 잃으면서**, 그와
함께 울었다. 우리 둘은 위층의 작은 방을 채웠다/우리의
울부짖는 목소리로. 그것은 우스꽝스러웠지만, 우리가 만든 그림에서/
나는 그 사실을 기억할 수 있다/ 오직 그 어머니의 손이 계속해서

20 **어루만진** 것을/ 그 **벗겨진** 길을/ 그의 정수리를 가로질러 난.
나는 잊었다/ 어머니가 무엇을 그에게 말했고/
어떻게 그가 그를 말하도록 **유도했는지**/ 무슨 일이 아래층에서 발생했는
지를. 그의 설명은 또한 내 생각에서 사라져버렸다.
내가 기억하는 것은 오직 내가 가진 슬픔과 **두려움** 그리고 아버지의 머리

25 에서 반짝이는 길이었다/ 그 전등 불빛 속에서 **빛나는**/ 그가
침대 옆에서 무릎 꿇었을 때.
아래층에서 일어난 일**에 관해서는,** 어떤 설명하기 힘든
이유로/ 나는 그 이야기를 알았다/ 내가 목격한 사람인 것처럼 잘/ 나의
아버지의 **실패를.** 사람은 시간이 흘러

know many unexplainable things. On that evening young Joe Kane, son of a merchant of Bidwell, came to Pickleville to meet his father, who was expected on the ten o'clock evening train from the South. The train was three hours late and Joe came into our place to **loaf about** and to wait for its arrival. The local **freight train** came in and the freight **crew** were fed. Joe was left alone in the restaurant with father.

From the moment he came into our place the Bidwell young man must have been **puzzled** by my father's actions. It was his notion that father was angry at him for **hanging around**. He noticed that the restaurant keeper was **apparently** disturbed by his presence and he thought of going out. However, it began to rain and he did not **fancy** the long walk to town and back. He bought a five-cent cigar and ordered a cup of coffee. He had a newspaper in his pocket and took it out and began to read. "I'm waiting for the evening train. It's late," he said **apologetically**.

For a long time father, whom Joe Kane had never seen before, remained silently **gazing** at his visitor. He was no doubt suffering from an attack of **stage fright**. As so often happens in life he had thought so much and so often of the situation that now **confronted** him that he was **somewhat** nervous in its presence.

For one thing, he did not know what to do with his hands. He **thrust** one of them nervously over the counter and shook hands with Joe Kane. "How-de-do," he said. Joe Kane put his newspaper down and **stared** at him. Father's eye lighted on the basket of eggs that sat on the counter and he began to talk. "Well," he began **hesitatingly**, "well, you have heard of

알게 된다/ 많은 설명하기 힘든 상황을. 저 밤에 젊은

조 케인이, 비드웰 상인의 아들인, 피클벨에 그의 아버지를 만나러 왔다,

그는 예상됐다/ 10시 정각

저녁 기차를 타도록/ 남쪽에서부터. 그 기차는 3시간 늦었고/

5   조는 우리 장소에 와서 **빈둥거리러** 왔다/ 그리고 그것의

도착을 기다리기 위해. 그 지역 **화물 열차**가 들어 왔다/ 그리고 그 화물 **승무**

원은 먹여졌다. 조는 혼자 남았다/ 식당에서 그의 아버지와 함께.

그가 우리의 장소에 온 순간부터/ 비드웰의

젊은 남자는 내 아버지의 행동에 **당황했음**이 분명했다.

10   그것은 그의 생각이었다/ 아버지가 그가 **서성거린 것** 때문에 화난 것은.

그는 알아챘다/ 그 식당보는 사람이 **보아하니**

방해받았다고/ 그가 나타나서. 그리고 그는 나가는 것을 생각했다. 하지

만, 비가 오기 시작했고 그는 **원하지** 않았다/ 오래

걸어서 마을로 돌아가는 것을. 그는 5-센트 짜리 잎담배를 사고

15   한잔의 커피를 주문했다. 그는 신문을 그의 주머니에 가졌고/

그것을 꺼내서 읽기 시작했다. "나는 기다리는 중이에요/

저녁 기차를. 그것이 연착돼요," 그는 **변명**했다.

오랜 시간 동안 아버지는, (조 케인은 전에 절대 보지 못했던 사람인),

그의 손님을 조용히 **응시하며** 있었다. 그는

20   틀림없이 고통을 겪는 중이었다/ **무대 공포증**의 충격으로부터. 아주 자주

삶에서 나타났던 것처럼/ 그는 아주 많이 또 자주 생각했다/ 그

상황에 대해 (그에게 **닥친**) 그래서 그는 **다소**

긴장했다/ 그것의 나타남에.

한가지는, 그가 무엇이 그의 손에 있는지 몰랐다는 것이다.

25   그는 그들 중 한 손을 **힘차게 내밀었다**/ 계산대 위로/ 그리고

조케인의 손을 흔들었다. "처음-만나-반가워," 그는 말했다. 조 케인은 그

의 신문을 내려놓고 그를 **쳐다봤다**. 아버지의 눈은 빛났다/

그 바구니의 달걀에/ 그것은 계산대에 놓여있었다/ 그리고 그는

말하기 시작했다, "있잖아," 그는 **망설이며** 시작했다, "있잖아, 너는

Christopher Columbus, eh?" He seemed to be angry. "That Christopher Columbus was a **cheat**," he declared **emphatically**. "He talked of making an egg stand on its end. He talked, he did, and then he went and broke the end of the egg."

My father seemed to his visitor to be beside himself at the **duplicity** of Christopher Columbus. He **muttered** and swore. He declared it was wrong to teach children that Christopher Columbus was a great man when, after all, he cheated at the **critical** moment. He had declared he would make an egg stand on end and then when his **bluff** had been called he had done a trick. Still **grumbling** at Columbus, father took an egg from the basket on the counter and began to walk up and down. He rolled the egg between the palms of his hands. He smiled **genially**. He began to **mumble** words regarding the effect to be produced on an egg by the electricity that comes out of the human body. He declared that without breaking its **shell** and by **virtue** of rolling it back and forth in his hands he could stand the egg on its end. He explained that the warmth of his hands and the gentle rolling movement he gave the egg created a new centre of **gravity**, and Joe Kane was **mildly** interested. "I have **handled** thousands of eggs," father said. "No one knows more about eggs than I do."

He stood the egg on the counter and it fell on its side. He tried the trick again and again, each time rolling the egg between the **palm**s of his hands and saying the words regarding the wonders of electricity and the laws of gravity. When after a half hour's effort he did succeed in making the

크리스토퍼 콜럼버스에 대해 들어봤을 거야. 그렇지?" 그는 화나 보였다.

"저 크리스토퍼 콜럼버스는 **사기꾼**이지." 그는 **강조하며**(단호하게) 선언

했다/ "그는 말했지/ 달걀 끝으로 세우는 것을 할 수 있다고, 그는

말했어. 그렇게 했고, 그는 가서 달걀 끝을 부쉈지."

5

나의 아버지는 손님에게 제정신이 아닌 것처럼 보였다/

크리스토퍼 콜럼버스의 **속임수**(을 말할 때)에. 그는 **중얼거리며**

맹세했다. 그는 선언했다/ 그것은 아이들에게 틀린 것을 가르치는 것이라고/

크리스토퍼 콜럼버스가 위대한 사람이라는 것은 그때, 결국, 그는

10 속였기에/ **아주 중요한** 순간에. 그는 선언했고 그는

달걀 끝으로 세우도록 만들 것이라고 했다/ 그러고 나서 그의 **허세**가

말해졌을 때/ 속임수가 된 것이라고. 여전히 콜럼버스에 대해 **투덜거리며**,

아버지는 달걀을 바구니에서 계산대로 가져가서

위아래로 걷기 시작했다. 그는 달걀을

15 손바닥에서 굴렸다. 그는 **친절하게** 미소지었다. 그가 말을

중얼거리기 시작했을 때/ 그 효과에 대해/

전기에 의해 한 달걀이 생산되는/ 그 전기는 나온다/ 인간의 몸으로부터.

그는 말했다/ 그것의 **껍데기**를 부수는 것 없이 그것을 그의 손에서 앞으로

굴리는 것의 **장점**으로/ 그는 세울 수 있었다/

20 달걀 끝으로. 그는 설명했다/ 그의 손의 따뜻함과

부드럽게 굴리는 동작으로 그는 달걀이 창조되도록 했다고/ 새로운

중력의 중심이, 그리고 조 케인은 **가볍게** 흥미있어 했다,

"나는 수천 개의 달걀을 **다뤘어**," 아버지는 말했다. "누구도

나보다 달걀에 대해 더 많이 알지는 못하지."

25 그는 달걀을 계산대에 세웠지만 그것은 옆으로 쓰러졌다.

그는 그 기술을 다시 또다시 시도했다, 매번 구르던

달걀은 그의 손의 **손바닥** 사이에서/ 말했다/

그 전기의 놀라움과/ 그 중력의 법칙에 대해서.

30분의 노력 후에 그는 달걀의 끝으로 세우는 데 성공했다/

egg stand for a moment he looked up to find that his visitor was no longer watching. By the time he had succeeded in calling Joe Kane's attention to the success of his effort the egg had again rolled over and lay on its side.

Afire with the showman's passion and at the same time a good deal **disconcerted** by the failure of his first effort, father now took the bottles containing the poultry **monstrosities** down from their place on the shelf and began to show them to his visitor. "How would you like to have seven legs and two heads like this fellow?" he asked, exhibiting the most **remarkable** of his treasures. A cheerful smile **played over** his face. He reached over the counter and tried to **slap** Joe Kane on the shoulder as he had seen men do in Ben Head's **saloon** when he was a young farm-hand and drove to town on Saturday evenings. His visitor was made a little ill by the sight of the body of the terribly **deformed** bird floating in the alcohol in the bottle and got up to go. Coming from behind the counter father **took hold** of the young man's arm and led him back to his seat. He grew a little angry and for a moment had to turn his face away and force himself to smile. Then he put the bottles back on the shelf. In an **outburst** of generosity he fairly **compelled** Joe Kane to have a fresh cup of coffee and another cigar at his expense. Then he took a pan and filling it with vinegar, taken from a **jug** that sat beneath the counter, he declared himself about to do a new trick. "I will heat this egg in this pan of **vinegar**," he said. "Then I will put it through the neck of a bottle without breaking the shell. When the egg is inside the bottle it will **resume** its normal shape and the

잠시동안/ 그가 알기 위해 올려 봤을 때/ 그의 손님이
더는 보고 있지 않다는 것을. 그때까지 그는 성공했다/
조 케인의 주의를 끄는 데에/ 그의 노력의 성공으로/
달걀은 다시 굴러서 옆으로 누웠다.

5 격해진 쇼맨의 열정과/ 동시에
그의 첫 번째 큰 노력의 실패로 **불안해진**,
아버지는 이제 그 병들을(고금류의
흉물들을 포함하는) 아래로 가져갔다/ 그들의 위치였던 선반에서/ 그리고 그
것들을 보여주기 시작했다/ 그의 손님들에게. "어떤가/ 7개의 다리와 2개
10 의 머리가 달린 이런 친구는?" 그는 물었다, 보여주면서/
가장 놀랄만한 것을/ 그의 보물 중에. 한 기뻐하는 미소가 그의 얼굴에 스
쳤다. 그는 계산대로 위로 (팔을) 뻗어서
조 케인의 어깨를 **치려**고 했다/ 그가
벤 헤드의 **술집**에서 사람들이 하는 것을 본 것처럼/ 그가 젊은 (시절) 농장-노
15 동자이고 토요일 저녁에 마을에 (말을) 몰아갔을 때. 그의 손님은
약간 불쾌하게 되었다/ 그 시체을 본 것 때문에/ 끔찍하게 **기형이 된**
새가 떠다니는 것을/ 병의 알코올 안에서/ 그리고 일어나 가버렸다.
계산대 뒤에서 나와서 아버지는 **사로잡았다**/ 그
젊은 사람의 팔을/ 그리고 그의 의자로 돌아가도록 이끌었다. 그는
20 약간 화났고/ 잠시동안 그의 얼굴을 돌려야 했다/
그리고 억지로 했다/ 스스로 웃도록. 그러고 나서 그는 병들을
선반에 돌려놓았다. 너그러움이 **솟아나** 그는 상당히 **강요했다**/
조 케인이 가지도록 새로운 커피 한잔과 또 하나의 잎담배를
아버지의 돈으로. 그러고 나서 그는 펜을 가져와 식초로 채웠다,
25 **단지**로부터/ 계산대 바로 아래에 있던, 그는
스스로에게 말했다/ 새로운 마술을 하려고 한다고. "나는 이
식초 냄비에 있는 달걀을 가열할 거야," 그가 말했다. "그러고 나서 나는 그것
을 이 병목을 통과해서 넣을게/ 껍데기를 부수는 것 없이. 달걀이
병 안에 있을 때/ 그것은 평범한 모양으로 **돌아가**/

shell will become hard again. Then I will give the bottle with the egg in it to you. You can take it about with you wherever you go. People will want to know how you got the egg in the bottle. Don't tell them. Keep them guessing. That is the way to have fun with this trick." 5

Father **grinned** and winked at his visitor. Joe Kane decided that the man who confronted him was **mildly** insane but harmless. He drank the cup of coffee that had been given him and began to read his paper again. When the egg had been heated in vinegar father carried it on a 10 spoon to the counter and going into a back room got an empty bottle. He was angry because his visitor did not watch him as he began to do his trick, but nevertheless went cheerfully to work. For a long time he struggled, trying to get the egg to go through the neck of the bottle. He put 15 the pan of vinegar back on the **stove**, intending to reheat the egg, then picked it up and burned his fingers. After a second bath in the hot **vinegar** the shell of the egg had been softened a little but not enough for his purpose. He worked and worked and a spirit of **desperate** determination took 20 possession of him. When he thought that at last the trick was about to be **consummated** the delayed train came in at the station and Joe Kane started to go **nonchalantly** out at the door. Father made a last desperate effort to **conquer** the egg and make it do the thing that would establish his **repu-** 25 **tation** as one who knew how to entertain guests who came into his restaurant. He worried the egg. He **attempted** to be somewhat rough with it. He swore and the sweat **stood out** on his **forehead**. The egg broke under his hand. When

그리고 그 껍질은 다시 딱딱해지지. 그러고 나서 나는 줄게/

달걀이 들어있는 그 병을 너에게. 너는 그것을 가져갈 수 있어/

어디를 가든지. 사람들은 알기를 원할 거야. 어떻게 그

달걀을 병 안에 있게 했는지. 그들에게 말하지 마. 추측하도록 놔둬. 저것이

5 이 수법을 즐기는 방법이니까."

아버지는 손님에게 **크게 미소짓고** 윙크했다. 조 케인은

결심했다/ 그 남자(그에게 맞서는) 사람은 **가볍게**

미치긴 했어도 해를 끼치진 않는다고. 그는 그 커피 한잔을 마셨다/

그에게 주어졌던/ 그리고 그의 신문을 다시 읽기 시작했다.

10 그 달걀이 식초에서 달궈졌을 때 아버지는 그것을

숟가락으로 계산대로 날랐다/ 그리고 뒷방에 가서

비어있는 병을 가져왔다. 그는 화났다/ 그의 손님이

그를 보지 않기 때문에/ 그가 시작했을 때 그의 마술을, 하지만 그런데도

쾌활하게 작업하러 갔다. 오랜 시간 동안 그가 투쟁했다, 노력하면서

15 달걀을 그 병의 목으로 넣으려고. 그는

식초 냄비를 **난로**에 돌려놨다, 하려고 하면서/ 그 달걀을 다시 가열하는 것을,

그러고 나서 그걸 들었고/ 그의 손가락에 화상을 입혔다.

두 번째 목욕 후에/ 그 뜨거운 **식초**는 그 달걀의 껍데기를

약간 부드럽게 했지만/ 그의 목적을 채우기엔 부족했다. 그는 작업하면

20 할수록/ **필사적인** 목표 정신이 그를

사로잡았다. 그가 생각했을 때/ 마지막으로 마술이

거의 **완전하게** 될 때쯤/ 그 늦어진 기차가

역에 들어왔고/ 조 케인은 **무심하게** 나가기 시작했다.

아버지는 마지막으로 달걀을 **정복하기** 위한 필사적인 노력을 만들었고/

25 그것(노력)이 하도록/ 그것은 그의 **평판**을

세워줄/ (단) 한 사람이라고/ 손님들을 즐겁게 할 줄 아는/ 그의 식당에 들

어온 그 손님들을. 그는 그 달걀을 걱정했다. 그는 그것을 다소 거칠게 **시도**

했다. 그는 욕했고 땀이 **눈에 띄었다**/

그의 **이마**에서. 그 달걀은 부서졌다/ 그의 손 아래에서.

the contents **spurt**ed over his clothes, Joe Kane, who had stopped at the door, turned and laughed.

A roar of anger rose from my father's throat. He danced and shouted **a string of** inarticulate words. Grabbing another egg from the basket on the counter, he threw it, just missing the head of the young man as he **dodged** through the door and escaped.

Father came upstairs to mother and me with an egg in his hand. I do not know what he intended to do. I imagine he had some idea of destroying it, of destroying all eggs, and that he intended to let mother and me see him begin. When, however, he got into the **presence of** mother something happened to him. He laid the egg gently on the table and dropped on his knees by the bed as I have already explained. He later decided to close the restaurant for the night and to come upstairs and get into bed. When he did **so** he blew out the light and after much **muttered** conversation both he and mother went to sleep. I suppose I went to sleep also, but my sleep was **troubled**.

I awoke at dawn and for a long time looked at the egg that lay on the table. I wondered why eggs had to be and why <u>from the egg came the hen</u> who again laid the egg. The question **got into my blood**. It has stayed there, I imagine, because I am the son of my father. At any rate, the problem remains unsolved in my mind. And that, I conclude, is but another evidence of the complete and final **triumph** of the egg—at least as far as my family is concerned.

그 내용물은 **분출됐다**/ 그의 옷에, 조 케인은, 문 앞에 멈춰서, 돌아선 뒤 웃었다.

화의 울부짖음이 나의 아버지의 목청에서 올라왔다. 그는 날뛰며 소리쳤다/ **일련의** 불분명한 말로.

5 다른 달걀을 쥐면서 계산대 바구니로부터, 그는 그것을 던졌다, 가까스로 피해가도록 그 젊은 남자의 머리를/ 그가 **빠르게 피할** 때 그 문으로/ 그리고 도망쳤다.

아버지는 달걀을 손에 가지고 위층의 어머니와 나에게 올라왔다. 나는 무엇을 그가 하려고 했는지 모르겠다. 내가 상상하기로는

10 그가 부술 생각이었던 것 같다/ 그것을, (아니) 모든 달걀을, 그리고 그는 허락할 생각이었다/ 어머니와 내가 보는 것을/ 그가 시작하는 것을 (부수는 것). 그러나, 그때, 그는 어머니**가 있는 곳**에 와서/ 어떤 것이 그에게 발생했다. 그는 탁자에 달걀을 부드럽게 놓고/ 그의 무릎을 꿇었다/ 침대 옆에서/ 내가 이미

15 설명한 것처럼. 그는 뒤늦게 결심했다/ 그 식당을 그 밤 동안에 닫기로/ 그리고 위층으로 와서 침대에 왔다. 그가 **그렇게** 했을 때/ 그는 전등을 끄고/ 많은 **투덜거리는** 대화 후에/ 그와 엄마는 잠들었다. 내 기억에는/ 나 또한 잠들었지만, 잠들기는 **어려웠다.**

20 나는 새벽에 일어나서 오랫동안 그 달걀을 봤다/ 탁자에 놓여있는. 나는 궁금했다/ 왜 달걀은 존재하고/ 왜 달걀로부터 닭이 되고/ 그것은 다시 알을 낳는지. 그 질문은 나의 **생각을 멈출 수 없게 했다.** 그것은 거기에 있었다, 내가 상상하기에는, 나는 아버지의 아들이기 때문이다. 어쨌든, 그 문제는

25 풀리지 않고 내 마음에 남아있다. 하지만 나는 결론지었다/ 다만 또 다른 완성의 증거라고/ 그리고 달걀의 최종 **승리**라고— (그것은) 가장 작은 것이었다/ 나의 가족들이 걱정했던 것 중에서.

문법&용법
from the egg
came the hen
도치된 구문.
도치되기 전의
구는 the hen
came from the
egg

달걀

셔우드 앤더슨 (1876~1941, 미국) 지음
1921년 출간된 The Triumph of the Egg에 5번 째로 수록

한 마리 시키면 다리가 3개

어릴 때 우리집은 일주일에 한 번 치킨데이가 있었다. 주로 '림스 치킨'에서 시켜먹었는데, 한 마리를 시키면 다리가 3개 들어 있었다. 그 시절엔 한 마리에 다리를 3개 줬다. 가장 야들야들한 부위가 '다리'인데, 2만 주면 가족들이 싸울까 봐 그런 것일까?

닭의 크기가 작아 한 마리 반을 튀겨주기 때문이라는 이야기도 있고, 최근에는 판매 촉진을 위해서 다리를 하나 더 주기도 한다.

농담으로 다리만 3개, 5개인 치킨을 개발하면 떼부자가 될 것이라고 한다. 실제로 그런 돌연변이 병아리가 태어나기도 한다. 소설에 나온 것처럼 대부분은 금방 죽고, 가끔 닭이 될 때까지 살아남은 닭들은 유튜브에서 볼 수 있다. 진짜인지 조작인지는 모르겠다.

유전자 기술이 발달하면서 앞으로는 다리가 3개 넘게 있는 닭도 등장하지 않을까? 그런데 아무리 닭장 속에서 평생 자란다고 하지만, 그 닭에게 몹쓸 짓을 하는 것은 아닐까? 먹기 찝찝하지는 않을까?

개인적으로는 유전자 조작은 반대이고, 동물 복지를 위해서 초식동물들에게는 채소만 먹이고, 곡류나 동물을 먹이면 안 된다고 생각한다. 그리고 닭장에 가두기보다는 방사해서 키워서 살아있는 동안만이라도 자유롭고 행복하게 컸으면 좋겠다. 행복한 기분으로 만들어진 달걀이 더 건강하고, 먹는 사람도 더 건강하게 만들리라는 것은 지나친 상상일까?

어떤 행동이든 돌아오게 마련인데, 동물이나 식물에 대한 학대도 인간에게 돌아오리라고 생각한다.

Mike의 감상

병아리가 가까스로 닭이 됐는데, 스스로 바퀴에 깔려 죽으러 가는 모습, 10년의 실패 후에 레스토랑으로 기쁘게 떠나지만 왠지 쓸쓸한 모습, 대머리 아버지가 공연하고 뛰쳐 올라와 우는 모습 등 어떤 장면도 놓치기 아깝다. 마치 실제로 경험한 듯 세밀한 묘사가 정말 멋있었다. 소년의 시선으로 담담하지만 유쾌하고 감칠맛 나게 서술한다. 피식피식 웃음이 터졌다. 내 점수는 4.15.

나는 초등학교 6학년 때 병아리 3마리를 키웠었는데, 그중 한 마리는 닭이 됐다. 병아리와 닭은 완전히 다른 존재로, 그렇게 변하는 모습이 마치 '변신하는 것' 같았다. '삐약'소리밖에 못내던 것이 '꼬끼오'하고 우는 것도 신기했다. 중학교를 멀리 가면서 직접 키우지는 못했지만, 혼자서 외롭게 살다가 죽었지만, 그래서 2년간 치킨을 못 먹었지만, 인생에서 가장 기억에 남는 일 중의 하나이다.

왠지 쓸쓸해지는 진리인 People who have few possessions cling tightly to those they have. (적게 가진 사람들은 그들이 가진 것에 집착한다)와 아버지의 독특한 가치관이 보이는 말인 The grotesques were, he declared, valuable.(기괴한 것은 가치 있는 것이다)가 인상깊었다.

가장 웃겼던 것은 아버지가 가까스로 성공시키려는 찰나의 묘사였다. When the contents spurted over his clothes, Joe Kane, who had stopped at the door, turned and laughed. (달걀은 옷을 더럽혔고, 조 케인은 문 앞에 멈춰서, 돌아서서 웃었다)

<달걀>을 재미있게 읽었다면 이 책의 리뷰를 쓰면 무료로 주는 소설(p.508)도 재미있게 읽을 것이다. 그리고 셔우드 앤더슨의 다른 작품인 <숲속의 죽음 (3.65) Death in the Woods>도 추천한다.

Jack London
To Build a Fire, 1908

TOP 3
불 지피기

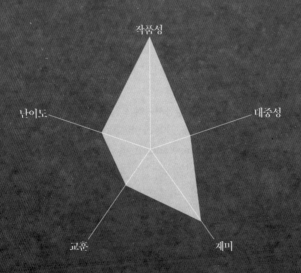

원어민 MP3
bit.ly/
3zk7kf

1

exceedingly	과도하게
trail	길
bank	더미
spruce	가문비나무
steep	가파른
pause	멈추다
hint of	~의 기미
intangible	형언할 수 없는
be used to	~에 익숙하다
peep	살짝 보이다
sky-line	지평선
dip	내려가다
roll	경사지다
undulation	파도 모양

2

mysterious	신비로운
tremendous	대단히
weirdness	이상한
significance	의미
impress	알려주다
frailty	약함
conjectural	추측
mitten	벙어리장갑
moccasin	모카신(가죽구두)
precisely	정확히
speculatively	시험 삼아
startle	놀라게 했다
spittle	침
undoubtedly	의심할 여지없이

3

bound for	~로 향했다
fork	갈래 길
round-about	우회로
protruding	튀어나온
agreeably	흐뭇하게
sop	적시다
inclose	둘러싸다
plunge	가파르게 내려가다
certainly	분명히
numb	감각이 없는
whiskered	구레나룻이 있는
eager	심한 추위의
aggressively	공격적으로
trot	빨리 걷다

4

thermometer	온도계
brute	동물
menacing	위협적인
subdue	복종하게 하다
shrink	위축되다
unwonted	특이한
shelter	대피처
burrow	파다
moisture	습기
settle on	자리 잡다
jowl	턱 아래의 살
likewise	마찬가지로
solidly	고체(딱딱)인
exhale	내쉬다
tobacco	담배
rigidly	굳게
chin	턱

expel	배출하다
amber	황색
brittle	상처 입기 쉬운
appendage	부속물

5

cold snap	한파
registered	기록된
stretch	뻗은
fork	개울이 나뉘는 곳
calculate	계산하다
droop	늘어뜨리다
furrow	고랑
plainly	분명히
muzzle	입주변
monotonously	단조롭게
amber	황색
reiterate	반복하다

6

numb	감각이 없어진
pang	고통
devise	계획하다
strapped	끈이 달린
keenly	예민하게
creek	샛강
note	주의하다
shy	주춤하다
retreat	후퇴하다
hillside	산비탈
snap	추위
hid	숨겼다
skin	표면
alternate	번갈아서

7

bare	드러내다
flow	흐름
skirt	둘러가다
gingerly	조심스럽게
chew	씹음
trap	함정
candied	움푹 들어간
close call	~할 뻔한 것
hang back	주저하다
floundered	당황해진
forefeet	앞발
prompting	자극
crypt	토굴

8

smote	엄청난 고통을 주다
savagely	사납게
bulge	돌출부
intervene	끼어있다
consumed	소모된
exposed	노출된
brief	짧은 순간
cease	중단시키다
mouthful	한 입
creep	올라오다, 기어오다

9

thresh	요동치다
reassured	다시 확실해진
proceed	계속 ~해나가다
undergrowth	덤불
seasoned	잘 건조된
roaring	맹렬한

thaw	녹이다
outwitted	선수 쳐진
singed	그슬리는
ear-flaps	귀 덮개
ignorant	모르는

10

snug	포근한
whence	~에서
intimacy	친밀감
toil	고생하다
caress	쓰다듬다
apprehension	우려
welfare	건강
whip-lash	채찍
amber	황색
eyebrow	눈썹
advertise	알려주다
founder	침수하다
crust	딱딱한 표면
imperative	반드시 해야 하는

11

turn aside	벗어나다
underbrush	덤불
trunk	줄기
seasoned	마른
shred	조각
melt	녹이다
bark	껍질
wisp	조각
twig	나뭇가지
keenly	예민하게
squat	쪼그리고 앉다

entanglement	얽힘
circulation	순환
sulphur	유황
sensation	감각

DAY had broken cold and gray, **exceedingly** cold and gray, when the man turned aside from the main Yukon **trail** and climbed the high earth-**bank**, where a dim and little-traveled trail led eastward through the fat **spruce** timberland. It was a **steep** bank, and he **paused** for breath at the top, excusing the act to himself by looking at his watch. It was nine o'clock. There was no sun or **hint of** sun, though there was not a cloud in the sky. It was a clear day, and yet there seemed an **intangible** pall over the face of things, a subtle gloom that made the day dark, and that was due to the absence of sun. This fact did not worry the man. He **was used to** the lack of sun. It had been days since he had seen the sun, and he knew that a few more days must pass before that cheerful <u>orb, due south, would just **peep**</u> above the **sky-line** and **dip** immediately from view.

The man flung a look back along the way he had come. The Yukon lay a mile wide and hidden under three feet of ice. On top of this ice were as many feet of snow. It was all pure white, **rolling** in gentle, **undulation**s where the ice-jams of the freeze-up had formed. North and south, as far as his eye could see, it was **unbroken** white, save for a dark hair-line that curved and twisted from around the **spruce**-covered island to the south, and that curved and twisted away into the north, where it disappeared behind another spruce-covered island. This dark hair-line was the trail—the main trail—that led five hundred miles to the Chilcoot Pass, Dyea, and salt water; and that led north seventy miles to Dawson, and still on to the north a thousand miles to Nulato, and finally to St. Michael on Bering Sea, a thou-

날은 새벽이 돼서 춥고 흐렸다/ (실은) **과도하게** 춥고 흐렸다,

그 남자가 유콘 대**로**에서 벗어났을 때. 그리고

높은 흙-**더미**를 올랐을 때/ 그곳에서 작은-여행한 (길의) 자취가

이끌었다/ 동쪽으로 넓은 **가문비나무(소나뭇과)** 삼림지대를 통과해서.

그것은 **가파른** 언덕이라서, 그는 꼭대기에 **멈춰서** 숨을 내쉬었다.

(쉬는) 행동을 변명하며/ 스스로에게/ 시계를 보는 것으로.

아침 정각 9시였다. 태양이 없었고, 태양이나 태양의 (나올) **기미**가 없었다,

하늘에는 구름도 없었지만. 그 날은 맑았다. 하지만,

형언할 수 없는 먹구름이 있는 것 같았다/ 그것들의 모습에는.

미묘한 우울함은 어두운 날을 만들었다, 그리고

그것은 태양이 없었기 때문이다. 이 사실은 그 남자를 걱정하게 하지 않았다.

그는 햇빛의 부족에 **익숙했다**. 며칠이 지났기에/ 그가

햇빛을 본 이후로, 그리고 그는 알았기에/ 2~3일 더 지나야 한다는 것을/

유쾌한 **구체(태양)**가, 정남 쪽으로, 단지 **살짝 보이기** 전에/

지평선 위로/ 그리고 즉시 시야에서 **내려가기** 전에.

남자는 그가 왔던 길을 따라갔다.

유콘로는 놓여있었다/ 1마일 폭으로(1.6km) 그리고 3피트(90cm) (두께의)

얼음 아래에 숨어 있었다. 이 얼음 위에는 수많은 피트(두께)의 눈이 있었다.

그것은 모두 순백색이었다. 부드럽게 **경사지고, 파도 모양으로**/ 그곳에 결

빙 지대의 얼음이-채워져 형성됐다. 북쪽과 남쪽,

그의 눈이 닿을 수 있는 만큼 멀리, 그것은 **계속되는** 백색이었다.

어두운 머리카락 굵기의-선을 제외하고/ 그것은 곡선을 이루고 꼬여있었다/

가문비나무가-덮은 섬을 남쪽까지. 그것은

북쪽으로 휘어져서 꼬여있었고, 그곳에서 그것은 사라졌다/

또 다른 가문비나무가-덮은 섬 뒤로. 이 짙은

선은 그 길이었다—그 주요 길인—그것은 남쪽으로 이끌었다/ 500

마일(804km) 떨어진 칠쿠트 패스(알래스카 산의 고개)로, 다이 해안,

바닷물로. 그것은 북쪽으로 70마일 떨어진 도슨으로, 그리고 더욱 멀리 계속

북쪽으로 1천 마일 떨어진 눌라토로, 그리고 마침내 세인트 마이클로, 베

문법&용법
<u>orb, due south,</u>
<u>would just peep</u>
orb(구체)가 보는
것(peep)이 아니
라 보여지는 깃(be
peeped)으로 쓰
여야 할 것 같지만,
쉬운 의미의 자동사
상당수는 be없이
도 '수동'으로 해석
될 수 있다.

sand miles and half a thousand more.

But all this—the **mysterious**, far-reaching hair-line trail, the absence of sun from the sky, the **tremendous** cold, and the strangeness and **weirdness** of it all—made not impression on the man. It was not because he was long used to it. He was a new-comer to the land, a chechaquo, and this was his first winter. The trouble with him was that he was without imagination. He was quick and alert in the things of life, but only in the things, and not in the **significance**s. Fifty degrees below zero meant eighty-odd degrees of frost. Such fact **impressed** him as being cold and uncomfortable, and that was all. It did not lead him to meditate upon his **frailty** as a creature of temperature, and upon man's **frailty** in general, able only to live within certain narrow limits of temperature; and from there on it did not lead him to the **conjectural** field of immortality and man's place in the universe. Fifty degrees below zero stood for a bite of frost that hurt and that must be guarded against by the use of **mitten**s, ear-flaps, warm **moccasin**s, and thick socks. Fifty degrees below zero was to him just **precisely** fifty degrees below zero. That there should be anything more to it than that was a thought that never entered his head.

As he turned to go on, he spat **speculatively**. There was a sharp, explosive crackle that **startled** him. He spat again. And again, in the air, before it could fall to the snow, the **spittle** crackled. He knew that at fifty below spittle crackled on the snow, but this spittle had crackled in the air. **Undoubtedly** it was colder than fifty below—how much colder he did not know. But the temperature did not

링 해협에 있는, 1,500마일 더 가서.

하지만 이 모든 것은-**신비롭고**, 멀리-다다르는 머리-굵기의 길에서,

하늘에 태양도 없었고, **대단히** 춥고,

모든 것의 이상함과 **괴상함**은—그 남자에게 어떤 영향도 끼치지 않았다.

그것은 그가 오랫동안 그것에 익숙했기 때문이 아니다.

그는 처음 온 사람이다/ 그 땅에, 체차쿠오라고 불리는, 그리고 이것은

그의 첫 번째 겨울이었다. 그의 문제는/ 그가

상상력이 없었다는 것이다. 그는 인생의 것들에 있어서 빨랐고 준비됐었다,

하지만 오직 (표면적인) 것에 있어서였고, 그것들의 **의미**에서는 아니었다.

(화씨) 영하 50도는 (섭씨) 영하 80도를 의미했다.

그런 사실들은 그에게 **알려줬다**/ 그것이 춥고 불편할 것이고,

그리고 그게 전부였다. 그것은 그를 이끌지 않았다/ 그의

약한 점을 생각하도록/ 온혈동물로서. 그리고 사람의 일반적인 **약함**에 대

해, 살아갈 수 있는지/ 오직 좁은 폭의 한계의 더위와 추위에서;

거기서부터, 그것은 그를 이끌지 않았다/

불멸의 **추측** 장소로/ 우주에서의 사람의 위치로.

영하 50도는 동상을 의미했다/

동상은 아프게 하고/ 보호돼야만 한다는 것을/

벙어리 장갑을 사용해서, 귀 덮개와, 따뜻한 **모카신 (가죽구두)**, 그리고 두꺼운

양말로. 영하 50도는 그에게 단지 **정확히** 0도에서 50도 밑이라는 것을 의미

했을 뿐이다. 뭔가가 더 있어야만 했다/ 거기에는

그의 머리에 절대 들어가지 않았던 어떤 생각보다.

그가 몸을 돌려 가려고 했을 때, 그는 **시험 삼아** 침을 뱉었다.

날카롭게, 터지며 금가는 소리가 그를 **놀라게 했다**. 그는 다시 침 뱉었다.

그리고 또다시, 공기 중에서, 그것들이 눈으로 떨어질 수 있기 전에,

침은 소리 내며 부서졌다. 그는 알았다/영하 50도에서 침은

눈 위에서 부서진다는 것을/ 하지만 이 침은 공기 중에서 부서졌다.

의심할 여지 없이 그것은 영하 50도보다 더 추웠다—(정확히) 얼마나 더

추운지 그는 알지 못했다. 그러나 그 온도는

matter. He was **bound for** the old claim on the left **fork** of Henderson Creek, where the boys were already. They had come over across the divide from the Indian Creek country while he had come the **round-about** way to take a look at the possibilities of getting out logs in the spring from the islands in the Yukon. He would be in to camp by six o'clock; a bit after dark, it was true, but the boys would be there, a fire would be going, and a hot supper would be ready. As for lunch, he pressed his hand against the **protruding** bundle under his jacket. It was also under his shirt, wrapped up in a handkerchief, and lying against the naked skin. It was the only way to keep the biscuits from freezing. He smiled **agreeably** to himself as he thought of those biscuits, each cut open and **sop**ped in bacon grease, and each **inclosing** a generous slice of fried bacon.

He **plunged** in among the big spruce-trees. The trail was faint. A foot of snow had fallen since the last sled had passed over, and he was glad he was without a sled, traveling light. In fact, he carried nothing but the lunch wrapped in the handkerchief. He was surprised however, at the cold. It **certainly** was cold, he concluded, as he rubbed his **numb** nose and cheek-bones with his mittened hand. He was a warm-**whiskered** man, but the hair on his face did not protect the high cheek-bones and the **eager** nose that thrust itself **aggressively** into the frosty air.

At the man's heels **trotted** a dog, a big native husky, the proper wolf-dog, gray-coated and without any visible or temperamental difference from its brother, the wild wolf. The animal was depressed by the tremendous cold. It knew

문제 되지 않았다. 그는 **향했다**/ 오래된 캠프로/ 핸더슨 수로의 왼쪽 **갈래로**,

그곳에 그 소년들은 이미 있을 것이다. 그들은

우연히 만났다/ 인디언 수로 지역에서부터 갈라지는 곳을 건너면서/

반면에 그는 **우회로**로 왔다/ 보기 위해/

5 혹시라도 떠다니는 통나무배를/ 봄에

유콘 섬에 있는. 그는 저 밤에 6시까지 캠프에 (도착해)있으려고 했다;

약간 어두워진 후에, 그렇게 되겠지만, 아이들은 거기에 있을 것이고,

난로는 타오르고, 뜨거운 식사가 준비될 것이었다.

그가 점심에 대해 생각할 때, 그는 자기 손을 눌렀다/ 그의 상의에 **튀어나온**

10 포장물에. 그것은 또한 그의 셔츠 안쪽에 있었고,

손수건으로 싸여있었다, 그리고 (따뜻하게 하려고) 맨피부에 놓여있었다.

그것이 단 하나의 방법이었다/ 비스킷을 얼지 않게 하는. 그는 혼자

흐뭇하게 웃었다/ 그가 저 비스킷 조각들을 생각했을 때, 각각의

조각을 열어서 베이컨 기름에 **적시고**, 각각을 **둘러쌌다**/

15 넉넉한 조각의 튀긴 베이컨으로.

그는 **가파르게 내려갔다**/ 큰 가문비나무 사이에서. 그 길은

희미해졌다. 12인치의 눈이 내렸다/ 마지막 썰매가

지나간 이후에. 그는 썰매가 없어서 기뻤다,

가볍게 여행하므로. 사실, 그는 손수건에 싸인 점심 외에는 어떤 것도 들지

20 않았다. 하지만, 그는 그 추위에 놀랐다.

그것은 **분명히** 추웠다, 그는 결심했다, 그가 **감각이 없는**

코와 광대뼈를 문지를 때/ 그의 벙어리장갑을 낀 손으로. 그는

따뜻한-**구레나룻이 있는** 남자였다, 하지만 그 얼굴의 머리는 보호하지는

않았다/ 높은 광대뼈나 **심한 추위의** 코를/ 그것은 스스로 **공격적으로** 찔

25 러댔다/ 서리 내리는 공기로.

남자의 발꿈치에 **빨리 걷는** 개가 있었다, 그 지역의 큰 허스키 견이있는데,

완전히 늑대-개였고, 회색 털이-덮였고, 어떤 보이는

또는 기질적인 차이가 없었다/ 그것의 형제인, 야생 늑대와는.

그 동물은 의기소침했다/ 엄청난 추위 때문에. 그것은 알았다/

that it was no time for traveling. Its instinct told it a truer tale than was told to the man by the man's judgment. In reality, it was not merely colder than fifty below zero; it was colder than sixty below, than seventy below. It was seventy-five below zero. Since the freezing-point is thirty-two above zero, it meant that one hundred and seven degrees of frost obtained. The dog did not know anything about **thermometer**s. Possibly in his brain there was no **sharp** consciousness of a condition of very cold such as was in the man's brain. But the **brute** had its instinct. It experienced a vague but **menacing** apprehension that **subdue**d it and made it **shrink** along at the man's heels, and that <u>made it question</u> eagerly every **unwonted** movement of the man as if expecting him to go into camp or to seek **shelter** somewhere and build a fire. The dog had learned fire, and it wanted fire, or else to **burrow** under the snow and cuddle its warmth in the confined space.

The frozen **moisture** of its breathing had **settled on** its fur in a fine powder of frost, and especially were its **jowl**s, **muzzle**, and eyelashes whitened by its crystalled breath. The man's red beard and mustache were **likewise** frosted, but more **solidly**, the deposit taking the form of ice, and increasing with every warm, moist breath he **exhaled**. Also, the man was chewing **tobacco**, and the muzzle of ice held his lips so **rigidly** that he was unable to clear his **chin** when he **expel**led the juice. The result was that a crystal beard of the color and solidity of **amber** was increasing its length on his chin. If he fell down it would shatter itself, like glass, into **brittle** fragments. But he did not mind the **appendage**.

지금이 여행을 위한 시기는 아니라고. 그것의 본능은 더 진실의

이야기에 가까웠다/ 남자가 판단했다고 말한 것보다.

사실은, 실제로, 단지 영하 50도보다 더 추운 것이 아니었다; 그것은

더 추웠다/ 60도나, 70도보다도. 그것은 영하 75도였다.

얼어붙는 온도가 (화씨) 영상 32도였기에,

그것은 의미했다/ (섭씨) 영하 107도가 됐다는 것을.

개는 어떤 것도 알지 못했다/

온도계에 관해서는. 아마도 그의 뇌 속에서/ **뚜렷한**

생각은 없었을 것이다/ 몹시 춥다는 것의/

사람의 뇌 속에서처럼. 하지만 그 **동물**은 본능을 가졌다. 그것은

경험했다/ 흐리지만 **위협적인** 우려를/ 저것은 그 개가 **복종하게** 했다/

그리고 **위축되게** 했다/ 사람의 뒤꿈치에서, 그리고 저것은

개가 간절히 궁금하게 만들었다/ 사람의 **특이한** 움직임에/

마치 그가 캠프 안으로 들어가기를 기대하거나/ **대피처**를 찾아가기를/

어딘가/ 그리고 불을 지피기를. 그 개는 불에 대해 배웠었다, 그리고

불을 원했다. 그렇지 않았다면, 스스로 (땅을) **파려고** 했을 것이다/ 눈 안쪽으

로/ 그리고 그것의 따뜻함에 움츠렸을 것이다/ 좁은 공간에서.

그것이 숨 쉴 때 나오는 **습기**는 얼어붙어서 **자리 잡았다**/ 그것의

털에/ 미세한 얼음 가루로. 그리고 특히 **턱 아래의** 살과,

코와 주둥이, 그리고 속눈썹이/ 하얗게 됐다/ 그것의 수정화 된 숨결로.

남자 얼굴의 붉은 턱수염과 콧수염도 마찬가지로 얼어붙었다,

하지만 더 **고체(딱딱)였다**. 쌓인 것은 얼음 형태를 취했고/

더 커졌다/ 따뜻하고, 축축한 숨결이 입에서 **나올** 때마다. 또한,

남자는 **담배**를 씹고 있었는데, 주둥이의 얼음은

그의 입술이 아주 **굳게** 서로 다물게 했다/ 그래서 그는 **턱**을 깨끗하게 할 수

없었다/ 그의 입에서 즙을 **배출했을** 때. 그 결과로 얼어붙은 턱수염에

황색의 고체가 키워가고 있었다/ 그것의 길이를/

그의 턱에. 그가 넘어졌다면 그것이 산산이 조각났을 것이다, 마치 유리처럼,

상처 입기 쉬운 조각이 돼서. 하지만 그는 거리끼지 않았다/ 그 **부속물**을.

It was the penalty all tobacco-chewers paid in that country, and he had been out before in two **cold snap**s. They had not been so cold as this, he knew, but by the spirit thermometer at Sixty Mile he knew they had been **registered** at fifty below and at fifty-five.

He held on through the level **stretch** of woods, for several miles, crossed a wide flat of river stones, and dropped down a **bank** to the frozen bed of a small stream. This was Henderson Creek, and he knew he was ten miles from the **fork**s. He looked at his watch. It was ten o'clock. He was making four miles an hour, and he **calculate**d that he would arrive at the forks at half-past twelve. He decided to celebrate that event by eating his lunch there.

The dog dropped in again at his heels with a tail **drooping** discouragement as the man swung along the creek-bed. The **furrow** of the old sled-trail was **plainly** visible, but a dozen inches of snow covered the marks of the last runners. In a month no man had come up or down that silent creek. The man held steadily on. He was not much given to thinking, and just then particularly he had nothing to think about save that he would eat lunch at the forks and that at six o'clock he would be in camp with the boys. There was nobody to talk to; and, had there been, speech would have been impossible because of the ice-**muzzle** on his mouth. So he continued **monotonously** to chew tobacco and to increase the length of his **amber** beard.

Once in a while the thought **reiterate**d itself that it was very cold and that he had never experienced such cold. As he walked along he rubbed his cheek-bones and nose with

그것은 벌금이었다/ 모든 담배-씹는 사람들이 저 지역에서 지불하는,
그리고 그는 전에 나왔었다/ 두 번의 (이런) **한파**에. 그것들은
지금처럼 많이 춥지는 않았다, 그가 알기로는. 하지만 알코올 온도계에 의
해/ 식스티 마일이라는 곳에서/ 그는 알았다/ 그것들이 **기록되었다**고/

5 영하 50도나 영하 55도라고.
그는 평평하게 **뻗은** 숲을 계속해서 갔다/ 4~5마일(6.5~8km)을,
넓은 평평한 강변의 돌을 건너, 그리고
둑을 내려갔다/ 얼어붙은 작은 개울 길로. 이것은

헨-더슨 수로였고/ 그는 알았다/ 10마일 떨어졌다고/

10 **개울이 나뉘는 곳**에서부터. 그는 시계를 봤다. 10시 정각이었다. 그는
여행하는 중이었다/ 1시간에 4마일 정도를. 그리고 그는 **계산했다**/ 그가
도착할 것이라고/ 개울이 나뉘는 곳에/ 12시 30분에. 그는 결심했다/
점심을 먹으리라고/ 그곳에 도착하면.
개는 다시 그의 발꿈치를 쫓아갔다, 그것의 꼬리를 **늘어뜨리며**

15 낙심해서/ 남자가 선회할 때/ (얼어붙은) 샛강-바닥을 따라.
오래된 썰매(가 지나간) **고랑**이 **분명히** 보였지만,
12인치(30cm)의 눈이 덮였다/ 마지막으로 달려간 것들의 자취들을.
한 달 동안 어떤 사람도 오르거나 내려가지 않았다/ 저 조용한 샛강을.
남자는 꾸준히 나아갔다. 그는

20 생각할 것이 많지 않았다, 그리고 저 순간에/ 특히 그가 살아남는 것에 대해
어떤 생각도 가지지 않았다/ 그가 점심을 먹으리라는 것을 제외하고/ 개울이
나뉘는 곳에서/ 그리고 6시 정각에 그는 소년들과 캠프에 있으리라는 것을
(제외하고). 그곳에는 누구도 말을 건넬 사람이 없었다; 그리고, 그곳에는, 말
하는 것이 가능하지 않았다/ **입 주변**이 얼어붙었기 때문에.

25 그래서 그는 계속해서 **단조롭게** 담배를 씹었다/
그리고 **황색** 턱수염의 길이를 증가시켰다.
이따금 그 생각이 저절로 **반복됐다**/ 날씨가
몹시 추웠다는 것(생각)과 그는 절대 그런 추위는 경험하지 못했다는 것
이. 그가 걸었을 때/ 그는 광대뼈와 코를 문질렀다/

the back of his mittened hand. He did this automatically, **now and again** changing hands. But rub as he would, the instant he stopped, his cheek-bones went **numb**, and the following instant the end of his nose went numb. He was sure to frost his cheeks; he knew that, and experienced a **pang** of regret that he had not **devise**d a nose-strap of the sort Bud wore in cold snaps. Such a **strap** passed across the cheeks, as well, and saved them. But it didn't matter much, What were frosted cheeks? A bit painful, that was all; they were never serious.

Empty as the man's mind was of thoughts, he was **keenly** observant, and he noticed the changes in the **creek**, the curves and bends and timber-jams, and always he sharply **noted** where he placed his feet. Once, coming around a bend, he **shied** abruptly, like a startled horse, curved away from the place where he had been walking, and **retreat**ed several paces back along the trail. The creek he knew was frozen clear to the bottom,—no creek could contain water in that **arctic** winter,—but he knew also that there were springs that bubbled out from the **hillside**s and ran along under the snow and on top the ice of the creek. He knew that the coldest **snap**s never froze these springs, and he knew likewise their danger. They were traps. They **hid** pools of water under the snow that might be three inches deep, or three feet. Sometimes a **skin** of ice half an inch thick covered them, and **in turn** was covered by the snow. Some- times there were **alternate** layers of water and ice-skin, so that when one broke through he kept on breaking through for a while, sometimes wetting himself to the waist.

벙어리 장갑낀 손 뒤쪽으로. 그는 이것을 무의식중에 했다,
이따금 손을 바꿔가며. 하지만, 그가 계속 문지르는 중에,
순간 그는 멈췄다, 그의 광대뼈가 **감각이 없어졌다.** 그리고
즉시 잇따라서 코끝의 감각이 없어졌다. 그는

5 확신했다/ 그의 뺨이 얼었다고; 그는 저것을 알았고/
후회의 **고통**을 경험했다/ 그가 코를-덮을만한 것을 **계획하지** 않은 것을/
버드가 입었던/ 날씨가 추울 때. 그런 **끈이 달려서**
뺨을 지나, 또한, 그것들(코와 광대뼈)을 구해줬다. 하지만 그것은 많이 중
요한 것은 아니었다. 뺨이 언 게 뭐 어때? 조금 고통스럽지만, 그게 다야.

10 절대 심각한 일은 아니었다.
남자의 정신이 생각하는 것에서 텅 비었기 때문에, 그는 어느 때보다도 **예민**
하게 관찰했다. 그는 알아챘다/ 그 **샛강**이 변하는 것을, 그
곡선과 굽은 것을, 나무-숲을, 그리고 항상 그는 빈틈없이
주의했다/ 그가 발을 놓는 장소에. 한번은, 굽은 곳 주변에 왔을 때,

15 그는 갑자기 **주춤했다**, 어떤 놀란 말처럼. 그가 휘어진 길을 갔을 때/
그 장소로부터/ 그곳에서 그는 걷고 있었고/ 4~5걸음을 **후퇴했**다/
길을 따라. 그는 알았다/ 그 샛강이 밑바닥까지 분명히
얼었다는 것을. 어떤 샛강도 (얼지 않은) 물을 가질 수 없었다/
저런 **북극의** 겨울에는. ―하지만 그는 또한 알았다/

20 개울물이 부글부글 나온다는 것을/ **산비탈**로부터/ 그리고 흘러갔다/
눈 밑으로/ 그리고 개울의 표면 얼음 위로. 그는 알았다/
저것은 심지어 가장 차가운 **추위**에도 이 샛강들은 절대 얼지 않는다는 것을,
그리고 그는 마찬가지로 그들의 위험을 알았다. 그것들은 덫이었다. 그것들은
물웅덩이들을 **숨겼다**/ 그 눈 밑에/ 그 눈은 3인치(7.6cm)거나

25 3피트(90cm) 깊이가 될지도 모른다. 때때로 얼음 **표면**은 1인치의 절반
(1.3cm) 두께로 그것들을 덮었고, **번갈아서** (그 위에) 눈이 덮여 있었다.
때때로 물과 얇은 얼음이 번갈아 간 층이 있었다, 그래서
사람이 뚫고 갈 때/ 잠시 동안 그는 많이 젖게 될 수 있다,
때때로 허리 높이까지 젖으면서.

That was why he had **shi**ed in such panic. He had felt the give under his feet and heard the crackle of a snow-hidden ice-skin. And to get his feet wet in such a temperature meant trouble and danger. **At the very least** it meant delay, for he would be forced to stop and build a fire, and under its protections to **bare** his feet while he dried his socks and moccasins. He stood and studied the creek-bed and its banks, and decided that the **flow** of water came from the right. He **reflect**ed awhile, rubbing his nose and cheeks, then **skirt**ed to the left, stepping **gingerly** and testing his footing for each step. Once clear of the danger, he took a fresh **chew** of tobacco, and swung along at his four-mile **gait**.

In the course of the next two hours he came upon several similar **trap**s. Usually the snow above the hidden pools had a sunken, **candied** appearance that advertised the danger. Once again, however, he had a **close call**; and once, suspecting danger, he compelled the dog to go on in front. The dog did not want to go. It **hung back** until the man shoved it forward, and then went quickly across the white, unbroken surface. Suddenly it broke through, **floundered** to one side, and got away to firmer footing. It had wet its **forefeet** and legs, and almost immediately the water that clung to it turned to ice. It made quick efforts to lick the ice off its legs, then dropped down in the snow, and began to bite out the ice that had formed between the toes. This was a matter of instinct. To permit the ice to remain would mean sore feet. It did not know this. It merely obeyed the mysterious **prompting** that arose from the deep **crypt**s of its

저것은 그가 그렇게 놀라서 **주춤한** 이유이다. 그는 느꼈다/
얼음이 발밑에 있는 것을/ 그리고 들었다/ 눈이-숨긴 얼음 표면이 부서지
는 소리를. 그리고 발이 젖는 것은/ 그런 온도에서는/
문제나 위험을 의미했다. **아무리 못해도** 그것은 (걷는 것이) 지연됨을 의
미했다, 왜냐하면 그는 강요받기 때문에/ 멈춰서 불 피우는 것을. 그리고
오직 그것(불)의 보호 아래에서만/ 그는 발을 **드러낼** 수 있다/ 그가 말리
는 동안/ 양말과 모카신을. 그는 서서 그 샛강-바닥과
둑을 관찰했다. 그는 판단했다/ **흐르는** 물이 오고 있다고/
오른쪽에서. 그는 잠시동안 **생각했다**, 그의 코와 얼굴을 문지르면서.

그리고 나서 그는 왼쪽으로 **둘러갔다**, 조심스럽게 확인하면서
매 걸음을 디뎠다/ 한번 그 위험에서 벗어난 이후에, 그는
새로운 담배를 **씹었고**, 돌아갔다/ (한 시간에) 4-마일
걸음걸이로.
다음의 2시간 동안/ 그는 마주했다/
4~5번의 비슷한 함정을. 보통 눈은 숨겨진
웅덩이들 위에서 가졌다/ **움푹 들어간** 모습을, (눈이) 코팅된 모습이 그
위험을 알려줬다. 하지만, 한번 다시 그는 **떨어질 뻔했다**/ 그리고 한번은,
위험을 느끼고, 개를 앞서가도록 했다.
개는 가고 싶지 않아 했다. 그것은 **주저했다**/ 남자가
그것을 앞으로 밀 때까지. 그리고 나서 그것은 빠르게 갔다/ 하얗고,
부서지지 않은 표면을. 갑자기 그것은 얼음 밑으로 떨어졌지만, **당황하며**
다른 편으로 갔고, 도망쳤다/ 더 단단하게 디디는 곳으로. 그것은 개의
앞발과 다리를 젖게 했다. 그리고 거의 즉시 저것이
매달려 있던 그 물은 얼음으로 변했다. 개는 빠르게 노력을 기울였다/
다리의 얼음을 핥아 떼어내며, 그리고 나서 눈에 누워서/
얼음을 물어서 빼내기 시작했다/ 발가락 사이에 형성된. 이것은
본능의 문제였다. 얼음이 남도록 놔두는 것은
아픈 발이 될 것이라는 뜻이다. 개는 이것을 알지는 못했다. 그것은 단지 그
기이한 **자극**에 순종할 뿐이었다/ 깊은 **토굴**에서 발생(본능)하는/ 그것의

being. But the man knew, having achieved the judgment on the subject, and he removed the mitten from his right hand and helped tear out the ice-particles. He did not expose his fingers more than a minute, and was astonished at the swift numbness that **smote** them. It certainly was cold. He pulled on the mitten hastily, and beat the hand **savagely** across his chest.

At twelve o'clock the day was at its brightest. Yet the sun was too far south on its winter journey to clear the horizon. The **bulge** of the earth **intervene**d between it and Hender-son Creek, where the man walked under a clear sky at noon and cast no shadow. At half past twelve to the minute he arrived at the forks of the creek. He was pleased at the speed he had made. If he kept it up, he would certainly be with the boys by six. He unbuttoned his jacket and shirt and drew forth his lunch. The action **consumed** no more than a quarter of a minute, yet in that **brief** moment the numbness laid hold of the **exposed** fingers. He did not put the mitten on, but, instead, struck the fingers a dozen sharp smashes against his leg. Then he sat down on a snow-covered log to eat. The sting that followed upon the striking of his fingers against his leg **cease**d so quickly that he was startled. He had had not chance to take a bite of biscuit. He struck the fingers repeatedly and returned them to the mitten, baring the other for the purpose of eating. He tried to take a **mouthful** but the ice-muzzle prevented. He had forgotten to build a fire and thaw out. He chuckled at his foolishness, and as he chuckled he noted the numbness **creep**ing into the exposed fingers. Also, he noted that the stinging which

존재(살기 위한)의. 그러나 남자는 알았다, 그 대상에 대한 판단을 이루면서, 그는 제거했다/ 오른손의 벙어리 장갑을/

그리고 도왔다/ 개가 얼음-조각을 빼내는 것을. 그는 드러낼 수 없었다/ 그의 손가락을/ 일 분 이상, 그리고 놀랐다/ 빠르게

감각들이 사라지는 것에/ 그것들에게 **엄청난 고통을 주며**. 그것은 분명히 차가웠다. 그는 벙어리 장갑을 빠르게 입었고/ 가슴 쪽으로 손을 **사납게** 쳤다.

12시 정각에/ 그 날은 가장 밝았다. 하지만 태양은 너무 먼 남쪽에 있어서 (그 겨울 여행에서) 지평선을 맑게 하지 못했다.

지면의 **돌출부**가 그것과 헨더슨 수로 사이에 **끼어**있었고, 그곳에서 사람은 12시의 맑은 하늘 아래에서 걸었다/ 그림자를 드리우지 않고. 12시 30분에, 그 분(때)에, 그는 도착했다/ 샛강의 갈라진 곳에. 그는 기뻤다/ 그가 해낸 속도에. 그가 계속 간다면, 분명히 그 아이들과 함께할 것이다/ 6시에는. 그는 외투와 셔츠의 단추를 풀렀고/ 그의 점심을 끌어들였다. 그 행동은 15초보다 더 **걸리지** 않았다, 하지만 저 **짧은 순간**에/ 무감각이 그의 **노출된** 손가락을 건드렸다. 그는 벙어리장갑을 입지 않았다, 하지만 대신에, 손가락으로 쳤다/ 12번을 무자비하게 부딪히도록 그의 다리에. 그리고 나서 그는 먹기 위해 앉았다/ 눈-덮인 통나무에. 따끔거리는 고통은 (그 고통은 따라왔다/ 다리에 손가락을 치는 것을) **중단시켰다**/ 아주 **빠르게**/ 그래서 그는 무서웠다. 그는 시간을 가지지 못했다/ 그의 비스킷을 한 입 먹을 정도로. 그는 손가락을 반복해서 쳤고/ 그것들을 장갑 속에 돌려놨다, 다른 쪽 손을 드러내면서/ 먹기 위한 목적으로. 그는

한 입 가져가려 했지만, 입 주변의 얼음이 (그를) 막았다. 그는 잊었다/ 불을 피우고 녹이는 것을. 그는 스스로 어리석음에 웃었다, 그리고 그가 웃었을 때, 그는 알았다/ 무감각함이 그의 맨 손가락에 **올라온** 것을. 또한, 그는 알았다/ 그 따끔거림은 (그것은

had first come to his toes when he sat down was already passing away. He wondered whether the toes were warm or numb. He moved them inside the moccasins and decided that they were numb.

He pulled the mitten on hurriedly and stood up. He was a bit frightened. He stamped up and down until the stinging returned into the feet. It certainly was cold, was his thought. That man from Sulphur Creek had spoken the truth when telling how cold it sometimes got in the country. And he had laughed at him at the time! That showed one must not be too sure of **things**. There was no mistake about it, it was cold. He strode up and down, stamping his feet and **thresh**ing his arms, until **reassured** by the returning warmth. Then he got out matches and **proceed**ed to make a fire. From the **undergrowth**, where high water of the previous spring had lodged a supply of **seasoned** twigs, he got his fire-wood. Working carefully from the small beginning, he soon had a **roaring** fire, over which he **thaw**ed the ice from his face, and in the protection of which he ate his biscuits. For the moment the cold of space was **outwitted**. The dog took satisfaction in the fire, stretching out close enough for warmth and far enough away to escape being **singed**.

When the man had finished, he filled his pipe and took his comfortable time over a smoke. Then he pulled on his mittens, settled the **ear-flaps** of his cap firmly over his ears, and took the creek trail up the left fork. The dog was disappointed and yearned back toward the fire. This man did not know cold. Possibly all the generations of his ancestry had been **ignorant** of cold, of real cold, of cold one

먼저 그의 발가락에 왔다/ 그가 앉았을 때) 이미

사라져 버렸다는 것을. 그는 궁금했다/ 발가락이 따뜻해진 것인지

감각이 없는 것인지. 그는 움직였다/ 그것들을 그의 모카신 안에서/ 그리

고 판단했다/ 그것들은 감각이 없다고.

5 그는 서둘러 장갑을 끼고 일어섰다. 그는

다소 두려웠다. 그는 강하게 발을 굴렀다/ 그 아픈 감각이

발에 돌아올 때까지. 그것은 분명히 차가웠다, 그의 생각에.

유황 수로에서 온 어떤 남자는 그 진실을 말했다/

때때로 날씨가 얼마나 추워지는지 말했을 때/ 이 지역에서. 그리고 그는

10 그때 그를 향해 웃었다! 저것은 보여준 것이었다/ 누군가가

상황에 대해 너무 확신하지 않아야 한다는 것을. 그것에 대해서는 실수가 없

었고, 몹시 추웠다. 그는 성큼성큼 위아래로 걸었다, 그의 발을 구르고 팔을 **요

동치**면서, **다시 확실해질 때까지**/ 그 따뜻함이 돌아옴에 의해.

그리고 나서 그는 가져갔다/ 약간의 성냥을/ 그리고 **계속해서** 불을 만들

15 려고 했다. **덤불**로부터, 이전 봄의 높은 수위의 물은

남겼다/ **잘 건조된** 나뭇가지의 공급을, 그는

장작이 생겼다. 작은 시작에서부터 조심스럽게 작업하며, 그는

곧 가졌다 **맹렬한** 불을. 불 위로 (몸을) 굽혀서, 그는 **녹였다**/

그의 얼굴의 얼음을, 불의 따뜻함의 보호와 함께/ 그는 비스킷을 먹었다.

20 잠시 동안, 그 추운 공간은 **선수 쳐졌다**. 개는 만족했다/

불 속에서, 쭉 뻗으면서/ 충분히 따뜻할 만한 거리에서/

그리고 충분히 멀리 떨어져서/ **그슬리는** 것으로부터 도망칠 수 있도록.

남자가 (먹는 것을) 끝냈을 때, 파이프를 채우고/

편안한 시간을 가졌다/ 담배를 피우며. 그러고 나서 그는 당겨입었다/

25 그의 벙어리장갑을, 그의 모자의 **귀 덮개**를 귀 위에 단단하게 정돈했다,

그리고 가져갔다/ 샛강의 왼쪽 갈래를/ 개는

떠나기를 주저했고/ 불을 향해 돌아가길 갈망했다. 이

남자는 추위를 잘 몰랐다. 아마도 그의

조상 중 누구도 **몰랐**을 것이다/ 추위를, 진짜 추위는,

91   불 지피기

hundred and seven degrees below freezing-point. But the dog knew; all its ancestry knew, and it had **inherited** the knowledge. And it knew that it was not good to walk abroad in such fearful cold. It was time to lie **snug** in a hole in the snow and wait for a curtain of cloud to be drawn across the face of outer space **whence** this cold came. On the other hand, there was no keen **intimacy** between the dog and the man. The one was the **toil**-slave of the other, and the only **caress**es it had ever received were the caresses of the whip-lash. So the dog made no effort to communicate its **apprehension** to the man. It was not concerned in the **welfare** of the man; it was for its own sake that it **yearn**ed back toward the fire. But the man whistled, and spoke to it with the sound of **whip-lash**es and the dog swung in at the man's heels and followed after.

The man took a chew of tobacco, and proceeded to start a new **amber** beard. Also, his moist breath quickly powdered with white his mustache, **eyebrow**s, and lashes. There did not seem to be so many springs on the left fork of the Henderson, and for half an hour the man saw no signs of any. And then it happened. At a place where there were no signs, where the soft, unbroken snow seemed to **advertise** solidity beneath, the man broke through. It was not deep. He wet himself half-way to the knees before he **founder**ed out to the firm **crust**.

He was angry, and cursed his luck aloud. He had hoped to get into camp with the boys at six o'clock, and this would delay him an hour; for he would have to build a fire and dry out his foot-gear. This was **imperative** at that low temperature—he knew that much; and he **turned aside** to the bank,

영하 107도라는. 하지만 그

개는 알았고/ 그것의 조상들도 알았다. 그리고 그것은 저 지식을 **상속받았**

다. 그리고 그것은 알았다/ 밖에서 걷는 것은 좋지 않다고/

이런 매서운 추위에서는. 그때는 누워있을 때였다/ 눈 속의 **포근한** 구멍에

5   서/ 그리고 기다리는 것이다/ 구름 장막이 걷히기를/

바깥 공간의 표면을 건너도록/ 이 추위가 온 곳**에서**. 반면에,

어떤 간절한 **친밀감**은 없었다/ 개와 남자 사이에.

하나는 다른 하나의 **고생하는**-노예였다, 그리고 오직

쓰다듬어졌다/ 그것이 받아왔던/ 채찍질의 쓰다듬으로.

10   그래서 개는 어떤 노력도 만들지 않았다/ 그것의 **우려**를

남자에게 알리기 위해서. 그것은 걱정하지 않았다/ 남자의 **건강**에 대해.

그것은 자신의 이유 때문이었다/ 그 불 쪽으로 향해 **그리워한** 것은.

하지만 그 남자는 휘파람을 불었고, 그것에게 말했다/

채찍 소리와 함께/ 그리고 그 개는 다가갔다/ 남자의

15   발꿈치 가까이에서/ 그리고 그를 따랐다.

남자는 담배를 입에 씹으며, 시작했다/

새로운 **황색** 수염을. 또한, 그의 축축한 숨결은 빠르게 가루를 날렸다/

그의 콧수염과, **눈썹**, 그리고 속눈썹을 하얗게. 그곳에는

많은 물웅덩이가 있는 것 같지 않았다/ 핸더슨 수로의 왼쪽 갈래 길에,

20   그리고 30분 동안 남자는 어떤 징후도 보지 못했다. 그러고 나서

그것이 발생했다. 어떤 징후도 없는 장소에서,

부드럽고 부서지지 않는 눈이 보이는 곳에서/ 밑이 단단하다고 **알려주는**

것처럼, 남자는 뚫고 나갔다. 그것은 깊지 않았다. 그는 스스로

무릎까지 젖게 했다/ 그가 **침수해서** 단단하고 **딱딱한 표면**으로 가기 전에.

25   그는 화나서 그의 운이 없음을 크게 저주했다. 그는 소망했었다/

소년들이 있는 캠프에 도착하기를/ 6시 정각에, 그리고 이것은

지연시킬 것이다/ 한 시간 정도를. 왜냐하면 지금 그는 불을 피워 말려야

했기 때문에 그가 신은-것들을. 이것은 **반드시 해야** 했다/ 저 낮은 온도에

서는—그는 저것을 충분히 알았다; 그리고 그는 강둑으로 **벗어나서**,

which he climbed. On top, tangled in the **underbrush** about the **trunk**s of several small spruce-trees, was a high-water deposit of dry fire-wood—sticks and twigs, principally, but also larger portions of **seasoned** branches and fine, dry, last-year's grasses. He threw down several large pieces on top of the snow. This served for a **foundation**, and prevented the young flame from drowning itself in the snow it other-wise would **melt**. The flame he got by touching a match to a small **shred** of birch-**bark** that he took from his pocket. This burned even more readily than paper. Placing it on the foundation, he fed the young flame with **wisp**s of dry grass and with the tiniest dry **twig**s.

He worked slowly and carefully, **keenly** aware of his danger. **Gradually**, as the flame grew stronger, he increased the size of the twigs with which he fed it. He **squat**ted in the snow, pulling the twigs out from their **entanglement** in the brush, and feeding directly to the flame. He knew there must be no failure. When it is seventy-five below zero a man must not fail in his first attempt to build a fire—that is, if his feet are wet. If his feet are dry, and he fails, he can run along the trail for half a mile and restore his **circulation**. But the circulation of wet and freezing feet cannot be restored by running when it is seventy-five below. No matter how fast he runs, the wet feet will freeze the harder.

All this the man knew. The old-timer on **Sulphur** Creek had told him about it the previous fall, and now he was appreciating the advice. Already all **sensation** had gone out of his feet. To build the fire he had been forced to remove his mittens, and the fingers had quickly gone numb. His

올라갔다. 꼭대기에서, 얽혀진 **덤불**에서/

4~5개의 작은 가문비나무 **줄기** 근처에서, 높은-수위가

쌓은 **마른** 장작이 있었다―나뭇가지들과 잔가지들, 주로, 하지만

또한 더 큰 몫의 **마른** 가지들도 있었고, 미세하고, 마른, 작-년의 풀도 있었

5   다. 그는 던졌다/ 몇몇 큰 가지들을

눈 위에. 이것은 **토대**를 제공했고/ 막아줬다/

초기의 불꽃이 죽는 것을/ 스스로 젖은 눈 속에 빠져/ 그렇지 않으면

그것이 **녹일** 수도 있는. 그는 불꽃을 만들었다/ 성냥을 닿게 해서/

작은 **조각**의 자작나무-**껍질**에/ 그것을 그의 주머니에서 꺼냈다.

10   이것은 종이보다 심지어 더 잘 탔다. 그것을 그

토대에 놓으면서, 그는 먹였다/ 초기의 불꽃에 마른 풀 **조각**들을/

그리고 가장 작은 마른 **나뭇가지**들을.

그는 느리고 조심스럽게 작업했다, 그의 위험을 **예민하게** 알아차리면서.

점차, 불꽃은 강하게 자라났고, 그는 키웠다/

15   나뭇가지의 크기를/ 그것을 불에 먹였다. 그는 눈에 **쪼그리고 앉아서**,

당기면서 그 나뭇가지들을 덤불의 **얽힌**곳에서부터,

그리고 바로 불꽃에 먹였다. 그는 알았다/

절대 실패하지 않을 것임을. (화씨) 영하 75도에서는, 사람이 실패하지 말

아야 한다/ 첫 번째 불피우는 시도에서―다시 말해/

20   그의 발이 젖었다면. 그의 발이 마르고, 그가 실패한다면, 그는 뛸 수 있었다/

그 길을 따라 0.5마일을/ 그의 피가 **순환하는 것**을 유지하기 위해. 하지만

젖은 상태에서의 피의 순환과 얼어붙은 발은 계속 움직일 수 없다/

뛰는 것에 의해 영하 75도에서. 얼마나

빠르게 그가 달리든, 젖은 발은 더욱더 단단하게 얼어붙을 것이다.

25   남자는 이 모든 것을 알았다. 그 노인이 **유황** 수로에서

그것에 대해 말했었다, 그리고 지금 그는

그 충고에 감사한다. 이미 발의 모든 **감각**은 사라졌다.

불 피우기 위해 그는 장갑을 벗어야만 했고,

손가락들은 빠르게 무감각해졌다. 그의

원어민 MP3
bit.ly/
3zk7kf

12

extremitie	사지(팔과 다리)
smote	공격했다(smite의 과거)
recoil	움츠러들다
willy-nilly	싫든 좋든
ebb away	점점 약해지다
absence	없음
frost	서리
foot-gear	신는 것

13

womanish	여자처럼 약한
keep his head	정신을 똑바로 차리다
rapidity	속도
remote	먼
well down	잘 내려간
count for	중요하다
promising	촉망되는
sheath	칼집
knotted	매듭지어진
conflagration	화재
tug	잡아당기다
bush	덤불
bough	가지
agitation	움직임
imperceptible	감지할 수 없는
high up	아주 높은 곳에서

14

load of	~의 많은 양
avalanche	눈사태
blot out	완전히 덮이다
mantle	덮임

sentence of death	사형 선고
old-timer	노인
foundation	토대
treacherous	위험한
flotsam	표류물
handful	한 줌
moss	이끼
undesirable	바람직하지 않은
methodically	체계적으로
armful	한아름

15

fumble	더듬다
clutch hold	움켜쥐다
panic	공포
thresh	요동치다
wolf-brush	늑대-꼬리
intently	하염없이
secure	안전한
tingling	쏘는 느낌
excruciating	극심하게 고통스러운
strip	벗기다
numb	무감각한
tremendous	끔찍한
bunch	다발

16

clutch	쥐다
devote	쏟아붓다
close	꼭 잡다
will	의도하다
fiercely	맹렬하게
scoop	푸다
better off	형편이 더 나은

manage to	가까스로 ~하다
snap	부러지다
scrape	긁다
nostril	콧구멍
spasmodically	발작적으로
ensue	따라오다

17

sensation	감각
bunch	다발
blow out	불어서 끄다
strangling	목을 죄는
blazing	활활 타는
acute	극심한
clumsily	서투르게
endure	참다
jerk apart	빠르게 떨어트리다
sizzling	지글거리는
alight	타다
rotten	썩은
clung	매달린
awkwardly	서투르게
withdrawal	빠져나온 것
squarely	정면으로
poke out	밀어서 빼내다

18

nucleus	핵
tiny	아주 작은
shivering	떨림
gush	쏟아내다
apathetically	냉담하게
hunching	구부리는
wistful	아쉬워하는

wild	무모한	plow	분투하다	drift	이동하다	
steer	숫소	aspen	사시나무	drowse	졸다	
note	어조	thaw	녹이다	draw to a close	끝에 다가가다	
apprehension	두려움			draw on	끝나가다	
flattened	납작하게 된	**21**		anticipation	기대	

restless	쉼 없이	stiff	뻣뻣해진	chidden	책망받은
pronounced	확연해진	skim	미끄러지듯 가다	whine	낑낑거리다
		winged	날개 달린	bristle	털이 곤두서다
19		theory	의견	trot	빠르게 걷다
struggle	몸부림치다	flaw	결점		
glance	휙 보다	endurance	인내력		
absence	없음	totter	비틀거리다		
erect	똑바로 선	regain	회복하다		
suspicion	의심	glow	빛		
peremptorily	단호히	portion	부분		
allegiance	충성	extend	넓어지다		
flash out	빠르게 뻗다	panicky	공황상태에 빠진		
genuine	진짜	panic	공포		
clutch	쥐다	persist	완고하다		
encircle	둘러싸다				
snarl	짖다	**22**			
sheath	칼집	eager	열심히		
plunge	급히 도망치다	flattened	납작해진		
halt	멈추다	appeasingly	달래며		
pricked	쫑긋한	stagger	휘청거리다		
		headlong	거꾸로		
20		dignity	존엄		
thresh	요동치다	simile	~과 같다		
side	옆구리	new-found	새로 발견된		
pump	뿜다	drowsiness	나른함		
shiver	떨다	anesthetic	마취된		
poignant	가슴 아픈				
dim	흐릿한	**23**			
intention	목적	folk	사람		

pace of four miles an hour had kept his heart pumping blood to the surface of his body and to all the **extremities**. But the instant he stopped, the action of the pump eased down. The cold of space **smote** the unprotected tip of the planet, and he, being on that unprotected tip, received the full force of the blow. The blood of his body **recoiled** before it. The blood was alive, like the dog, and like the dog it wanted to hide away and cover itself up from the fearful cold. So long as he walked four miles an hour, he pumped that blood, **willy-nilly**, to the surface; but now it **ebb**ed **away** and sank down into the recesses of his body. The extremities were the first to feel its **absence**. His wet feet froze the faster, and his exposed fingers numbed the faster, though they had not yet begun to freeze. Nose and cheeks were already freezing, while the skin of all his body chilled as it lost its blood.

But he was safe. Toes and nose and cheeks would be only touched by the **frost**, for the fire was beginning to burn with strength. He was feeding it with twigs the size of his finger. In another minute he would be able to feed it with branches the size of his wrist, and then he could remove his wet **foot-gear**, and while it dried, he could keep his naked feet warm by the fire, rubbing them at first, of course, with snow. The fire was a success. He was safe. He remembered the advice of the old-timer at Sulphur Creek and smiled. The old-timer had been very serious in laying down the law that no man must travel alone in the Klondike after fifty below. Well, here he was; he had had the accident; he was alone; and he had saved himself. Those old-timers were

4마일을 한 시간에 가는 **속도**는 유지했다/ 그의 심장이 밀어내도록/

피를 몸과 **사지**(팔과 다리)의 모든 부분으로.

하지만 그가 멈춘 순간, 심장의 움직임은 느려졌다.

추운 공간은 **공격했다**/ 세상의 무방비한 끝을,

5 그리고 그는, 저 무방비한 끝에서, 추위의

완전한 공격을 받았다. 그의 몸의 피는 그것 앞에서 **움츠러들었다**.

피는 살아있었기에, 그 개처럼, 그 개처럼 그것은 원했다/

숨어서 덮을 것을 찾기를, 매서운

추위로부터. 그가 한 시간에 4 마일을 걷는 동안에, 그는

10 저 피를 퍼 올렸다, **싫든 좋든**, 표면까지; 하지만 지금 그것은 **점점 약해져**

서 가라앉았다/ 그의 몸에서 가장 구석진 곳으로.

그의 사지(발과 손이) 먼저 그것이 **없음**을 느꼈다. 그의 젖은 발이

더 빠르게 얼었다. 그리고 그의 맨 손가락은 더 빠르게 무감각해졌다,

그들이 아직 얼기 시작하지 않았지만. 코와 뺨은

15 이미 얼고 있었다, 몸의 모든 피부가 추워지는 동안에/

그것이 잃을 때/ 그것의 피를.

하지만 그는 안전했다. 발가락과 코와 뺨은

오직 서리가 내릴 것이다, 왜냐하면 그 불은

강하게 타오르기 시작했다. 그는 불에 손가락 크기의 나뭇가지를 먹였다.

20 다른 1분간/ 그는 먹이려고 했다/

더 큰 나뭇가지들을/ 손목 굵기의, 그리고 나서 그는 제거할 수 있다/ 그의

젖은 **신는 것**들을, 그것들이 마르는 동안, 그는 유지할 수 있다/ 그의 벗은

발을 따뜻하도록/ 불에 의해, 그것들을 먼저, 물론, 눈으로 문지르면서.

불은 성공적이었다. 그는 안전했다. 그는 기억했다/

25 노인의 충고를/ 유황 수로에서의/ 그리고 미소지었다.

노인은 아주 심각했었다/ 그 법칙을 놓으면서/

어떤 사람도 혼자서 저 지역을 여행하지 말아야 한다는/ 영하 50도 이후

에는. 하지만, 여기 그가 있었다; 그는 사고가 있었지만;

혼자였고; 스스로를 구해냈다. 저 노인들은

rather **womanish**, some of them, he thought. All a man had to do was **keep his head**, and he was all right. Any man who was a man could travel alone. But it was surprising, the **rapidity** with which his cheeks were freezing. And he had not thought his fingers could go lifeless in so short a time. Lifeless they were, for he could scarcely make them move together to grip a twig, and they seemed **remote** from his body and from him. When he touched a twig he had to look and see whether or not he had hold of it. The wires were pretty **well down** between him and his finger-ends.

All of which **counted for** little. There was the fire, snapping and crackling and **promising** life with every dancing flame. He started to untie his moccasins. They were coated with ice; the thick German socks were like **sheath**s of iron half-way to the knees; and the moccasin-strings were like **rod**s of steel all twisted and **knotted** as by some **conflagration**. For a moment he **tug**ged with his numb fingers, then, realizing the folly of it, he drew his sheath-knife.

But before he could cut the strings, it happened. It was his own fault, or, rather, his mistake. He should not have built the fire under the spruce-tree. He should have built it in the open. But it had been easier to pull the twigs from the **bush** and drop them directly on the fire. Now the tree under which he had done this carried a weight of snow on its **bough**s. No wind had blown for weeks, and each bough was fully **freighted**. Each time he had pulled a twig he had communicated a slight **agitation** to the tree—an **imperceptible** agitation, so far as he was concerned, but an agitation sufficient to bring about the disaster. **High up** in the

다소 **여자처럼 약했**고, 그들 중에 일부일 뿐이라고, 그는 생각했다. 어떤 사람
이 해야만 하는 모든 것은 **정신을 똑바로 차리는 것**뿐이다, 그러면 그는 괜찮
다. 누구든 사람이라면 혼자 여행할 수 있다. 하지만

그 **속도**는 놀라웠다/ 그의 얼굴과 코가 어는. 그리고 그는

5 생각하지 않았다/ 그의 손가락을 평생 잃을 수 있다고/ 그렇게 짧은 시간에.
평생 그것들(손가락)이 없다면, 왜냐하면 그가 함께 움직이는 것이 몹시 어려
웠기에/ 나뭇가지를 쥐기 위해, 그리고 그들은 보였다/ 그의 몸에서 아주 **먼**
것처럼. 그가 나뭇가지를 건드렸을 때, 그는 봐야 했다/ 그가 그것을 들고
있는지 아닌지 알기 위해. 그 (근육과 신경의) 끈은 꽤 **잘 내려가**(연결되어)

10 있었다/ 그와 그의 손가락-끝 사이에.
그것들 모두는 (이제) 적게 **중요했**다. 불이 있었고, 부러지며
탁탁 소리 내고 **촉망되는** 삶이 있었다/ 춤추는 모든
불꽃과 함께. 그는 풀기 시작했다/ 그의 모카신(의 끈)을. 그들은
얼음으로 뒤덮여 있었다. 두꺼운 독일산 양말은 철로 된 **칼집** 같았다/

15 무릎의 중간까지; 그리고 모카신의 끈들은
(건물의) **철근** 같았다/ 마치 어떤 **화재**에 의해 꼬여지고 **매듭지어진**.
잠시동안/ 그는 그것들을 **잡아당겼다**/ 그의 감각 없는 손가락들로. 다음,
그 행동의 어리석음을 깨달으면서, 그는 집이 달린-칼을 뺐다.
하지만 그가 그 끈을 자를 수 있기 전에, 그것은 발생했다. 그것은

20 자신의 잘못이었다, 또는 다시 말해, (잘못이라기보다) 실수였다. 그는
피울 수 없어야 했다/ 그 가문비나무 아래에서. 그는 피워야 했다/
그것을 틔어있는 공간에서. 하지만 나뭇가지를 당기기가 더 쉬웠고/
덤불에서/ 그것들을 직접 불에 떨어트리는 것이 (더 쉬웠)다. 지금 그 나무는
(그 나무 아래에서 그는 이것을 했다) 날랐다/ 무거운 눈을/

25 그것의 **가지**에서. 어떤 바람도 불지 않았다/ 수 주 동안, 그리고 각각의 나
뭇가지들은 눈 때문에 **무거웠**다. 매번/ 그가 나뭇가지를 당겼을 때/ 그는
나무에 약간의 **움직임**을 전했다—**감지할 수 없는**
움직임을, 그가 염려했을 때까지, 하지만 딱
충분한 움직임이 일으켰다/ 그 끔찍한 일이 발생하도록. **아주 높은 곳에서/**

tree one bough capsized its **load of** snow. This fell on the boughs beneath, capsizing them. This process continued, spreading out and involving the whole tree. It grew like an **avalanche**, and it descended without warning upon the man and the fire, and the fire was **blotted out**! Where it had burned was a **mantle** of fresh and disordered snow.

The man was shocked. It was as though he had just heard his own **sentence of death**. For a moment he sat and stared at the spot where the fire had been. Then he grew very calm. Perhaps the **old-timer** on Sulphur Creek was right. If he had only had a trail-mate he would have been in no danger now. The trail-mate could have built the fire. Well, it was up to him to build the fire over again, and this second time there must be no failure. Even if he succeeded, he would most likely lose some toes. His feet must be badly frozen by now, and there would be some time before the second fire was ready.

Such were his thoughts, but he did not sit and think them. He was busy all the time they were passing through his mind. He made a new **foundation** for a fire, this time in the open, where no **treacherous** tree could blot it out. Next, he gathered dry grasses and tiny twigs from the high-water **flotsam**. He could not bring his fingers to pull them out, but he was able to gather them by the **handful**. In this way he got many rotten twigs and bits of green **moss** that were **undesirable**, but it was the best he could do. He worked **methodically**, even collecting an **armful** of the larger branches to be used later when the fire gathered strength. And all the while the dog sat and watched him, a certain

나무의 한 나뭇가지는 떨어트렸다/ **많은 양**의 눈을. 이것은 떨어졌다/ 그
바로 밑의 나뭇가지에. 이 과정은 지속해서,
퍼져나갔다/ 전체의 나무를 포함해서. 그것은
마치 **눈사태**가 되었다, 그리고 그것은 경고 없이 떨어졌다/

5 그 남자와 그 불에, 그리고 그 불은 **완전히 덮였다.** 그것이
탔던 곳에서는 깨끗하고 어수선한 눈이 **덮였다.**
남자는 충격을 받았다. 그것은 들리는 것 같았다/
자신의 **사형 선고**가. 잠시 동안/ 그는 앉아서
그 지점을 응시했다/ 불이 있었던 곳을. 그러고 나서 그는

10 아주 침착해졌다. 아마도 그 유황 수로의 **노인**이
옳았다. 그가 그 길에서 여행길-친구를 가졌다면/ 그는
지금 위험하지 않았을 것이다. 친구가 불 피울 수도 있을 테니까.
하지만, 이제 불을 다시 피우는 것은 전적으로 그에게 달렸다, 그리고 이
두 번째는 절대 실패하면 안 된다. 그가 성공하더라도,

15 그는 발가락 몇 개를 잃기 쉽다. 그의 발은
지금까지 끔찍하게 얼어붙었다, 그리고 약간의 시간이 필요할 것이다/
두 번째 불이 준비되기 전에.
그것은 그의 생각이었다, 하지만 그는 앉아서 그것들을 생각하지 않았다.
그는 항상 바빴다/ 그것들이 그의 마음을 거쳐 갈 때.

20 그는 불을 위해 새로운 **토대**를 만들었다/ 이번에는
열린 공간에서, 그곳에는 뒤덮을 어떤 **위험한** 나무도 없었다. 다음으로,
그는 모았다/ 마른 풀들과 아주 작은 나뭇가지들을/ 높은-수위에
표류물이었던. 그는 손가락을 함께 움직일 수 없었다/ 그것들을 땅에서 당기
기 위해, 하지만 그는 그것들 **한 줌**을 쥐어서 모을 수 있었다. 이런 식으로

25 그는 또한 많은 썩은 잔가지를 모았고 약간의 초록 **이끼**를 모았다/
바람직하지 않은 (것들인), 하지만 그것이 그가 할 수 있는 **최선**이었다. 그는
체계적으로 작업했다, 심지어 한 **아름**의 큰
나뭇가지를 모으면서/ 나중에 사용할/ 그 불이 강하게 모였을 때.
그리고 그동안 개는 앉아서 그를 지켜봤다. 어떤

yearning wistfulness in its eyes, for it looked upon him as the fire-provider, and the fire was slow in coming.

When all was ready, the man reached in his pocket for a second piece of birch-bark. He knew the bark was there, and, though he could not feel it with his fingers, he could hear its crisp rustling as he **fumble**d for it. Try as he would, he could not **clutch hold** of it. And all the time, in his consciousness, was the knowledge that each instant his feet were freezing. This thought tended to put him in a **panic**, but he fought against it and kept calm. He pulled on his mittens with his teeth, and **thresh**ed his arms back and forth, beating his hands with all his might against his sides. He did this sitting down, and he stood up to do it. And all the while the dog sat in the snow, its **wolf-brush** of a tail curled around warmly over its forefeet, its sharp wolf-ears pricked forward **intently** as it watched the man. And the man, as he beat and threshed with his arms and hands, felt a great surge of envy as he regarded the creature that was warm and **secure** in its natural covering.

After a time he was aware of the first far-away signals of **sensation** in his beaten fingers. The faint **tingling** grew stronger till it evolved into a stinging ache that was **excruciating**, but which the man hailed with satisfaction. He **strip**ped the mitten from his right hand and fetched for the birch-bark. The exposed fingers were quickly going **numb** again. Next he brought out his bunch of sulphur matches. But the **tremendous** cold had already driven the life out of his fingers. In his effort to separate one match from the others, the whole **bunch** fell in the snow. He tried to pick it

동경하며 아쉬워하는 듯했다/ 그것의 눈에서, 왜냐하면 그것은 그에게 달

려있기 때문이었다/ 불-제공자로서, 그리고 그 불은 느리게 제공됐다.

모든 것이 준비됐을 때, 남자는 주머니에 (손을) 뻗었다/

두 번째 자작나무-껍질 조각을 위해서. 그는 알았다/ 나무껍질이 거기 있음을,

5 그리고, 손가락으로 느낄 수 없었지만. 그는

들을 수 있었다/ 그것의 바스락거리는 소리를/ 그가 **더듬을** 때. 그가 (다

시) 노력했을 때, 그는 그것을 **움켜쥘** 수 없었다. 그리고 항상, 그의

마음에서, 그는 알았다/ 매 순간 그의 발은 얼어붙고 있었다는 것을.

이 생각은 그를 **공포**에 넣는 경향이 있었다, 하지만 그

10 는 그것과 싸웠다/ 침착하게 유지하며. 그는 장갑을 당겼다/

그의 치아로, 그리고 그의 팔을 앞뒤로 **요동쳤다**/ 그는

자기 손을 쳤다/ 모든 힘을 다해/ 옆구리로. 그는 이것을 했다/

앉으면서. 그러고 나서 일어섰다/그것을 하기 위해. 그리고 그동안

개는 눈에 앉아서, 그것의 **늑대-꼬리**를 말아서

15 따뜻하게 했다/ 그것의 앞발을 덮어서/ 그것의 날카로운 늑대의 귀는 앞으로

구부러졌다/ 그것이 **하염없이** 그 남자를 봤을 때. 그리고 그 남자는, 그가

팔과 손을 요동칠 때, 질투의 거대한 감정이 휩쌌다/

그가 그 생명체를 봤을 때/ 그것이 따뜻하고/ **안전했**다/ 그것의

자연적인 덮는 것(털, 꼬리) 안에서.

20 잠시 후에, 그는 알아챘다/ 처음으로 먼-곳의

감각의 신호를/ 그의 두들겨진 손가락들에서. 그 희미하게 **쏘는 느낌**은

강하게 자라났다/ 그것이 아주 **극심하게 고통**스러워질 때까지,

하지만 남자는 그 고통을 반겼다. 그는

장갑을 **벗겼다**/ 오른손에서/ 그리고

25 나무-껍질을 가져왔다. 맨 손가락들은 빠르게 다시 **무감각해**졌다.

다음으로, 그는 꺼냈다/ 그의 유황성냥 묶음을.

하지만 **끔찍한** 추위는 이미 몰아갔다/

그의 손가락들의 생명을. 성냥 한 개를 다른 것으로부터 나누려는 그의 노력에

서, 전체 성냥 **다발**은 눈 속으로 떨어졌다. 그는 그것을 집어 들려고 했다/

out of the snow, but failed. The dead fingers could neither touch nor **clutch**. He was very careful. He drove the thought of his freezing feet, and nose, and cheeks, out of his mind, **devot**ing his whole soul to the matches. He watched, using the sense of vision in place of that of touch, and when he saw his fingers on each side the bunch, he **close**d them— that is, he **will**ed to close them, for the wires were down, and the fingers did not obey. He pulled the mitten on the right hand and beat it **fiercely** against his knee. Then, with both mittened hands, he **scoop**ed the bunch of matches, along with much snow, into his lap. Yet he was no **better off**.

After some manipulation he **managed to** get the bunch between the heels of his mittened hands. In this fashion he carried it to his mouth. The ice crackled and **snap**ped when by a violent effort he opened his mouth. He drew the lower jaw in, curled the upper lip out of the way, and **scrape**d the bunch with his upper teeth in order to separate a match. He succeeded in getting one, which he dropped on his lap. He was no **better off**. He could not pick it up. Then he devised a way. He picked it up in his teeth and scratched it on his leg. Twenty times he scratched it before he succeeded in lighting it. As it flamed he held it with his teeth to the birch-bark. But the burning brimstone went up his **nostril**s and into his lungs, causing him to cough **spasmodically**. The match fell into the snow and went out.

The old-timer on Sulphur Creek was right, he thought in the moment of controlled despair that **ensued**: after fifty below a man should travel with a partner. He beat his

눈 밖으로, 하지만 실패했다. 죽은 손가락들은

만지거나 **쥘** 수 없었다. 지금 그는 아주 조심스러웠다. 그는 생각을 몰아갔

다/ 그의 얼어붙은 발과 코, 그리고 얼굴을, 그의 마음으로부터.

쏟아부으면서/ 그의 모든 영혼을/ 그 성냥에. 그는 지켜봤다,

5   시각을 사용해서/ 만져지는 장소를, 그리고 그가 그의

손가락을 봤을 때/ 성냥 다발의 양측에서, 그는 그것들을 **꼭 잡았다**─다시

말해, 그가 그것들을 잡는 것을 **의도했다**, 왜냐하면 신경은 죽었고,

손가락들은 따르지 않았기 때문이다. 그는 그 장갑을 끼고/

오른손에, 그리고 **맹렬하게** 그의 무릎에 쳤다. 그러고 나서,

10   장갑을 낀 양손으로, 그는 성냥 다발을 **퍼 올렸다**,

많은 눈과 함께, 그의 외투 앞쪽으로. 하지만 그는 더 **상황이 더 좋아지지**

못했다.

약간의 분투 후에/ 그는 **가까스로** 그 성냥 다발을 **가졌다**/

그의 장갑 낀 양손 사이에. 이 방법으로/ 그는

15   그것을 입으로 옮겼다. 그 얼음은 부서지고 부러졌다/

그가 맹렬한 노력으로 입을 열었을 때. 그는 당겼다/ 아래쪽 턱뼈를,

위쪽 입술을 비켜 말았다, 그리고 성냥 다발을 **긁었다**/

위쪽 치아들로 한 개의 성냥을 떼어내려고. 그는

하나를 얻어내는 데에 성공했다, 그는 그것을 그의 허벅지에 떨어트렸다.

20   그의 **상태는 더 좋지** 않았다. 그는 그 성냥을 집을 수 없었다. 다음으로 그는

방법을 생각했다. 그는 성냥을 집었다/ 그의 치아로/ 그리고 그의

다리에 그었다. 그는 20번이나 긁었다/ 불 지피는 데 성공하기 전에.

그것이 타오를 때/ 그는 치아로 그것을 물고/ 나무

껍질로 향했다. 하지만 그 타는 냄새가 그의 **콧구멍**으로 올라와서,

25   폐로 들어갔고, 그가 **발작적으로** 기침하게 했다.

성냥은 눈 위로 떨어졌고/ 불꽃이 꺼졌다.

유황 수로의 노인이 옳았다, 그는 생각했다/

그 순간 억눌린 체념이 **따라왔다**.

영하 50도 아래에서, 사람은 동료와 함께 여행해야 한다. 그는 자기

hands, but failed in exciting any **sensation**. Suddenly he bared both hands, removing the mittens with his teeth. He caught the whole **bunch** between the heels of his hands. His arm-muscles not being frozen enabled him to press the hand-heels tightly against the matches. Then he scratched the bunch along his leg. It **flare**d into flame, seventy sulphur matches at once! There was no wind to **blow** them **out**. He kept his head to one side to escape the **strangling** fumes, and held the **blazing** bunch to the birch-bark. As he so held it, he became aware of a sensation in his hand. His flesh was burning. He could smell it. Deep down below the surface he could feel it. The sensation developed into pain that grew **acute**. And still he endured it, holding the flame of the matches **clumsily** to the bark that would not light readily because his own burning hands were in the way, absorbing most of the flame.

At last, when he could **endure** no more, he **jerk**ed his hands **apart**. The blazing matches fell **sizzling** into the snow, but the birch-bark was **alight**. He began laying dry grasses and the tiniest twigs on the flame. He could not pick and choose, for he had to lift the fuel between the heels of his hands. Small pieces of **rotten** wood and green moss **clung** to the twigs, and he bit them off as well as he could with his teeth. He cherished the flame carefully and **awkwardly**. It meant life, and it must not **perish**. The **withdrawal** of blood from the surface of his body now made him begin to shiver, and he grew more awkward. A large piece of green moss fell **squarely** on the little fire. He tried to **poke** it **out** with his fingers, but his shivering **frame** made

손을 쳤다, 하지만 그것에서 어떤 **감각**을 자극하는 데 실패했다. 갑자기 그는

드러냈다/ 양손을, 그의 치아로 장갑을 벗겨내면서. 그는

잡았다/ 그의 손의 옆부분으로 성냥 **다발** 전체를.

그의 팔 근육은 얼지 않았고/

5 손의-옆날로 성냥 다발을 꽉 누를 수 있었다. 그러고 나서 그는 긁었다/

전체 성냥 다발을 그의 다리에. 그것은 **터져서 불꽃**이 됐다, 70개의 유황

성냥을 한 번에! 그것들을 끌 만한 어떤 바람은 없었다.

그는 머리를 유지했다/ 한쪽으로/ **목을 죄는**

연기를 피하고자, 그리고 유지했다/ **활활 타는** 다발이 자작나무-껍질을 향하

10 도록. 그렇게 그것을 유지했을 때, 그는 알아챘다/ 어떤 감각이 그의 손에 있

음을. 그의 살이 타고 있었다. 그는 냄새 맡을 수 있었다. 저 깊은

표면 아래부터 그는 느낄 수 있었다. 그 느낌은 발전해서 고통이 됐고/

(고통은) **극심하게** 되어갔다. 그는 계속해서 그것을 참아냈다.

성냥의 불꽃을 **서투르게** 쥐면서/ 그 껍질로/ 그 껍질은 선뜻 불타지 않았

15 다/ 왜냐하면 그가 가진 불타는 손이 가는 중도에서,

대부분의 불꽃을 가져갔기 때문이다.

끝내, 그는 더 이상 **참을** 수 없어서, 그는 자기 양손을 **빠르게 떨어트렸다**.

불타는 성냥은 **지글거리며** 눈 위로 떨어졌다,

하지만 나무-껍질은 **타고** 있었다. 그는 놓기 시작했다/ 마른

20 풀과 가장 작은 나뭇가지들을/ 불꽃에. 그는

집어서 고를 수 없었다/ 왜냐하면 그는 손의 옆날로 연료를 날라야 했기

때문이다. 작은 조각들은 **썩은** 나무였고/ 초록

이끼는 나뭇가지에 매달려 있었다, 그리고 그는 그것들을 물어뜯었다/

치아로 그가 할 수 있는 만큼. 그는 불꽃을 **서투르지만** 조심스럽고 소중히 다

25 뤘다. 그것은 목숨을 의미했다, 그리고 그것은 **죽지**(꺼지지) 말아야 했다. **빠져**

나온 피는 그의 몸의 표면에 남아있었고/ 그의 몸은 지금

떨기 시작했다/ 그리고 그는 더욱더 서툴러졌다.

초록 이끼가 낀 거대한 나무 조각이 **정면으로** 작은 불에 떨어졌다. 그는

손가락으로 그것을 **밀어서 빼내려** 했지만, 그의 떨리는 **몸은**

him poke too far, and he disrupted the **nucleus** of the little fire, the burning grasses and **tiny** twigs separating and scattering. He tried to poke them together again, but in spite of the tenseness of the effort, his **shivering** got away with him, and the twigs were hopelessly scattered. Each twig **gush**ed a puff of smoke and went out. The fire-provider had failed. As he looked **apathetically** about him, his eyes **chanced** on the dog, sitting across the ruins of the fire from him, in the snow, making restless, **hunching** movements, slightly lifting one forefoot and then the other, shifting its weight back and forth on them with **wistful** eagerness.

The sight of the dog put a **wild** idea in his head. He remembered the tale of the man, caught in a blizzard, who killed a **steer** and crawled inside the carcass, and so was saved. He would kill the dog and bury his hands in the warm body until the numbness went out of them. Then he could build another fire. He spoke to the dog, calling it to him; but in his voice was a strange **note** of fear that frightened the animal, who had never known the man to speak in such way before. Something was the matter, and its suspicious **nature** sensed danger—it knew not what danger, but somewhere, somehow, in its brain arose an **apprehension** of the man. It **flatten**ed its ears down at the sound of the man's voice, and its **restless**, hunching movements and the liftings and shiftings of it forefeet became more **pronounce**d; but it would not come to the man. He got on his hands and knees and crawled toward the dog. This unusual posture again excited **suspicion**, and the animal sidled **mincingly** away.

그것을 너무 멀리 밀어내게 했고/ 그는 작은 불꽃의 **핵**을 분열시켰다,

불타는 풀과 **아주 작은** 잔가지들을 나눠지고 흩어지도록.

그는 그것들을 다시 밀어내서 모으려고 했다, 하지만

팽팽한 노력에도 불구하고, 그의 **떨림**은 교묘하게 해나갔고,

그 나뭇가지들은 절망적으로 흩어졌다. 각각의 나무는 약간의 연기를 **쏟**

아내고 꺼졌다. 그 불-제공자는 실패했다.

개가 그를 **냉담하게** 봤을 때, 그의 눈은 그 개를 **발견했다**,

불의 잔해 건너편에 앉은 것을.

눈 속에서/ 그것은 쉬지 않고, **구부리는** 움직임을 만들었다,

앞발을 조금 바꾸면서/ 그리고 다른 다리를, 그것의 무게를

앞뒤로 들어 올리면서/ **아쉬워하는** 열망으로

개의 모습은 어떤 **무모한** 발상을 그의 머리에 떠올리게 했다. 그는

어떤 남자에 대한 이야기를 기억했다, 폭풍에 갇혀서,

숫소를 죽이고/ 그 시체 안에 기어들어 가, 그렇게

살아남았다. 그는 그 개를 죽이고 손을 그

따뜻한 시체에 넣으려고 했다/ 무감각함이 사라질 때까지. 그리고 나서 그는

또 다른 불을 지필 것이다. 그는 개에게 말했다, 오라고 부르며.

하지만 그의 목소리는 이상한 공포의 **어조**였고/ 그것은 그 동물을 두렵게

느끼게 했다. 그것은 알지 못했다/ 그 사람이 전에 그런 어조로 말하는 것

을. 어떤 것이 잘못됐고/ 그것의

타고난 위험 감지 능력으로 의심스러워 했다—그것은 무엇이 위험이 아닌지

알았다, 하지만 어디선가, 그것의 뇌에서/ 그 남자에 대한 **두려움**이 발생

했다. 그것은 **납작하게** 했다/ 그것의 귀를/

남자의 목소리에; 그것의 **쉼 없이**, 구부리는 움직임과

그것의 앞발을 드는 것은 더욱더

확연해졌다; 하지만 그것은 오려고 하지 않았다/ 그 남자에게. 그는

손과 무릎을 땅에 대고/ 그 개에게 기어갔다. 이

이상한 자세는 다시 **의심**을 자극했고, 그 동물은 옆으로

잘게 걸음질 치며 멀어졌다.

The man sat up in the snow for a moment and **struggled** for calmness. Then he pulled on his mittens, by means of his teeth, and got upon his feet. He **glanced** down at first in order to assure himself that he was really standing up, for **absence** of sensation in his feet left him unrelated to the earth. His **erect** position in itself started to drive the webs of **suspicion** from the dog's mind; and when he spoke **peremptorily**, with the sound of whip-lashes in his voice, the dog rendered its customary **allegiance** and came to him. As it came within reaching distance the man lost his control. His arms **flashed out** to the dog, and he experienced **genuine** surprise when he discovered that his hands could not **clutch**, that there was neither bend nor feeling in the fingers. He had forgotten for them moment that they were frozen and that they were freezing more and more. All this happened quickly, and before the animal could get away he **encircle**d its body with his arms. He sat down in the snow, and in this fashion held the dog, while it **snarl**ed and whined and struggled.

But it was all he could do, hold its body encircled in his arms and sit there. He realized that he could not kill the dog. There was no way to do it. With his **helpless** hand he could neither draw nor hold his **sheath**-knife nor throttle the animal. He released it, and it **plunge**d wildly away, with tail between its legs, and still snarling. It **halt**ed forty feet away and surveyed him curiously, with ears sharply **pricked** forward. The man looked down at his hands in order to locate them, and found them hanging on the ends of his arms. It struck him as curious that one should

남자는 눈에 잠시동안 앉았다/ 그리고 **몸부림쳤다**/

진정하기 위해. 그러고 나서 그는 장갑을 끼고,

그의 치아를 사용해서, 그리고 다시 그의 발로 섰다. 그는 먼저 아래로 **휙 보**

고/ 확인하기 위해/ 그가 정말로 서 있는지를,

왜냐하면 그의 발의 감각 **없음**은 그에게 어떤 관계도 주지 않았다/

지면으로의. 그의 **똑바로 선** 자세는, 그것 스스로 **의심**의 생각들을 몰아내기

시작했다/ 개의 마음으로부터: 그리고 그가 그 개에게

단호히 말했을 때/ 그의 채찍질하는 목소리로,

개는 습관적인 **충성**으로 변했다/ 그리고 그에게 왔다.

그에게 닿을만한 거리에 왔을 때, 그 남자는 자제력을 잃었다.

그의 팔을 개에게 **빠르게 뻗었고,** 그는

진짜 놀라움을 경험했다/ 그가 발견했을 때/ 그의 양손이

쥘 수 없다는 것을. 손가락들은 구부리거나 느낄 수 없었다.

그는 잊었다/ 그 순간에/ 그것들이

얼었다는 것과/ 그것들이 더욱더 얼어가고 있다는 것을.

이 모든 것이 빠르게 일어났고/ 그 동물이 도망칠 수 있기 전에,

그는 그것의 몸을 **둘러쌌다**/ 그의 팔로. 그는 눈에 앉았고,

이 방식으로 그 개를 잡았다, 그것이 **짖고**

낑낑대고 투쟁하는 동안.

하지만 그것은 그가 할 수 있는 모든 것이었다: 그것의 몸을 팔로 둘러싸고

그곳에 앉는 것이. 그는 깨달았다/ 그는 그 개를 죽일 수 없었다.

그것을 할 방법이 없었다. 그의 **무력한**(얼어붙은) 손으로 그는

칼집이 있는-칼을 쥐거나 휘두르거나 그 동물을 목조를 수 없었다.

그는 그것을 놔줬고, 그것은 걷잡을 수 없이 **급히 도망쳤다,**

꼬리는 다리 사이에 있었고, 여전히 짖으면서. 그것은 **멈췄다**/ 40

피트(12m) 떨어진 곳에서/ 그를 호기심을 갖고 관찰했다, 날카롭게

앞으로 **쫑긋한** 귀와 함께. 남자는 그의 손으로 내려보고/

손을 위치시키기 위해/ 그리고 알아냈다/ 그것들이

그의 팔의 끝에 매달려 있음을. 그것이 흥미롭다고 생각했다/ 사람은 눈이

have to use his eyes in order to find out where his hands were. He began **thresh**ing his arms back and forth, beating the mittened hands against his **side**s. He did this for five minutes, violently, and his heart **pump**ed enough blood up to the surface to put a stop to his **shiver**ing. But no sensa-
tion was aroused in the hands. He had an impression that they hung light weights on the ends of his arms. But when he tried to run the impression down, he could not find it.

A certain fear of death, dull and oppressive, came to him. This fear quickly became **poignant** as he realized that it was no longer a mere matter of freezing his fingers and toes, or of losing his hands and feet, but that it was a matter of life and death with the chances against him. This threw him into a panic, and he turned and ran up the creek-bed along the old, **dim** trail. The dog joined in behind and kept up with him. He ran blindly, without **intention**, in fear such as he had never known in his life. Slowly, as he **plowed** and floundered through the snow, he began to see things again, —the banks of the creek, the old timber-jams, the leafless **aspen**s, and the sky. The running made him feel better. He did not **shiver**. Maybe, if he ran on, his feet would **thaw** out; and, anyway, if he ran far enough he would reach camp and the boys. Without doubt he would lose some fingers and toes and some of his face; but the boys would take care of him, and save the rest of him when he got there. And at the same time there was another thought in his mind that he would never get to the camp and the boys; that it was too many miles away, that the freezing had too great a start on him, and that he would soon be **stiff** and dead. This thought

꼭 필요하다는 것이/ 발견하기 위해서는/ 그의 손이 어디 있는지를.

그는 팔을 **요동치**기 시작했다,

장갑 낀 손을 치면서/ 그의 **옆구리**를 향해. 그는 이것을 5

분 동안 격렬하게 했고, 그의 심장은 충분한 피를 **뿜었다**/

5 (몸의) 표면으로/ 그가 **떠는** 것을 막을 정도로. 하지만 어떤 감각도

그의 손에 만들지 못했다. 그는 인상을 받았다/

그들이 가볍게 팔의 끝에 매달려 있다고. 하지만

그가 뛰려고 했을 때/ 그 인상은 줄어들었다, 그는 그것을 찾을 수 없었다.

확실한 죽음의 공포가, 희미하지만 가혹하게,

10 그에게 찾아왔다. 이 공포는 빠르게 **가슴 아프게** 했다/ 그가 깨달았을 때/

그것은 더 이상 아니라고/ 단지 그의 손가락과

발가락이 어는 문제가, 또는 그의 손이나 발을 잃는 (문제가), 하지만 그것은

삶과 죽음의 문제라고/ 그에게 맞서는. 이것은

그가 스스로에 대한 통제를 잃게 만들었고/ 그는 돌아서 샛강-**바닥**으로 뛰

15 어갔다/ 오래되고 **흐릿한** 길을 따라. 개는 그에게 합류해서

뒤에서 가깝게 따라갔다. 남자는 공포에 눈이 멀어, **목적** 없이, 뛰었다/ 마

치 그가 그의 목숨을 알지 못한 것처럼. 느리게, 그가 **분투하고**

허둥댔을 때/ 눈 속에서, 그는 다시 그것들이 보이기 시작했다

—그 샛강의 강둑들, 그 오래된 나무-숲, 그 헐벗은

20 **사시나무**들, 그리고 그 하늘을. 뛰는 것은 그가 더 낫게 느끼도록 했다. 그는

더 이상 **떨지** 않았다. 아마도, 그가 계속해서 뛴다면, 그의 발은 **녹을** 것 같았

다; 그리고, 어쨌든, 그가 충분히 뛴다면, 그는 캠프와 소년들을 찾을 것 같았

다. 의심할 여지 없이, 그는 잃을 것이다/ 몇몇 손가락과

발가락과 그의 얼굴의 일부를. 하지만 그 소년들은 보살필 것이다/ 그와

25 그의 남은 부분을/ 그가 그곳에 도착할 때. 그리고

동시에/ 그의 마음에는 또 하나의 생각이 있었다/ 그가

절대로 그 캠프와 소년들에게 가지 못할 것이라고; 그것은 너무 많은 마일

이 떨어져 있고, 얼어붙는 것은 그에게 너무 대단한 출발점을 가지므로/

그는 곧 **뻣뻣해져서** 죽을 것이다. 이 생각은

he kept in the background, and refused to consider. Sometimes it pushed itself forward and demanded to be heard, but he thrust it back and strove to think of other things.

It struck him as curious that he could run **at all** on feet so frozen that he could not feel them when they struck the earth and took the weight of his body. He seemed to himself to **skim** along above the surface, and to have no connection with the earth. Somewhere he had once seen a **winged** Mercury, and he wondered if Mercury felt as he felt when **skimming** over the earth.

His **theory** of running until he reached camp and the boys had one **flaw** in it: he lacked the **endurance**. Several times he stumbled, and finally he **totter**ed, crumpled up, and fell. When he tried to rise, he failed. He must sit and rest, he decided, and next time he would merely walk and keep on going. As he sat and **regain**ed his breath, he noted that he was feeling quite warm and comfortable. He was not shivering, and it even seemed that a warm **glow** had come to his chest and trunk. And yet, when he touched his nose or cheeks, there was no sensation. Running would not thaw them out. Nor would it thaw his hands and feet. Then the thought came to him that the frozen **portion**s of his body must be **extend**ing. He tried to keep this thought down, to forget it, to think of something else; he was aware of the **panicky** feeling that it caused, and he was afraid of the **panic**. But the thought asserted itself, and **persist**ed, until it produced a vision of his body total frozen. This was too much, and he made another wild run along the trail. Once he slowed down to a walk, but the thought of the

그를 앞에 나서지 않게 했다, 그리고 생각하기를 거절했다. 때때로 그것은 앞으로 왔고 들려지기를 요구했다,

하지만 그는 그 생각을 밀어내고/ 다른 것들을 생각하려고 분투했다. 그것은 그에게 흥미롭게 생각됐다/ 그가 뛸 수 있다는 것이/ **어쨌든** 발이 너무 얼어서/ 그가 그것들을 느낄 수도 없는데/ 그들이 지면을 칠 때/ 그리고 그 몸의 무게를 감당했다. 그는 생각됐다/

미끄러지는 것처럼/ 그 표면 위로/ 그리고 땅과 어떤 연결도 가지지 않은 것처럼. 어디에선가 그는 한 번 **날개 달린** 머큐리(천사)를 봤는데, 그는 궁금했다/ 머큐리가 느끼는지/ 그가 지금 지면 위를 **미끄러져 갈 때** 느끼는 것처럼.

그의 달리는 것에 대한 **의견**은 (그가 캠프와 소년들에게 도착할 때까지) 한가지 **결점**을 나타냈다: 그는 **인내력**이 부족하다는 것이다. 4~5번 그는 헛디뎠고, 끝내 그는 **비틀거리**고, 쓰러지고, 넘어졌다. 그는 일어나려고 노력했지만, 그는 실패했다. 그는 앉아서 쉬어야만 한다고, 그는 결심했다. 다음번에 그는 단지 걸어서 계속 나아갈 것이다. 그가 앉아서 숨을 **회복했**을 때, 그는 알았다/ 그는 느끼고 있다고/ 따뜻하고 안락하게. 그는 떨지 않았고, 그것은 심지어 따뜻한 **빛**이 그의 가슴과 몸통에 들어온 것 같았다. 그렇지만, 그의 코나 뺨을 만졌을 때, 어떤 느낌도 없었다. 뛰는 것은 그것들을 녹이지 않을 것이다. 또는 그것이 녹이지 않을 것이다/ 그의 손과 발을. 그러고 나서 그 생각이 그에게 떠올랐다/ 그의 몸의 언 **부분**은 점차 **넓어져** 갈 것이라고. 그는 이 생각을 없애도록 노력했다/ 그것을 잊도록, 다른 것을 생각하려고 했다; 그는 **공황상태에 빠진** 느낌을 알았다/ 그것이 일으킨다고, 그리고 그는 **공포를** 두려워한다고. 하지만 그 생각은 스스로 주장했고, **완고했다**, 그것이 환상을 만들어 낼 때까지/ 그의 몸 전체가 얼어붙는 것을. 이것은 지독했다, 그리고 다시 그는 미친 듯이 달렸다.

한 번 그가 걷는 속도로 느려지면, 그 생각은(그의 몸이

freezing extending itself made him run again.

And all the time the dog ran with him, at his heels. When he fell down a second time, it curled its tail over its forefeet and sat in front of him, facing him, curiously **eager** and intent. The warmth and security of the animal angered him, and he cursed it till it **flattened** down its ears **appeasingly**. This time the shivering came more quickly upon the man. He was losing in his battle with the frost. It was creeping into his body from all sides. The thought of it drove him on, but he ran no more than a hundred feet, when he **stag**-**ger**ed and pitched **headlong**. It was his last panic. When he had recovered his breath and control, he sat up and **enter**-**tained** in his mind the conception of meeting death with **dignity**. However, the conception did not come to him in such terms. His ideas of it was that he had been making a fool of himself, running around like a chicken with its head cut off—such was the **simile** that occurred to him. Well, he was bound to freeze anyway, and he might as well take it decently. With this **new-found** peace of mind came the first glimmerings of **drowsiness**. A good idea, he thought, to sleep off to death. It was like taking an **anesthetic**. Freezing was not so bad as people thought. There were lots worse ways to die.

He pictured the boys finding his body next day. Suddenly he found himself with them, coming along the trail and looking for himself. And, still with them, he came around a turn in the trail and found himself lying in the snow. He did not belong with himself any more, for even then he was out of himself, standing with the boys and looking at himself

얼어붙는 것이 넓어진다는) 그가 다시 달리게 만들었다.

그리고 그 개는 항상 그와 함께 뛰었다, 그의 발꿈치에서.

그가 두 번째 넘어졌을 때, 그 개는 꼬리를 말아 그의 앞발에 올려놓고/

그의 앞에 앉았다, 그를 마주하며, 신기한 듯이 **열심히**

관심을 갖고. 동물의 따뜻함과 안전함은 그를 화나게 했다.

그는 그것을 저주했다/ 그것의 귀가 **납작해**져서 **달랠** 때까지.

이번에도 떨림은 더욱 빠르게 그에게 왔다.

그는 지고 있었다/ 추위와의 싸움에서. 그것은 기어갔다/

그의 몸 안으로/ 모든 면에서. 이 생각은 그를 앞으로 가게 몰아갔다,

하지만 그는 100피트(30m)도 안 됐다, 그가 **휘청거리**고

거꾸로 넘어졌을 때. 그것이 그의 마지막 공포의 순간이었다. 그가

회복했을 때/ 그의 숨과 자제력을, 그는 앉아서 **생각했다**/

그의 마음이 그 생각과 만나는 것에 대해/

존엄사를. 하지만, 그 생각은 그에게 오지 않았다/

정확히 그런 말로는. 그의 생각은 그가

바보처럼 행동했다는 것이다, 여기저기 뛰면서/ 머리가

잘린 닭처럼—그것은 그에게 일어난 일과 **같았다.** 글쎄, 그는

어쨌든 얼어붙었다/ 그리고 그는 또한 그것을

침착하게 받아들여야 했다. 이 **새로-발견된** 마음의 평화와 함께/ 첫 번째

소량의 **나른함**이 찾아왔다. 좋은 생각이라고, 생각했다,

자는 것은/ 그가 죽는 방식으로. 그것은 **마취된 것** 같았다. 얼어붙는 것은

나쁘지 않았다/ 사람들이 생각하는 것처럼. 죽기 위한 더 나쁜 많은 방법

이 있었다.

그는 상상했다/ 그 소년들이 다음날 그의 시체를 찾는 것을. 갑자기

그는 봤다/ 자신이 그들과 함께 있는 것을. 그 길을 따라서/

그를 찾는 것을. 그리고, 여전히 그들과 함께, 그는

그 길의 모퉁이에 돌아왔다/ 그리고 눈 속에 누워있는 자신을 발견했다. 그는

더 이상 그 자신에게 속해있지 않았다, 왜냐하면 심지어 그는

자신의 밖에 존재했다, 아이들과 함께 서서/ 그 눈 속에 있는 자신을 보면서.

in the snow. It certainly was cold he thought. When he got back to the States he could tell the **folk**s what real cold was. He **drift**ed on from this to a vision of the old-timer on Sulphur Creek. He could see him quite clearly, warm, and comfortable, and smoking a pipe.

"You were right, old **hoss**; you were were right," the man mumbled to the old-timer of Sulphur Creek.

Then the man **drowsed** off into what seemed to him the most comfortable and satisfying sleep he had ever known. The dog sat facing him and waiting. The brief day **drew to a close** in a long, slow twilight. There were no signs of a fire. As the twilight **drew on**, its eager yearning for the fire mastered it, and with a great lifting and shifting of forefeet, it whined softly, then flattened its ears down in **anticipation** of being **chidden** by the man. But the man remained silent. Later, the dog **whine**d loudly. And still later it crept close to the man and caught the scent of death. This made the animal **bristle** and back away. A little longer it delayed, howling under the stars that leaped and danced and shone brightly in the cold sky. Then it turned and **trot**ted up the trail in the direction of the camp it knew, where were the other food-providers and the fire-providers.

그것은 확실히 추웠다, 그의 생각에는. 그가

미국에 돌아왔을 때/ 그는 말할 수 있었다/ 사람들에게 진짜 추위가 무엇

인지를. 그의 마음은 **이동했**다/ 이것으로부터/ 유황 수로의 노인에 대한

생각으로. 그는 그를 볼 수 있었다/ 꽤 분명하게, 따뜻하고, 편안하게, 그리고

5 담뱃대에 담배를 피우는.

"당신이 옳았어요. 나이든 **이**; 당신이 옳았다고요." 그는

중얼거렸다/ 유황 수로의 노인에게.

그러고 나서 그 남자는 **졸았**다/ 무엇인가 그에게 보이는/

가장 안락하고 만족스러운 잠으로/ 그가 알았던 중에.

10 개는 앉아서 그를 마주하고 기다렸다. 그 짧은 날은 **끝**에 **다가갔다**/

길고, 느린 땅거미에서. 어떤 불의 징후도 만들어지지 않았다.

황혼이 **끝나갈 때**, 그것(개)의 불을 향한 열렬한 열망은/

그것(개)을 정복했다, 그리고 그것의 앞다리를 많이 들어 올리면서,

그것은 부드럽게 낑낑댔다. 그러고 나서 그것은 귀를 평평하게 했다, **기대하**

15 **면서**/ 그 남자에게 **책망받**는 것을. 하지만 그 남자는 조용히 남아있었다.

나중에, 그 개는 크게 **낑낑거렸다**. 그리고 그 후에도 여전히/ 그것은 그 남자

에게 가까이 기어가서/ 죽음의 냄새를 맡았다. 이것은

그 동물의 **털이 곤두서고** 뒤로 물러나게 했다. 약간 더 그것은 지체했다,

울부짖으면서/ 별 아래에서/ 그 별들은 뛰고 춤췄다/ 그리고 밝게 빛났

20 다/ 차가운 하늘에서. 그러고 나서 그것은 돌아서 **빠르게 걸어갔다**/ 그

길을 따라/ 그것이 알았던 그 캠프를 향해,

다른 음식-제공자들과/ 불-제공자들이 있는.

불 지피기

잭 런던(1876~1916, 미국) 지음
1902년 The Youth's Companion에 실렸고,
1908년에 다시 발표됨. 이 책에 실린 것은 1908년 버전
5회(1927, 1969, 2003, 2008, 2016) 영화화 됨

2시간이면
갈 줄 알았는데

자전거 하면 '코펜하겐(덴마크의 수도)'이 떠오른다. 일본, 중국, 몇몇 북유럽 국가에서는 범국민적으로 자전거를 타고 다닌다. 하지만 '코펜하겐'만큼 모든 도로에 자전거 도로가 있고, 도시 전체가 자전거 타기 좋게 평지로 된 곳은 드물다.

코펜하겐에 5일이나 머물렀는데, 작은 도시라 더는 특별히 갈 데가 없었다. 그래서 멀리 떨어진 '루이지애나 미술관'에 가기로 했다. 세상에서 가장 아름답다는 미술관이었다. 여행하면서 2km 이내의 거리는 걸어 다니곤 했다. 구글 지도에서 40km가 자전거로 2시간 걸린다고 하기에 만만하게 생각했다.

하지만 바퀴가 굴러갈 때마다 끼긱거리고, 3단이 최고에, 무거운, 싸구려 자전거로 보호장비도 없이 그 길을 나섰다는 것이 문제였다. 사실 더 큰 문제는 나였다. 내 인생 전체에서 자전거를 탄 시간이 총 20시간이나 될까? 부모님께서 자전거나 오토바이 타는 사람들은 사고가 꼭 난다며, 절대 사주지 않으셨다. 초등학교 동창에게 2시간 동안 넘어지면서 배웠고, 그때 익힌 실력으로 가끔 다른사람들이 탈 때만 어울리곤 했었다.

아침 8시에 출근 시간 맞춰 출발했다. 가는 데에 2시간이라고 했으니 자전거로 갔다 오면 점심시간이 조금 지났을 것 같았다.

평지가 많아 힘들지는 않았다. 특히 숲속에 길이 난 경우도 많았는데 좋은 공기를 마시며 달리는 것이 꿈만 같았다. 다만, 초행길이어서 헤맸다. 숲속에서 지도상의 길이 끊겨 있었다. 보통 나침반 대신 태양을 보고 방향을 정해서 다니는데, 날씨가 흐려서 태양이 보이지 않았다. 잘못하면 혼자서 숲속을 헤매다가 침낭과 음식 없이 추운 밤을 맞게 될 수도 있었다.

bit.ly/3zk7kf

비포장 된 산길을 달릴 수는 없었다. 자전거를 타다 보면 내가 자전거를 모는지 자전거가 나를 모는지 알기 어려웠다. 결국 넘어져서 자전거 체인이 밖으로 나갔고 오른쪽 무릎이 심하게 찢어졌다. 미술관까지 절반 조금 넘게 왔고, 잘 일어설 수도 없었다. 다행히 뒤에 할아버지가 나타나 자전거를 고쳐주셨다. 무려 8시간이 지나서 미술관에 도착했다.

미술관의 구급약으로 무릎을 대충 치료하고, 미술관을 구경했다. 작은 미술관이었지만, 미술품보다 독특한 전시 공간이 더 아름다웠다. 기다려서 저녁 뷔페를 먹었는데, 메뉴가 많지 않고 먹자 할 게 별로 없다. 돌아올 때는 당연히 기차를 타고 왔다.

| Mike의 감상 | 자연과의 사투하면 노인과 바다, 모비딕, 소형보트(추천, 3.75), 더 로드 등 하나의 장르라고 해도 될 만큼 정말 많은 소설(또는 재난 영화)이 떠오른다. 읽다 보면 사투를 통한 깨달음은 차치하고, 얼마나 더 극한의 상황을 생생하게 담아내느냐가 목적인 듯 보인다. 그중에 가장 인상적이었던 작품은 바로 '불 지피기(3.95)'였다.

소설의 주인공은 나 이상으로 무모했다. 영하 80도쯤이야 하는 생각에 덤볐다가 추위에 굴복한다. 영하 80도의 추위가 그대로 전해졌다. 소설을 읽고 한동안 턱에 얼음을 단 채 얼어붙는 몸으로 불을 시피려 했던 모습이 종종 떠올랐다. 가장 인상적인 부분은 극단적인 순간이 되자 개를 죽여서까지 손을 녹이려고 한 부분이었다. He would kill the dog and bury his hands in the warm body (그는 개를 죽이고 손을 그 따뜻한 시체에 넣으려고 했다).

심하게 추운 날이 되면 이 소설이 다시 떠오를 것 같다.

William Somerset Maugham

Red, 1921

TOP 4

레드

1

thrust	찔러 넣다
trouser	바지
portly	좀 뚱뚱한
declining	저무는
reef	산호초
still	바람 한 점 없는
lagoon	석호(바다에서 분리된 호수)
mate	항해사
swarthy	거무스름한
stoutness	뚱뚱한
clean-cut	단정한
mast	돛대
shout	소리치다

2

blame	저주스러운
you bet your sweet life	틀림없이
opening	해안가
mast	돛대
reef	산호초
schooner	범선
paraffin	등유
head wind	맞바람
knot	노트(속도의 단위)
bedraggled	후줄근한
dingy	거무칙칙한
copra	코코넛 말린 것
cargo	화물
steersman	항해사
resign	물러나다
anchor	정박하다
furl	(돛을) 접다
roll	흔들리다

3

induce	설득하다
ragged	누더기
tunic	헐렁한 셔츠
cabin	선실
engineer	기관사
lean	호리호리한
scraggy	양상한
overall	작업복
jersey	(선원용의 딱 맞는) 셔츠
dim	어두운
apricot	살구
deck	갑판으로
mass	덩어리
ceaseless	끊임없이
surf	파도
idly	한가하게
concertina	콘서티나 (아코디언 같은 악기)
barbaric	야만적인
primeval	원시적인
contortion	뒤틀림
weird	기묘한
in short	요컨대
childlike	아이 같은

4

clamber	기어가다
pant	헐떡이다
tranquil	고요한
reef	산호초
elude	빠져나가다
schooner	범선
lagoon	석호

coral	산호
anchor	정박시키다
uncloud	구름 없는
grateful	기분 좋은
quietness	조용함
at rest	움직이지 않는
peculiar	특이하고
wooded	나무가 우거진
well at ease	마음 편하게
stump	밑동
ashore	해안
stiffly	뻣뻣하게
spaced	간격이 있었다
formality	형식
flippant	얼빠진
simpering	한가하게
tortuous	복잡한
creek	샛강

5

forked	두 갈래로 갈라진
bed	바닥
slippery	미끄럽고
sure	안정된
nestle	자리잡다
gingerly	조심조심
joined on	~에 연결된
level	높이
totter	비틀거리다
gasp	한숨
firm	단단한
intent	긴장한
notice	알아채다
nerve	용기

English	Korean	English	Korean	English	Korean
evidently	분명히	get used to~	~에 익숙하다	croton	파두(열대 식물)
shooting	사냥	meditative	생각에 잠긴	pied	얼룩무늬인
somewhat	다소			fanciful	기상천외한
thin	야윈			quarter	사 분의 일

8

singlet	러닝셔츠
duck trousers	캔버스 천으로 된 바지

8

blotchy	얼룩덜룩한
vein	정맥
fatness	뚱뚱함
bloodshot	충혈된
roll	접힘
fringe	주변머리
immense	엄청난
imbecility	우둔한
flannel	혼방면
mat	엉겨붙은
serge	능직물(사선 결의 천)
ungainly	볼품없는
thrust	밀치다
uncrossed	꼬이지 않는
elasticity	탄성
limb	손발
bulk	크기
run about	쏘아 다니던
seize	움켜잡다
settle down	정착하다
sentimentalist	감상주의자
ironical	모순적인

alloted → allotted | 할당된
philosophy | 철학
content | 만족스러운

10

melodramatic	극단적인
nonsense	말도 안 되는 것
sober	술 취하지 않은
intoxicate	취하게
fancy	원하다
vanity	허영
deleterious	해로운
a deal of	많은
chuckle	즐겁게 웃다
a sip	한 모금
unearthly	이 세상의 것 같지 않은
tarry	늦장을 부리다
migrant bird	철새
fragrance	향기
hover over	위를 맴돌다
hawthorn	산사나무
meadow	목초지

6

somewheres	어딘가
bungalow	방갈로(작은 단층집)
motion	손짓하다
fetch	가져오다
closely	빽빽하게
littered	어질러진
in disorder	어수선하게
queer	괴상한
reguler	정기적인
pour	따르다
volunteer	자진해서 말하다

7

run	움직이다
get along	운영하다
copra	코코넛 과육 말린 것
smallpox	천연두
stirring	신나는 일
taciturn	무뚝뚝한
faint	희미한
tidy	깔끔한
plantation	농장
incomprehensible	이해할 수 없는
lonesome	인적이 드문

9

gross	징그럽고
whim	기분
hut	오두막
beehive	벌집 모양인
overshadowed	그늘에 심하게 가린

The skipper **thrust** his hand into one of his **trouser** pockets and with difficulty, for they were not at the sides but in front and he was a **portly** man, pulled out a large silver watch. He looked at it and then looked again at the **declining** sun. The Kanaka at the wheel gave him a glance, but did not speak. The skipper's eyes rested on the island they were approaching. A white line of foam marked the **reef**. He knew there was an opening large enough to get his ship through, and when they came a little nearer he counted on seeing it. They had nearly an hour of daylight **still** before them. In the **lagoon** the water was deep and they could anchor comfortably. The chief of the village which he could already see among the coconut trees was a friend of the **mate**'s, and it would be pleasant to go **ashore** for the night. The mate came forward at that minute and the skipper turned to him.

"We'll take a bottle of booze along with us and get some girls in to dance," he said.

"I don't see the opening," said the mate.

He was a Kanaka, a handsome, **swarthy** fellow, with somewhat the look of a later Roman emperor, inclined to **stoutness**; but his face was fine and **clean-cut**.

"I'm dead sure there's one right here," said the captain, looking through his glasses. "I can't understand why I can't pick it up. Send one of the boys up the **mast** to have a look."

The mate called one of the crew and gave him the order. The captain watched the Kanaka climb and waited for him to speak. But the Kanaka **shouted down** that he could see nothing but the unbroken line of foam. The captain spoke

선장은 그의 손을 **찔러 넣었다**/ 그의 **바지** 주머니에.

그리고 어렵게, 왜냐하면 그것들은 옆쪽에 있지 않았고

앞에 있어서/ 그리고 그는 **좀 뚱뚱한** 사람이라, 큰 은

시계를 꺼냈다. 그는 그것을 보고 다시 봤다/ **저무는**

태양 빛에. 카나카는 운전대에서 그를 한번 쳐다봤지만,

말은 하지 않았다. 선장의 시선을 그 섬에 두었다/ 그들이

접근하는 중인. 하얀 거품의 선이 그 **산호초**를 표시했다.

그는 알았다/ 충분히 크게 열린 해안이 있음을/ 그 배가

지나갈 수 있도록, 그리고 그들이 조금 더 가까이 왔을 때/ 그는

그것을 보기를 기대했다. 그들은 거의 한 시간의 **바람 한 점 없는** 햇빛을 가졌다/ 그들 앞에. **석호(바다에서 분리된 호수)**에서 물이 깊었다/ 그리고 그들은 편안하게 닻을 내릴 수 있었다. 그 마을의 대장은(그는 이미 그 마을을 봤다/ 코코넛 나무 사이에 있는) 친구였다/ 그

항해사의, 그리고 그 밤에 해안에 갈 것이라 기뻤다.

항해사는 저 때(바로 그 때)에 나섰고, 그 선장은

그에게 (몸을) 돌렸다.

"우리는 술 한 병 가져 갈거야/ 우리와 함께/ 그리고

여자들을 불러 춤추자," 그는 말했다.

"저는 해안가가 보이지 않아요." 그 항해사는 말했다.

그는 카나카였다, 잘생기고, **거무스름한** 친구였는데,

다소 후기 로마 황제 같았다,

뚱뚱한 경향이 있는; 하지만 그의 얼굴은 좋았고 **단정했다.**

"틀림없이 해안가가 여기 있을 거야," 선장은 말했다,

그의 안경을 통해. "나는 이해할 수 없어/ 왜 내가

그것을 고를 수 없는지. 아이 중 하나를 **돛대** 위로 보내/ 보기 위해."

항해사는 선원 중 한 명을 불러서 명령을 내렸다.

선장은 지켜보고 기다렸다/ 카나카가 올라가서 말하는 것을.

하지만 카나카는 **아래로 소리쳤다**/ 그는 아무것도 볼 수

없다고/ 끊어지지 않은 거품의 선 말고는. 그 선장은

문법&용법
it would be
pleasant to go
it~ to~ 구문
원래의 문장은
To go~ would be
pleasant

Samoan like a native, and he cursed him freely.

"Shall he stay up there?" asked the mate.

"What the hell good does that do?" answered the captain. "The **blame** fool can't see worth a cent. **You bet your sweet life** I'd find the **opening** if I was up there."

He looked at the slender **mast** with anger. It was all very well for a native who had been used to climbing up coconut trees all his life. He was fat and heavy.

"Come down," he shouted. "You're no more use than a dead dog. We'll just have to go along the **reef** till we find the opening."

It was a seventy-ton **schooner** with **paraffin** auxiliary, and it ran, when there was no **head wind**, between four and five **knot**s an hour. It was a **bedraggled** object; it had been painted white a very long time ago, but it was now dirty, **dingy**, and mottled. It smelt strongly of paraffin and of the **copra** which was its usual **cargo**. They were within a hundred feet of the reef now and the captain told the **steersman** to run along it till they came to the opening. But when they had gone a couple of miles he realised that they had missed it. He went about and slowly worked back again. The white foam of the reef continued without interruption and now the sun was setting. With a curse at the stupidity of the crew the skipper **resigned** himself to waiting till next morning.

"Put her about," he said. "I can't **anchor** here."

They went out to sea a little and presently it was quite dark. They anchored. When the sail was **furled** the ship began to **roll** a good deal. They said in Apia that one day she

사모아 말을 했다/ 원주민처럼, 그리고 그는 그를 편하게 저주했다.

"그가 저 위에 (계속) 있어야 할까요?" 그 항해사는 물었다.

"저딴 지랄이 무슨 좋은 일을 하는데?" 선장이 대답했다.

"저주스러운 바보는 1센트 가치만큼도 못 보잖아. **틀림없이**/

5   나는 **해안가**를 찾았을 거야/ 저 위에 있었으면."

그는 화나서 쳐다봤다/ 호리호리한 **돛대**를. 그것은 모두

매우 좋았다/ 원주민에게/ 그 원주민들은 코코넛 나무를 오르는 데에 익

숙하다/ 평생 동안. (하지만) 그는 뚱뚱하고 무거웠다.

"내려와 봐," 그는 소리쳤다. "너는 쓸모가 없어/

10   죽은 개보다. 우리는 단지 그 **산호초**를 따라가야 해/ 우리가 그

해안가를 찾을 때까지."

그것은 70톤의 **범선**이었다/ 등유 보조기관이 달린,

그리고 그것은 항해했다, **맞바람**이 없을 때, 한 시간에 4~5노트

(7.5~9.25km)의 속도로. 그것은 **후줄근한** 물건이었다;

15   하얗게 칠해졌는데 아주 오래됐고, 지금은 매우

더럽고, **거무칙칙하고**, 얼룩덜룩했다. 그것은 심하게 파라핀과

코코넛 말린 냄새가 났다/ 그 냄새는 그것의 보통 (싣고 다니는) **화물**이었다.

그들은 이제 산호초까지 100피트(30m)였고/ 선장은 말했다/

항해사에게 산호초를 따라가라고/ 그들이 해안가에 갈 때까지. 하지만

20   그들이 2~3마일을 갔을 때/ 그는 깨달았다/ 그들이

그것을 놓쳤다고. 그는 천천히 다시 일에 착수했다.

산호의 하얀 거품은 계속됐다/ 방해하는 것 없이/

그리고 이제 태양이 저물어갈 때. 그 선원의 명청함에 대한 저주와 함께/

선장은 스스로 **물러났다**/ 다음 아침까지 기다리기 위해.

25

"그녀(배)의 방향을 바꿔," 그는 말했다. "나는 여기에 **정박할** 수 없어."

그들은 조금 바다로 나갔다/ 그리고 곧 꽤

어두워졌다. 그들은 정박했다. 그 항해가 (돛을) **접혔을** 때/ 그 배는

많이 **흔들렸다**. 그들은 저 날에 아피아(서사모아의 수도)에서 말했다/ 그 배

would roll right over; and the owner, a German-American who managed one of the largest stores, said that no money was big enough to **induce** him to go out in her. The cook, a Chinese in white trousers, very dirty and **ragged**, and a thin white **tunic**, came to say that supper was ready, and when the skipper went into the **cabin** he found the **engineer** already seated at table. The engineer was a long, **lean** man with a **scraggy** neck. He was dressed in blue **overalls** and a sleeveless **jersey** which showed his thin arms tatooed from elbow to wrist.

"Hell, having to spend the night outside," said the skipper.

The engineer did not answer, and they ate their supper in silence. The cabin was lit by a **dim** oil lamp. When they had eaten the canned **apricots** with which the meal finished the **Chink** brought them a cup of tea. The skipper lit a cigar and went on the upper **deck**. The island now was only a darker **mass** against the night. The stars were very bright. The only sound was the **ceaseless** breaking of the **surf**. The skipper sank into a deck-chair and smoked **idly**. Presently three or four members of the crew came up and sat down. One of them had a banjo and another a **concertina**. They began to play, and one of them sang. The native song sounded strange on these instruments. Then to the singing a couple began to dance. It was a **barbaric** dance, savage and **primeval**, rapid, with quick movements of the hands and feet and **contortion**s of the body; it was sensual, sexual even, but sexual without passion. It was very animal, direct, **weird** without mystery, natural **in short**, and one might almost say **childlike**. At last they grew tired. They stretched them-

가 뒤집어질 것이라고/ 바로 저기에서; 그리고 그 소유자는, (독일계-미국인

인데) 운영했다/ 가장 큰 가게 중 하나를, 말했다/ 어떤 돈도

충분히 많지 않다고 **설득하기엔**/ 그가 그 배 안에서 항해하도록. 요리사는,

중국인이었는데, 입고 있는 하얀 바지는 **누더기**에 더러웠고, 그리고 얇은

5 하얀 **헐렁한 셔츠**를 입었다, 와서 말했다/ 저녁 식사가 준비됐다고, 그리고

선장이 **선실**로 갔을 때/ 그는 발견했다/ **기관사**가 이미 식탁에 앉아 있는

것을. 기관사는 아주 길고, **호리호리한** 남자였는데/

목이 **앙상했다**. 그는 푸른 **작업복**을 입었는데/

(선원용의 딱 맞는) 민소매 **셔츠**는 그의 가는 팔을 드러냈다/ 팔꿈치부터 손

10 목까지 문신이 새겨진.

"지랄, 밖에서 밤을 보내야 한다니," 선장이 말했다.

기관사는 대답하지 않았다, 그리고 그들은 저녁을 먹었다/

조용히. 그 선실은 밝혀졌다/ **어두운** 기름 등불로. 그들이

살구 통조림을 먹었을 때/ 그 식사는 끝났다/

15 **중국인**이 그들에게 가져온 차로. 선장은 시가를 피웠고/

위쪽 **갑판**으로 갔다. 섬은 지금 단지 밤보다 더 어두운

덩어리일 뿐이었다. 별들은 아주 밝았다.

들리는 소리는 **끊임없이** 부서지는 **파도**뿐이었다. 선장은

쑤셔 넣었다/ 갑판-의자에 그리고 **한가하게** (시가를) 피웠다. 곧 3~4명의

20 선원이 올라와 앉았다. 그들 중 하나는 반조를 가졌고/ 다른 사람은

콘서티나(아코디언 같은 악기)를 가졌다. 그들은

연주하기 시작했고, 그들 중 한 명은 노래했다. 그 원주민의 노래는

이 악기에서 이상하게 들렸다. 그러고 나서 노래에 맞춰 커플은

춤추기 시작했다. 그것은 **야만적이고**, 사납고, **원시적이고**,

25 빠른 춤이었다, 빠른 움직임으로/ 손과 발의/ 그리고

몸의 **뒤틀림**으로; 그것은 감각적이고, 또한 관능적이었다, 하지만

열정이 없는 관능이었다. 그것은 아주 동물같고, 직접적이고, **기묘했다**,

신비스럽지는 않지만/ **요컨대** 자연스러웠다, 누군가는

아이 같다고 말할지도 모른다. 마침내 그들은 지쳤다. 그들은

selves on the deck and slept, and all was silent. The skipper lifted himself heavily out of his chair and **clambered** down the companion. He went into his cabin and got out of his clothes. He climbed into his bunk and lay there. He **panted** a little in the heat of the night.

But next morning, when the dawn crept over the **tranquil** sea, the opening in the **reef** which had **elude**d them the night before was seen a little to the east of where they lay. The **schooner** entered the **lagoon**. There was not a ripple on the surface of the water. Deep down among the **coral** rocks you saw little coloured fish swim. When he had **anchored** his ship the skipper ate his breakfast and went on deck. The sun shone from an **unclouded** sky, but in the early morning the air was **grateful** and cool. It was Sunday, and there was a feeling of **quietness**, a silence as though nature were **at rest**, which gave him a **peculiar** sense of comfort. He sat, looking at the **wooded** coast, and felt lazy and **well at ease**. Presently a slow smile moved his lips and he threw the **stump** of his cigar into the water.

"I guess I'll go **ashore**," he said. "Get the boat out."

He climbed **stiffly** down the ladder and was rowed to a little **cove**. The coconut trees came down to the water's edge, not in rows, but **spaced out** with an ordered **formality**. They were like a ballet of **spinster**s, elderly but **flippant**, standing in affected attitudes with the **simpering** graces of a bygone age. He sauntered idly through them, along a path that could be just seen winding its **tortuous** way, and it led him presently to a broad **creek**. There was a bridge across it, but a bridge constructed of single trunks of coconut

스스로 갑판에서 쭉 뻗고/ 잠들었다, 모두 조용했다. 선장은

스스로를 무겁게 들어 올렸다/ 의자 밖으로/ 그리고 **기어서** 내려갔다/

동료에게. 그는 선실로 들어가서/

옷을 치웠다. 그는 침대에 올라가서 누웠다. 그는 **헐떡였다**/

5 약간/ 그 밤의 더위에.

하지만 다음 날 아침, 새벽이 **고요한** 바다에 다가왔을 때,

해안가는 **산호초** 속에서 (그 암초는 전날 밤에 그들을 **빠져나갔던**/

동쪽으로) 조금 보였다/ 그들이 놓여 있었던 곳이.

범선은 그 석호로 들어갔다. 물의 표면에 잔물결도 없었다.

10 아래 깊은 곳의 **산호** 바위 중에서/

당신은 봤다/ 작고 색깔이 있는 물고기가 수영하는 것을. 그가

배를 **정박**시켰을 때/ 선장은 아침을 먹고 갑판에 나갔다.

태양은 빛났다/ **구름 없는** 하늘에서, 하지만 아침 일찍/

공기는 **기분 좋고** 시원했다. 일요일이었다, 그리고

15 고요하고, **조용한** 느낌이 있었다, 자연이 **움직이지 않는** 것처럼,

그것은 그에게 **특이하고** 안락한 느낌을 줬다. 그가 앉아서,

나무가 우거진 해안을 바라보며, **마음 편하게** 나른함을 느꼈다.

곧 느린 미소가 그의 입술을 움직였고/ 그는

시가의 **밑동**을 물에 던졌다.

20 "내 생각엔 내가 **해안**으로 가야 해," 그는 말했다 "보트를 밖으로 빼라."

그는 **뻣뻣하게** 그 사다리를 내려갔고/

작은 만으로 노를 저었다. 코코넛 나무들은 물의

가장자리에 있었고, 일렬은 아니었다, 하지만 **간격이 있었다**/ 정돈된 **형식**

으로. 그들은 **노처녀**들의 발레 같았다, 나이 들었지만 **경박한**,

25 가장된 태도로 서서/ 지나간 나이의 **얼빠진** 웃음의 품위로.

그는 그들 사이로 **한가하게** 거닐었다, 보여지는 길을 따라/

그것의 **복잡한** 길을 구불구불하게, 그리고

지금 그를 이끌었다/ 넓은 **샛강**으로. 그것을 가로질러 다리가 있었다,

하지만 그 다리는 코코넛 나무들의 일자 기둥으로 만들어졌다,

trees, a dozen of them, placed end to end and supported where they met by a **forked** branch driven into the **bed** of the creek. You walked on a smooth, round surface, narrow and **slippery**, and there was no support for the hand. To cross such a bridge required **sure** feet and a stout heart. The skipper hesitated. But he saw on the other side, **nestling** among the trees, a white man's house; he made up his mind and, rather **gingerly**, began to walk. He watched his feet carefully, and where one trunk **joined on** to the next and there was a difference of **level**, he **tottered** a little. It was with a **gasp** of relief that he reached the last tree and finally set his feet on the **firm** ground of the other side. He had been so **intent** on the difficult crossing that he never **noticed** anyone was watching him, and it was with surprise that he heard himself spoken to.

"It takes a bit of **nerve** to cross these bridges when you're not used to them."

He looked up and saw a man standing in front of him. He had **evidently** come out of the house which he had seen.

"I saw you hesitate," the man continued, with a smile on his lips, "and I was watching to see you fall in."

"Not on your life," said the captain, who had now recovered his confidence.

"I've fallen in myself before now. I remember, one evening I came back from **shooting**, and I fell in, gun and all. Now I get a boy to carry my gun for me."

He was a man no longer young, with a small beard, now **somewhat** grey, and a **thin** face. He was dressed in a **singlet**, without arms, and a pair of **duck trousers**. He wore neither

12개가, 끝에서 끝까지 놓여 있었고/ 지지가 되었다/

그들이 **두 갈래로 갈라진** 나뭇가지에 의해 붙어있는 곳으로/ 샛강의 **바닥**

으로 박혀 있었다. 당신은 부드럽고, 좁고

미끄럽고, 둥근 표면을 걸어야 한다, 그리고 손을 지탱해줄 것은 없었다.

그런 다리를 건너는 데 필요했다/ **안정된** 다리와 굳센 마음.

선장은 주저했다. 하지만 그는 건너편을 봤다, 나무 사이에 **자리잡고** 있었

다, 백인의 집이; 그는 결심하고,

다소 조심조심, 걷기 시작했다. 그의

발을 조심스럽게 봤고, 나무가 다른 것에 높이가 다르게 **연결되어**

있었다, 그는 살짝 **비틀거렸다.**

안도의 **한숨**과 함께/ 그가 마지막 나무에 도달해서

끝내 그의 발을 건너편의 **단단한** 땅에 놓았다. 그는

아주 **긴장했**다/ 어렵게 건너는 중에/ 그래서 그는

누가 그에게 다가오는지 절대 **알아채지** 못했다, 그리고 그가 스스로 말하

고 있는 것을 들은 줄 알고 놀랐다.

"이 다리를 건너려면 조금 **용기**가 있어야 하지요/

당신이 여기에 익숙하지 않으면요."

그는 올려다봤다/ 어떤 남자가 그의 앞에 서 있었다.

그는 **분명히** 그가 봤던 집에서 나온 것이다.

"당신을 봤을 때 주저했어요," 그 남자는 계속했다, 입술의 미소와 함께,

"그리고 저는 당신이 떨어지기를 지켜보고 있었지요."

"당신의 생전에는 (그렇게) 안되지요," 선장은 말했다, 지금

그의 자신감을 회복하고.

"저는 전에 스스로 빠진 적이 있어요. 제가 기억하기에, 어느 날 밤

제가 **사냥**에서 돌아왔을 때, 저는 총이랑 모두 함께 빠졌어요. 지금 저는

저를 위해 총을 들어줄 소년이 있지요."

그는 더 이상 젊지 않았다, 적은 턱수염과, 지금

다소 흰머리를 가졌고, 얼굴이 **야위었다.** 그가 입은 **러닝셔츠**는,

소매가 없었고, **캔버스 천으로 된** 바지를 입었다. 그는

shoes nor socks. He spoke English with a slight accent.

"Are you Neilson?" asked the skipper.

"I am."

"I've heard about you. I thought you lived **somewheres** round here."

The skipper followed his host into the little **bungalow** and sat down heavily in the chair which the other **motioned** him to take. While Neilson went out to **fetch** whisky and glasses he took a look round the room. It filled him with amazement. He had never seen so many books. The shelves reached from floor to ceiling on all four walls, and they were **closely** packed. There was a grand piano **littered** with music, and a large table on which books and magazines lay **in disorder**. The room made him feel embarrassed. He remembered that Neilson was a **queer** fellow. No one knew very much about him, although he had been in the islands for so many years, but those who knew him agreed that he was queer. He was a Swede.

"You've got one big heap of books here," he said, when Neilson returned.

"They do no harm," answered Neilson with a smile.

"Have you read them all?" asked the skipper.

"Most of them."

"I'm a bit of a reader myself. I have the Saturday Evening Post sent me **regler**."

Neilson **poured** his visitor a good stiff glass of whisky and gave him a cigar. The skipper **volunteer**ed a little information.

"I got in last night, but I couldn't find the opening, so

신발과 양말도 신지 않았다. 그는 영어를 약간의 사투리로 말했다.

"닐슨인가요?" 선장이 물었다.

"맞습니다."

"당신에 대해 들었어요. 당신이 이 근처 **어딘가에** 산다고 생각했지요."

선장은 그의 초대자를 따라 작은 **방갈로(작은 단층집)**로 갔다/

그리고 의자에 무겁게 앉았다/ 다른 사람이 그에게 앉으라고 **손짓한.**

닐슨이 위스키와 컵을 **가져오는** 동안/

그는 방을 둘러봤다. 그것은 그를

놀라움으로 채웠다. 그는 그렇게 많은 책을 본 적이 없었다. 선반은

닿아 있었다/ 바닥에서 천장까지 4면 모두를, 그리고 그것들은

빽빽하게 차 있었다. 그랜드 피아노가 악보로 **어질러** 있었고,

큰 탁자가 있었는데/ 책과 잡지들이

어수선하게 놓여 있었다. 그 방은 그를 당황스럽게 느끼게 만들었다. 그는

기억했다/ 닐슨이 **괴상한** 친구였다는 것을. 누구도

그에 대해 많이 알지 않았다, 그가 그 섬에

아주 많은 수년 동안 있었지만, 하지만 그를 알게 된 사람은 동의했다/ 그가

괴상하다는 것에. 그는 스웨덴 사람이었다.

"당신은 큰 책더미를 갖고 있군요," 그는 말했다,

닐슨이 돌아왔을 때.

"그것들은 다치게 하지 않아요," 닐슨이 웃으며 대답했다.

"전부 읽어봤나요?" 선장이 물었다.

"대부분은요."

"나도 꽤 읽는 사람인데. <일요일 밤마다

보내주는 잡지>에서 **정기적으로** 보내요."

닐슨은 그의 방문객에게 좋고 딱딱한 유리산에 위스키를 **따랐나**/

그리고 그에게 잎담배를 줬다. 선장은 약간의 정보를 **자진해서 말했다.**

문법&용법
regler
regularly의 오타
로, 선장의 낮은 수
준을 보여준다.

저는 지난밤에 도착했지만, 해안가를 찾을 수 없었어요, 그래서

I had to anchor outside. I never been this **run** before, but my people had some stuff they wanted to bring over here. Gray, d'you know him?"

"Yes, he's **got** a store a little way **along**."

"Well, there was a lot of canned stuff that he wanted over, an' he's got some **copra**. They thought I might just as well come over as lie idle at Apia. I run between Apia and Pago-Pago mostly, but they've got **smallpox** there just now, and there's nothing **stirring**."

He took a drink of his whisky and lit a cigar. He was a **taciturn** man, but there was something in Neilson that made him nervous, and his nervousness made him talk. The Swede was looking at him with large dark eyes in which there was an expression of **faint** amusement.

"This is a **tidy** little place you've got here."

"I've done my best with it."

"You must do pretty well with your trees. They look fine. With copra at the price it is now. I had a bit of a **plantation** myself once, in Upolu it was, but I had to sell it."

He looked round the room again, where all those books gave him a feeling of something **incomprehensible** and hostile.

"I guess you must find it a bit **lonesome** here though," he said.

"I've **got used to** it. I've been here for twenty-five years."

Now the captain could think of nothing more to say, **and** he smoked in silence. Neilson had apparently no wish to break it. He looked at his guest with a **meditative** eye. He was a tall man, more than six feet high, and very stout. His face was red and **blotchy**, with a network of little purple

밖에 닻을 내려야 했지요. 저는 전에는 이렇게 **움직인** 적이 없어요, 하지만
거래처에서 여기에 어떤 물건을 가져오기를 원했지요.

당신은 그레이를 아나요?

"알아요, 그는 조금 떨어진 곳에 가게를 **운영했**잖아요."

"그래요, 거기에 그가 팔기 원하는 많은 통조림이 있었지요
그리고 **코코넛 과육 말린 것**도 있었잖아요. 그들의 생각엔/ 저 또한 막
들러서 아피아에 놓고 있는 것일 거예요. 저는 대개 아피아(사모아의 수
도)와 파고-파고(사모아) 사이를 다녔지요, 하지만 그들은 이제 **천연두가**
생겼어요, 그리고 어떤 **신나는 일**이 없고요."

그는 위스키 음료를 마시고 시가에 불을 붙였다. 그는
무뚝뚝한 사람이었지만, 닐슨에게는
그를 긴장하게 만드는 어떤 것이 있었다, 그리고 그의 긴장은 그를 말하게 만
들었다. 그 스웨덴 사람은 그를 크고 짙은 눈으로 보고 있었다/ 거기에는
희미한 즐거움의 표정이 있었다.

"당신이 온 이곳은 **깔끔하**네요."

"최선을 다했습니다."

"당신은 꽤 나무를 잘 가꾸나 보군요. 그들은 좋아 보여요.
요새의 코코넛 과육 말린 것의 가격으로는요. 저는 스스로 작은 **농장**을
가졌었지요, 우폴루섬(사모아)에 있었지만, 저는 그걸 팔아야 했어요."

그는 주변의 방을 다시 둘러봤다, 그곳의 모든 책은
그에게 어떤 **이해할 수 없고** 적대적인 기분을 주었다.

"제 생각에 당신은 여기가 좀 **인적이 드문** 것을 찾았나 보군요," 그는
말했다.

"저는 그것에 **익숙해**요. 저는 25년이나 여기 있었거든요."

이제 선장은 말할 만한 어떤 것도 생각할 수 없었다, **그래서**
그는 조용히 담배 피웠다. 닐슨은 분명히 그것을
깨고 싶지 않았다. 그는 **생각에 잠긴** 눈으로 손님을 봤다. 그는
키 큰 사람이었다, 6 피트(183cm)보다 큰 키에, 아주 뚱뚱했다. 그의
얼굴은 붉고 **얼룩덜룩**했다, 약간의 보랏빛

veins on the cheeks, and his features were sunk into its fatness. His eyes were bloodshot. His neck was buried in rolls of fat. But for a fringe of long curly hair, nearly white, at the back of his head, he was quite bald; and that immense, shiny surface of forehead, which might have given him a false look of intelligence, on the contrary gave him one of peculiar imbecility. He wore a blue flannel shirt, open at the neck and showing his fat chest covered with a mat of reddish hair, and a very old pair of blue serge trousers. He sat in his chair in a heavy ungainly attitude, his great belly thrust forward and his fat legs uncrossed. All elasticity had gone from his limbs. Neilson wondered idly what sort of man he had been in his youth. It was almost impossible to imagine that this creature of vast bulk had ever been a boy who ran about. The skipper finished his whisky, and Neilson pushed the bottle towards him.

"Help yourself."

The skipper leaned forward and with his great hand seized it.

"And how come you in these parts anyways?" he said.

"Oh, I came out to the islands for my health. My lungs were bad and they said I hadn't a year to live. You see they were wrong."

"I meant, how come you to settle down right here?"

"I am a sentimentalist."

"Oh!"

Neilson knew that the skipper had not an idea what he meant, and he looked at him with an ironical twinkle in his dark eyes. Perhaps just because the skipper was so gross and

정맥이 뺨에 망을 이루며, 그리고 그의 특징들은

뚱뚱함에 침몰되었다. 그의 눈은 **충혈됐다**. 그의 목은 살의 지방으로

접혀서 묻혀있었다. 하지만 길고 곱슬인 **주변머리**는, 거의

흰색이고, 그의 머리의 뒤쪽까지, 그는 거의 대머리였다; 그리고 저

5 **엄청나고**, 빛나는 이마 표면은,

그에게 지적으로 거짓된 인상을 줄지도 모른다, 반면에

그에게 기이하게 **우둔한** 인상을 주었다. 그는 푸른 **혼방면** 셔츠를 입고,

윗단추는 풀려있었고/ 그의 뚱뚱한 가슴을 드러냈다/

엉겨붙은 붉은빛 털로 덮인, 그리고 아주 낡은 푸른색 **능직물(사선 결의 천)**

10 바지를 입고. 그는 의자에 앉아서 무겁고 **볼품없는** 자세로, 그의

거대한 복부가 앞으로 **밀쳤다**/ 그리고 그의 뚱뚱한 다리는 **꼬이지 않았다**.

모든 **탄성**은 그의 **손발**에서 사라졌다. 닐슨은 한가롭게 궁금해했다/

어떤 사람이었을지/ 그가 젊었을 때는.

상상하는 것이 거의 불가능했다/ 이 거대한 **크기**의 생명체가

15 **쏘아 다니던** 소년이었다는 것이. 그 선장은

위스키를 다 마셨고, 월슨은 그에게 병을 밀었다.

"스스로 마음껏 드세요."

선장은 앞으로 (몸을) 기울였고, 그의 거대한 손으로

그것을 **움켜잡았다**.

20 "그리고 어째서 이 지역으로 온 것인가요?" 선장은 말했다.

"아, 저는 건강 때문에 이 섬으로 왔어요. 제 폐는

나빴고 그들은 제가 1년도 못 산다고 했지요. 당신이 보듯/ 그들이

틀렸어요."

"제 말은, 어째서 여기에 지금 **정착하신** 것이냐고요?"

25 "제가 **감상주의자**라서요."

"이런!"

닐슨은 선장이 뜻한 말에 (딱히) 생각이 없었다는 것을 알았고,

선장을 보고 짙은 눈으로 **모순적인** 윙크를 했다.

아마도 선장은 아주 **징그럽고**

dull a man the **whim** seized him to talk further.

"You were too busy keeping your balance to notice, when you crossed the bridge, but this spot is generally considered rather pretty."

"It's a cute little house you've got here."

"Ah, that wasn't here when I first came. There was a native **hut**, with its **beehive** roof and its pillars, **overshadowed** by a great tree with red flowers; and the **croton** bushes, their leaves yellow and red and golden, made a **pied** fence around it. And then all about were the coconut trees, as **fanciful** as women, and as vain. They stood at the water's edge and spent all day looking at their reflections. I was a young man then—Good Heavens, it's a **quarter** of a century ago—and I wanted to enjoy all the loveliness of the world in the short time **allotted** to me before I passed into the darkness. I thought it was the most beautiful spot I had ever seen. The first time I saw it I had a catch at my heart, and I was afraid I was going to cry. I wasn't more than twenty-five, and though I put the best face I could on it, I didn't want to die. And somehow it seemed to me that the very beauty of this place made it easier for me to accept my fate. I felt when I came here that all my past life had fallen away, Stockholm and its University, and then Bonn: it all seemed the life of somebody else, as though now at last I had achieved the reality which our doctors of **philosophy**—I am one myself, you know—had discussed so much. 'A year,' I cried to myself. 'I have a year. I will spend it here and then I am **content** to die.'"

"We are foolish and sentimental and **melodramatic** at

재미없는 사람이기 때문에/ **기분**이 더욱더 이야기하도록 사로잡았다.

"당신은 균형을 잡느라 아주 바빠서 알아채지 못 했나 봐요,

제가 그 다리를 건널 때요, 하지만 그 지점은 보통 여겨져요/

꽤 예쁘다고."

5 "당신이 사는 여기는 작고 귀여운 집이네요."

"아, 저것은 여기에 없었어요/ 제가 처음 왔을 때는요.

원주민의 **오두막**이 있었는데, **벌집 모양** 천장과 그것의 기둥들이 있었고, **그늘**
에 심하게 가렸지요/ 큰 나무와 붉은 꽃으로; 그리고 **파두(열대 식물)**

덤불들, 그들의 노랗고, 붉고 금색인 나뭇잎들로,

10 그것 주변에 **얼룩무늬인** 담장을 만들었어요. 그러고 나서 (다른) 모든 것은 코
코넛 나무였지요, 여자들만큼이나 **기상천외하고** 공허한. 그들은 물가에 서서
온종일을 보냈어요/ 그들의 비친 모습을 보면서.

저는 젊은 사람이었지요 그 때는—맙소사, **사 분의 일**

세기(25년) 전이네요—그리고 저는 즐기길 원했어요/ 세상의 모든 사랑스러

15 움을/ 저에게 **할당된** 짧은 시간 동안/ 제가

어둠으로 들어가기 전에. 저는 그것이 제가 본 것 중에 가장 아름다운 곳이라
고 생각했어요. 제가 처음 그것을 봤을 때/ 마음이 사로잡혔고,

제가 소리 지를까 봐 두려웠었지요. 저는

25살보다 많지 않았고, 제가 가질 수 있는 가장 좋은 얼굴을 가지긴 했지만,

20 저는 죽고 싶지는 않았어요. 그리고 어쨌든 그것은 저에게 보였어요/
이 가장 아름다운 장소가 제 운명을 받아들이기 더 쉽게 만들 것이라고요.

저는 제가 여기 왔을 때 느꼈어요/ 지난 인생이 사라졌다고요,

스톡홀름과 그것의 대학, 다음으로 본(과거 서독의 수도)을: 그것은 모두
다른 사람의 인생 같았지요, 지금 마침내

25 제가 현재의 존재를 느끼게 된 것처럼요/ 우리 **철학** 박사들이
—제가 제 자신이 됐지요, 당신이 알듯—아주 많이 의논했던.

'일년이야,' 저는 스스로에게 소리쳤어요. '나는 일 년을 가졌어. 나는 여기서
그것을 쓸 거야/ 그러고 나서 **만족스럽게** 죽어야지.'

"우리는 25살에 바보에 감상적이고 **극단적**이지요,

twenty-five, but if we weren't perhaps we should be less wise at fifty."

"Now drink, my friend. Don't let the **nonsense** I talk interfere with you."

He waved his thin hand towards the bottle, and the skipper finished what remained in his glass.

"You ain't drinking nothin," he said, reaching for the whisky.

"I am of a **sober** habit," smiled the Swede. "I **intoxicate** myself in ways which I **fancy** are more subtle. But perhaps that is only **vanity**. Anyhow, the effects are more lasting and the results less **deleterious**."

"They say there's **a deal of** cocaine taken in the States now," said the captain.

Neilson **chuckled**.

"But I do not see a white man often," he continued, "and for once I don't think a drop of whisky can do me any harm."

He poured himself out a little, added some soda, and took **a sip**.

"And presently I found out why the spot had such an **unearthly** loveliness. Here love had **tarried** for a moment like a **migrant bird** that happens on a ship in mid-ocean and for a little while folds its tired wings. The **fragrance** of a beautiful passion **hovered over** it like the fragrance of **hawthorn** in May in the **meadow**s of my home. It seems to me that the places where men have loved or suffered keep about them always some faint aroma of something that has not **wholly** died. It is as though they had acquired a **spiritual** significance which **mysteriously** affects those who pass. I wish I could make myself clear." He smiled a little. "Though

하지만 우리가 그렇지 않았다면/ 우리는 50살에 덜 현명할 거에요."

"이제 마셔요, 내 친구. 제가 말하는 **말도 안 되는 것이**

당신을 방해하지 않도록 이요."

그는 자신의 마른 손을 흔들어 병을 향했다, 그리고 선장은

유리잔의 남은 것을 다 마셨다.

"당신은 전혀 마시지 않는군요," 선장은 말했다, 위스키에 (손을) 뻗으면서.

"저는 **술 취하지 않는** 습관이 있지요," 스웨덴 사람이 미소지었다. "저는 스스

로 **취하게** 합니다/ 더욱 미묘하고 제가 **원하는** 방법으로/ 하지만 아마도

저것은 일종의 **허영**이에요. 어쨌든, 그 효과는 더 지속되고

그 결과는 덜 **해로우니까요**."

"사람들은 **많은** 코카인(마약)이 요즘 미국에서 먹는다고 하더군요."

선장이 말했다.

닐슨은 **즐겁게 웃었다.**

"하지만 저는 백인을 자주 볼 수 없으니," 그는 계속했다, "그리고 한 번 정도는

생각하지 않아도 되겠지요/ 한 방울의 위스키가 저에게 어떤 피해를 준다고."

닐슨은 스스로 조금 따르고, 약간의 탄산을 더했다, 그리고

한 모금 마셨다.

"그리고 지금 저는 알아냈어요/ 왜 그 장소가 가졌는지/

이 세상의 것 같지 않은 사랑스러움을. 이곳에서 사랑은 잠시 **늑장을 부려요**/

철새처럼요/ 바다-중앙에서 배 위에 발견되는/

잠시동안 그것의 지친 날개를 접는. 아름다운 열정의 **향기**는

그것의 **위를 맴돌지요**/

5월의 **산사나무** 향기처럼요/ 제 고향의 **목초지**에 있는. 그것은

저에게 그 장소처럼 생각돼요/ 사람들이 사랑하고 고통을 겪는/

(그 장소가) 그들을 가까운 곳에 있게 하는/ 항상 어떤 희미한 어떤 것의

향기가 **완전히** 사라지지 않는. 그것은 마치 그들이 **영적인**

중요성을 얻은 것 같지요/ 그것은 **신비롭게** 지나가는 사람들에게 영향을 끼치

고요. 저는 제가 스스로 명확히 (말했기를) 바랍니다." 그는 조금 미소지었다.

Words 2/3

Words 2/3

원어민 MP3
bit.ly/
3zk7kf

11

wholly	완전히
spiritual	영적인
mysteriously	신비롭게
shrug	으쓱하다
aesthetic	심미적인
conjunction	결합
thick-witted	아둔한
bewildered	어리둥절한
ridiculous	말도 안 되는 것
sentimentalist	감상주의자
scepticism	회의론
perplexity	당혹감
puzzle	헷갈리게 하다
situate	놓게 하다
recollection	기억
massively	묵직하게
figure on	고려하다
folk	사람
in a while	오랜만에
whimsical	엉뚱하게

12

existence	존재
galley	갤리선(배)
oar	노
distinctness	독특함
daresay	감히 말하다
vacantly	멍하니
still	고요한
grave	심각한
repellent	혐오스러운
plethoric	부풀어 오른
outrage	충격적인

nerves on edge	신경을 곤두서게 하다
comely	반반한 용모
take breath away	숨이 멎다
on account of	~때문에
pre-Raphaelites	라파엘 전파

13

ingenuous	허영심이 강한
flank	옆모습
roundness	둥그스름함
suave	부드러운
dazzling	눈부신
bloodshot	충혈된
interruption	중단
scarlet	진홍색
certain sense	어떤 의미
blossom	피는
cove	작은 만
desert	탈영하다
induce	설득하다

14

dugout	통나무 배
man-of-war	군함
irk	짜증 나게 하다
get into his bones	그를 매료시키다
now and then	때때로
fibre	섬유
secluded	고립된
hearsay	전해 들은 것
exquisite	아름다운
hibiscus	하비스쿠스(무궁화과의 꽃)

delicate	섬세한
wreath	화환
exquisitely	우아하게

15

wrench	비트는 것, 쓰라림
ripe	잘 익은
describe	묘사하다
sympathy	동정심
dewy	이슬 맺힌
one another	서로에게
pregnant	중요한
cynical	냉소적인
bitter	쓰디쓴
stand still	가만히 있다
after all these years	아직도
fair	어여쁜
pang	비통함
tear	찢다
lagoon	석호
contemplation	묵상
sweet	상냥한
at all event	어쨌든
ingenuous	순진한

16

comely	반반한
reed	갈대
fawn	새끼 사슴
glade	숲 사이
centaur	켄타우로스(반인반마)
troublesome	고질적인
epidemic	전염병
South Seas	남태평양

148

kin	친족	**18**		reef	산호초
distant	먼	lagoon	석호		
household	가정	infinite	무한한	**20**	
crone	노파	aquamarine	남옥	hail	부르다
fall in with	어울리다	liquid	액체의	deck	갑판
rob	빼앗다	marvellous	믿기 어려울 정도의	at once	즉시
set out	출발하다	lack	부족하다	zest	풍미
grassy	풀로 덮인	dazzling	눈부시게	presently	곧
creek	샛강	gloaming	어둑어둑한	curl	웅크리다
gleefully	유쾌하게	mynah	찌르레기	jumping to his feet	
obliged to	어쩔 수 없이 ~하다	clamour	떠들썩함		벌떡 일어나다
		stretch	뻗어 나가는	sail out	출항하다
17		creep	기어오다	rest on	얹다
tenure	거주권	tattered	넝마가 된	seize	움켜쥐다
fragment	파편	malice	악의	scowl	노려봄
pleasant	즐거운	hesitate	망설이다	fling	내던지다
housekeeping	살림	a touch of	약간의	a little way off	조금 거리를 두고
pick up	알다	whole heartedly	일념으로	sob	흐느끼다
chatter	수다떨다	recognise	알아보다		
lethargic	무기력한				
incessantly	끊임없이	**19**			
tobacco	담배	cease	그만두다		
deft	능숙한	essential	필수적인		
tribal	부족	seed	씨앗		
reef	산호초	unsuspect	알려지지 않은		
plantain	플렌테인(바나나 열매)	weariness	권태로움		
frugal	검소한	anchorage	정박지		
mess	음식	pandanus	판다누스(열대 식물)		
creek	샛강	untiring	지치지 않는		
feast	잔치	unsatisfied	불만족한		
dugout	통나무 배	pungent	톡 쏘는		
outrigger	노 받침	premonition	예감		
sundown	일몰	dissuade	만류하다		
		unstable	불안정한		

I cannot imagine that if I did you would understand."

He paused.

"I think this place was beautiful because here I had been loved beautifully." And now he **shrugged** his shoulders. "But perhaps it is only that my **aesthetic** sense is gratified by the happy **conjunction** of young love and a suitable setting."

Even a man less **thick-witted** than the skipper might have been forgiven if he were **bewildered** by Neilson's words. For he seemed faintly to laugh at what he said. It was as though he spoke from emotion which his intellect found **ridiculous**. He had said himself that he was a **sentimentalist**, and when sentimentality is joined with **scepticism** there is often the devil to pay.

He was silent for an instant and looked at the captain with eyes in which there was a sudden **perplexity**.

"You know, I can't help thinking that I've seen you before somewhere or other," he said.

"I couldn't say as I remember you," returned the skipper.

"I have a curious feeling as though your face were familiar to me. It's been **puzzling** me for some time. But I can't **situate** my **recollection** in any place or at any time."

The skipper **massively** shrugged his heavy shoulders.

"It's thirty years since I first come to the islands. A man can't **figure on** remembering all the **folk** he meets **in a while** like that."

The Swede shook his head.

"You know how one sometimes has the feeling that a place one has never been to before is strangely familiar. That's how I seem to see you." He gave a **whimsical** smile.

제가 상상할 수 없더라도요/ 당신이 이해하도록 말했는지를."

그는 멈췄다.

"제 생각에 이 장소는 아름다웠어요/ 왜냐하면 여기에서 저는

아름답게 사랑했으니까요." 그리고 지금 그는 자기 어깨를 **으쓱했다**. "하지만

아마도 그것은 오직 저의 **심미적인** 느낌이 만족해서겠지요/

젊은 사랑의 행복한 **결합**과 적절한 환경에 의해서."

심지어 선장보다 덜 **아둔한** 사람도

용서받을지 모른다/ 그가 닐슨의 말에 **어리둥절했다면**. 왜냐하면

그가 (스스로) 말한 것에 희미하게 웃는 것처럼 보였기에. 그것은

그가 감정으로부터 말한 것 같았다/ 그의 지력이 **말도 안 된다고** 판단한.

그는 스스로 말했다/ **감상주의자**였다고, 그리고

감상적임이 **회의론**과 결합했을 때/ 종종 지불해야 할

악마(끔찍한 일)가 생긴다.

그는 잠시 조용히 그 선장을 봤다/

갑작스러운 **당혹감**이 있는 눈으로.

"당신이 알듯, 저는 생각하는 것을 어쩔 수 없어요/ 제가 전에

당신을 어딘가에서 봤다고," 그는 말했다.

"제가 당신을 기억한다고 말할 수 없네요," 선장이 응답했다.

"저는 흥미로운 감정을 가졌지요/ 당신의 얼굴이 제게 친숙한 것 같아서요.

그것은 저를 때때로 **헷갈리게 해**요. 하지만 저는

놓게 할 수 없어요/ 저의 **기억**을/ 어떤 장소나 어떤 시간에."

선장은 **묵직하게** 무거운 어깨를 으쓱했다.

"30년 됐네요/ 제가 이 섬에 처음 온 지. 한 남자는

고려할 수 없지요/ 그가 만나는 모든 **사람**을 기억하는 것을/

이처럼 **오랜만에**."

그 스웨덴 사람은 머리를 흔들었다.

"당신이 알듯/ 어떻게 한 사람은 때때로 그 감정을 갖게 되는지를/

그가 전에 가보지 않은 장소가 이상하게 친숙한.

저것이 제가 당신을 봤을 때 든 느낌이에요." 그는 **엉뚱하게** 웃었다.

"Perhaps I knew you in some past **existence**. Perhaps, perhaps you were the master of a **galley** in ancient Rome and I was a slave at the **oar**. Thirty years have you been here?"

"Every bit of thirty years."

"I wonder if you knew a man called Red?"

"Red?"

"That is the only name I've ever known him by. I never knew him personally. I never even set eyes on him. And yet I seem to see him more clearly than many men, my brothers, for instance, with whom I passed my daily life for many years. He lives in my imagination with the **distinctness** of a Paolo Malatesta or a Romeo. But I **daresay** you have never read Dante or Shakespeare?"

"I can't say as I have," said the captain.

Neilson, smoking a cigar, leaned back in his chair and looked **vacantly** at the ring of smoke which floated in the **still** air. A smile played on his lips, but his eyes were **grave**. Then he looked at the captain. There was in his gross obesity something extraordinarily **repellent**. He had the **plethoric** self-satisfaction of the very fat. It was an **outrage**. It set Neilson's **nerves on edge**. But the contrast between the man before him and the man he had in mind was pleasant.

"It appears that Red was the most **comely** thing you ever saw. I've talked to quite a number of people who knew him in those days, white men, and they all agree that the first time you saw him his beauty just **took** your **breath away**. They called him Red **on account of** his flaming hair. It had a natural wave and he wore it long. It must have been of that wonderful colour that the **pre-Raphaelites** raved over.

"아마도 저는 당신을 과거의 **존재**로 알고 있었어요. 아마도, 아마도

당신은 고대 로마의 **갤리선**(배)의 주인이고/

저는 **노**를 젓는 노예였을지도 몰라요. 30년 (전에) 여기 있었다고요?"

"전부 30년이지요."

"혹시 '레드'라고 불리던 남자를 아는지 궁금하네요?"

"레드요?"

"저 이름이 제가 그에 대해 아는 유일한 것이에요. 저는

개인적으로는 절대 몰라요. 저는 심지어 그를 본 적도 없지요. 하지만

저는 그를 어떤 남자보다도 명확히 본 것 같아요,

예를 들어, 나의 형제들보다도, 그들과 제가 오랜 시간 동안 매일 함께 지냈는

데도요. 그는 제 상상 속에서 살지요/ 파올로 말라테스타나 로미오 같은 **독특**

함을 갖고, 하지만 제가 **감히** 당신이 단테나 셰익스피어를 읽지 못했다고 **말**

할 수 있을까요?"

"제가 읽었다고 말할 수 없네요," 선장이 말했다.

닐슨은, 잎담배를 피우면서, 그의 의자에 기대어

멍하니 보았다/ 연기 고리를/

고요한 대기를 떠다니는. 미소가 그의 입술에 계속 있었다, 하지만 그의 눈은

심각했다. 그러고 나서 그는 선장을 봤다. 그의 징그러운

비만이 뭔가 유별나게 **혐오스러웠다**. 그는

두터운 지방층의 **부풀어 오른** 스스로-만족함을 가졌다. 그것은 **충격적인** 일

이었다. 그것은 닐슨의 **신경을 곤두서게** 했다. 하지만 앞에 있는 남자와 그

남자(그의 마음에 있었던) 사이에 있는 차이는 기분을 좋게 했다.

"당신이 본 중에 레드가 가장 **반반한 용모**일 것입니다.

저는 그를 알고 있는 꽤 많은 사람들과 대화했습니다/

요새에, 백인들, 그리고 그들 모두 동의했습니다/ 처음에 당신이

그를 봤을 때/ 그의 아름다움은 당신의 **숨이 멎을 정도**였다고요.

그들은 그를 레드라고 불렀어요/ 그의 불타는듯한 머릿결 **때문에**. 그것은

자연스러운 물결 모양이었고/ 그는 머리를 길게 지녔지요. 그것은

라파엘 전파(14세기 그림을 그린 19세기 영국 화가들)가 성행시킨 멋진 색깔

I don't think he was **vain** of it, he was much too **ingenuous** for that, but no one could have blamed him if he had been. He was tall, six feet and an inch or two—in the native house that used to stand here was the mark of his height cut with a knife on the central trunk that supported the roof—and he was made like a Greek god, broad in the shoulders and thin in the **flank**s; he was like Apollo, with just that soft **roundness** which Praxiteles gave him, and that **suave**, feminine grace which has in it something troubling and mysterious. His skin was **dazzling** white, milky, like satin; his skin was like a woman's."

"I had kind of a white skin myself when I was a kiddie," said the skipper, with a twinkle in his **bloodshot** eyes.

But Neilson paid no attention to him. He was telling his story now and **interruption** made him impatient.

"And his face was just as beautiful as his body. He had large blue eyes, very dark, so that some say they were black, and unlike most red-haired people he had dark eyebrows and long dark lashes. His features were perfectly regular and his mouth was like a **scarlet** wound. He was twenty."

On these words the Swede stopped with a **certain sense** of the dramatic. He took a sip of whisky.

"He was unique. There never was anyone more beautiful. There was no more reason for him than for a wonderful **blossom** to flower on a wild plant. He was a happy accident of nature."

"One day he landed at that **cove** into which you must have put this morning. He was an American sailor, and he had **deserted** from a man-of-war in Apia. He had **induced**

임에 틀림없어요. 저는 그가 그것에 **허영심이 강했**다고 생각하지 않아요. 그

는 너무 순진했거든요. 하지만 그가 그랬다고 해도 누가 비난할 수 없었지

요. 그는 키가 컸어요, 6피트에 1~2인치 정도—원주민의 집에서

(여기 서 있었던) 칼로 그의 키 표시를 했지요/

5 나무의 몸통 중앙에/ 저것은 천장을 받치고 있었고요—그리고 그는

그리스의 신처럼 만들어졌어요, 넓은 어깨에 마른

옆모습; 그는 아폴로 신 같았어요, 딱 부드러운 **둥그스름함**으로/

프락시텔릭스(조각가)가 그에게 준, 그리고 저 **부드럽고**, 여성스러운

우아함을/ 그것 안에 있는 어떤 것은 문제를 일으킬 정도로 신비로웠지요.

10 그의 피부는 **눈부신** 하얀색의, 우유빛이었지요, 비단결 같았어요; 그의 피부

는 여자의 것 같았어요."

"저는 상당히 하얀 피부를 가졌었지요/ 제가 어린 아이였을 때,"

선장이 말했다, **충혈된** 눈이 반짝이면서.

하지만 닐슨은 그에게 관심을 갖지 않았다. 그는

15 지금 이야기를 말하는 중이었다/ 그리고 **중단하는 것**은 참을 수 없게 했다.

"그리고 그의 얼굴은 딱 그의 몸처럼 아름다웠어요. 그는

크고 푸른 눈에, 아주 짙어서, 누군가는 그 눈이 검은색이라고 합니다,

그리고 대부분의 붉은-머리카락을 가진 사람들과 다르게/ 그는 짙은 눈썹

과 길고 어두운 속눈썹을 가졌지요. 그가 가진 특징들은 완벽하게 정상적이

20 었고/ 그의 입은 **진홍색** 상처 같았어요. 그는 20살이었지요."

이 말에/ 그 스웨덴인은 멈췄다/ 극적임의 **어떤 의미**로.

그는 위스키 한 모금을 마셨다.

"그는 독특했지요. 누구도 더 아름다운 사람은 없었을 거에요.

그에게는 다른 이유가 없지요/ 멋진

25 꽃이 야생의 식물에 꽃이 **피는** 것보다. 그는 자연의 행복한 실수였어요."

"어느 날 그는 **작은 만**에 상륙했고/ 그 안으로

당신이 오늘 아침 왔지요. 그는 미국 항해사였어요, 그리고 그는

탈영했고요/ 아피아 (서 사모아의 수도)의 군함에서. 그는 **설득했어요**/

some good-humoured native to give him a passage on a cutter that happened to be sailing from Apia to Safoto, and he had been put ashore here in a **dugout**. I do not know why he deserted. Perhaps life on a **man-of-war** with its restrictions **irked** him, perhaps he was in trouble, and perhaps it was the South Seas and these romantic islands that **got into his bones**. Every **now and then** they take a man strangely, and he finds himself like a fly in a spider's web. It may be that there was a softness of **fibre** in him, and these green hills with their soft airs, this blue sea, took the northern strength from him as Delilah took the Nazarite's. Anyhow, he wanted to hide himself, and he thought he would be safe in this **secluded** nook till his ship had sailed from Samoa."

"There was a native hut at the cove and as he stood there, wondering where exactly he should turn his steps, a young girl came out and invited him to enter. He knew scarcely two words of the native tongue and she as little English. But he understood well enough what her smiles meant, and her pretty gestures, and he followed her. He sat down on a mat and she gave him slices of pineapple to eat. I can speak of Red only from **hearsay**, but I saw the girl three years after he first met her, and she was scarcely nineteen then. You cannot imagine how **exquisite** she was. She had the passionate grace of the **hibiscus** and the rich colour. She was rather tall, slim, with the **delicate** features of her race, and large eyes like pools of still water under the palm trees; her hair, black and curling, fell down her back, and she wore a **wreath** of scented flowers. Her hands were lovely. They were so small, so **exquisitely** formed, they gave your heart-strings a

어떤 좋은-유머 있는 원주민을 (그가) 통행할 수 있도록/

커터(작은 배)에서/ 그것은 우연히 항해하고 있었지요/ 아피아에서 사포

토로, 그리고 그는 **통나무 배** 안에서/ 여기 해안가에 놓였어요. 저는 몰라요/

그가 왜 탈영했는지. 아마도 **군함**에서의 제한적인 삶은

그를 **짜증 나게** 했을 거예요,

아마 그는 문제가 있었을지도, 또는 남쪽 바다이고/ 이 아름다운 섬이 **그**

를 매료시켰는지도 모르지요. **때때로** 그들은 이상하게 사람을 데려가서,

그가 스스로 찾도록 했어요/ 거미줄 안의 파리처럼요. 그것은 아마도

섬유의 부드러움이 그의 안에 있어서일 거에요, 그리고 이 녹색

언덕은 부드러운 공기로, 푸른 바다로, 그에게서 북쪽의 힘을 가져갔어요/

데릴라가 나자렛인(삼손)의 것을 가져간 것처럼. 어쨌든,

그는 스스로 숨기를 원했지요, 그리고 그는

이 **고립된** 구석에서 안전했어요/ 그의 배가 사모아에서부터 항해할 때까지."

"그 작은 만에는 원주민의 오두막이 있었는데요/ 그가 거기 서있을 때,

궁금해하면서/ 어디에 정확히 발길을 돌려야 하는지, 한 어린

소녀가 나와서 그가 들어오라고 초대했어요. 그는 원주민 말은

두 단어밖에 몰랐지요/ 그리고 그녀는 영어를 거의 못 했고요. 하지만

그는 잘 이해할 수 있었어요/ 그녀의 웃음의 의미를, 그리고 그녀의

예쁜 몸짓을, 그리고 그는 그녀를 따라갔어요. 그는 매트에 앉았고/

그녀는 그에게 먹으라고 파인애플을 잘라줬어요. 저는

레드에 대해 **전해 들은 것**만 말할 수 있어요, 하지만 저는 그가 그 소녀를 만난

지 3년 뒤에 그녀를 만났지요, 그리고 그녀는 그때 겨우 19살이었어요. 당신

은 상상할 수 없을 거예요/ 얼마나 그녀가 **아름다웠**는지. 그녀는 열정적인

우아함이 있었어요/ **하비스쿠스**(무궁화와 비슷) 와 그것의 풍부한 색이 가진.

그녀는 다소 키가 컸고, 날씬했어요, 그녀의 인종이 가진 **섬세한** 특징들과 함

께, 그리고 큰 눈은 야자나무 아래의 고요한 물의 웅덩이 같았어요; 그녀의 머

리는, 검고 곱슬이었고, 등으로 내려왔으며, 그녀는 향기로운 꽃의 **화환**을

썼지요. 그녀의 손은 사랑스러웠어요. 그것들은 아주

작고, 아주 **우아한** 모양이었고, 그들은 당신의 마음의-선들에게

wrench. And in those days she laughed easily. Her smile was so delightful that it made your knees shake. Her skin was like a field of **ripe** corn on a summer day. Good Heavens, how can I **describe** her? She was too beautiful to be real."

"And these two young things, she was sixteen and he was twenty, fell in love with one another at first sight. That is the real love, not the love that comes from **sympathy**, common interests, or intellectual community, but love pure and simple. That is the love that Adam felt for Eve when he awoke and found her in the garden gazing at him with **dewy** eyes. That is the love that draws the beasts to **one another**, and the Gods. That is the love that makes the world a miracle. That is the love which gives life its **pregnant** meaning. You have never heard of the wise, **cynical** French duke who said that with two lovers there is always one who loves and one who lets himself be loved; it is a **bitter** truth to which most of us have to **resign** ourselves; but now and then there are two who love and two who let themselves be loved. Then one might fancy that the sun **stands still** as it stood when Joshua prayed to the God of Israel."

"And even now **after all these years**, when I think of these two, so young, so **fair**, so simple, and of their love, I feel a **pang**. It **tear**s my heart just as my heart is torn when on certain nights I watch the full moon shining on the **lagoon** from an unclouded sky. There is always pain in the **contemplation** of perfect beauty."

"They were children. She was good and **sweet** and kind. I know nothing of him, and I like to think that then **at all event**s he was **ingenuous** and frank. I like to think that his

쓰라림을 주었지요. 그리고 저 때에/ 그녀는 쉽게 웃었어요. 그녀의 웃음은
아주 밝아서/ 당신의 무릎을 흔들리게 했을 거예요. 그녀의 피부는
여름날의 **잘 익은** 옥수수밭 같았어요. 맙소사,
어떻게 내가 그녀를 **묘사할** 수 있지? 그녀는 실재했다기에는 너무 아름다운데."

5 "그리고 이 두 젊은 사람들은, 그녀는 16살이고 그는
20살이고, 서로 첫눈에 사랑에 **빠졌어요**. 저것은
진짜 사랑이었지요, **동정심**에서 온 것도 아니고,
공동의 이익이나, 교육 집단도 아니고, 순수하고 순전한 사랑으로부터 온.
저것은 그 사랑이었지요/ 아담이 이브에게 느꼈던/ 그가

10 깨어나고 그녀가 정원에서 **이슬 맺힌** 눈으로 그를 바라보는 것을 발견했
을 때. 저것은 짐승들이 **서로에게** 이끌린 사랑이었지요, 그리고 (짐승의)
신을 향한. 저것은 세상을 기적으로 만드는 사랑이었어요.
저것은 삶에 **중요한** 의미를 준 사랑이었어요.
당신은 현명한 사람들에 대해 못 들어봤을 거예요, **냉소적인** 프랑스

15 공작에 대해/ 그 사람이 말하길 두명의 (서로) 사랑하는 사람 중에서/ 항상 한
명은 사랑하는 사람이고/ 다른 한 명은 사랑 받도록 허락하는 사람이다; 그것
은 대부분의 우리에게 **쓰디쓴** 진실이지요/ 우리 스스로 **포기하게** 하는; 하지
만 지금과 그 때에 그 두 사람은 사랑했고/ 서로 사랑받게 허락했지요.
그러고 나서 누군가는 생각할지도 모르지요/ 태양이 **가만히 있는 것을**/ 그것

20 이 서 있도록/ 여호수아가 이스라엘의 신께 기도했을 때."
"그리고 지금도/ **아직도**, 제가 이 두 사람에 대해 생각할 때,
아주 어리고, **어여쁘고**, 순전한 (두 사람), 그리고 그들의 사랑에 대해,
저는 **비통함**을 느껴요. 그것은 제 마음을 **찢지요**/ 마치 제 마음이 찢겨진 것처
럼/ 특정한 밤에/

25 **석호**에 빛나는 보름달을 보는 때에/ 구름 한 점 없는 하늘로부터. 완벽한 아
름다움에 대한 **묵상**에는 항상 고통이 있어요."
"그들은 아이들이었어요. 그녀는 착하고 **상냥하고** 친절했지요.
저는 그 남자에 대해서는 아무것도 몰라요, 그리고 저는 생각하기를 좋아했
지요/ **어쨌든** 그가 순진하고 솔직하다고. 저는 그의

soul was as **comely** as his body. But I daresay he had no
more soul than the creatures of the woods and forests who
made pipes from **reed**s and bathed in the mountain streams
when the world was young, and you might catch sight of
little **fawn**s galloping through the **glade** on the back of a
bearded **centaur**. A soul is a **troublesome** possession and
when man developed it he lost the Garden of Eden."

"Well, when Red came to the island it had recently been
visited by one of those **epidemic**s which the white man has
brought to the **South Seas**, and one third of the inhabitants
had died. It seems that the girl had lost all her near **kin** and
she lived now in the house of **distant** cousins. The **house-
hold** consisted of two ancient **crone**s, bowed and wrinkled,
two younger women, and a man and a boy. For a few days
he stayed there. But perhaps he felt himself too near the
shore, with the possibility that he might **fall in with** white
men who would reveal his hiding-place; perhaps the lovers
could not bear that the company of others should **rob** them
for an instant of the delight of being together. One morning
they **set out**, the pair of them, with the few things that
belonged to the girl, and walked along a **grassy** path under
the coconuts, till they came to the **creek** you see. They had
to cross the bridge you crossed, and the girl laughed **glee-
fully** because he was afraid. She held his hand till they came
to the end of the first tree, and then his courage failed him
and he had to go back. He was **obliged to** take off all his
clothes before he could risk it, and she carried them over
for him on her head. They settled down in the empty hut
that stood here. Whether she had any rights over it (land

영혼이 그의 몸만큼 **반반하다**고 생각하기를 좋아했어요. 하지만 감히 말한다
면/ 그는 나무나 숲의 생물보다 더 많은 영혼을 가진 것은 아니에요/ 그가 파
이프로 만드는 **갈대**나/ 산의 개울에서 목욕했던/

세상이 젊었을(초창기) 때, 당신은

5　작은 새끼 **사슴**을 찾아냈을지도 몰라요./ **숲 사이**로 질주하는/
턱수염 난 **켄타우로스**(반인반마)의 뒤에서. 영혼은 **고질적인** 소유물이고/
인간은 그것을 발전시켰어요/ 그가 에덴동산에서 잃어버린 (영혼을)."
"글쎄요. 레드가 이 섬에 왔을 때/ 그 섬은 그 무렵
전염병 중 하나가 퍼졌지요/ 백인이

10　**남태평양**에 가져왔던, 그리고 거주자들의 삼 분의 일이
죽었어요. 그 소녀는 가까운 **친족**을 모두 잃었고/
지금의 **먼** 친척의 집에 살게 했지요. 그 **가정**은
구성됐어요/ 두 명의 아주 늙은 **노파**는, 허리가 굽고 쭈글쭈글했으며, 두
명의 더 젊은 여인들과, 한 명의 남자와 한 명의 소년으로. 며칠간

15　그는 거기 머물렀어요. 하지만 분명히 그는 해변에 너무 가깝다고 느꼈을
거예요, 그 가능성이 있는/ 그가 백인들과 **어울리게** 될지도 모르는/
그 사람들이 그가 숨은-장소를 드러내려고 하는; 아마도 그 연인들은
참을 수 없었을 거예요/ 다른 집단이 그들을 빠르게 **빼앗는** 것을요/
그들이 함께 기뻐하는 것을. 어느 날 아침

20　그들은 **출발했어요**, 그들 둘은,
소녀에게 속한 몇 가지 물건과 함께, 그리고 코코넛 나무 아래의 **풀로 덮인** 길
을 따라, 그들이 당신이 보는 **샛강**에 왔을 때까지. 그들은
당신이 건넜던 그 다리를 건너야 했어요, 그 소녀는 **유쾌하게**
웃었지요/ 그는 두려워했기 때문에요. 그녀는 그의 손을 잡았어요/ 그들이

25　첫 번째 나무 끝에 다다를 때까지, 그러고 나서 그의 용기는 그를 못 가게 했
고/ 그는 돌아와야 했지요. 그는 **어쩔 수 없이** 모든
옷을 벗고/ 위험을 감수하기 전에, 그리고 그녀는 그것들을 날라야 했어
요/ 그녀의 머리에 이고. 그들은 빈 오두막에 거주했어요/
여기 서 있었던. 그녀가 그 집에 어떤 권리를 가졌든지 (땅의

tenure is a complicated business in the islands), or whether the owner had died during the epidemic, I do not know, but anyhow no one questioned them, and they took possession. Their furniture consisted of a couple of grass-mats on which they slept, a **fragment** of looking-glass, and a bowl or two. In this **pleasant** land that is enough to start **housekeeping** on."

"They say that happy people have no history, and certainly a happy love has none. They did nothing all day long and yet the days seemed all too short. The girl had a native name, but Red called her Sally. He **picked up** the easy language very quickly, and he used to lie on the mat for hours while she **chatter**ed gaily to him. He was a silent fellow, and perhaps his mind was **lethargic**. He smoked **incessantly** the cigarettes which she made him out of the native **tobacco** and pandanus leaf, and he watched her while with **deft** fingers she made grass mats. Often natives would come in and tell long stories of the old days when the island was disturbed by **tribal** wars. Sometimes he would go fishing on the **reef**, and bring home a basket full of coloured fish. Sometimes at night he would go out with a lantern to catch lobster. There were **plantain**s round the hut and Sally would roast them for their **frugal** meal. She knew how to make delicious **mess**es from coconuts, and the bread-fruit tree by the side of the **creek** gave them its fruit. On **feast**-days they killed a little pig and cooked it on hot stones. They bathed together in the creek; and in the evening they went down to the lagoon and paddled about in a **dugout**, with its great **outrigger**. The sea was deep blue, wine-coloured at **sundown**, like the sea of Homeric Greece; but in the

거주권은 이 섬에서는 복잡한 일이라), 또는 그 소유자가

그 전염병 기간에 죽었든지, 저는 모릅니다. 하지만

어쨌든 누구도 그들에게 질문하지 않았어요, 그리고 그들은 소유했지요.

그들의 가구는 그들이 잠을 잘 풀로 된-매트 2장, 거울 **파편**,

5 그리고 그릇 한두 개였어요.

　　이 **즐거운** 땅에는 저것이면 **살림**을 시작하는데 충분했어요."

"그들은 행복한 사람들은 과거가 없다고 했지요, 그리고

분명히 행복한 사랑 (역시 과거를) 가지지 않을 거예요. 그들은 하루종일

아무것도 안 하고/ 그 날은 너무 짧게 느껴졌지요. 소녀는

10 원주민 (말의) 이름을 가졌지만, 레드는 그녀를 샐리라고 불렀어요. 그는 그 쉬

운 언어를 아주 빠르게 **알게** 됐어요, 그리고 그는 매트에

수 시간 동안 눕곤 했지요/ 그녀가 **수다 떠는** 동안/ 그에게 명랑하게. 그는 조

용한 사람이었어요, 그리고 아마 그의 마음은 **무기력했**고요. 그는

끊임없이 담배를 피웠어요/ 그녀가 판다누스 잎으로 만든 준 그

15 지역의 **담배**였지요, 그리고 그녀가

능숙한 손가락으로 풀 매트를 만드는 것을 봤어요. 종종 원주민들은

와서 지난날들에 대한 긴 이야기를 하곤 하지/ 이 섬이

부족의 전쟁으로 어지럽혀졌을 때를. 때때로 그는

산호초에 낚시하러 가서, 바구니 가득 색깔있는 고기를 가져왔지요.

20 때때로 밤에 그는 전등을 갖고 나갔지요/

바닷가재를 잡기 위해. 오두막 주변에는 **플렌테인(바나나 열매)**이 있었

고/ 샐리는 그들의 **검소한** 식사를 위해 그것들을 구웠어요. 그녀는 어떻게

코코넛으로 맛있는 **음식**을 만드는지 알았어요, 그리고 빵-나무 열매는

(샛강의 옆쪽에 있는) 그들에게 열매를 주었어요. **잔치**-날에/

25 그들은 작은 돼지를 잡아서 뜨거운 돌에 요리했어요. 그들은

샛강에서 함께 목욕했어요; 그리고 저녁에/ 그들은

석호로 내려가/ **통나무 배**에서 노를 저었어요,

그것의 큰 **노 받침**과 함께. 바다는 짙은 푸른색이었어요,

일몰 때는 포도주-빛깔이었고요, 마치 호머가 표현한 그리스의 바다 같지요;

lagoon the colour had an **infinite** variety, **aquamarine** and amethyst and emerald; and the **setting sun** turned it for a short moment to **liquid** gold. Then there was the colour of the coral, brown, white, pink, red, purple; and the shapes it took were **marvellous**. It was like a magic garden, and the hurrying fish were like butterflies. It strangely **lacked** reality. Among the coral were pools with a floor of white sand and here, where the water was **dazzling** clear, it was very good to bathe. Then, cool and happy, they wandered back in the **gloaming** over the soft grass road to the **creek**, walking hand in hand, and now the **mynah** birds filled the coconut trees with their **clamour**. And then the night, with that great, sky shining with gold, that seemed to **stretch** more widely than the skies of Europe, and the soft airs that blew gently through the open hut, the long night again was all too short. She was sixteen and he was barely twenty. The dawn **crept** in among the wooden pillars of the hut and looked at those lovely children sleeping in one another's arms. The sun hid behind the great **tatter**ed leaves of the plantains so that it might not disturb them, and then, with playful **malice**, shot a golden ray, like the outstretched paw of a Persian cat, on their faces. They opened their sleepy eyes and they smiled to welcome another day. The weeks lengthened into months, and a year passed. They seemed to love one another as—I **hesitate** to say passionately, <u>for passion has in it always a shade of sadness</u>, **a touch of** bitterness or anguish, but as **whole heartedly**, as simply and naturally as on that first day on which, meeting, they had **recognised** that a god was in them."

하지만 **석호** 안에서/ 색깔은 **무한하게** 다양하지요, **남옥과**

자수정과 에메랄드 (색의); 그리고 **석양**에서

짧은 시간 동안 **액체의** 금으로 바뀌어요. 그러고 나서 색깔은

산호색(분홍과 주황), 갈색, 흰색, 핑크색, 빨간색, 보라색이 있지요; 그리고 모

5 양은 **믿기 어려울 정도**입니다. 그것은 마법의 정원 같아요, 그리고 허둥대는

물고기들은 나비 같고요. 그것은 이상하게 진짜 같음이 **부족하지요**.

산호 중에 웅덩이도 있었지요/ 하얀 모래 바닥으로 된/ 그리고

여기에, 물이 **눈부시게** 맑은 곳에서, 목욕하기 아주 좋았어요.

그러고 나서, 시원하고 행복하게, 그들은 거닐며 돌아왔어요/

10 **어둑어둑할** 때/ 부드러운 잔디 위에서/ 그 **샛강**으로,

손잡고 걸으며, 그리고 이제 **찌르레기** 새들은 코코넛

나무에 가득했지요/ 그들의 **떠들썩함**으로. 그러고 나서 그 밤에, 저 대단한 것

과, 하늘은 금으로 빛났어요, 저것은 유럽의 하늘보다 더 넓게 **뻗어 나가는**

것 같았지요, 그리고 부드러운 공기는 부드럽게 불었어요/

15 열린 오두막으로, 다시 그 긴 밤은 너무 짧았지요.

그녀는 16살이었고, 그는 겨우 20살이었으니까요. 새벽은 오두막의 나무배

게 사이로 **올라왔고**/ 저

사랑스러운 아이들이 서로의 팔에 자고 있는 것을 보았지요. 태양이

플렌테인(바나나)의 큰 **넝마** 나뭇잎들 뒤로 숨었어요/

20 그들을 방해하지 않기 위해, 그러고 나서, 장난스러운 **악의**로,

금빛 광선을 쏘았고요, 그들의 얼굴에 페르시아

고양이의 쭉 뻗은 앞발처럼요. 그들의 졸린 눈을 뜨고/ 그들은

웃음으로 새로운 날을 환영했어요. 몇 주는

몇 달로 늘어났고, 한 해가 지났지요. 그들은 서로 사랑하는 것처럼 보였어

25 요—제가 열정적으로 말하기를 **망설이는데요**, 왜냐하면 열정 안에는

항상 슬픔의 그림자를 가지지요, **약간의** 쓰라림이나

비통함을, 하지만 **일념으로**, 간단히 그리고 자연스럽게/

만났던 첫날처럼, 그들은 **알아봤어요**/

신이 그들 안에 있음을(아마도 임신을)."

문법&용법
for passion
has in it always
a shade of
sadness
for은 준등위접속
사, 문장에서는 in
it이 삽입됐음.
Passion has
(in it) always
a shade of
sadness

"If you had asked them I have no doubt that they would have thought it impossible to suppose their love could ever cease. Do we not know that the **essential** element of love is a belief in its own eternity? And yet perhaps in Red there was already a very little **seed**, unknown to himself and unsuspected by the girl, which would in time have grown to **weariness**. For one day one of the natives from the **cove** told them that some way down the coast at the **anchorage** was a British whaling-ship."

"Gee," he said, "I wonder if I could make a trade of some nuts and plantains for a pound or two of tobacco."

"The **pandanus** cigarettes that Sally made him with **untiring** hands were strong and pleasant enough to smoke, but they left him **unsatisfied**; and he yearned on a sudden for real tobacco, hard, rank, and **pungent**. He had not smoked a pipe for many, months. His mouth watered at the thought of it. One would have thought some **premonition** of harm would have made Sally seek to **dissuade** him, but love possessed her so completely that it never occurred to her any power on earth could take him from her. They went up into the hills together and gathered a great basket of wild oranges, green, but sweet and juicy; and they picked plantains from around the hut, and coconuts from their trees, and breadfruit and mangoes; and they carried them down to the cove. They loaded the **unstable** canoe with them, and Red and the native boy who had brought them the news of the ship paddled along outside the **reef**."

"It was the last time she ever saw him."

"Next day the boy came back alone. He was all in tears.

"당신이 그들에게 물었다면/ 제가 저것을 의심하지 않는다고/ 그들은

생각했을 거예요/ 그들의 사랑을

그만두는 것을 추측하는 것은 불가능하다고. 우리는 알지 않나요/ 사랑의 **필**

수적인 요소는 믿음이라는 것을/ 그것 스스로 영원하다는? 하지만 아마도 레

5 드 안에는/ 이미 아주 작은 **씨앗**이 있었어요, 그도 알지 못하고/

그녀에 의해 **알려지지 않은**, 그것은 이윽고

권태롭게 자라났지요. 어느 날/ **작은 만**에서 온 원주민 중 한 사람이 그들

에게 말했어요/ 아래의 해변의 어딘가의 **정박지**에/

영국 고래잡이-배가 있다고."

10 "이런," 그가 말했다, "저는 궁금하군요/ 제가 교환할 수 있을지/ 몇몇

콩과 바나나를 일 파운드나 2파운드의 담배로."

"샐리가 그에게 **지치지 않는** 손으로 만들어줬던 **판다누스**(열대 식물) 담배

는/ 피우기에 (맛이) 강하고 좋았지요, 하지만

그것들은 그를 **불만족하게** 했어요; 그리고 그는 돌연

15 진짜 담배를 갈망했지요, 강하고, 고약하고, **톡 쏘는**. 그는

파이프로 담배 피우지 못했어요/ 수 달 동안. 그의 입은 그것에 대한 생각으로

군침이 돌았지요. 누군가 생각했을지도 몰라요/ (마음의) 상처에 대한 어떤

예감으로 샐리가 그를 **만류하도록** 찾게 할 것이라고요, 하지만 사랑은

그녀를 너무 완벽하게 사로잡아서/ 그것이 그녀에게 떠오르지 않았어요/

20 세상의 어떤 힘도 그녀에게서 그를 가져갈 수 있다고. 그들은 함께

언덕으로 올라가/ 바구니에 모았어요/ 야생 오렌지를, 초록색이지만 달콤

하고 즙이 많은; 그리고 그들은 바나나를 땄어요/

오두막 주변에서, 그리고 코코넛을 (땄어요) 그들의 나무에서,

그리고 빵나무 열매와 망고를; 그리고 그들은 그것을 작은 만으로 옮겨 왔

25 지요. 그들은 그것들을 **불안정한** 카누에 실었어요, 그리고

레드와 원주민 소년은(영국 배에 대한 소문을 가져온)

산호초 밖으로 노를 저었어요.

"그것이 그녀가 그를 마지막으로 본 것이었어요."

"다음날 소년은 혼자 돌아왔지요. 그는 온통 눈물을 쏟고 있었어요.

This is the story he told. When after their long paddle they reached the ship and Red **hail**ed it, a white man looked over the side and told them to come on board. They took the fruit they had brought with them and Red piled it up on the **deck**. The white man and he began to talk, and they seemed to come to some agreement. One of them went below and brought up tobacco. Red took some **at once** and lit a pipe. The boy imitated the **zest** with which he blew a great cloud of smoke from his mouth. Then they said something to him and he went into the cabin. Through the open door the boy, watching curiously, saw a bottle brought out and glasses. Red drank and smoked. They seemed to ask him something, for he shook his head and laughed. The man, the first man who had spoken to them, laughed too, and he filled Red's glass once more. They went on talking and drinking, and **presently**, growing tired of watching a sight that meant nothing to him, the boy **curled** himself up on the deck and slept. He was awakened by a kick; and, **jumping to his feet**, he saw that the ship was slowly **sailing out** of the lagoon. He caught sight of Red seated at the table, with his head **resting** heavily **on** his arms, fast asleep. He made a movement towards him, intending to wake him, but a rough hand **seized** his arm, and a man, with a **scowl** and words which he did not understand, pointed to the side. He shouted to Red, but in a moment he was seized and **flung** overboard. Helpless, he swam round to his canoe which was drifting **a little way off**, and pushed it on to the reef. He climbed in and, **sobbing** all the way, paddled back to shore."

"What had happened was obvious enough. The whaler,

이것이 그가 말한 이야기에요. 그들이 오래도록 노를 저은 후에/ 그들은

그 배에 도착했고/ 레드가 배를 **불렀어요**, 백인 한 명이

옆쪽을 살펴봤고/ 그들에게 올라타라고 말했어요. 그들은

과일을 가져갔고/ 그들은 그 과일들을 레드와 함께

5 **갑판**에 쌓았어요. 백인과 그가 말하기 시작했고, 그들은

어떤 동의에 다다른듯했어요. 그들 중 한 명은 내려가서

담배를 가져왔지요. 레드는 **즉시** 약간 가져가서 파이프에 불을 피웠어요.

소년은 그것의 **풍미**를 흉내 냈어요/ 그것으로

그의 입으로 거대한 연기구름을 불어서요. 그러고 나서 그들은 그에게 무언가

10 를 말했고/ 그는 선실로 들어갔어요. 열린 문으로/ 소년은,

흥미롭게 보면서, 가져온 병과 유리잔을 봤어요.

레드는 마시고 피웠지요. 그들은 그에게 뭔가를 요구하는 듯 했어요,

왜냐하면 그는 머리를 흔들고 웃었거든요. 그 남자도, (처음에 그에게 말을

걸었던), 웃었어요, 그리고 그는 레드의 잔을

15 한 번 더 채웠지요. 그들은 계속해서 말하고 마셨어요, 그리고

곧, 보는 것에 지루해졌지요/보는 것은 그에게 어떤 의미도

없기에, 소년은 스스로 갑판에서 몸을 웅크리고

잠들었어요. 그는 (누군가) 차서 잠에서 깼지요; 그리고, **벌떡 일어나**,

그는 그 배가 느리게 석호로 **출항하는** 것을 봤어요.

20 그는 레드가 탁자에 앉아 있는 것을 봤어요, 그의 손은 강하게 그의 팔에

엎혀 있었고, 빠르게 잠들었지요. 그는 움직였어요./

그를 향해서, 그를 깨우려는 의도로, 하지만 거친 손은

그의 팔을 **움켜쥐었고**, 그 남자는, **노려보며** 말했어요/ 그가

이해할 수 없는 (말로), 옆쪽을 가리키며. 그는 레드에게 소리 질렀지만,

25 바로 붙잡혀서 배 밖으로 **내던져졌어요.**

무력하게, 그는 자기 카누 주변으로 헤엄쳐서/ 그때 카누는 **조금 거리를 두고**

떠내려가고 있었어요, 그리고 그것을 산호초 쪽으로 밀었어요. 그는 (카누에)

올라와서, 내내 **흐느끼면서**, 해변으로 노를 저었어요.”

“일어난 일은 충분히 명백하군요. 그 고래잡이는,

원어민 MP3
bit.ly/
3zk7kf

21

desertion	탈주
refusal	거절
kidnap	납치하다
grief	비통해하다
sullen	시무룩한
manage to	가까스로 ~하다
hour after hour	매시간
wearily	지쳐서
creek	샛강
still-born child	사생아
confinement	분만
intolerable	참을 수 없는
melancholy	우울함
violent	난폭한
transient	순간적인

22

endure	견디다
profound	엄청난
slender	날씬한
at last	마침내
hatred	증오스러운
repulsion	혐오감
wandered	산만해진
coarse	음탕한
resign	물러나다
resolutely	단호하게
strove	분투했다
count on	기대하다
half-caste	혼혈인
grassy	풀로 덮인
rapture	황홀감

23

magnificent	아름다운
shapely	맵시 있는
grope	(비밀을) 찾다
paid off	청산된
shanghaied	속아서 배에 유괴된
shouldn't wonder	놀랍지않다
grin	웃다
in a month	한 달 뒤에
weakly	병약한
prize	소중하게 여기다
mutual	서로의
singular	두드러진
ineffable	형언할 수 없는
gift	재능
energetic	정력적인
accustomed to	~에 익숙한
local tongue	본토어

24

virginal	처녀의
induce	유도하다
plain	분명한
incessantly	끊임없이
prevent	막다
look upon	여기다
exult	크게 기뻐하다
weave	엮어나가다
fancy	공상
equable	차분한
unexpected	예상 밖인
soar	치솟다
alarming	걱정스러운

put on weight	체중이 늘다
dawn upon	생각나게 하다
arrest	막다
exhilarate	아주 기쁘게 하다

25

out of the question	필요 없는
insufficient	불충분한
ample	충분한
occupation	직업
send for	갖다 달라고 하다
mind	생각
conceal	숨기다
obsess	사로잡다
dim	어두운
divine	꿰뚫어 보다
intoxicate	흥분되게 하다
ecstasy	황홀감
miraculously	기적적으로
depress	낙담시키다
irresistible	저항할 수 없는
to his surprise	놀랍게도
aware	알고 있는
urge	재촉하다
to be a fool	어리석게 굴다
resistance	저항
agonise	번민하게 하다
stand in his way	그의 길을 막다

26

worn out	지친
by turns	교대로
exultant	크게 기뻐한
abuse	학대하다

waved aside	일축하다	**28**		**30**	
bungalow	방갈로	address	말하다	mirthlessly	즐겁지 않게
rapture	황홀함	put A into B	A를 B에 넣다	hysterical	발작적인
weariness	지침	image	모습	cruel	잔인한
set no store	경시하다	distorting	뒤틀린	abandonment	포기
notwithstanding		squat	웅크리게 하다	hate	증오하다
	~에도 불구하고	elongate	늘어나게 하다	hatred	증오
tenderness	상냥함	stripling	풋내기	listlessly	무기력하게
distress	고통	scrutiny	정밀한 조사	contempt	경멸
anguish	비통함	haphazard	우연히	exhaust	진이 다 빠지다
batter	두드리다	tremor	떨림	schooner	범선
impenetrable	들어갈 수 없는	absurd	의혹	shrug	으쓱하다
sullenly	시무룩하게	abruptly	불쑥		
melt	녹이다	pucker	주름이 잡히다		
feign	~한 척하다	malicious	악의적인		
fraud	사기꾼	damned	지랄 맡게		
		obscene	충격적인		

27		bloodshot	충혈된
sanctuary	성소	gasp	숨이 막히다
long	갈망하다	commanding	위엄있는
open air	야외	corpulent	통통한
numb	망연자실한	grey hair	은발
for an instant	순간	thinness	얇음
rage	분노		
tie	유대감	**29**	
tolerance	참을성	household	가정의
content	만족하다	unnatural	자연스럽지 않은
reflect	반성하다	indifferent	무관심한
ruthless	무자비한	a bit of	약간의
spare	피하다	fellow	친구
dreadfully	굉장히	heave	들어 올리다
indifference	무관심	plantation	농장
extraordinary	놀라운	grotesque	괴상한

by **desertion** or sickness, was short of hands, and the captain when Red came aboard had asked him to sign on; on his **refusal** he had made him drunk and **kidnapped** him."

"Sally was beside herself with **grief**. For three days she screamed and cried. The natives did what they could to comfort her, but she would not be comforted. She would not eat. And then, exhausted, she sank into a **sullen** apathy. She spent long days at the cove, watching the lagoon, in the vain hope that Red somehow or other would **manage to** escape. She sat on the white sand, **hour after hour**, with the tears running down her cheeks, and at night dragged herself **wearily** back across the **creek** to the little hut where she had been happy. The people with whom she had lived before Red came to the island wished her to return to them, but she would not; she was convinced that Red would come back, and she wanted him to find her where he had left her. Four months later she was delivered of a **still-born child**, and the old woman who had come to help her through her **confinement** remained with her in the hut. All joy was taken from her life. If her anguish with time became less **intolerable** it was replaced by a settled **melancholy**. You would not have thought that among these people, whose emotions, though so **violent**, are very **transient**, a woman could be found capable of so **enduring** a passion. She never lost the **profound** conviction that sooner or later Red would come back. She watched for him, and every time someone crossed this **slender** little bridge of coconut trees she looked. It might **at last** be he."

Neilson stopped talking and gave a faint sigh.

탈주한 것이나/ 아픈 것 때문에, 손이 부족했고, 그 선장은

레드가 승선했을 때/ 그에게 사인하라고 한 것이지요;

그가 **거절하자**/ 그는 술 취하게 만들어 **납치한** 것이고요."

"샐리는 옆에서 **비통해**했어요. 3일 동안/ 그녀는

5　비명을 지르고 울었지요. 원주민들은

그녀를 위로할 수 있는 것을 했지만, 그녀는 달래지지 않았어요. 그녀는

먹지 않았어요. 그러고 나서, 탈진했지요, 그녀는 **시무룩한** 무관심으로 가라

앉았어요. 그녀는 오랜 날들을 그 작은 만에서 보냈어요, 석호를 보면서,

헛된 소망으로/ 레드가 어쨌든 또는 **가까스로**

10　도망칠 것이라는. 그녀는 하얀 모래에 앉았어요, **매시간**,

눈물이 그녀의 뺨에 흘러내리면서, 그리고 밤에는

그녀 스스로를 이끌고 **지쳐서** 돌아왔어요/ **샛강**을 건너/

그녀가 행복했던 작은 오두막으로 그 사람들은 (그 사람들과 함께 그녀가

살았던/ 레드가 섬에 오기 전에) 소망했어요 그녀가 그들에게 돌아오기를,

15　하지만 그녀는 그러지 않았지요; 그녀는 확신했어요/ 레드가 돌아올 것이

라고, 그리고 그녀는 찾기를 원했어요/ 그가 그녀를 떠났던 곳을.

4달 후에/ 그녀는 출산했어요/ **사생아**를,

그리고 그 늙은 여인은 (와서 그녀를 도왔던/

그녀의 **분만** 내내) 그녀와 함께 오두막에 남았어요. 그녀의 삶에서 모든 기쁨

20　은 빼앗겼어요. 그녀의 고통은 시간과 함께 덜

참을 수 없게 되었어요/ 그것은 고착된 **우울함**으로 대체되었어요. 당신은

생각하지 못했을 것이에요/ 이 사람들 중에서, 그들의

감정은, 아주 **난폭하기**는 해도, 아주 **순간적**이지요. 여성은 발견될 수 있었

어요/ 그렇게 열성을 **견딜** 수 있게. 그녀는 절대

25　**엄청난** 확신을 잃어버리지 않았어요/ 곧 혹은 나중에 레드가

돌아올 것이라는. 그녀는 그를 위해 봤어요, 누군가

이 **날씬한** 코코넛 다리를 건널 때면/ 그녀가

본. 그것이 **마침내** 그 사람일지도 모르니까."

닐슨은 말하는 것을 멈추고 희미한 한숨을 내쉬었다.

"And what happened to her in the end?" asked the skipper.
Neilson smiled bitterly.

"Oh, three years afterwards she took up with another white man."

The skipper gave a fat, cynical chuckle.

"That's generally what happens to them," he said.

The Swede shot him a look of **hatred**. He did not know why that gross, obese man excited in him so violent a **repulsion**. But his thoughts **wandered** and he found his mind filled with memories of the past. He went back five and twenty years. It was when he first came to the island, weary of Apia, with its heavy drinking, its gambling and **coarse** sensuality, a sick man, trying to **resign** himself to the loss of the career which had fired his imagination with ambitious thoughts. He set behind him **resolutely** all his hopes of making a great name for himself and **strove** to content himself with the few poor months of careful life which was all that he could **count on**. He was boarding with a **half-caste** trader who had a store a couple of miles along the coast at the edge of a native village; and one day, wandering aimlessly along the **grassy** paths of the coconut groves, he had come upon the hut in which Sally lived. The beauty of the spot had filled him with a **rapture** so great that it was almost painful, and then he had seen Sally. She was the loveliest creature he had ever seen, and the sadness in those dark, **magnificent** eyes of hers affected him strangely. The Kanakas were a handsome race, and beauty was not rare among them, but it was the beauty of **shapely** animals. It was empty. But those tragic eyes were dark with mystery, and

"그리고 끝내 그녀에게 무슨 일이 벌어졌나요?" 선장이 물었다.

닐슨은 비통하게 미소지었다.

"오, 3년 뒤에 그녀는 또 다른 백인과 친해졌지요."

5 선장은 많이, 냉소적으로 킬킬댔다.

"그게 일반적으로 그들에게 일어나는 일이지요," 그는 말했다.

스웨덴인은 **증오스러운** 시선을 보냈다. 그는
왜 저 역겹고, 비만인 남자가 흥분했는지 몰랐다/ 그의 안에는 아주 격렬한 **혐
오감**이 있었다. 그의 생각은 **산만해져서**/ 그의 마음이

10 채워진 것을 알아냈다/ 과거의 기억들로. 그는 5년하고도
20년 전으로 갔다. 그것은 그가 처음으로 지친
섬인 아피아에 온 때였다, 심한 음주, 도박 그리고 **음탕한**
성으로, 한 아픈 남자는, 스스로 **물러나려고** 하면서/
그의 직업을 잃음으로/ (전에) 불을 지폈던/ 그의 상상력과 야망의

15 생각에. 그는 자기 뒤에 **단호하게** 놓았다/ 자신을 위해 대단한 이름을 만
들겠다는 그의 모든 소망을/ 그리고 스스로 만족하기 위해 **분투했다**/
2~3달의 초라하고 조심스러운 삶을/ 그것이 그가 **기대할** 수 있는
전부였다. 그는 타고 있었다/ **혼혈인**인
상인과/ 그는 가게를 가졌다/ 해변을 따라 2마일쯤 떨어진/

20 마을의 가장자리에; 그리고 어느 날,
목적 없이 거닐면서/ 코코넛 숲의 **풀로 덮인** 길을, 그는
우연히 그 오두막을 만났다/ 샐리가 살았던. 그 지점의 아름다움은
그를 **황홀감**으로 채웠다/ 그것은 너무 커서/
거의 고통스러웠고, 그리고 나서 그는 샐리를 봤다. 그녀는

25 가장 사랑스러운 생명체였다/ 그가 만나본 중에, 그리고 슬픔은 (저
짙고, **아름다운** 그녀의 눈의) 기묘하게 영향을 끼쳤다.
카나카는 잘생긴 종족이었고, 미인은 그들 중에 드물지 않았다,
하지만 그것은 **맵시 있는** 동물의 아름다움이었다. 그것은
공허했다. 하지만 저 비극적인 눈은 짙고 신비로웠다, 그리고

you felt in them the bitter complexity of the **groping**, human soul. The trader told him the story and it moved him.

"Do you think he'll ever come back?" asked Neilson.

"No fear. Why, it'll be a couple of years before the ship is **paid off**, and by then he'll have forgotten all about her. I bet he was pretty mad when he woke up and found he'd been **shanghaied**, and I **shouldn't wonder** but he wanted to fight somebody. But he'd got to **grin** and bear it, and I guess **in a month** he was thinking it the best thing that had ever happened to him that he got away from the island."

But Neilson could not get the story out of his head. Perhaps because he was sick and **weakly**, the radiant health of Red appealed to his imagination. Himself an ugly man, insignificant of appearance, he **prized** very highly comeliness in others. He had never been passionately in love, and certainly he had never been passionately loved. The **mutual** attraction of those two young things gave him a **singular** delight. It had the **ineffable** beauty of the Absolute. He went again to the little hut by the creek. He had a **gift** for languages and an **energetic** mind, **accustomed** to work, and he had already given much time to the study of the **local tongue**. Old habit was strong in him and he was gathering together material for a paper on the Samoan speech. The old crone who shared the hut with Sally invited him to come in and sit down. She gave him kava to drink and cigarettes to smoke. She was glad to have someone to chat with and while she talked he looked at Sally. She reminded him of the Psyche in the museum at Naples. Her features had the same dear purity of line, and though she had borne

당신은 그들 안에서 느꼈을 것이다/ **(비밀을) 찾으려는** 쓰라린 복잡함을, 인

간의 영혼을. 그 상인은 그에게 그 이야기를 말했고/ 그것은 그를 감동시켰다.

"당신은 그가 혹시 돌아올 것이라고 생각하지 않나요?" 닐슨이 물었다.

"두렵지 않았어요. 왜냐면, 2년이 걸리거든요/ 그 배가

5 **지불이 끝나려면**, 그리고 그때까지 그는 그녀에 대해 모든 것을 잊었을 거예

요. 저는 확신하는데/ 그는 상당히 화났을 거예요/ 그가 깨어나서 찾았을 때/

그가 **속아서 배에 유괴된 것이**, 그리고 저는 **놀랍지 않지만**/ 그는 누군가와

싸우기를 원했을 거예요. 하지만 그는 **웃고** 견뎌야 했겠지요, 그리고 제 추측

으로는 (어쩌면) **한 달 뒤에**/ 그는 생각했을 거예요/ 그것이 그에게 일어날 가

10 장 좋은 일이라는 것을요/ 그 섬에서 나온 것이."

하지만 닐슨은 그 이야기가 머릿속에서 생각나지 않았다.

아마 그가 아프고 **병약했기** 때문에, 레드의 빛나는 건강함은

그의 상상에 나타났다. 스스로는 (생각하길) 못생긴 사람이었고,

하찮은 외모였다, 그는 다른 사람의 어여쁨을 아주 상당히 **귀하게 여겼다.**

15 그는 절대 열정적으로 사랑해본 적이 없고,

확실히 그는 열정적으로 사랑받지 못했다.

저 젊은 두 사람 **서로의** 매력은 그에게

두드러진 기쁨을 주었다. 그것은 **형언할 수 없는** 완벽한 아름다움을 가졌다.

그는 샛강의 작은 오두막에 다시 갔다. 그는 어학에 **재능**을 가졌다/

20 그리고 **정력적인** 마음과, 작업에 **익숙함**을,

그리고 그는 이미 시간을 들였다/

본토어를 배우는 데에. 옛 습관은 그의 속에 강하게 있었고/ 그는

사모아인의 언어에 대한 문서로 된 자료들을 모으고 있었다.

늙은 노파는 (샐리와 그 오두막을 공유했던) 그가 오라고 초대했다/

25 그리고 앉으라고 했다. 그녀는 그에게 카바(마취성 식물 음료)를 마시라고 줬

고/ 담배를 피우라고 줬다. 그녀는 함께 말할 수 있는 누군가가 있어서 기뻤

다/ 그리고 그녀가 말하는 동안 그는 샐리를 봤다. 그녀는

그에게 떠올리게 했다/ 나폴리 뮤지엄의 프시케(큐피트가 사랑한 미소녀)를.

그녀의 모습은 똑같이 소중한 선의 순수함을 가졌고, 그녀가

a child she had still a **virginal** aspect.

It was not till he had seen her two or three times that he **induced** her to speak. Then it was only to ask him if he had seen in Apia a man called Red. Two years had passed since his disappearance, but it was **plain** that she still thought of him **incessantly**.

It did not take Neilson long to discover that he was in love with her. It was only by an effort of will now that he **prevented** himself from going every day to the creek, and when he was not with Sally his thoughts were. At first, **looking upon** himself as a dying man, he asked only to look at her, and occasionally hear her speak, and his love gave him a wonderful happiness. He **exult**ed in its purity. He wanted nothing from her but the opportunity to **weave** around her graceful person a web of beautiful **fanci**es. But the open air, the **equable** temperature, the rest, the simple fare, began to have an **unexpected** effect on his health. His temperature did not **soar** at night to such **alarming** heights, he coughed less and began to **put on weight**; six months passed without his having a **haemorrhage**; and on a sudden he saw the possibility that he might live. He had studied his disease carefully, and the hope **dawned upon** him that with great care he might **arrest** its course. It **exhilarated** him to look forward once more to the future. He made plans. It was evident that any active life was **out of the question**, but he could live on the islands, and the small income he had, **insufficient** elsewhere, would be **ample** to keep him. He could grow coconuts; that would give him an **occupation**; and he would **send for** his books and a piano; but his quick

아이를 낳았지만/ 그녀는 여전히 **처녀의** 모습을 가졌다.

그녀를 본지 두세 번까지는 할 수 없었다/

그녀가 말하도록 **유도하는** 것이. 그리고 나서 오직 그에게 물어본 것은/

아피아에서 레드라고 불리는 사람을 봤는지였다. 2년이 지나고/

5 그가 사라진 이래로, 하지만 **분명했다**/ 그녀가 여전히

그에 대해 **끊임없이** 생각하고 있다는 것은.

닐슨이 그녀와 사랑에 빠졌다는 것을 발견하는 것은 오래 걸리지 않았다.

오직 의지의 노력으로/ 이제 그는

막았다/ 그가 매일 그 샛강에 가는 것을, 그리고

10 그가 샐리와 함께하지 않을 때에도/ 그의 생각은 함께했다. 처음으로,

스스로가 **여겨졌다**/ 죽은 사람으로, 그는 오직 그녀를

보기를 요청했고, 이따금 그녀가 말하는 것을 들었다, 그리고 사랑은

그에게 놀라운 행복을 주었다. 그는 그것의 순수함에 **크게 기뻐했다**.

그녀에게 어떤 것도 원하지 않고/ 다만 그녀의 고상한 사람의 주변으로 **엮어**

15 **나갔다**/ 아름다운 **공상의** 이야기를. 하지만

야외와, **차분한** 온도와, 휴식과, 단순한 식사는,

가지게 하기 시작했다/ 그의 건강에 **예상 밖의** 효과를. 그의

체온은 밤에도 **치솟지 않았다**/ **걱정스러운** 높이로,

그는 덜 기침했고/ **체중이 늘기** 시작했다.

20 **출혈이** 없어진지 6개월이 지나고; 그리고 갑자기

그는 그가 살 수 있을지도 모른다는 가능성을 봤다. 그는 그의 질병을 조심

스레 살펴봤다, 그리고 그 소망은 그에게 **생각나게 했다**/

큰 치료로/ 그 (병의) 과정을 **막을**지도 모른다는. 그것은 그를 아주 **기쁘게 했**

다/ 한 번 더 미래를 향해 볼 수 있다는 것은. 그는 계획을 짰다. 그것은

25 분명했다/ 어떤 활동적인 삶도 **필요 없었다**, 하지만

그는 이 섬에 살 수 있었다, 그가 가진 적은 수입은,

(다른 곳에서는 **불충분한**), 그를 유지시키기에 **충분할** 것이다. 그는

코코넛을 키울 수 있었다; 저것은 그에게 **직업**을 줄 것이다;

그리고 그는 **갖다 달라고** 할 것이다/ 그의 책과 피아노를; 하지만 그의 빠른

mind saw that in all this he was merely trying to **conceal** from himself the desire which **obsessed** him.

He wanted Sally. He loved not only her beauty, but that **dim** soul which he **divined** behind her suffering eyes. He would **intoxicate** her with his passion. In the end he would make her forget. And in an **ecstasy** of surrender he fancied himself giving her <u>too the happiness</u> which he had thought never to know again, but had now so **miraculously** achieved.

He asked her to live with him. She refused. He had expected that and did not let it **depress** him, for he was sure that sooner or later she would yield. His love was **irresistible**. He told the old woman of his wishes, and found somewhat **to his surprise** that she and the neighbours, long **aware** of them, were strongly **urging** Sally to accept his offer. After all, every native was glad to keep house for a white man, and Neilson according to the standards of the island was a rich one. The trader with whom he boarded went to her and told her not **to be a fool**; such an opportunity would not come again, and after so long she could not still believe that Red would ever return. The girl's **resistance** only increased Neilson's desire, and what had been a very pure love now became an **agonising** passion. He was determined that nothing should **stand in his way**. He gave Sally no peace. At last, **worn out** by his persistence and the persuasions, **by turns** pleading and angry, of everyone around her, she consented. But the day after when, **exultant**, he went to see her he found that in the night she had burnt down the hut in which she and Red had lived together. The old crone ran towards him full of angry **abuse** of Sally, but he **waved** her

생각은 봤다/ 이 모든 것 안에/ 그는 스스로의 욕망부터 단지 **숨기려고** 하

는 것이라고/ 그를 **사로잡았던**.

그는 샐리를 원했다. 그는 그녀의 아름다움뿐 아니라,

어두운 영혼마저 사랑한다/ 그녀의 고통받는 눈 뒤에 있다고 **꿰뚫어 본**.

5   그의 열정으로 그녀가 **흥분되게** 할 것이다. 끝으로/ 그는

그녀가 (레드를) 잊도록 만들 것이다. 그리고 항복의 **황홀감으로**/ 그는 상상

했다/ 그가 그녀에게 너무 많은 행복을 주는 것을/ 그가 생각했던 (행복을)/

절대 다시 알 수 없으리라 여겼던, 하지만 지금 아주 **기적적으로** 이뤄졌다.

그는 그녀에게 함께 살기를 요청했다. 그녀는 거절했다. 그는

10 그럴 것이라 기대했다/ 그리고 그것은 그를 **낙담시키지** 않았다, 왜냐하면 그

는 확신했다/ 곧 혹은 나중에 그녀가 항복하리라는 것을. 그의 사랑은 **저항할**

수 없었다. 그는 그 노파에게 그의 소원을 말했다, 그리고 알아냈다/

(약간 **놀랍게도**) 그녀와 그 이웃들은, (그들에 대해 오랫동안 **알고** 있던),

강하게 **재촉했다**/ 샐리는 그의 제안을 받아들이도록.

15 결국, 모든 원주민은 기뻤다/ 그 백인이 그 집을 지키게 해서,

그리고 닐슨은 그 섬의 수준에 따르면(비교하면)

부자였다. 무역상은 (그와 함께 승선했던) 그녀에게 가서

어리석게 굴지 말라고 했다; 그런 기회는

다시 오지 않을 것이라고, 그리고 오랜 시간 후에/ 그녀는 계속 믿을 수 없

20 게 됐다/ 레드가 혹시 돌아올 것이라는 것을. 그 소녀의 **저항**은 오직

닐슨의 소망만 키웠다, 그리고 아주 순수했던 사랑은 지금

번민하게 하는 열정이 되었다. 그는 결심했다/

어떤 것도 **그의 길을 막지** 못하게 하겠다고. 그는 샐리에게 어떤 평화도 주지

않았다. 결국, 그의 고집과 설득에 **지쳐서**,

25 **교대로** 애원하고 화를 내는 데에 (지쳐서), 그녀 주변의 모든 사람들에게, 그녀

는 동의했다. 하지만 그 날 이후에, 그는 **크게 기뻐했던**, 그가 그녀를 보러 갔던

날에/ 그는 발견했다/ 그녀가 밤에 그 오두막을 불태운 것을/

그녀가 레드와 함께 살았던. 노파는

그에게 달려와서 샐리를 **학대한** 데에 화를 냈다, 하지만 그는 **일축했다**;

문법&용법
too the
happiness
too는 전치한정사
로, such처럼 명사
를 꾸밀 때 한정사
(the) 앞에 쓴다.

aside; it did not matter; they would build a **bungalow** on the place where the hut had stood. A European house would really be more convenient if he wanted to bring out a piano and a vast number of books.

And so the little wooden house was built in which he had now lived for many years, and Sally became his wife. But after the first few weeks of **rapture**, during which he was satisfied with what she gave him he had known little happiness. She had yielded to him, through **weariness**, but she had only yielded what she **set no store** on. The soul which he had dimly glimpsed escaped him. He knew that she cared nothing for him. She still loved Red, and all the time she was waiting for his return. At a sign from him, Neilson knew that, **notwithstanding** his love, his **tenderness**, his sympathy, his generosity, she would leave him without a moment's hesitation. She would never give a thought to his **distress**. **Anguish** seized him and he **batter**ed at that **impenetrable** self of hers which **sullenly** resisted him. His love became bitter. He tried to **melt** her heart with kindness, but it remained as hard as before; he **feign**ed indifference, but she did not notice it. Sometimes he lost his temper and abused her, and then she wept silently. Sometimes he thought she was nothing but a **fraud**, and that soul simply an invention of his own, and that he could not get into the **sanctuary** of her heart because there was no sanctuary there. His love became a prison from which he **long**ed to escape, but he had not the strength merely to open the door—that was all it needed— and walk out into the **open air**. It was torture and at last he became **numb** and hopeless. In the end the fire burnt itself

그것은 문제가 안 됐다; 그들은 그 장소에 **방갈로**를 지었다/

오두막이 서 있던 곳에. 유럽식 집은

정말 더욱 편리했다/ 그가 피아노와

많은 수의 책을 가져오기를 원했기에.

5　그리고 그렇게 그 작은 나무집은 지어졌고/ 그는

지금 수년간 살고 있다, 그리고 샐리는 그의 아내가 되었다. 하지만

황홀적인 첫 2~3주의 지나고, 그동안 그는 만족했다/

그녀가 그에게 알게 해준 작은 행복에.

그녀는 그에게 항복했다, **지쳐서**, 하지만 그녀는

10　오직 만들어 냈다/ 그녀가 **경시하는** 것만.

그가 희미하게 봤던 그 영혼은 그에게서 도망쳤다. 그는 알았다/ 그녀가 그의

어떤 것도 신경 쓰지 않는 것을. 그녀는 여전히 레드를 사랑했고, 그녀는 항상

그가 돌아오길 기다렸다. 그와 관련된 조짐이 있으면, 닐슨은 알았다,

그의 사랑에도 불구하고, 그의 **상냥함**, 공감,

15　너그러움에도 (불구하고), 그녀는 그를 떠날 것이다/ 잠깐의 주저함도 없

이. 그녀는 절대 그의 **고통**에 신경을 쓰지 않았다. **비통함**은

그를 사로잡았고/ 그는 **두드렸다**/ **들어갈 수 없는** 그녀가 가진 것(마음)에/

그것은 **시무룩하게** 그에게 저항했다. 그의 사랑은 쓰라리게 되었다. 그는

친절함으로 그녀의 마음을 **녹이**려고 했지만, 그것은 예전처럼 단단했다;

20　그는 무관심한 **척했다**, 하지만 그녀는 그것을 알아채지 못했다.

때때로 그는 이성을 잃고 그녀를 학대했다, 그러고 나서

그녀는 조용히 흐느꼈다. 때때로 그는 생각했다/ 그녀는

사기꾼일 뿐이라고, 그리고 저 영혼은 단지 그가 창조해낸 것이라고,

그리고 그는 그녀의 마음의 **성소**에 들어갈 수 없다고/

25　(애초에) 성소는 존재하지 않기 때문에. 그의 사랑은

감옥이 되었다/ 그것으로부터 그는 도망치기를 **갈망했**다, 하지만 그는

단지 그 문을 열 힘이 없었다—저것이 필요한 모든 것이었다—

그리고 **야외**로 걸어 나가면 됐다. 그것은 고문이었다/ 결국 그는

망연자실하고 절망적으로 됐다. 불이 그것 자신을 태우고 난 끝에,

out and, when he saw her eyes rest **for an instant** on the slender bridge, it was no longer **rage** that filled his heart but impatience. For many years now they had lived together bound by the **tie**s of habit and convenience, and it was with a smile that he looked back on his old passion. She was an old woman, for the women on the islands age quickly, and if he had no love for her any more he had **tolerance**. She left him alone. He was **content**ed with his piano and his books.

His thoughts led him to a desire for words.

"When I look back now and **reflect** on that brief passionate love of Red and Sally, I think that perhaps they should thank the **ruthless** fate that separated them when their love seemed still to be at its height. They suffered, but they suffered in beauty. They were **spared** the real tragedy of love."

"I don't know exactly as I get you," said the skipper.

"The tragedy of love is not death or separation. How long do you think it would have been before one or other of them ceased to care? Oh, it is **dreadfully** bitter to look at a woman whom you have loved with all your heart and soul, so that you felt you could not bear to let her out of your sight, and realise that you would not mind if you never saw her again. The tragedy of love is **indifference**."

But while he was speaking a very **extraordinary** thing happened. Though he had been **addressing** the skipper he had not been talking to him, he had been **putting** his thoughts **into** words for himself, and with his eyes fixed on the man in front of him he had not seen him. But now an **image** presented itself to them, an image not of the man he saw, but of another man. It was as though he were

그가 봤을 때/ 그녀의 눈이 **순간** 그

가는 다리에 머문 것을, 그것은 더 이상 그의 마음을 채웠던 **분노**가 아니라/

조바심이었다. 지금 수많은 해 동안 그들은 함께 살았다/

습관과 편리함이라는 **유대감**에 묶여서, 그리고 그는

5 과거의 열정을 미소로 보게 됐다. 그녀는

늙은 여인이 됐다, 여인들은 그 섬에서 빠르게 나이 든다, 그리고

그가 더 이상 그녀를 향한 사랑을 가지지 않기에/ 그는 **참을** 수 있게 됐다. 그

녀는 그를 혼자 남겨 두었다. 그는 자신의 피아노와 책들로 **만족했다.**

그의 생각은 그를 어떤 말을 향한 소망으로 이끌었다.

10 "지금 제가 돌아보고 **반성해** 볼 때/ 레드와 샐리에 대한 짧은 열정적인

사랑에 대해, 제 생각에는 아마도 그들이 그들을 갈라놨던

무자비한 운명에 감사해야 할 것입니다/ 그들의 사랑은

여전히 그 크기로 존재하는 것처럼 보일 때는요. 그들은 고통받았지만,

아름답게 고통받았지요. 그들은 **피했어요**/ 사랑의 진짜 비극을요."

15 "저는 정확히 모르겠네요/ 제가 당신의 말을 이해했는지를." 선장이 말했다.

"사랑의 진짜 비극은 죽음이나 헤어짐이 아니에요. 얼마나

오래 당신은 생각하나요/ 그것이 존재한다고/ 어떤 사람이나 그들 중 누

구에게 신경 쓰는 것이 그만둬지도록? 오, 그것은 **굉장히** 쓰라립니다/

당신이 모든 영혼과 마음으로 사랑하는 여성을 보는 것은,

20 그렇게 (사랑할 때) 당신은 견딜 수 없다고 느낍니다/ 그녀가 당신의

시야에서 사라지는 것을, 그리고 (헤어질 때) 당신은 꺼리지 않습니다/ 그

녀를 절대 다시 못 보는 것. 사랑의 비극은 **무관심**입니다."

하지만 그가 말하는 동안/ 아주 **놀라운** 일이

일어났다. 그가 선장에게 **말하는** 중이었지만/

25 그는 그에게 말하는 것이 아니었다, 그는 자신의 생각을 **담았다**/

자신을 위한 말에, 그리고 그의 눈이 앞에 있는 남자에게 고정되면서/

그는 그를 보지 않았다. 하지만 지금

그 **모습**은 나타냈다/ 그들에게 스스로가, 그가 그 남자에 대해 보고 있는 모

습이 아니라, 다른 남자를. 그것은 마치

looking into one of those **distorting** mirrors that make you extraordinarily **squat** or outrageously **elongate**, but here exactly the opposite took place, and in the obese, ugly old man he caught the shadowy glimpse of a **stripling**. He gave him now a quick, searching **scrutiny**. Why had a **haphazard** stroll brought him just to this place? A sudden **tremor** of his heart made him slightly breathless. An **absurd suspicion** seized him. What had occurred to him was impossible, and yet it might be a fact.

"What is your name?" he asked **abruptly**.

The skipper's face **puckered** and he gave a cunning chuckle. He looked then **malicious** and horribly vulgar.

"It's such a **damned** long time since I heard it that I almost forget it myself. But for thirty years now in the islands they've always called me Red."

His huge form shook as he gave a low, almost silent laugh. It was **obscene**. Neilson shuddered. Red was hugely amused, and from his **bloodshot** eyes tears ran down his cheeks.

Neilson gave a **gasp**, for at that moment a woman came in. She was a native, a woman of somewhat **commanding** presence, stout without being **corpulent**, dark, for the natives grow darker with age, with very **grey hair**. She wore a black Mother Hubbard, and its **thinness** showed her heavy breasts. The moment had come.

She made an observation to Neilson about some **household** matter and he answered. He wondered if his voice sounded as **unnatural** to her as it did to himself. She gave the man who was sitting in the chair by the window an **indifferent** glance, and went out of the room. The moment

뒤틀린 거울 중 하나를 보는 듯했다/ 그것은 당신을

놀랍도록 **웅크리게** 하거나/ 엄청나게 **늘어나는**, 하지만 여기서

정확히 그 반대의 일이 일어났다, 그리고 이 뚱뚱하고, 못생긴 늙은

남자 속에서/ 그가 **청년기의 남자**(레드)를 어슴푸레하게 봤다. 그는 지금

5   빠르고 **면밀하게** 찾았다. 왜 **우연히**

거닐었던 게 그를 딱 이 장소로 데려왔을까? 갑작스러운 마음의 **떨림**으로

다소 숨 쉴 수 없었다. 터무니없는 **의혹**이

그를 사로잡았다. 그에게 일어났던 것은 불가능했다,

하지만 사실일지도 모른다.

10   "당신의 이름이 뭐요?" 그는 **불쑥** 물었다.

선장의 얼굴은 **주름이 잡혔고**/ 그는 교활하게 웃었다.

그는 **악의적이고** 끔찍할 정도로 비속하게 쳐다봤다.

"그건 **지랄 맞게** 긴 시간이었지요/ 그것(이름)을 뭐라고 부르곤 했는지 거의

까먹은 지. 하지만 지금으로부터 30년 전에 이 섬에서/ 그들은

15   항상 저를 레드라고 불렀어요."

그의 큰 형체는 흔들렸다/ 그가 낮고, 거의 침묵으로 웃었을 때,

그것은 **충격적**이었다. 닐슨은 전율했다. 레드는 크게 기뻐했다,

그리고 그의 **충혈된** 눈으로부터 눈물이 뺨을 타고 흘러내렸다.

닐슨은 **숨이 막혔다**, 그 순간 한 여인이 들어왔다.

20   그녀는 원주민의, 다소 **위엄있는**

모습이었고, 뚱뚱할 정도는 아니지만 **통통했고**, 짙은 피부색이었다, 왜냐하면

원주민들은 나이 들면 (피부가) 짙어진다, 많은 **은발**과 함께. 그녀는

검은 머더 허버드(길고 느슨한 가운)를 입었고, 그것의 **얇음**(천)이 그녀의 큰

가슴을 드러냈다. (드디어) 그 순간이 왔다.

25   그녀는 닐슨에게 말했다/ 어떤 **가정의**

문제를/ 그리고 그는 대답했다. 그는 궁금했다/ 그의 목소리가

그녀에게 **자연스럽지 않게** 들렸는지/ 스스로에게 들린 것처럼. 그녀는

그 남자(선장)에게 줬다 (창문 옆의 의자에 앉아있는 사람에게)

무관심한 시선을, 그리고 방을 나갔다. 그 순간은

had come and gone.

Neilson for a moment could not speak. He was strangely shaken. Then he said:

"I'd be very glad if you'd stay and have **a bit of** dinner with me. Pot luck."

"I don't think I will," said Red. "I must go after this **fellow** Gray. I'll give him his stuff and then I'll get away. I want to be back in Apia to-morrow."

"I'll send a boy along with you to show you the way."

"That'll be fine."

Red **heave**d himself out of his chair, while the Swede called one of the boys who worked on the **plantation**. He told him where the skipper wanted to go, and the boy stepped along the bridge. Red prepared to follow him.

"Don't fall in," said Neilson.

"Not on your life."

Neilson watched him make his way across and when he had disappeared among the coconuts he looked still. Then he sank heavily in his chair. Was that the man who had prevented him from being happy? Was that the man whom Sally had loved all these years and for whom she had waited so desperately? It was **grotesque**. A sudden fury seized him so that he had an instinct to spring up and smash everything around him. He had been cheated. They had seen each other at last and had not known it. He began to laugh, **mirthlessly**, and his laughter grew till it became **hysterical**. The Gods had played him a **cruel** trick. And he was old now.

At last Sally came in to tell him dinner was ready. He sat down in front of her and tried to eat. He wondered what

왔다가 지나갔다.

닐슨은 그 순간 말할 수 없었다. 그는 이상하게

떨렸다. 그러고 나서 그는 말했다:

저는 당신이 머물러서 저와 **약간의** 저녁 식사를

5　함께했으면 좋겠습니다. 파트럭으로(덜어서 조금씩 먹는 방식).

"제가 그럴 것이라 생각하지 않아요." 레드가 말했다. "저는 이

그레이라는 **친구**를 따라가야 합니다. 저는 그에게 물건을 주고 나서 떠날 거

예요. 저는 아피아에 내일 돌아가길 원해요."

"제가 소년을 보낼게요/ 당신에게 길을 가르쳐줄."

10　"괜찮아요."

레드는 자신을 의자에서 **들어 올렸다,** 스웨덴인이

부르는 동안/ **농장**에서 일하는 아이들 중 한 명을. 그는

그에게 말했다/ 선장이 가기를 원하는 곳에서, 그리고 소년은

그 다리를 따라왔다. 레드는 그를 따라가길 준비했다.

15　"떨어지지 마세요," 닐슨은 말했다.

"당신의 생전에는 (그렇게) 안되지요."

닐슨은 그가 길을 건너는 것을 지켜봤고/ 그가

코코넛 나무 사이로 사라졌을 때/ 그는 여전히 보고 있었다. 그러고 나서

그는 그의 의자에 세게 주저앉았다. 그 남자가

20　그를 행복하게 되는 것으로부터 막은 것일까? 그 남자를

샐리가 이 모든 날에 사랑했고/ 그를 위해 그녀가

그렇게 지독하게 기다린 것일까? 그것은 **괴상했다.** 갑작스러운 분노가 그를

사로잡았고/ 그는 본능을 가졌다/ 벌떡 일어나서/ 그의 주변의 모든 것을 박

살 내버릴. 그는 속은 것이다. 그들은 결국 서로를 보았고/

25　그것을 몰랐다. 그는 웃기 시작했다, **즐겁지 않게,**

그리고 그의 웃음은 커져갔다/ **발작적으로** 될 때까지. 신들은

잔인한 속임수로 그를 가지고 논 것이다. 그리고 그는 이제 늙었다.

결국 샐리는 들어와서 그에게 말했다/ 저녁이 준비됐다고. 그는

그녀 앞에 앉아서 먹으려고 했다. 그는 궁금했다/ 무엇을

she would say if he told her now that the fat old man sitting in the chair was the lover whom she remembered still with the passionate **abandonment** of her youth. Years ago, when he **hated** her because she made him so unhappy, he would have been glad to tell her. He wanted to hurt her then as she hurt him, because his **hatred** was only love. But now he did not care. He shrugged his shoulders **listlessly**.

"What did that man want?" she asked presently.

He did not answer at once. She was old too, a fat old native woman. He wondered why he had ever loved her so madly. He had laid at her feet all the treasures of his soul, and she had cared nothing for them. Waste, what waste! And now, when he looked at her, he felt only **contempt**. His patience was at last **exhausted**. He answered her question.

"He's the captain of a **schooner**. He's come from Apia."

"Yes."

"He brought me news from home. My eldest brother is very ill and I must go back."

"Will you be gone long?"

He **shrug**ged his shoulders.

그녀가 말하려고 할지/ 지금 그녀에게 알려준다면/ 의자에 앉아있던 뚱뚱한

남자가 그 연인이라고/ 그녀가 여전히 기억하는/

그녀의 젊음을 **포기**한 열정과 함께. 수년 전에,

그가 그녀를 **증오**했을 때/ 그녀가 그를 아주 행복하지 않게 했기 때문에,

5 그는 기쁘게 말하려고 했다. 그는 그녀에게 상처 주기를 원했다고/

그녀가 그에게 상처 준 것처럼, 왜냐하면 그의 **증오**는 오직 사랑이었기에.

하지만 지금 그는 신경 쓰지 않았다. 그는 **무기력하게** 어깨를 으쓱했다.

"저 남자가 원하는 게 뭐였어요?" 그녀는 지금 물었다.

그는 바로 대답하지 않았다. 그녀는 많이 늙었고, 뚱뚱하고 늙은,

10 원주민 여인이었다. 그는 궁금해했다/ 왜 그녀를 그렇게

미치도록 사랑했는지. 그녀의 발에 그의 영혼이 가진 모든 보물을 내놨다,

그리고 그녀는 그것들에 대해 신경 쓰지 않았다. 낭비라니, 저딴 낭비!

그리고 지금, 그녀를 봤을 때, 그는 오직 **경멸**을 느꼈다. 그의

인내는 결국 **진이 다 빠졌다**. 그는 그녀의 질문에 대답했다.

15 "그는 **범선**의 선장이야. 아피아에서 왔대."

"그렇군요."

"그가 고향에서 소식을 가져왔어. 맏형이 아주

아프대서/ 내가 돌아가야 해."

"오래 걸릴까요?"

20 그는 어깨를 **으쓱했**다.

레드

윌리엄 서머셋 모옴(1874~1965, 영국) 지음
1921년 출간된 The Trembling of a Leaf에 4번 째로 수록

**선장은 정말
납치된 걸까?**

처음엔 선장이 정말 납치된 줄 알았다. 하지만 두 번째 읽을 때
알게 됐다. 그날 밤 선장은 납치된 것이 아니라, 임신한 사실을 알
고 도망친 것이다. 뻔뻔스러운 것은, 고향으로 돌아간 것이 아니
라 사모아 섬에 남아 계속 활동했다. 익힌 사모아어를 활용해서
농장도 가꿨고, 무역 활동도 계속했다. 샐리가 참 불쌍하다.

'코피노'가 생각났다. 코피노란 코리안-필리피노의 합성어인데,
2006년 즈음부터 급증하기 시작했다. 필리핀에 사업이나 유학
차 갔다가 필리핀 여성과 6개월~3년씩 동거하며 지낸 사람들의
아이들의 명칭이다. 임신하면 남자가 한국으로 도망치는데, 한국
의 주소 대신 한국말로 욕을 써 놓고 간 경우도 있다고 한다.

미혼모와 남겨진 아이들은 극빈층으로 살게 되는 경우가 많다.
게다가 태어난 아이들만 약 4만 명이니, 아이가 태어나지는 않았
지만 필리핀 여자와 동거하다가 헤어진 경우는 약 16만 명, 잠깐
성매매한 남자까지 포함하면 100만 명이 넘지 않을까? 일제강
점기에 일본이 한국에 한 잘못 이상으로 현재의 한국 남자들이
필리핀에서 죄를 짓고 있다. 코피노들은 버리고 간 아버지를 찾
고 있는데, 그 중 일부의 이름과 얼굴을 볼 수 있는 사이트도 있
다. kopinofather.wordpress.com

법적으로 태어나자마자 DNA를 나라에 등록하게 하고, 그 DNA
를 통해 범죄인을 관리하는 것이 어떨까? 범죄 현장에서 머리카
락 하나만 발견해도 되기에 범죄가 상당히 줄어들 것이다. 그것
이 인권침해라고 주장한다면, 아직 피해자의 고통을 이해할 만
큼 성숙하지 못한 사람이라고 생각한다.

Mike의
감상

순수한 사랑과 아름다운 자연, 그리고 인간의 본능에 대한 사실적인 묘사, 치밀한 인물 설정과 극적인 전개. '역시 거장이다'라고 느껴지는 작품 앞에 숙연해지는 것은 나뿐일까? 내 점수는 4.4.

선장이 나쁘게 행동했다고 해서, 스웨덴 인도 자신의 거짓되지만 아름다운 추억까지 부정적으로 바라봐야 했을까? 1년 살고 죽을지도 모르는 것을 계속 살 수 있게 되었고, 잠깐이나마 샐리를 열정적으로 사랑했으니 그 추억만으로 신께 감사드릴 수는 없었을까? 꼭 떠나야 했을까?

매트만 달랑 갖고 신혼을 시작하는 모습, 레드가 도망간 뒤 울부짖는 임신한 샐리의 모습 등 인상 깊은 장면이 정말 많지만, 그중에서도 인상 깊은 구절은 사랑의 변화에 대한 말이었다. You felt you could not bear to let her out of your sight, and realise that you would not mind if you never saw her again. The tragedy of love is indifference. (사랑할 때, 당신은 그녀가 당신의 시야에서 사라지는 것을 견딜 수 없습니다. 그리고 헤어질 때, 당신은 그녀를 다시 못 보는 것을 절대 꺼리지 않습니다. 사랑의 비극은 무관심에 있습니다.) 남녀 간에 사랑을 한 번이라도 해본 경험이 있다면, 누구나 저 말에 공감할 것 같다. 그런데 나는 주로 무조건 잘해주다가 우습게 보이고, 재미없게 느껴져서 차였기에 저 말에 억울한 입장이다.

<레드>를 재미있게 읽었다면, 그레이엄 그린(Graham Greene)의 <귀향 The Innocent (4.2)>도 재미있게 읽을 것이다. 성인이 되어 고향에 돌아가서 과거를 추억하는데, 과거에 느꼈던 감정과 성인이 되어 느끼는 추억이 사뭇 다르다.

Edgar Allan Poe
The Tell-Tale Heart, 1843

TOP 5
고자질쟁이 심장

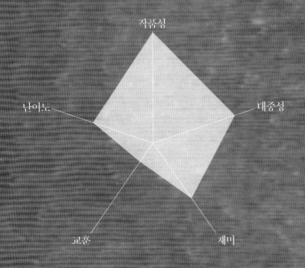

1

		hearty	다정한
dreadfully	끔찍하게	profound	심오한
sharpen	날카롭게 하다	suspect	의심하다
dull	둔하게 하다	extent	크기
acute	예민한	sagacity	현명함
hearken	귀를 기울여라	contain	억누르다
haunt	겁에 질리게 한다	triumph	승리
insult	모욕	chuckle	웃다
desire	바라다	startled	놀란
vulture	독수리	draw back	물러나다
a film	얇은 막	pitch	정점
blood ran cold	오싹해지다	shutter	창의 덧문
gradually	서서히	fasten	고정된
rid	제거하다	robber	강도
fancy	생각하기를 원한다		
caution	조심성	**3**	
foresight	예지력	steadily	끊임없이
dissimulation	위장	tin	잠금쇠
latch	자물쇠	spring up	벌떡 일어나다
sufficient	충분한	still	가만히
shine	빛나다	hearken	귀 기울이다
thrust	밀어넣다	groan	신음
cunningly	교활하게	mortal	극심한
		stifled	억눌린
2		awe	두려움
disturb	방해하다	well up	강하게 느껴진다
so far	그 때까지	bosom	가슴
undo	원래대로 하다	dreadful	지독한
hinge	경첩	distract	산란스럽게 하다
vex	짜증 나게 하다	pity	불쌍히 여긴다
day broke	동틀녘	ever since	~이후로 계속
boldly	담대하게	causeless	이유가 없는
chamber	방	chimney	굴뚝
courageously	용감하게	cricket	귀뚜라미

chirp	짹짹 우는 소리		
supposition	추정		
stalk	몰래 접근하다		
envelope	뒤덮다		
4			
mournful	음산한		
unperceive	눈치채지 못한		
resolve	결심하다		
crevice	작은 틈		
stealthily	몰래		
dull	어둑한		
thread	줄		
vulture	독수리		
furious	화난		
distinctness	독특함		
hideous	흉측한		
marrow	골수		
precisely	정확하게		
damned	망할		
acuteness	예민함		
dull	둔탁한		
enveloped	싸인		
fury	분노		
stimulate	자극하다		
refrain	자제하다		
scarcely	거의 ~하지 않다		
eve	밤		
tattoo	(행진) 소리		
instant	순간		
mark well	잘 기억하다		
dead hour	말 없는		
amid	~의 가운데		
uncontrollable	통제할 수 없는		

5

refrain	자제하고
seize	사로잡다
shriek	비명을 지르다
in an instant	즉시
gaily	명랑하게
muffled	작은
vex	짜증 나게
cease	중단하다
pulsation	맥박
stone dead	완전히 죽은
precaution	예방조치
concealment	숨김
wane	시들해지다
hastily	급히
dismember	토막 내다
deposit	두다
scantling	목재
replace	제자리에 놓다
board	판자
cunningly	영악하게
detect	알아차리다
stain	얼룩
wary	조심스러운
tub	목욕통

6

suavity	상냥함
shriek	비명
foul play	살인 사건
lodged	제기된
deputed	위임된
premise	지역
bade	인사했다, 애썼다

absent	없는
at length	한참 동안
undisturbed	누구도 건드리지 않은
fatigue	피로
audacity	뻔뻔함
repose	휴식을 취하다
manner	태도
singularly	아주
cheerily	기분 좋게
ere long	머지않아
fancy	믿다
distinct	뚜렷해진
definiteness	확실함
fluently	유창하게

7

heightened	고조된
dull	둔탁한
gasp for breath	숨이 가빠서 헐떡거리다
vehemently	격렬하게
trifle	하찮은 것
gesticulation	몸짓
pace	서성거리다
to and fro	앞뒤로
stride	성큼성큼 걷다
foam	거품을 일으키다
rave	소리를 지르다
swear	욕하다
swing	흔들다
grate	긁다
over all	전반적으로
pleasantly	기쁘게

almighty	전능한
suspect	의심하다
mockery	놀림감
tolerable	참을만한
derision	조롱
hypocritical	위선적인
hark	잘 들어라
villain	악당
dissemble	숨기다
hideous	기분 나쁜

TRUE!—nervous—very, very **dreadfully** nervous I had been and am; but why will you say that I am mad? The disease had **sharpened** my senses—not destroyed—not **dulled** them. Above all was the sense of hearing **acute**. I heard all things in the heaven and in the earth. I heard many things in hell. How, then, am I mad? **Hearken!** and observe how healthily —how calmly I can tell you the whole story.

It is impossible to say how first the idea entered my brain; but once conceived, it **haunted** me day and night. Object there was none. Passion there was none. I loved the old man. He had never wronged me. He had never given me **insult**. For his gold I had no **desire**. I think it was his eye! yes, it was this! He had the eye of a **vulture**—a pale blue eye, with **a film** over it. Whenever it fell upon me, my **blood ran cold**; and so by degrees—very **gradually**—I made up my mind to take the life of the old man, and thus **rid** myself of the eye forever.

Now this is the point. You **fancy** me mad. Madmen know nothing. But you should have seen me. You should have seen how wisely I proceeded—with what **caution**—with what **foresight**—with what **dissimulation** I went to work! I was never kinder to the old man than during the whole week before I killed him. And every night, about midnight, I turned the **latch** of his door and opened it—oh so gently! And then, when I had made an opening **sufficient** for my head, I put in a dark lantern, all closed, closed, that no light **shone** out, and then I **thrust** in my head. Oh, you would have laughed to see how **cunningly** I thrust it in! I moved it slowly—very, very slowly, so that I might not **disturb** the

진짜로!—예민하다—아주, 아주 **끔찍하게** 예민하다/ 나는 (전에도) 그랬었고
(지금도) 그렇다: 하지만 그렇다고 내가 미쳤다고 말할 것인가? 그 질병은
나의 감각을 **날카롭게 했다**—파괴하지 않고—**둔하게도** 하지 않고.
무엇보다도 듣는 감각을 **예민하게 했다**. 나는 모든 것들 듣는다/

5   하늘과 땅의. 나는 지옥의 많은 것들을 들었다.

그렇다면, 어떻게, 내가 미쳤냐고? **귀를 기울여라!** 그리고 목격해라/ 얼마나
건강하고—침착하게/ 내가 당신에게 그 모든 이야기를 말할 수 있는지를.
말하는 것은 불가능하다/ 어떻게 그 첫 생각이 내
뇌 속으로 들어왔는지를; 하지만 일단 생각하면, 그것은 밤낮으로 나를 **겁에**

10 **질리게 했다**. 목적은 없었다. 열정도 없었다. 나는 그 늙은 남자를 좋아했다.
그는 절대 나에게 잘못하지 않았다. 그는 절대 나에게
모욕을 주지도 않았다. 그의 금도 나는 **바라지 않는다**. 나는 그것이 그의 눈(때
문)이었다고 생각한다, 그것이 이것 때문이라고! 그는 **독수리**의 눈을 가졌다
—창백하고 파란 눈을, **얇은 막**이 덮인. 그것이 나에게 떨어질 때면, 나는 **오**

15 **싹해졌다**; 그래서 그 온도까지—아주 **서서히**—나는

결심했다/ 그 늙은 남자의 목숨을 빼앗기로, 그렇게 해서 내 스스로 그 눈
을 영원히 **제거하기로**.
지금이 그 (중요한) 지점이다. 당신은 내가 미쳤다고 **생각하기를 원한다**. 미친
사람들은 아무것도 모른다. 하지만 당신은 나를 봤어야 했다. 당신은

20 내가 얼마나 지혜롭게 진행해나가는지—어떤 **조심성**과 함께—
어떤 **예지력**으로—어떤 **위장**으로 내가 작업하러 가는지!
나는 절대 그 늙은 사람에게 더 친절하지 않았다/
내가 그를 죽이기 전의 한주 내내보다. 그리고 매일 밤. 자정쯤에,
나는 그의 (집) 문의 **자물쇠**를 돌리고, 연다—아주 부드럽게!

25 그리고 나서, 내가 만들었을 때/ 내 머리가 들어갈 정도로 **충분히** 열리도록,
나는 어둡게 밝힌 손전등을 넣어놓고, 모든 (불빛을) 끈다, 끈다, 어떤 빛도
빛나지 않도록, 그리고 나서 **쳐 넣는다**/ 내 머리를. 오, 당신은
웃었을지도 모른다/ 얼마나 **교활하게** 내가 그것을 **밀어넣는**지를! 나는 그것
을 느리게 움직인다—아주, 아주 느리게, 내가 **방해하지 않도록**/ 그

old man's sleep. It took me an hour to place my whole head within the opening so far that I could see him as he lay upon his bed. Ha! would a madman have been so wise as this, And then, when my head was well in the room, I undid the lantern cautiously-oh, so cautiously—cautiously (for the hinges creaked)—I undid it just so much that a single thin ray fell upon the vulture eye. And this I did for seven long nights—every night just at midnight—but I found the eye always closed; and so it was impossible to do the work; for it was not the old man who vexed me, but his Evil Eye. And every morning, when the day broke, I went boldly into the chamber, and spoke courageously to him, calling him by name in a hearty tone, and inquiring how he has passed the night. So you see he would have been a very profound old man, indeed, to suspect that every night, just at twelve, I looked in upon him while he slept.

Upon the eighth night I was more than usually cautious in opening the door. A watch's minute hand moves more quickly than did mine. Never before that night had I felt the extent of my own powers—of my sagacity. I could scarcely contain my feelings of triumph. To think that there I was, opening the door, little by little, and he not even to dream of my secret deeds or thoughts. I fairly chuckled at the idea; and perhaps he heard me; for he moved on the bed suddenly, as if startled. Now you may think that I drew back —but no. His room was as black as pitch with the thick darkness, (for the shutters were close fastened, through fear of robbers,) and so I knew that he could not see the opening of the door, and I kept pushing it on steadily, steadily.

늙은 남자의 잠을. 나는 한 시간 정도 걸렸다/ 나의 머리 전체를
그 열린 곳으로 넣기위해/ 나는 그를 볼 수 있을 **때까지**/ 그가
침대에 누워있는 것만. 하! 미친 사람이라면 이처럼 아주 현명하게 할 수 있을
까, 그리고 나서, 나의 머리 또한 그 방에 있을 때, 나는 **원래대로 했다**(켰다)/

5 　손전등을 조심스럽게 오, 아주 조심스럽게—조심스럽게
(**경첩**이 삐걱거리므로)—나는 그것을 켰다/ 딱 그 하나의
가는 빛이 그 독수리 눈에 들어갈 만큼. 그리고 이것을 나는 7일
밤 동안 했다—매일 밤 딱 자정에—하지만 나는 그의
눈이 항상 감겨있는 것을 알았다; 그래서 그 작업(살인)을 하는 것은 불가능했

10 다; 왜냐하면 그것은 늙은 남자(그 사람은 나를 **짜증 나게 했다**)가 아니라, 그
의 악한 눈 때문이므로. 그리고 매일 아침, **동틀 녘**에, 나는 **담대하게**
그 **방**으로 가서, 그에게 **용감하게** 말했다, 그의
이름을 부르며/ **다정한** 어조로, 그리고 물으면서 밤을 잘 지냈는지.
그래서 너는 알 것이다/ 그가 아주 **심오하고**

15 늙은 사람일지도 모른다는, 정말로, **의심한다면**/ 매일 밤, 딱 12시에,
내가 그를 봤다는 것을/ 그가 잠들어있는 동안.
8번째 날에/ 나는 보통 때보다 더 조심스러웠다/
그 문을 열 때. 손목시계의 분침 속도는 나보다 더
빠르게 움직였다. 그날 밤 전까지는 나는 절대 느끼지 않았다/ 그

20 **크기**를 내가 가진 힘의—그리고 나의 **현명함**을. 나는 간신히
억누를 수 있었다/ 나의 **승리**의 느낌. 내가 거기 있다는 생각을 하면서,
그 문을 열었다, 조금씩, 그리고 그는 심지어 꿈에도 모른다니/
내가 몰래 하는 행동과 생각들을. 나는 그 생각으로 꽤 **웃었다**;
그리고 아마 그는 들었을지도 모른다; 왜냐하면 그가 갑자기 침대에서 움

25 직였으므로, **놀란** 것처럼. 지금 그는 생각하는 것 같다/ 내가 **물러났다고**
—하지만 아니다. 그의 방은 검은색이었다/ 그 짙은 어둠의 **정점**처럼.
(왜냐하면 그 **창의 덧문**은 **고정되어** 닫혀 있었다,
강도에 대한 공포로,) 그래서 나는 알았다/ 그가 그 문이 열리는 것을 볼
수 없다는 것을, 그리고 나는 계속해서 밀었다/ **끊임없이**, 끊임없이.

I had my head in, and was about to open the lantern, when my thumb slipped upon the **tin** fastening, and the old man **sprang up** in bed, crying out—"Who's there?"

I kept quite **still** and said nothing. For a whole hour I did not move a muscle, and in the meantime I did not hear him lie down. He was still sitting up in the bed listening;—just as I have done, night after night, **hearkening** to the death watches in the wall.

Presently I heard a slight **groan**, and I knew it was the groan of **mortal** terror. It was not a groan of pain or of grief —oh, no!—it was the low **stifled** sound that arises from the bottom of the soul when overcharged with **awe**. I knew the sound well. Many a night, just at midnight, when all the world slept, it has **welled up** from my own **bosom**, deepening, with its **dreadful** echo, the terrors that **distracted** me. I say I knew it well. I knew what the old man felt, and **pitied** him, although I chuckled at heart. I knew that he had been lying awake ever since the first slight noise, when he had turned in the bed. His fears had been **ever since** growing upon him. He had been trying to fancy them **causeless**, but could not. He had been saying to himself—"It is nothing but the wind in the **chimney**—it is only a mouse crossing the floor," or "It is merely a **cricket** which has made a single **chirp**." Yes, he had been trying to comfort himself with these **supposition**s: but he had found all in vain. All in vain; because Death, in approaching him had **stalked** with his black shadow before him, and **enveloped** the victim. And it was the **mournful** influence of the **unperceived** shadow that caused him to feel—although he neither saw nor heard—to

나의 머리가 들어왔을 때, 손전등을 열려고 할 즈음에,

나의 엄지가 미끄러졌다/ **잠금쇠**에, 그때 그 늙은

사람은 침대에서 **벌떡 일어났다**, 소리치며—"거기 누구요?"

나는 아주 **가만히** 있었고, 아무 말도 안 했다. 한 시간 동안 나는

5 근육 한 가닥 움직이지 않았다, 동시에 나는 듣지 못했다/ 그가

눕는 것을. 그는 여전히 침대에 앉아 듣고 있었다;—딱

내가 했던 것처럼, 매일 밤, **귀 기울이면서**/ 그 죽음이

지켜보는 것을/ 그 벽에서.

곧 나는 약간의 **신음**을 들었고, 나는 알았다/ 그것은

10 **극심한** 공포의 신음인 것을. 그것은 아픔이나 슬픔의 신음이 아니었다

—오, 아니야!—그것은 그 작고 **억눌린** 소리가 올라오는 것이었다/

영혼의 심연에서부터/ **두려움**이 넘쳤을 때. 나는 그 소리를

잘 알았다. 많은 밤, 딱 자정에, 세상의 모든 것이

잠들었을 때, 그것은 **강하게 느껴졌다**/ 나의 **가슴**으로부터, 깊어지면서,

15 그것의 **지독한** 울림과 함께, 그 공포는 나를 **산란스럽게** 한다. 나는 말한다/

나는 그것을 잘 안다고. 나는 그 늙은 남자가 느꼈던 무엇을 안다, 그를 **불쌍히**

여긴다, 내가 마음으로는 웃긴 했지만. 나는 알았다/ 그가

깨어서 누워있었던 것을/ 그 첫 번째 작은 소음 이후로, 그가

침대에서 몸을 돌렸을 때. 공포는 **그 이후로 계속** 자라났을 것이다.

20 그는 노력하는 중이었다/ 생각하기 위해 그것들은 **이유가 없다고**, 하지만

그럴 수 없다. 그는 말하는 중이었다/ 그 자신에게—"그것은

단지 **굴뚝**의 바람일 뿐이다.—그것은 오직 쥐가

바닥을 건너는 것이다," 또는 "그것은 단지 **귀뚜라미**가 만든 한번

짹짹 운 소리다." 그렇다, 그는 노력하고 있었다/ 자신을 편안하게 하기 위해/

25 이런 **추정**들로: 하지만 그는 알아냈다/ 모든 게 소용없다고. 모든 것이 소용없

다고; 죽음은, 그에게 다가가면서 **몰래 접근했다**/ 그의

앞에 있는 검은 그림자로, 그리고 그 희생자를 **뒤덮었다**. 그리고 그것은

음산한 영향이었다/ **눈치채지 못한** 그림자의/ 그 영향은

야기시켰다/ 그가 느끼도록—그가 보거나 듣지는 못했지만—

feel the presence of my head within the room.

When I had waited a long time, very patiently, without hearing him lie down, I **resolved** to open a little—a very, very little **crevice** in the lantern. So I opened it—you cannot imagine how **stealthily**, stealthily—until, at length a simple **dim** ray, like the **thread** of the spider, shot from out the crevice and fell full upon the **vulture** eye.

It was open—wide, wide open—and I grew **furious** as I gazed upon it. I saw it with perfect **distinctness**—all a **dull** blue, with a **hideous** veil over it that chilled the very **marrow** in my bones; but I could see nothing else of the old man's face or person: for I had directed the ray as if by instinct, **precisely** upon the **damned** spot.

And have I not told you that what you mistake for madness is but over-**acuteness** of the sense?—now, I say, there came to my ears a low, **dull**, quick sound, such as a watch makes when **enveloped** in cotton. I knew that sound well, too. It was the beating of the old man's heart. It increased my **fury**, as the beating of a drum **stimulate**s the soldier into courage.

But even yet I **refrained** and kept still. I **scarcely** breathed. I held the lantern motionless. I tried how steadily I could maintain the ray upon the **eve**. Meantime the hellish **tattoo** of the heart increased. It grew quicker and quicker, and louder and louder every **instant**. The old man's terror must have been **extreme**! It grew louder, I say, louder every moment!—do you **mark** me **well** I have told you that I am nervous: so I am. And now at the **dead hour** of the night, **amid** the dreadful silence of that old house, so strange a noise as this excited me to **uncontrollable** terror. Yet,

느낄 수 있었다/ 방 안에 있는 나의 머리의 존재를.

내가 오랫동안 기다렸을 때, 아주 참을성 있게,

그가 누워서 듣지 못하고 있을 때, 나는 **결심했다**/ 약간 켜기로—아주,

아주 **작은 틈**을 손전등 안에. 그래서 나는 그것을 켰다—당신은

5　상상할 수 없을 것이다/ 얼마나 **몰래**, 은밀하게,—

어둑한 광선의 길이가 될 때까지, 그 거미**줄**처럼, 쐈다/ 그

틈으로부터/ 그리고 완전히 떨어졌다/ 그 **독수리** 눈에.

눈은 떠 있었다—넓게, 넓게 떠 있었다—그리고 나는 **화났다**/

내가 그것을 바라봤을 때. 나는 완전히 **독특한** 그것을 봤다.—모두

10　**흐릿한** 푸른색에, **흉측한** 막이 그것을 덮었고; 그것은 바로

나의 **골수**까지 오싹하게 했다; 하지만 나는 그

늙은 사람이나 얼굴 등 다른 것은 볼 수 없었다: 왜냐하면 나는 그 광선으로 향

했기 때문에/ 본능적인 것처럼, **정확하게** 그 **망할** 지점으로.

그리고 내가 당신의 실수를 말하지 않았나/ 미친 것

15　이 (아니라) 과하게-**예민한** 것이라고?—이제, 나는 말한다,

내 귀에 아주 작고, **둔탁하고**, 빠른 소리가, 시계가 만드는 것 같은/

(면으로 된) 천에 **싸였을** 때. 나는 저 소리도 잘 안다. 그것은

늙은 사람의 심장이 뛰는 것이다. 그것은 나의 **분노**를 증가시켰다,

북을 치는 것이 병사들을 용감하게 **자극하는** 것처럼.

20　하지만 아직도 내가 **자제하고** 가만히 있었다. 나는 **거의 숨 쉬지 않았다.**

나는 손전등을 들고 움직이지 않았다. 나는 노력했다/ 얼마나 꾸준히 내가

광선을 **밤**에 유지할 수 있는지. 동시에 심장의 지옥 같은 (행진) 소리가

커져갔다. 그것은 커나갔다/ 더 빠르게, 더 빠르게, 그리고

더 크게 더 크게 모든 **순간**에. 그 늙은 남자의 공포는

25　**극에 달했음**이 분명했다! 그것은 더 시끄러워졌다, 나는 말한다, 더 시끄러운

모든 순간에!—당신은 내가 예민하다고 말한 것을 **잘 기억한다**:

나는 정말 그렇다. 그리고 지금 **말 없는** 시간의 밤에,

오래된 집 안의 끔찍한 정막의 **가운데**, 아주 괴상한

이런 소음이 나를 흥분시켜서 공포를 **통제할 수 없게** 했다. 하지만,

for some minutes longer I **refrain**ed and stood still. But the beating grew louder, louder! I thought the heart must burst. And now a new anxiety **seize**d me—the sound would be heard by a neighbour! The old man's hour had come! With a loud yell, I threw open the lantern and leaped into the room. He **shrieked** once—once only. **In an instant** I dragged him to the floor, and pulled the heavy bed over him. I then smiled **gaily**, to find the deed so far done. But, for many minutes, the heart beat on with a **muffled** sound. This, however, did not **vex** me; it would not be heard through the wall. At length it **ceased**. The old man was dead. I removed the bed and examined the corpse. Yes, he was stone, stone dead. I placed my hand upon the heart and held it there many minutes. There was no **pulsation**. He was **stone dead**. His eye would trouble me no more.

If still you think me mad, you will think so no longer when I describe the wise **precaution**s I took for the **conceal-ment** of the body. The night **waned**, and I worked **hastily**, but in silence. First of all I **dismembered** the corpse. I cut off the head and the arms and the legs.

I then took up three planks from the flooring of the chamber, and **deposited** all between the **scantlings**. I then **replaced** the **board**s so cleverly, so **cunningly**, that no human eye—not even his—could have **detected** any thing wrong. There was nothing to wash out—no **stain** of any kind —no blood-spot whatever. I had been too **wary** for that. A **tub** had caught all—ha! ha!

When I had made an end of these labors, it was four o'clock—still dark as midnight. As the bell sounded the hour,

몇 분보다 더 긴 시간 동안 나는 **자제하고** 가만히 있었다. 하지만

그 (심장) 뛰는 소리가 더 커졌다, 더 커졌다! 나는 생각했다/ 그 심장은

터져야만 한다고. 그리고 지금 새로운 불안이 나를 **사로잡았다**—그 소리는

이웃에게 들릴 것이다! 그 늙은 사람의 때가 왔다!

5 큰 고함과 함께, 나는 그 켜진 손전등을 던졌고/

그 방에 펄쩍 뛰어들었다. 그는 한번 **비명을 질렀다**—딱 한번. **즉시**

나는 바닥으로 끌었고, 무거운 침대를 그의 위에 당겼다.

그러고 나서 **명랑하게** 웃었다, 지금까지 한 행동을 확인하며. 하지만,

수 분 동안, 그 심장 소리는 **작은** 소리였다. 하지만, 이것은,

10 나를 **짜증 나게** 하지 않았다; 그것은 벽을 통해 (옆집에서)들을 수 있는 소리가

아니었다. 한참 있다가 그것이 **중단됐다**. 그 늙은 사람은 죽었다. 나는 그 침대

를 치우고 그 시체를 조사했다. 그렇다 그는 돌 같이, 완전히

죽었다. 나는 나의 손을 가슴에 놓고/ 거기서 기다렸다

수 분 동안. **맥박**이 없었다. 그는 **완전히 죽었다**.

15 그의 눈은 더 이상 나를 괴롭히지 않을 것이다.

당신이 여전히 내가 미쳤다고 생각한다면, 더는 그렇게 생각하지 않을 것이

다/ 내가 그 현명한 **예방조치**를 서술할 때/ 내가 그 시체를 **숨기기** 위해 취했

던. 그 밤이 **시들해지기**에, 나는 **급히** 작업했다,

하지만 조용하게. 무엇보다 먼저 나는 그 시체를 **토막 냈다**. 나는

20 머리와 팔과 다리를 잘랐다.

그러고 나서, 나는 3장의 널빤지를 뜯어냈다/ 그 방의 바닥에서, 그리고 (토막

난 시체를) 모두 **두었다**/ 그 모든 **목재** 사이에. 그러고 나서 나는

제자리에 놓았다/ 그 판자를 아주 현명하게, 아주 **영악하게**, 어떤 인간의

눈으로도—심지어 그의 (눈도)—어떤 잘못된 것을 **알아차릴** 수 없었을 것

25 이다. 씻어내야 할 어떤 것도 없었다—어떤 종류의 **얼룩**도

—피-묻은 무엇도. 나는 저것에 있어서 너무 **조심스러웠다**.

목욕통에 모든 것을 잡아 없앴다—하! 하!

내가 이 일을 끝냈을 때, 그것은 4시 정각이었다

—여전히 자정처럼 어두웠다. 그 (시계의) 종소리가 그 시간을 알렸다,

there came a knocking at the street door. I went down to open it with a light heart,—for what had I now to fear? There entered three men, who introduced themselves, with perfect **suavity**, as officers of the police. A **shriek** had been heard by a neighbour during the night; suspicion of **foul play** had been aroused; information had been **lodged** at the police office, and they (the officers) had been **deputed** to search the **premises**.

I smiled,—for what had I to fear? I **bade** the gentlemen welcome. The shriek, I said, was my own in a dream. The old man, I mentioned, was **absent** in the country. I took my visitors all over the house. I **bade** them search—search well. I led them, **at length**, to his chamber. I showed them his treasures, secure, **undisturbed**. In the enthusiasm of my confidence, I brought chairs into the room, and desired them here to rest from their **fatigue**s, while I myself, in the wild **audacity** of my perfect triumph, placed my own seat upon the very spot beneath which **reposed** the corpse of the victim.

The officers were satisfied. My **manner** had convinced them. I was **singularly** at ease. They sat, and while I answered **cheerily**, they chatted of familiar things. But, **ere long**, I felt myself getting pale and wished them gone. My head ached, and I **fancied** a ringing in my ears: but still they sat and still chatted. The ringing became more **distinct**:—It continued and became more distinct: I talked more freely to get rid of the feeling: but it continued and gained **definiteness**—until, at length, I found that the noise was not within my ears.

No doubt I now grew very pale;—but I talked more **fluently**,

거리의 문에서 두드리는 소리가 왔다. 나는 내려가서 그것을

열었다/ 가벼운 마음으로,—지금 내가 무엇 때문에 두려워 해야 하는가?

세 남자가 들어왔다, 그들은 스스로 소개했다, 완벽히

상냥하게, 경찰이라고, 이웃의 **비명**을 들었다/

그 밤 동안에; **살인 사건**의 의심이

불러 일으켜졌다; 정보는 **제기됐다**/ 그 경찰서에서,

그리고 그들은 (그 경관들은) **위임되었다**/ 그

지역을 찾기 위해.

나는 웃었다,—무엇 때문에 내가 두려워해야 하는가? 나는 그 신사들에게 환

영 **인사했다**. 그 비명은, 내가 말했듯, 내 꿈속에서 있었다. 그

늙은 사람은, 내가 언급했다, 그 지역에 **없다고**. 나는

모든 방문객을 받았다/ 그 집에. 나는 그들이 찾도록 **애썼다**—잘 찾도록.

나는 그들을 이끌었다, **한참 동안**, 그의 방으로. 나는 그들에게 보여줬다/

그의 보물들을, 안전하고, **누구도 건드리지 않은**. 나의 자신감에 대한 열정

속에서, 나는 그 방으로 의자를 가져왔고,

그들이 여기서 쉬기를 소망했다/ 그들의 **피로**로부터, 그동안 나는 스스로,

나의 완벽한 승리에 대한 무모한 **뻔뻔함**으로, 나의 의자를 놓았다/

바로 그 지점에/ 그 지점 바로 밑에/ 희생자의 시체가 **휴식을 취하고** 있

었다.

경관들은 만족했다. 나의 **태도**가 그들을 확신시켰다.

나는 **아주** 편안했다. 그들은 앉았고, 나는

기분 좋게 대답하는 동안, 그들은 친숙한 것들을 떠들었다. 하지만, **머지않아**,

나 스스로 느꼈다/ 점차 창백해지고 그들이 가기를 소망한 것을. 나의 머리가

아팠고, 나는 **믿었다**/ 내 귀에 종소리가 들리는 것을: 하지만 여전히 그들은

앉아서 수다를 떨었다. 그 종소리는 더 **뚜렷해졌다**:—그것은 지속했고 더욱

뚜렷해졌다: 나는 그 느낌을 없애려고 더 자유롭게 이야기했다:

하지만 그것은 지속했고 **확실하게** 증가했다—계속해서, 내가 발견할 때까

지, 그 소리는 내 귀 안에서 나는 소리가 아니라는 것을.

의심할 여지 없이/ 나는 지금 매우 창백해졌다;—하지만 나는 더 **유창하게** 말

and with a **heightened** voice. Yet the sound increased—and what could I do? It was a low, **dull**, quick sound—much such a sound as a watch makes when enveloped in cotton. I **gasped for breath**—and yet the officers heard it not. I talked more quickly—more **vehemently**; but the noise steadily increased. I arose and argued about **trifle**s, in a high key and with violent **gesticulation**s; but the noise steadily increased. Why would they not be gone? I **paced** the floor **to and fro** with heavy **stride**s, as if excited to fury by the observations of the men—but the noise steadily increased. Oh God! what could I do? I **foamed**—I **raved**—I **swore**! I **swung** the chair upon which I had been sitting, and **grated** it upon the boards, but the noise arose **over all** and continually increased. It grew louder—louder—louder! And still the men chatted **pleasantly**, and smiled. Was it possible they heard not? **Almighty** God!—no, no! They heard!—they **suspected**! —they knew!—they were making a **mockery** of my horror! —this I thought, and this I think. But anything was better than this agony! Anything was more **tolerable** than this **derision**! I could bear those **hypocritical** smiles no longer! I felt that I must scream or die! and now—again!—**hark**! louder! louder! louder! louder!

"**Villain**s!" I shrieked, "**dissemble** no more! I admit the deed!—tear up the planks! here, here!—It is the beating of his **hideous** heart!"

했다, **고조된 목소리로**. 하지만 그 소리는 증가했다—그리고
내가 무엇을 할 수 있을까? 그것은 아주 작고, **둔탁하고**, 빠른 소리였다—
그런 소리와 아주 비슷했다/ 면으로 덮인 한 시계가 만드는.
나는 **숨이 가빠서 헐떡거렸다**—그렇지만 그 경관들은 그것을 듣지 못했다. 나

5 는 더 빠르게 말했다—더 **격렬하게**; 하지만 그 소음은 계속해서
증가했다. 나는 일어나 **하찮은 것**들에 대해 다투었다, 높은 어조의
흥분한 **몸짓**으로; 하지만 그 소음은 계속해서 증가했다.
왜 그들은 가지(사라지지) 않을까? 나는 **서성거렸다**/ 바닥을 앞뒤로
크게 **성큼성큼**, 그 남자들이 감시하는 데에 흥분해서 화난 것처럼

10 —하지만 그 소음은 계속해서 증가했다. 오 신이시여!
내가 무엇을 할 수 있나요? 나는 **거품을 일으키고—소리를 지르고—욕했다!**
내가 앉아있던 의자를 **흔들었다**, 그리고 그 널판지 위에서 의자로 **긁어댔다**,
하지만 소음은 **전반적으로** 커져서 지속해서
증가했다. 그것은 더 커졌다—더욱 커지고—더욱 더 커졌다! 그리고 여전히

15 사람들은 **기쁘게** 지껄이고, 미소지었다. 그들은 그것이 들리지
않는가? **전능하신** 신이시여!—아니야, 아니야! 그들이 들었어!—그들이 **의심**
했다고!—그들은 알았다고! 그들은 **놀림감**을 만들고 있었다/ 내가 두려워하
는 모습을! 이것은 내 생각이다, 그냥 내 생각일 뿐이야. 하지만 어떤 것도 이
고통보다 더할 수는 없다! 어떤 것이라도 더 **참을만하다**/ 이

20 **조롱**보다는! 나는 저 **위선적인** 웃음을 더 이상 참을 수 없었다!
내가 소리 지르거나 죽어야 한다고 느꼈다! 그리고 지금—다시!—**잘 들어라!**
더 크게! 더 크게! 더 크게! 더욱 크게!
　"**악당**들!" 나는 비명을 질렀다, "더 이상 **숨기지** 않겠다! 그 짓은 내가
했다!—저 널빤지를 뜯어내라! 여기, 여기!—그것은 그의(실제로는 나의)

25 **기분 나쁜** 심장이 뛰고 있는 것이다!"

고자질쟁이 심장

에드거 앨런 포 (1809~1849, 영국) 지음
1843년 출간된 잡지 The Pioneer에 수록
애니메이션으로 제작되기도 함

디자이너는 3배 더 예민하다

편집디자인에서 쓰는 단위는 포인트(pt)이다. 3포인트가 1mm 정도를 의미하는데, 다시 말해 1포인트가 1mm보다 3배 정교하다는 뜻이다. 그래서 대부분의 전문 디자이너들은 일반 사람보다 3배 예민하다. 전문 디자이너는 0.3mm가 틀어졌어도 그걸 잡아내고 수정한다. 그렇게 예민하게 일반 사람들이 발견하지 못하는 것을 보고 새로운 관점으로 생각해야 한다.

나는 원래 예민했다. 초침 소리에도 잠 못 들고, 흔들리는 의자나 책상에서는 불편해서 어떤 것도 할 수 없다. 카페의 의자나 책상이 흔들리면 휴지를 두껍게 접어서 받쳐놓고 흔들리지 않게 한다.

청결에 집착해서, 나갔다 오면 항상 손을 씻고, 매일 샤워한다. 밖에서 있는 옷과 안에서 있는 옷을 구별해서 입는다.

게다가 원칙주의자이다. 너무 쉽게 원칙을 깨는 사람들에 대해 분노한다. 걸어 다니면서 담배 피우는 사람에게 분노하고, 지하철 의자나 버스의 틈에 쓰레기를 끼워놓거나 껌을 붙여놓는 사람에게도 분노한다. 이해 못하는 것은 아니다. 사람마다 원칙에 대한 기준은 다르니까. 다만, 인간이 덜돼서, 못 배워서라고 생각한다.

북디자인을 배우고, 출판사에서 근무하고, 프리랜서 디자이너로 수년간 활동하면서 더 예민해졌다. 엉터리로 만든 물건에 대해서도 화가 났다. 명색이 프로 디자이너라면 사람들이 썼을 때 어떤 불편을 느낄지 분명히 알았을 텐데, 약간의 멋을 위해 기능을 쉽게 포기하는 것에 화가 났다.

아기 식탁 의자를 쓰면서 쉽게 더러워지는 부분을 더 편하게 씻을 수 있게 하고, 유모차 바퀴가 보도 블럭에 쉽게 걸리지 않게 하고, 아기 욕조에 곰팡이가 안 슬게 하고, 쉽게 보관할 수 있게

bit.ly/3zk7kf

하는 등 다양한 고민(자세한 내용은 <TOP10 돈꿈사>참고)을 통해 물건을 만들 수는 없을까?

차를 탈 때 머리가 부딪히지 않게 차체의 높이를 만드는 것이나, 운전석과 운전대의 각도나 높이, 차량의 자체 냄새와 운전 시의 소음 등 개선할 것이 많다. 기능에 맞추지 않고 인간에게 맞춘다면 단지 외부의 선(이것 역시 과감한 직선이나 곡선을 사용하면 더 아름다울 텐데)보다 더 중요한 것이 많다고 생각한다.

예민함의 끝은 어디일까? 정말 예민해지면 자신의 심장 소리에 놀라 자백할 정도가 될 수도 있을까?

Mike의 감상	살인자의 입장에서 살인자의 심리를 서술하는 것이 매력적이었다. 마치 편집증(망상장애)에 걸려 자신을 방어하며 진술하는 이야기에 빨려 들어간다.

살인을 위해 얼마나 신중했는지 알 수 있는 It took me an hour to place my whole head within the opening (머리 전체를 구멍으로 넣기 위해 한 시간이 걸렸다)이 인상 깊었다.

<고자질쟁이 심장>이 애드거 앨런 포 작품 중에 인기순위 1위라 선택했다. 내 점수는 3.3. 이 작품이 마음에 들었다면 애드거 앨런 포의 어떤 작품을 봐도 마음에 들 것이다. 고자질쟁이 심장처럼 살인자 입장에서 서술한 <검은 고양이, The Black Cat(3.45)>도 인상적이다. 애드거 앨런 포 작품의 인기순위 2위이자 신비로운 묘사가 인상적인 <붉은 죽음의 가면: The Masque of the Red Death>을 개인적으로 좋아한다(3.5).

Evelyn Waugh

Mr loveday's little outing, 1936

TOP 6

러브데이 씨의 짧은 외출

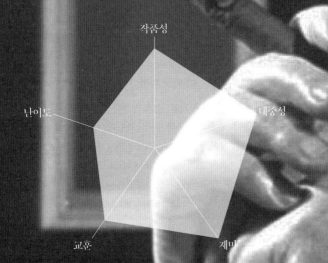

1

asylum	정신병원
caprice	변덕스러움
squall	돌풍
scuttle	허둥지둥 대다
marquee	대형 천막
frantic	미친 듯한
bough	가지
flutter	펄럭거리다
soggy	질척한
abominable	끔찍한
culminate	극에 달하다
brace	멜빵
orangery	오렌지 나무 온실
shelter	대피하다

2

reticent	말이 없는
inclined to	~하고 싶어하는
accommodation	머무는 것
inmate	환자
segregation	따로 분리된 곳
foible	기벽
indulged	빠져있는
certification	입원 증명
attachment	애착
institution	보호시설
uncompromising	타협할 수 없는
county	주립
prominent	눈에 잘 띄는
from time to time	이따금
tact	눈치
particular	상세히

qualified	전문
inclination	경향
regime	체제
basely	비열하게

3

lope	천천히 달리다
facade	정면
wire	철사
radiator	방열기
screw	나사로 박다
indeed	정말
some time ago	며칠 전
shuffling	이리저리
flagged	돌이 깔린
peevish	짜증스러운
burr	R소리
purely	순전히
elderly	연세든

4

attendant	간병인
secretary	비서
gait	걸음걸이
exceedingly	극도로
pope	교황
look up	검색하다
redraft	다시 고치다
luncheon	오찬
occupied	바쁜
quizzical	놀란 듯한
petulantly	화를 내며
nasty	형편없는
in black and white	글로 써지게

5

putting on weight	체중이 늘다
reproach	비난
his lordship	나리
on account of	~때문에
muddled	혼란스러운
alike	똑같이
warder	간병인
asylum	정신병원
cuckoo	뻐꾸기(미친 사람)
inmate	환자
saner	제정신인
air	느낌
treat	대하다

6

billiard	당구
conjuring	마술
gramophone	축음기
render	제공되다
amass	모으다
troublesome	골칫거리
throttle	목을 조르다
afterward	다음
step-sister	배다른-여동생
fair	옳은

7

oppressed	억압받은
unsympathetic	매정한
looney bin	정신병원
orangery	오렌지 나무 온실
decent	품위 있는
eminently	탁월하게

I

"You will not find your father greatly changed," remarked Lady Moping, as the car turned into the gates of the County **Asylum**.

"Will he be wearing a uniform?" asked Angela,

"No, dear, of course not. He is receiving the very best attention." ₅

It was Angela's first visit and it was being made at her own suggestion.

Ten years had passed since the showery day in late summer when Lord Moping had been taken away; a day ₁₀ of confused but bitter memories for her; the day of Lady Moping's annual garden party, always bitter, confused that day by the **caprice** of the weather which, remaining clear and brilliant with promise until the arrival of the first guests, had suddenly blackened into a **squall**. There ₁₅ had been a **scuttle** for cover; the **marquee** had capsized; a **frantic** carrying of cushions and chairs; a table-cloth lofted to the **bough**s of the monkey-puzzler, **fluttering** in the rain; a bright period and the cautious emergence of guests on to the **soggy** lawns; another squall; another twenty minutes of ₂₀ sunshine. It had been an **abominable** afternoon, **culminating** at about six o'clock in her father's attempted suicide. Lord Moping habitually threatened suicide on the occasion of the garden party; that year he had been found black in the face, hanging by his **brace**s in the **orangery**; some ₂₅ neighbours, who were **sheltering** there from the rain, set him on his feet again, and before dinner a van had called

"너는 너의 아버지가 크게 변한 것은 찾지 못할 것이다."

 모핑 여사는 말했다, 그 차가 주립

정신병원으로 들어갈 때.

"그는 환자복을 입을까요?" 안젤라가 물었다,

5 "아니지, 애야, 물론 아니야. 그는 가장 좋은

 관심을 받고 있거든."

 안젤라는 처음 방문했다/ 그리고 그녀가 스스로 (가고 싶다고)

 제안한 것이다.

 10년이 지났다/ 한여름에 소나기 오는 날/

10 모핑 씨가 잡혀간 지; 그 날은

 그녀에게 혼란스럽고 쓰디쓴 기억을 주었다.

 매년 하던 모핑 여사의 정원 파티 날에, 항상 쓰리고 혼란스러운

 저 날에/ **변덕스러운** 날씨에 의해/ 그 날씨는

 (맑고 찬란했었다/ 약속에 따라

15 첫 번째 손님들이 도착했을 때까지), 갑자기 어두워졌고, **돌풍**이 몰아쳤다.

 그곳에는 **허둥지둥** 도망칠만한 곳인; **대형 천막**이 뒤집혔고;

 미친 듯 나르는 베개들과 의자들이 있었다; 식탁-보가 떠올라서

 칠레 소나무 **가지에** 걸렸고, 빗속에서 **펄럭거렸다**; (그러다가)

 화창한 때가 조심스럽게 나타났다/ 손님들이

20 **질척한** 잔디에; (하지만) 다른 돌풍이 불었다; 그리고 또 20분간의

 태양 빛이 있었다. 그것은 **끔찍한** 오후였다, **절정은**

 6시 정각에 그녀의 아빠가 자살을 시도한 것이었다.

 아빠(모핑 씨)는 습관적으로 자살한다고 협박하곤 했다/ 정원 파티 날마다;

 저 해에 그는 얼굴이 검게 된 모습으로 발견됐다,

25 그의 **멜빵**으로 목을 맸다/ **오렌지 나무 온실**에서; 일부

 이웃들은, (그 사람들은 그곳에 비를 피해 **대피하는 중인**),

 그를 땅에 내려놨고, 그리고 저녁 식사 전에 구급차가 그를 데려갔다.

for him. Since then Lady Moping had paid seasonal calls at the asylum and returned in time for tea, rather **reticent** of her experience.

Many of her neighbours were **inclined to** be critical of Lord Moping's **accommodation**. He was not, of course, an ordinary **inmate**. He lived in a separate wing of the asylum, specially devoted to the **segregation** of wealthier lunatics. These were given every consideration which their **foible**s permitted.

They might choose their own clothes (many **indulged** in the liveliest fancies), smoke the most expensive brands of cigars and, on the anniversaries of their **certification**, entertain any other inmates for whom they had an **attachment** to private dinner parties.

The fact remained, however, that it was far from being the most expensive kind of **institution**; the **uncompromising** address, '**COUNTY** HOME FOR MENTAL DEFECTIVES', stamped across the notepaper, worked on the uniforms of their attendants, painted, even, upon a **prominent** hoarding at the main entrance, suggested the lowest associations. **From time to time**, with less or more **tact**, her friends attempted to bring to Lady Moping's notice **particular**s of seaside nursing homes, of '**qualified** practitioners with large private grounds suitable for the charge of nervous or difficult cases', but she accepted them lightly; when her son came of age he might make any changes that he thought fit; meanwhile she felt no **inclination** to relax her economical **regime**; her husband had betrayed her **basely** on the one day in the year when she looked for loyal

그 이후로 모핑 여사는 (돈을) 지불했다/ 계절마다

정신병원에/ 그리고 차 마시는 시간 맞춰 돌아왔다, 별로 **말이 없었다**/

그녀의 경험에 대해서는.

그녀의 많은 이웃들은 비난**하고 싶어했다**/

5   모핑 씨가 (정신병원에) **머무는 것**에 대해서. 그는, 물론,

일반적인 **환자**는 아니었다. 그는 정신병원의 분리된 양 날개의 한 건물에 살

았는데, 더 부자인 미치광이들을 **따로 분리된 곳** 특별히 대우했다.

이 사람들에게는 모든 배려가 주어졌고/ 그것들은 그들의 **기벽(허용할만한**

안 좋은 점들)들이 허락됐다.

10   그들은 그들의 옷을 선택할 수도 있었고(다수는 **빠져있었다**/

가장 활기 넘치는 환상 안에), 가장 비싼 상표의

잎담배(시가)를 피울 수 있었고, 매년 그들을 **입원 (증명)** 기념일에는,

즐겁게 했다/ 다른 환자들(그들이 **애착**을 가진)을

사적인 저녁 파티에 초대해서.

15   그러나 그 사실이 남아있었다, 그것은 거리가 있다는 것이다/

가장 비싼 종류의 **보호시설**과는; **타협할 수 없는**

이름, '정신 이상자들을 위한 **주립** 병원'이라는 말이,

(그 편지지에 도장 찍혔고, 그들의

간병인들의 유니폼에 쓰여 있었고, 심지어, **눈에 잘 띄는**

20   입구 간판에도 그려졌고), 암시했다/ 가장 적게

관련이 있음을. **이따금**, 덜 또는 더한 **눈치**로,

그녀의 친구들은 노력했다/ 모핑 여사가

상세히 알도록/ 해변의 양로원에 대해 . '**전문**

의사들이 넓고 사적인 공간에서

25   까다롭고 어려운 환자를 책임지기에 적절하다'라고, 그러나 그녀는 그것들을

가볍게 받아들였다; 그녀의 아들이 그 나이(그가 생각한 것이 딱 맞아야 하는

어떤 변화를 만들지도 모르는)에 왔을 때; 그동안 그녀는 어떤 **경향**조차 느끼

지 못했다/ 자신의 경제 **체제**를 쉽게 할 만큼의; 그녀의 남편이

비열하게 그녀를 배신했고/ 그 날 그 해에 그녀가 충성스러운 도움을 찾아

support, and was far better off than he deserved.

A few lonely figures in great-coats were shuffling and **loping** about the park.

"Those are the lower-class lunatics," observed Lady Moping. "There is a very nice little flower garden for people like your, father. I sent them some cuttings last year."

They drove past the blank, yellow brick **facade** to the doctor's private entrance and were received by him in the 'visitors room', set aside for interviews of this kind. The window was protected on the inside by bars and **wire** netting; there was no fireplace; when Angela nervously attempted to move her chair further from the **radiator**, she found that it was **screwed** to the floor.

"Lord Moping is quite ready to see you," said the doctor.

"How is he?"

"Oh, very well, very well **indeed**, I'm glad to say. He had rather a nasty cold **some time ago**, but apart from that his condition is excellent. He spends a lot of his time in writing."

They heard a **shuffling**, skipping sound approaching along the **flagged** passage. Outside the door a high **peevish** voice, which Angela recognized as her father's, said: '<u>I haven't the time</u>, I tell you. Let them come back later."

A gentler tone, with a slight rural **burr**, replied, "Now come along. It is a **purely** formal audience. You <u>need stay</u> no longer than you like."

Then the door was pushed open (it had no lock or fastening) and Lord Moping came into the room. He was attended by an **elderly** little man with full white hair and an expression of great kindness.

봤을 때, 그리고 (그것은) 그가 당연히 받아야 할 것보다 훨씬 더 나았다.

몇몇의 크고 긴-외투를 입은 쓸쓸한 사람들이 공원에서 이리저리

천천히 달리고 있었다.

"저 사람들은 낮은-계급(가난한)의 정신병자들이야," 모핑 여사는 봤다.

"그곳에는 아주 멋지고 작은 꽃의 꽃밭이 있어/ 너의, 아버지 같은 사람을

위해. 나는 보냈지/ 그들 중 일부를 꺾어서 작년에."

그들은 그 빈 곳, 노란 벽돌로 된 **정면**을 지나

의사 전용 입구로 갔고, 그 의사에 의해

'손님들의 방' 안에 받아들여 졌다, 따로 놓인 것이다/ 이런 종류의 인터뷰를

위해. 창문은 막혀 있었고/ 안쪽에서 창살로, **철사(로 된)**

망이 쳐져 있었다; 벽난로는 없었다; 안젤라가 신경질적으로

움직이려 했을 때/ 그녀의 의자를 **방열기**로부터 멀리, 그녀는

의자가 바닥에 **나사로 박혀있음**을 알 수 있었다.

"모핑 씨가 당신을 상당히 보고 싶어 해요." 그 의사가 말했다.

"그는 어떤데요?"

"오, 아주 좋아요, **정말** 아주 좋아요, 나는 (이렇게) 말할 수 있어 기쁘네요.

그는 요 **며칠 전** 끔찍한 감기를 가졌지만, 저것을 제외하면 그의

상태는 훌륭합니다. 그는 많은 시간을 글쓰기에 쓰고 있어요."

그들은 들었다/ **이리저리**, 건너뛰며 다가오는 소리를/

돌이 깔린 통로를 따라. 문밖에는 높고 **짜증스러운** 목소리가,

(그것은 안젤라가 느끼기엔 그녀의 아버지 같았다) 말했다: "나는

시간이 없어, 내가 말했지. 그들을 나중에 데려오라고."

더 부드러운 목소리로, 다소 시골스러운 '**r'소리**와 함께, 응답했다, "이제

따라 와요. 그것은 **순전히** 형식적인 접견이에요. 당신이 좋아하는 것보다

더 머물 필요는 없어요."

그리고 나서 그 문은 밀려서 열렸다 (그것은 잠기거나 고정될 수 없었다)

그리고 모핑 씨는 그 방 안으로 들어왔다. 그는 참석했는데/

연세든 작은 사람에 의해/ 그 사람은 백발에 대단히

호의적으로 표현했다.

문법&용법
I haven't the
time.
관용구로 본동사인
have에 not을 줄
여 썼다. 영국식 영
어에서 종종 나오는
구문

need stay
need를 조동사로
사용한 영국식 영어

"That is Mr Loveday who acts as Lord Moping's **attendant**."

"**Secretary**," said Lord Moping. He moved with a jogging **gait** and shook hands with his wife.

"This is Angela. You remember Angela, don't you?"

"No, I can't say that I do. What does she want?"

"We just came to see you."

"Well, you have come at an **exceedingly** inconvenient time. I am very busy. Have you typed out that letter to the **Pope** yet, Loveday?"

"No, my lord. If you remember, you asked me to **look up** the figures about the Newfoundland fisheries first?"

"So I did. Well, it is fortunate, as I think the whole letter will have to be **redrafted**. A great deal of new information has come to light since **luncheon**. A great deal⋯. You see, my dear, I am fully **occupied**."

He turned his restless, **quizzical** eyes upon Angela. "I suppose you have come about the Danube. Well, you must come again later. Tell them it will be all right, quite all right, but I have not had time to give my full attention to it. Tell them that."

"Very well, Papa."

"Anyway," said Lord Moping rather **petulantly**, 'it is a matter of secondary importance. There is the Elbe and the Amazon and the Tigris to be dealt with first, eh, Loveday?⋯ Danube indeed. **Nasty** little river. I'd only call it a stream myself. Well, can't stop, nice of you to come. I would do more for you if I could, but you see how I'm fixed. Write to me about it. That's it. Put it **in black and white**."

And with that he left the room.

"저것이 러브데이 씨입니다/ 모핑 씨의 **간병인**처럼 행동하지요."

"**비서야**," 모핑 씨는 말했다. 그는 뛰는

　걸음걸이로 이동했고, 그의 아내와 악수했다.

"여기는 안젤라에요. 안젤라 기억하지요, 당신은요?

5　"아니, 내가 기억한다고 말할 수 없어. 그녀가 원하는 게 뭔데?"

"우리는 단지 당신을 보러 왔어요."

"글쎄, 당신은 **극도로** 불편한

　시간에 왔어. 나는 아주 바빠.

　교황께 (보내는) 편지 타이핑 아직 안쳤나, 러브데이?"

10　"아직입니다, 주인님. 저에게 **검색** 먼저 해보라고 하셨잖아요/

　뉴펀들랜드 어업에 대해?"

"내가 그랬지. 그렇군, 운이 좋네, 나는 생각했거든/ 그 편지가 전체적으로

　다시 고쳐져야 될 것이라고. 아주 많은 새로운 정보가 밝혀졌지/

　오찬 이래로. 아주 많은…. 너도 보이지,

15　애야, 나는 완전히 **바빠**."

　그는 돌렸다/ 그의 쉬지 않고, **놀란 듯한** 눈을 안젤라에게.

"나는 네가 다뉴브 때문에 왔을 거라 생각했는데. 하지만, 너는

　나중에 다시 와야 해. 그들에게 말해/ 그것이 모두 괜찮을 것이라고, 진짜

　괜찮을 것이라고, 하지만 나는 시간이 없어/ 그것에 내 관심을 줄만큼. 그

20　들에게 저것을 말해줘."

"잘 알겠어요, 아빠."

"어쨌든," 모핑 씨가 다소 **화를 내며** 말했다, "그것은

　두 번째로 중요한 것이야. 엘브(독일의 강)랑 아마존이랑

　티그리스가 해결해야 할 첫 번째지, 그렇지, 러브데이?…

25　다뉴브는 정말 **형편없는** 작은 강이지. 나는 그냥 그것을 개천이라고 부르

　곤 해. 어쨌는, 범출 수가 없네, 너희늘이 와서 좋아. 나는 할 수만 있다면/

　너희들을 위해 더 해주고 싶지만, 내가 어떻게 여기 묶여있는지 알잖아.

　그것에 대해 나한테 써줘. 그러면 돼. 그걸 **글로 써지게** 해줘.

　그리고 저것과 함께 그는 그 방을 떠났다.

"You see," said the doctor, "he is in excellent condition. He is **putting on weight**, eating and sleeping excellently. In fact, the whole tone of his system is above **reproach**."

The door opened again and Loveday returned.

"Forgive my coming back, sir, but I was afraid that the young lady might be upset at **his lordship**'s not knowing her. You mustn't mind him, miss. Next time he'll be very pleased to see you. It's only today he's put out **on account of** being behindhand with his work. You see, sir, all this week I've been helping in the library and I haven't been able to get all his lordship's reports typed out. And he's got **muddled** with his card index. That's all it is. He doesn't mean any harm."

"What a nice man," said Angela, when Loveday had gone back to his charge.

"Yes. I don't know what we should do without old Loveday. Everybody loves him, staff and patients **alike**."

"I remember him well It's a great comfort to know that you are able to get such good **warder**s," said Lady Moping; "people who don't know, say such foolish things about **asylum**s."

"Oh, but Loveday isn't a warder," said the doctor.

"You don't mean he's **cuckoo**, too?" said Angela.

The doctor corrected her.

"He is an **inmate**. It is rather an interesting case. He has been here for thirty-five years."

"But I've never seen anyone **saner**," said Angela.

"He certainly has that **air**," said the doctor, "and in the last twenty years we have **treated** him as such. He is the

"봤죠," 의사가 말했다, "그는 정말 좋은 상태에요.

그는 **체중이 늘고**, 훌륭하게 먹고 마시지요.

사실, 그의 생활에서 모든 말투는 **비난** 이상이지만요."

문은 열렸고 다시 러브데이씨가 돌아왔다.

5 "돌아와서 미안한데요, 선생님, 죄송하지만/ 젊은

숙녀분이 **나리**께서 그녀를 모르는 것에 속상하셨을지도 몰라서요.

그에게 신경 쓰지 마세요, 숙녀분. 다음에는 그가 아주

기쁘게 당신을 볼 테니까요. 오직 오늘만 그가 일이 밀려있는 것 **때문에**

폐를 끼쳤네요. 보세요, 선생님, 이번 주 내내

10 저는 도서관에서 돕고 있고

나리의 보고서를 타이핑 칠 수 없었어요. 그리고 그는

혼란스러워했어요/ 카드 분류 때문에. 저것이 정말 전부입니다. 그가 일부

러 나쁘게 군 것은 아니에요.

"참 좋은 사람이네요," 안젤라는 말했다, 러브데이씨가 돌아가고 난 뒤에/

15 그의 맡은 일로.

"맞아요. 우리가 뭘 할 수 있을지 모르겠어요/ 늙은 러브데이씨 없이는.

모든 사람이 그를 좋아해요, 직원들과 환자들 **똑같이요**."

"나는 그를 잘 기억해요. 그것은 그런 큰 안락함과 같지요/

좋은 **간병인**을 얻었을 때의, 모핑 여사는 말했다;

20 "사람들은 잘 몰라서 **정신병원**에 대한 그런 멍청한 것들을 말하지요."

"오, 그러나 러브데이씨는 간병인이 아니에요," 의사가 말했다.

"그도 **뻐꾸기**(미친 사람)라는 말은 아니겠지요?" 안젤라가 말했다.

그 의사는 그녀의 말을 정정했다.

25 "그 역시 **환자**예요. 꽤 흥미로운 경우지요. 그는

여기서 35년 동안 지냈어요.

"하지만 저는 (그 사람보다) **더 제정신인** 사람을 본 적이 없는데요," 안젤라가 말

했다. "그는 분명히 그런 **느낌**을 가졌지요," 그 의사는 말했다, "그리고 지

난 20년 동안 우리는 그를 그렇게 **대했고요**. 그는

life and soul of the place. Of course he is not one of the private patients, but we allow him to mix freely with them. He plays **billiard**s excellently, does **conjuring** tricks at the concert, mends their **gramophone**s, valets them, helps them in their crossword puzzles and <u>various - er- hobbies</u>. We allow them to give him small tips for services **rendered**, and he must by now have **amassed** quite a little fortune. He has a way with even the most **troublesome** of them. An invaluable man about the place."

"Yes, but why is he here?"

"Well, it is rather sad. When he was a very young man he killed somebody—a young woman quite unknown to him, whom he knocked off her bicycle and then **throttled**. He gave himself up immediately **afterwards** and has been here ever since."

"But surely he is perfectly safe now. Why is he not let out?"

"Well, I suppose if it was to anyone's interest, he would be. He has no relatives except a **step-sister** who lives in Plymouth. She used to visit him at one time, but she hasn't been for years now. He's perfectly happy here and I can assure you we aren't going to take the first steps in turning him out. He's far too useful to us."

"But it doesn't seem **fair**," said Angela.

"Look at your father," said the doctor. 'He'd be quite lost without Loveday to act as his secretary."

"It doesn't seem fair."

영혼과 생명이라 할 수 있지요/ 그 장소의. 물론 그는

개인적인 환자 중 하나가 아닙니다, 그러나 우리는 그가 다른 환자들과 자유

롭게 어울리도록 했지요. 그는 훌륭하게 **당구를 치고**, 공연에서 **마술** 묘기를

합니다, 그들의 **축음기**를 고치고, 그들에게 시중을 들고,

5   그들의 십자말풀이와 **다양한** 다른 취미를 돕지요.

우리는 허락해요/ 그들이 그에게 줄 수 있는 적은 돈을/ 도움이 **제공되도록**,

그는 지금까지 작지만 꽤 재산을 **모았지**요.

그는 심지어 환자 중 가장 **골칫거리인** 사람들도 돌보는 법을 알지요.

병원에서 매우 귀중한 사람이에요."

10   "그렇다면, 그는 왜 여기에 있지요?"

"글쎄요. 좀 안됐지만. 그가 아주 젊은 사람일 때

누군가를 죽였어요—그가 모르는 꽤 젊은 여자였는데,

그가 그녀의 자전거에서 넘어트린 후에 **목을 졸랐어요**. 그는

곧바로 자수한 **다음** 줄곧 여기에 있었어요."

15

"그러나 분명히 그는 이제 완벽히 안전하잖요. 왜 내보내지 않나요?"

"글쎄요. 제 생각엔 누군가가 관심을 가진다면, 그가 그러려고 하겠지요.

그는 어떤 친척도 없어요/ 플리마스(영국의 남서부 항구)에 사는 **배다른-여**

동생 말고는. 그녀는 한번 그를 방문했지만,

20   지금까지 수년간 방문하지 않았어요. 그는 여기서 완벽히 행복해요, 내가

장담하건대 우리는 그를 쫓아내려는 (조치의) 첫 단계를 할 생각이 없어

요. 그는 우리에게 너무 요긴하거든요."

"그러나 그것은 옳지 않은 것 같네요." 안젤라가 말했다.

"당신의 아버지를 보세요," 의사는 말했다. "그는 꽤 당황스러울 거예요/

25   러브데이씨가 그의 비서처럼 행동하는 것이 없다면요."

"(그래도) 그것은 옳지 않아요."

문법&용법
various - er-
hobbies
생각하는 중일 때
'음~' 같은 표현으
로 'er-'을 쓰기도
한다.

Angela left the asylum, **oppressed** by a sense of injustice. Her mother was **unsympathetic**.

"Think of being locked up in a **looney bin** all one's life."

"He attempted to hang himself in the **orangery**," replied Lady Moping, 'in front of the Chester-Martins."

"I don't mean Papa. I mean Mr Loveday."

"I don't think I know him."

"Yes, the looney they have put to look after Papa."

"Your father's secretary. A very **decent** sort of man, I thought, and **eminently** suited to his work."

Angela left the question for the time, but returned to it again at luncheon on the following day.

"<u>Mums</u>, what does one have to do to get people out of the bin?"

"The bin? **Good gracious**, child, I hope that you do not **anticipate** your father's return here."

"No, no. Mr Loveday."

"Angela, you seem to me to be totally **bemused**. I see it was a mistake to take you with me on our little visit yesterday."

After luncheon Angela disappeared to the **library** and was soon **immersed** in the lunacy laws as represented in the encyclopedia.

She did not re-open the subject with her mother, but a **fortnight** later, when there was a question of taking some **pheasant**s over to her father for his eleventh Certification Party she showed an **unusual** willingness to **run over with** them. Her mother was occupied with other interests and

안젤라는 그 병원을 떠났다/ 불공평함에 **억압받는** 느낌으로.

그녀의 엄마는 **매정했다.**

"한 사람이 평생 **정신병원**에 갇혀있는 것을 생각해봐요."

"그는 **오렌지 나무 온실**에서 스스로 목을 맸어," 모핑 여사가 대답했다,

5 "체스터 마틴 씨네 앞에서."

"저는 아빠를 말하는 게 아니에요. 제 말은 러브데이씨 말이에요."

"나는 그를 안다고 할 수 없어."

"알잖아요, 그들은 그 정신병자가 아빠를 돌보도록 했어요."

"네 아빠의 비서지. 아주 **품위 있는** 종류의 사람이고, 내 생각에는,

10 그리고 그의 일에 **탁월하게** 어울리잖아."

안젤라는 당분간 그 질문을 남겨뒀지만, 다시 그 질문으로 돌아왔다/

다음날 오찬에.

"엄마, 사람들을 정신병원 밖으로 빼내려면 무엇을 해야 할까요?"

15 "정신병원? **아이고 세상에**, 애야, 아버지가 여기 돌아오는 것을

기대하지 않았으면 좋겠다."

"아니, 아니요. 러브데이씨 말이에요."

"안젤라, 넌 완전히 **멍해 보여.** 내 생각에 그것은

실수였어/ 내가 어제 너를 데려간 것은."

20 오찬 후에 안젤라는 **서재**로 사라졌고

곧바로 **몰입됐다**/ 백과사전에 묘사된 정신병 관련 법에.

그녀는 어머니께 그 주제를 다시 얘기하지 않았지만,

2주일 후에, 질문이 있었을 때/ 아버지의

25 11번째 입원 파티 때문에 **핑**들을 그녀의 아버지에게 건네는 것에 대한/

그녀는 보여줬다/ **특이하게도** 기꺼이 그것들에 **기뻐하는** 모습을.

그녀의 어머니는 사로잡혀 있었고/ 다른 관심에/ 그리고

문법&용법
Mums
구어체(말하는 어
투)에서 mom대신
mum이나 mums
를 쓰기도 한다.

noticed nothing **suspicious**.

Angela drove her small car to the asylum, and after delivering the game, asked for Mr Loveday. He was busy at the time making a crown for one of his companions who expected **hourly** to be **anointed** Emperor of Brazil, but he left his work and enjoyed several minutes' conversation with her. They spoke about her father's health and spirits. After a time Angela **remark**ed, "Don't you ever want to get away?"

Mr Loveday looked at her with his gentle, blue-grey eyes. "I've got very well used to the life, miss. I'm fond of the poor people here, and I think that several of them are quite **fond of** me. At least, I think they would miss me if I were to go."

"But don't you ever think of being free again?"

"Oh yes, miss, I think of it—almost all the time I think of it."

"What would you do if you got out? There must be something you would sooner do than stay here."

The old man **fidgeted** uneasily. "Well, miss, it sounds **ungrateful**, but I can't deny I should welcome a little **outing**, once, before I get too old to enjoy it. I expect we all have our secret **ambition**s, and there is one thing I often wish I could do. You mustn't ask me what⋯. It wouldn't take long. But I do feel that if I had done it, just for a day, art afternoon even, then I would die quiet. I could **settle down** again easier, and devote myself to the poor **crazed** people here with a better heart. Yes, I do feel that."

There were tears in Angela's eyes that afternoon as she drove away. 'He shall have his little outing, bless him,' she said.

어떤 **의심스러운** 것도 알아챌 수 없었다.

안젤라는 그녀의 소형차를 정신병원으로 운전했고,

그 새고기을 배달한 후에, 러브데이씨에 대해 물었다. 그때 그는

왕관을 만들기에 바빴지만/ 그의 동료들(그들은

5 **매시간마다** 브라질 황제를 **임명하는 성유 바르기를** 기대했다) 중 하나를 위

한, 그는 자기 일을 놔두고 몇 분간 그녀와 대화를 나누는 것을 즐겼다. 그들은

그녀 아버지의 건강과 정신들에 대해 말했다. 잠시 후에

안젤라는 **말했다**, "한 번이라도 밖에 나가길 원한 적은 없나요?"

러브데이 씨는 봤다/ 그녀를 온화한 잿빛-푸른 눈으로,

10 "나는 정말 그 삶에 익숙했었지요, 아가씨. 나는 좋아요/ 여기의 불쌍한

사람들이, 그리고 내 생각에 그들 중 일부는 나를 꽤 **좋아해요.**

적어도, 내 생각엔 그들이 날 그리워 할 거예요/ 내가 가야 한다면."

"하지만 한 번이라도 다시 자유에 대한 생각은 안 했나요?"

"오 물론이죠, 아가씨, 나는 그것에 대해 생각해요—거의 항상 그것을 생각하죠"

15 "내가 당신을 나가게 해준다면 어떨까요? 당신이

여기 있는 것보다 더 빨리해야 할 뭔가가 있을 거예요."

그 늙은이는 초조하게 **안달했다.** "글쎄요. 아가씨,

배은망덕하게 들리겠지만, 저는 부인할 수 없어요/ 이 작은 **외출**을 환영한다

는 것을, 딱 한 번만, 제가 그것을 즐기기에 너무 늙기 전에는요. 저는 우리 모두

20 가 비밀스러운 **야망**을 품길 바라지요, 그리고 제가 종종 하고 싶어했던 한 가

지가 있어요. 제게 무엇이냐고 묻지 마세요…. 그것은 오래 걸리지 않으니

까요. 하지만 제가 그것을 했다면, 딱 하루만이라도, 예술 같은

오후만이라도, 이후에 저는 조용히 죽을 수 있어요. 저는 다시 더 쉽게 **정착할**

수 있을 거예요, 그리고 제 자신을 여기의 **미친** 불쌍한 사람들에게 헌신하며

25 살 수 있을거예요/ 더 나은 열정을 가지고. 정말, 저는 그렇게 느껴요.

그날 오후 안젤라가 차를 몰고 떠날 때 그녀의 눈에는 눈물이 고였다.

"그는 짧은 외출을 가져야만 해, (그것이) 그를 축복해야 해," 그녀는

말했다.

From that day **onwards** for many weeks Angela had a new purpose in life. She moved about the ordinary routine of her home with an **abstracted air** and an unfamiliar, reserved courtesy which greatly **disconcerted** Lady Moping.

"I believe the child's in love. I only pray that it isn't that **uncouth** Egbertson boy."

She read a great deal in the library, she cross-examined any guests who had **pretension**s to legal or medical knowledge, she showed extreme **goodwill** to old Sir Roderick Lane-Foscote, their Member.

The names 'alienist', 'barrister' or 'government official' now had for her the glamour that formerly surrounded film actors and professional wrestlers. She was a woman with a **cause**, and before the end of the hunting season she had triumphed. Mr Loveday achieved his liberty.

The doctor at the asylum showed **reluctance** but no real opposition. Sir Roderick wrote to the Home Office. The necessary papers were signed, and at last the day came when Mr Loveday **took leave of** the home where he had spent such long and useful years.

His departure was **marked** by some ceremony. Angela and Sir Roderick Lane-Foscote sat with the doctors on the stage of the **gymnasium**. Below them were assembled everyone in the **institution** who was thought to be **stable** enough to endure the excitement.

Lord Moping, with a few suitable expressions of regret, presented Mr Loveday on behalf of the wealthier lunatics

저 날부터 많은 수주 동안 **쭉** 안젤라는 삶에서 새로운

목적을 가졌다. 그녀는 일상적인

집안일을 했다/ **허탈한 마음**과 낯설고 내성적인 태도

(그 태도는 모핑 여사를 대단히 **당황스럽게** 했다)로.

"나는 그 아이가 사랑에 빠졌다고 믿어. 단지 기도할 뿐이지/ 그것이

무례한 에그버튼 씨의 소년만 아니길."

그녀는 서재에서 아주 많이 읽었다, 그녀는 반대 심문을 했다/

어떤 손님(그 손님은 법적이거나 의학적인 지식에 대한 **주장**을 하는)에게,

그녀는 극도로 **좋은 의도**를 보여줬다/ 그들의 회원인 나이드신 로드릭 레

인-포스코테 씨에게.

그 이름은 '정신과 의사', '법정 변호사' 또는 '정부 공무원'들인데

지금 그녀를 (돕기) 위해 그 매력적인 사람들(이전에 영화배우들이나 전문

레슬링 선수들에게 둘러싸였던)을 가졌다. 그녀는

명분이 있는 여성이었고, 그 사냥 시즌이 끝나기 전에

승리했다. 러브데이씨는 그의 자유를 이뤄냈다.

정신병원의 의사는 **거부감**을 보였지만 실제

반대는 없었다. 로드릭 경이 그 병원 사무소에 (편지를) 썼기 때문이다.

꼭 필요한 서류들은 승인됐다, 그리고 결국 그날이 왔을 때/

러브데이씨는 그 병원에서 **벗어났다**/

아주 길고 유용한 시간을 보낸 그곳에서.

그의 출발은 어떤 축하행사에 의해 **기념**되었다. 안젤라와

로드릭 경은 의시외 함께

체육관 무대에 앉았다. 그들 밑에는

그 **시설**의 모든 사람들 (그 사람들은 그 신나는 일을 견디기에 충분히 **안정되**

어 보였다)이 모여있었다.

모핑 씨가 몇 마디의 적절한 표현의 아쉬움과 함께,

러브데이씨에게 전했다/ 더 부자인 미친 분들을 대신해

with a gold cigarette case; those who supposed themselves to be emperors **showered** him with decorations and titles of honour. The warders gave him a silver watch and many of the nonpaying inmates were in tears on the day of the presentation.

The doctor made the main speech of the afternoon. "Remember," he remarked, "that you leave behind you nothing but our warmest good wishes. You are bound to us by ties that none will forget. Time will only deepen our sense of debt to you. If at any time in the future you should grow tired of your life in the world, there will always be a welcome for you here. Your **post** will be open."

A dozen or so variously **afflicted** lunatics hopped and skipped after him down the drive until the iron gates opened and Mr Loveday stepped into his freedom. His small trunk had already gone to the station; he **elect**ed to walk. He had been **reticent** about his plans, but he was well provided with money, and the **general** impression was that he would go to London and enjoy himself a little before visiting his step-sister in Plymouth.

It was to the surprise of all that he returned within two hours of his liberation. He was smiling **whimsically**, a gentle, self-regarding smile of **reminiscence**.

"I have come back," he informed the doctor. "I think that I now I shall be here **for good**."

"But, Loveday, what a short holiday. I'm afraid that you have hardly enjoyed yourself at all."

"Oh yes, sir, thank you, sir, I've enjoyed myself very much. I'd been promising myself one little **treat**, all these years. It

금으로 된 담배 상자를; 저 사람들은(그들 스스로

황제들이라고 여기던) **주었다**/ 러브데이 씨에게 장식과 존칭을.

교도관들은 주었다/ 그에게 은시계를 그리고 많은

돈을 지불하지 못하는 환자들은 눈물을 흘리며 그날에

5   참석했다.

의사는 그날 오후의 연설을 했다.

"기억합시다," 그는 말했다, "당신은 당신 뒤에 아무것도 남기지 않고 떠납

니다/ 우리의 가장 따뜻하고 좋은 선의 외에. 당신은 묶었습니다/ 우리를

절대 잊을 수 없는 끈으로. 시간은 더 깊게 할 뿐입니다/ 우리가

10   당신에게 빚진 느낌을. 미래에 언제든 세상의 삶에서

지친다면, 여기에 언제든 당신을 향한

환영이 있을 것입니다. 당신의 **자리**는 비어있을 것입니다."

12명쯤 되는 다양하게 **괴로워하는** 미친 사람들은 소망했고,

그를 따라 펄쩍 뛰었다/ 그 철문이

15   열리고/ 러브데이 씨가 그의 자유 안으로 발걸음을 옮길 때까지. 그의

작은 가방은 이미 떠났다/ 그 역으로; 그는 걸어 나가기를 **선택했다**.

그는 자신의 계획에 대해 **과묵했지만**, 그는 부족함 없는

돈을 가졌다, 그리고 **대체적인** 인상은

그가 런던에 가서 그 스스로 즐길 것 같았다/

20   방문하기 전에/ 플리머스에서 그의 배다른-여동생을.

그가 2시간 만에 돌아온 것은 놀라웠다/

그의 자유에서. 그는 **묘하고**,

부드럽지만, 이기적인 **추억**의 미소를 짓고 있었다.

"제가 돌아왔어요," 그는 그 의사에게 알려줬다. "제 생각에 저는

25   여기에 **영원히** 있을 거예요."

"근데요, 러브데이, 너무 짧은 휴가 아닌가요. 나는 염려스럽네요/ 당신이

너무 적게 즐긴 것은 아닐까 싶어서요."

"맞아요, 선생님, 고맙습니다, 저는 스스로 아주 많이 즐겼어요.

저는 약속해왔어요/ 스스로에게 하나의 작은 **선물**을요, 모든 수년 동안이요.

was short, sir, but most enjoyable. Now I shall be able to **settle down** again to my work here without any regrets."

Half a mile up the road from the asylum gates, they later **discovered** an abandoned bicycle. It was a lady's machine of some **antiquity**. Quite near it in the **ditch** lay the stran- gled body of a young woman, who, riding home to her tea, had chanced to **overtake** Mr Loveday, as he **strode** along, **musing** on his opportunities.

그것은 짧았지요, 선생님, 하지만 가장 즐거웠어요. 이제 다시 **정착할** 수 있

어요/ 이곳의 제 일에/ 어떤 후회도 없이."

반 마일(800m)쯤 위의 길에서/ 정신병원 문으로부터, 그들은

발견했다/ 버려진 자전거를. 그것은 어떤 숙녀가 타던 것이자

5 좀 **구식**이었다. 꽤 가까운 **배수로** 안에 한 젊은 여성의 목 졸린

시체가 놓여있었다, 그녀는, 집에서 자전거를 타고 차 마시러 가는 중에,

우연히 러브데이 씨를 **추월했고,** 그때 그는 **활보하며**

그의 기회를 **노리고** 있었다.

러브데이 씨의
짧은 외출

에블린 워 (1903~1966, 영국) 지음
1936년 출간된 Mr Loveday's Little Outing: And Other Sad Stories에
수록

**사람이 변할 수
있을까?**

인성 동화 전집을 사려고 중고책을 검색했다. 싸게 올라온 책은 금방 팔렸다. 그렇다고 시세보다 많이 비싸게 사기는 억울했다. 일주일 정도 기다리니 시세보다 4만 원 싼 21만 원에 올라온 게 있었다.

"책은 깨끗해서 마음에 드실 거예요. 송장 번호를 보내드릴 게요."라길래, 입금하고 기다렸는데, 이틀이 지나도 송장 번호를 주지 않았다. 문자를 보내니 "아이가 아파 아직 못 보내드렸어요. 죄송해요. 내일 보내드려도 될까요?"라고 했다. 그리고 4일이 지났는데도 책을 보내지 않자 사기당한 것을 알게 됐다.

인터넷에 검색해보니, 10년 이상 수천만 원 넘게 사기로 먹고 사는 '최성민'이라는 사기꾼이었다. 대구에서 가정을 꾸리고 살고 있으며, 아파트도 갖고 있었다. 그런데 이 사람을 신고해야 할지 고민했다. 그냥 기부한셈 치고 넘어가면 안 될까?

성경에서 '70번씩 7번이라도 용서하라', '우리가 우리 죄를 사하여준 것처럼 우리 죄를 사하여 주옵시고'라는 말이 있다. 그런데, 사기꾼 '최성민'의 죄를 용서해주면 계속 사기를 칠 것이고, 피해자는 늘어날 것이다. 최성민의 자식들 또한 사기꾼으로 자랄 것이다. 사기꾼의 나라를 만드는 데에 내가 도움을 주는 꼴이 된다. 그런 나라에 내 자식들이 사는 것은 정말 부끄러운 일이다.

바로 경찰서에 신고했다. 나 외에도 여러 명이 신고했지만, 최성민은 감옥에 가지 않고 계속해서 인터넷에 사기 치는 글을 올렸다. 주로 아동 전집과 명품 가방이었다. 가격은 10~30만원 선으로, 3명 중 한 명 정도 신고할 것 같았다.

경찰서에서도 계속 사기치고 있다는 사실을 알았만, 합계 금액이 200만원 미만이라 구속하지는 않았다고 했다. 그래서 내가 통장의 거래내역을 보면 뻔히 알 텐데 왜 통장을 보지 않냐고 말했고, 이후에 수감된 것으로 알고 있다.

한국에서 사기 치면, 사기 친 것보다 죄를 적게 받는다. 중고나라에 사기꾼이 정말 많다. 한국 사회에는 몇 년 사기쳐서 1~2년 감옥 살고 10~20년 편하게 살겠다는 마음이 팽배하다.

이런 사람들의 평소의 행각을 보고는 범죄자인지 아닌지 알 수 없다. 범죄자들은 평소에 아주 정직하다. 그래야 믿으니까. 그래놓고 결정적인 순간 뒤통수를 친다.

거짓으로 물건 파는 것만 사기는 아니다. 사업하다 돈을 빼돌리고 파산 신청하는 것도 사기이다. 이런 사회를 만든 것은 사기꾼이 아니라 정치인들, 판사들, 경찰들, 그리고 묵인한 우리들이다.

성경에서는 도둑질은 5배를 갚으라고 쓰여 있다. 아마 5배의 보상이 사기를 치지 않을 최소한의 금액이라고 생각한다. 나 역시 최성민한테 5배를 받아낼 생각이다. 그리고 전액 기부할 것이다.

Mike의 감상	일단 읽으면 죽을 때까지 잊을 수 없다. 단편소설에 노벨상을 준다면 이 소설에 주고 싶다. 군더더기 없이 속도감 넘치는 표현과 생생한 묘사, 첫 도입부터 끝까지 독자를 심리를 꿰뚫고 끌고 가는 강력한 힘에 빠져든다. 물론 후반부쯤에서 그가 그 범죄를 저질렀을 것 같다는 예감이 들지만, 그래도 정말 멋졌다. 내 점수는 4.5.

러브데이 씨를 빼내기로 다짐했을 때 안젤라의 모습이 인상 깊었다. There were tears in Angela's eyes that afternoon as she drove away. 'He shall have his little outing, bless him,' (저 날 오후 운전하는 안젤라의 눈에 눈물이 있었다. '그는 나가야만 해').

TOP 7

원숭이 손

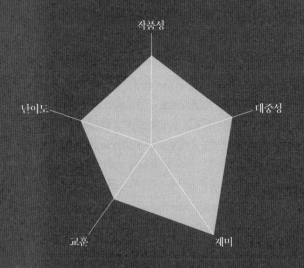

1

	copper	동으로 된
without	바깥에서
parlour	응접실
drawn	내려진
former	전자
radical	급격한
peril	위험
placidly	조용히
hark	들어봐
fatal	치명적인
amiably	상냥하게
grimly	엄숙하게
poised	자세를 잡고
bawl	소리치다
unlooked	예상 밖의
beastly	불쾌하게
pathway	오솔길의
bog	습지
torrent	급류
let	세를 준
intercept	가로채다
knowing glance	눈짓
hide	감추다
grin	웃음

2

bang	치다
hospitable	환대하는
condole	조의를 표하다
burly	건장한
rubicund	혈색 좋은
proffer	내밀다
contentedly	만족스럽게
tumbler	큰 컵

family circle	집안 사람들
square	똑바로 펴다
doughty	용맹한
plague	전염병
slip	가냘픈
warehouse	창고
look round	둘러보다
fakir	수도승

3

paw	앞발
hastily	서둘러
leastway	최소한
offhandedly	무뚝뚝하게
to look at	겉모습만 봐서는
fumbling	머뭇거리며
proffer	내밀다
grimace	얼굴을 찡그림
spell	마법
fakir	수도승
fate	운명
sorrow	슬픔
jarred	충격적인
cleverly	재치있게

4

wont	버릇이 있는
presumptuous	주제넘게
blotchy	얼룩진
granted	이뤄진
tap	두드리다
persist	계속해서 하다
grave	심각한

mischief	나쁜 짓
fairy tale	꾸며낸 이야기
keenly	날카롭게
dangle	달랑거리다
slight	약간의
stoop down	몸을 굽히다
solemnly	진지하게

5

doggedly	억세게
pitch	던지다
sensible	분별 있는
possession	소지품
closely	면밀히
consequence	결과
supper	저녁
talisman	부적
gruffly	무뚝뚝하게
sensible	올바른
motion	몸짓하다
enthralled	넋을 빼앗긴
instalment	분량
regard	바라보다
colour	생기를 띄다

6

henpeck	바가지 긁다
dart	쏜살같이 가다
maligned	비방 받은
antimacassar	장식 달린 덮개
dubiously	의심스럽게
shamefacedly	부끄럽게
credulity	잘 믿음
solemn	근엄한

marred	일그러진
distinctly	뚜렷하게
fine	미세한
greet	반응하다
shuddering	오싹한
disgust	역겨움
pick up	집어 들다
bet	장담하다
fancy	상상
regarding	보면서

7

harm	안 좋은 일
all the same	그래도
retire	자리를 뜨다
bid	인사하다
squat	쪼그리고 앉다
wardrobe	옷장
ill-gotten	부정하게 얻은
gaze	응시하다
simian	원숭이 같은
uneasy	부자연스러운
containing	담고 있는
shiver	떨림

I

Without, the night was cold and wet, but in the small **parlour** of Laburnam Villa the blinds were **drawn** and the fire burned brightly. Father and son were at chess, the **former**, who possessed ideas about the game involving **radical** changes, putting his king into such sharp and unnecessary **peril**s that it even provoked comment from the white-haired old lady knitting **placidly** by the fire.

"**Hark** at the wind," said Mr. White, who, having seen a **fatal** mistake after it was too late, was **amiably** desirous of preventing his son from seeing it.

"I'm listening," said the latter, **grimly** surveying the board as he stretched out his hand. "Check."

"I should hardly think that he'd come to-night," said his father, with his hand **poised** over the board.

"Mate," replied the son.

"That's the worst of living so far out," **bawled** Mr. White, with sudden and **unlooked**-for violence; "of all the **beastly**, slushy, out-of-the-way places to live in, this is the worst. **Pathway**'s a **bog**, and the road's a **torrent**. I don't know what people are thinking about. I suppose because only two houses in the road are **let**, they think it doesn't matter."

"Never mind, dear," said his wife, soothingly; "perhaps you'll win the next one."

Mr. White looked up sharply, just in time to **intercept** a **knowing glance** between mother and son. The words died away on his lips, and he **hid** a guilty **grin** in his thin grey beard.

바깥에서, 그 밤은 춥고 축축했지만, 작은 **응접실** 안에서/

러버넘 주택의 창 가리개는 **내려졌고**/ 난로는

밝게 탔다. 아버지와 아들은 체스를 뒀는데, **전자(아버지)**는,

생각을 가졌다/ 게임이 **급격한** 변화를 가지리라는 것에 대해,

5   (체스의) 왕을 놓으면서/ 아주 날카롭게, 그리고 불필요한 **위험**들로/

그것이 심지어 말하게 했다/ 하얀-머리의 늙은

뜨개질하는 여인으로부터 **조용히** 난로 옆에 있는.

"바람 소리를 **들어봐**," 화이트 씨는 말했다, 그 사람은,

(치명적인 실수를 봤다/ 그것이 너무 늦은 후에), **상냥하게** 원했다/

10   그의 아들이 그것을 보는 것을 막기를.

"저는 듣고 있어요," 후자(아들)는 말했다, **엄숙하게** 체스판을 관찰한 뒤에/

손을 뻗었다. "체크."

"나는 거의 생각하지 않아야 했어요/ 그가 오늘-밤에 오는 것을," 그의

아버지가 말했다, 손을 체스판 위에서 **자세를 잡고.**

15   "끝이에요," 아들이 대답했다.

"저것이 밖에서 살아있는 것 중에 가장 나쁜 것이었어," 화이트 씨가 **소리쳤다,**

갑작스러운 **예상 밖의**-격렬함으로; "모든 **불쾌하고,**

질척하고, 살만한 장소에서 비-켜-있는, 이것이 가장 나쁘지.

오솔길의 습지와, 길의 **급류**가. 나는

20   사람들이 무엇을 생각하는지 모르겠어. 내 예상으로는 그 길에 오직 2개의 집

이 **세를 줬**는데, 그들은 그게 문제가 안 된다고 생각하나 봐."

"신경 쓰지 마세요, 여보," 그의 아내가 달래며 말했다; "아마

당신이 다음번에는 이길 거에요."

화이트 씨는 날카롭게 올려다본 뒤, 딱 때맞춰 **가로챘다**/

25   아들과 엄마가 **눈짓**하는 것을. 그 말은 사라졌다/

그의 입술에서, 그리고 그는 죄책감이 드는 **웃음**을 가는 회색 턱수염에 **감추**

었다.

"There he is," said Herbert White, as the gate **bang**ed to loudly and heavy footsteps came toward the door.

The old man rose with **hospitable** haste, and opening the door, was heard **condoling** with the new arrival. The new arrival also condoled with himself, so that Mrs. White said, "Tut, tut!" and coughed gently as her husband entered the room, followed by a tall, **burly** man, beady of eye and **rubicund** of visage.

"Sergeant-Major Morris," he said, introducing him.

The sergeant-major shook hands, and taking the **proffer**ed seat by the fire, watched **contentedly** while his host got out whiskey and **tumbler**s and stood a small **copper** kettle on the fire.

At the third glass his eyes got brighter, and he began to talk, the little **family circle** regarding with eager interest this visitor from distant parts, as he **squared** his broad shoulders in the chair and spoke of wild scenes and **doughty** deeds; of wars and **plague**s and strange peoples.

"Twenty-one years of it," said Mr. White, nodding at his wife and son. "When he went away he was a **slip** of a youth in the **warehouse**. Now look at him."

"He don't look to have taken much harm," said Mrs. White, politely.

"I'd like to go to India myself," said the old man, "just to **look round** a bit, you know."

"Better where you are," said the sergeant-major, shaking his head. He put down the empty glass, and sighing softly, shook it again.

"I should like to see those old temples and **fakir**s and

"그가 왔네," 허버트 화이트가 말했다, 문이 **쳐지고**

크고 강한 발걸음이 문으로 왔을 때.

늙은 남자는 서둘러 **환대하려** 일어났다, 그리고

문을 열면서, 들려졌다/ 새로운 경쟁자에게 **조의를 표하며**. 그 새로운

5   경쟁자는 또한 스스로 조의를 표했다, 그래서 화이트 여사는 말했다,

"쯧, 쯧!" 그리고 그녀의 남편이 방에 들어올 때 부드럽게 기침했다,

따라오면서 키 크고, **건장한** 사람이, 반짝거리는 눈과 **혈색 좋은**

얼굴로.

"선임-하사 모리스입니다," 그는 말했다, 스스로 소개하며.

10   군인은 악수했다, 그리고 가져갔다/ **권해진**

난로 옆의 의자를, **만족스럽게** 보면서/ 그를 대접하는 사람이

꺼낸 것을/ 위스키와 **큰 컵** 그리고 놓여있는 것을 난로 위의 **동으로 된**

작은 주전자를.

세 번째 잔에서 그의 눈은 더 밝게 빛났고, 그는

15   말하기 시작했다, 작은 **집안 사람들**은 열렬한 호기심으로 보았다/ 이 방문

객을/ 먼 부분부터, 그가 넓은 어깨를 **똑바로 폈을 때**/

의자에서/ 그리고 격렬한 장면과 **용맹한** 행동에 대해 말했다;

전쟁과 **전염병**과 이상한 사람들에 대해서.

"21살이었지," 화이트 씨가 말했다,

20   그의 아내와 아들에게 끄덕이며. "그가 떠났을 때/ **가냘픈** 젊은이였어/

창고에 있는. (하지만) 지금 그를 봐봐."

"그는 많이 다치지 않은 것처럼 보여요," 화이트 여사가 말했다,

공손하게.

"나는 스스로 인도에 가고 싶어," 늙은 남자가 말했다, "딱

25   조금 **둘러볼** 정도만, 당신이 알듯."

"하지만 당신이 있는 곳이 더 나을 거예요." 군인은 말했다,

머리를 흔들면서. 그는 비어있는 잔을 내려놓고, 부드럽게 한숨 쉬고,

그것을 다시 흔들었다.

"나는 오래된 사원들과 **수도승**들과 곡예사들을 보고 싶어,"

문법&용법
He don't look
원칙은 He
doesn't look이
맞다.
상스러운(못 배운)
느낌을 내거나 가정
법에서 단순한 문법
을 틀리게 표현하기
도 한다.

jugglers," said the old man. "What was that you started telling me the other day about a monkey's **paw** or something, Morris?"

"Nothing," said the soldier, **hastily**. "**Leastway**s nothing worth hearing."

"Monkey's paw?" said Mrs. White, curiously.

"Well, it's just a bit of what you might call magic, perhaps," said the sergeant-major, **offhandedly**.

His three listeners leaned forward eagerly. The visitor absent-mindedly put his empty glass to his lips and then set it down again. His host filled it for him.

"**To look at**," said the sergeant-major, **fumbling** in his pocket, "it's just an ordinary little paw, dried to a mummy."

He took something out of his pocket and **proffered** it. Mrs. White drew back with a **grimace**, but her son, taking it, examined it curiously.

"And what is there special about it?" inquired Mr. White as he took it from his son, and having examined it, placed it upon the table.

"It had a **spell** put on it by an old **fakir**," said the sergeant-major, "a very holy man. He wanted to show that **fate** ruled people's lives, and that those who interfered with it did so to their **sorrow**. He put a spell on it so that three separate men could each have three wishes from it."

His manner was <u>so impressive that his hearers were conscious</u> that their light laughter **jarred** somewhat.

"Well, why don't you have three, sir?" said Herbert White, **cleverly**.

The soldier regarded him in the way that middle age

늙은 남자가 말했다. "네가 지난번에 나한테

말하기 시작했던 게 뭐였지/ 원숭이 **손**인가 뭔가 했던 것,

모리스?"

"아무것도 아니에요," 그 병사는 **서둘러** 말했다, "**최소한** 아무것도 아닌 게

5   듣는 것보다 나아요."

"원숭이 **손**이라고요?" 화이트 여사가 말했다, 호기심을 갖고.

"글쎄요, 그것은 약간 마법이라고 불러야 될지도 모르겠어요, 아마도요,"

선임하사는 말했다, **무뚝뚝하게**.

세 청자는 열렬히 (몸을) 앞으로 기울였다. 방문객은

10   멍하니 빈 잔을 입술에 갖다 대고 나서 그것을

다시 내려놨다. 그를 대접하는 사람은 그를 위해 그것을 다시 채웠다.

"**겉모습만 봐서는**," 군인은 말했다, 그의 주머니에서 **머뭇거리며**,

"그것은 단지 보통의 작은 앞발이에요, 미라가 되도록 말린."

그는 자기 주머니에서 무언가를 꺼냈고 그것을 **내밀었다**.

15   화이트 여사는 **얼굴을 찡그리며** 물러났다, 하지만 그녀의 아들은, 그것을

가져가 호기심을 가지고 관찰했다.

"그러면 그것의 어떤 점이 특별한데?" 화이트 씨는 물었다/

그것을 아들에게서 가져가면서, 그리고 그것을 관찰하고,

탁자에 놓았다.

20   "그것은 **마법**을 가졌지요/ 늙은 **수도승**에 의해 걸린," 군인은 말했다,

"아주 성스러운 사람이었어요. 그는 보여주기를 원했지요/ **운명**이

사람들의 삶을 지배하도록, 그리고 그것에 개입한 사람들은 그렇게

그들의 **슬픔**으로 향했어요. 그는 그것에 마법을 걸어서 세 명의 서로 모르

는 사람들이 그것으로부터 각각 3가지 소원을 가질 수 있게 했지요."

25   그의 태도는 아주 인상적이어서 그의 청자들은 관심이 있었다/

그들의 가벼운 웃음이 다소 **충격적이라는** 것을.

"그러면, 당신도 3개를 가지셨나요, 하사님?" 허버트 화이트가 말했다

재치있게.

병사는 그러는 중이라고 생각했다/ 중년인 사람은

문법&용법
so impressive
that his hearers
were conscious
so~ that~ 구문.
아주(so) 인상적이
어서(impressive)
그의 청자들은 관심
이 있었다(that).

is **wont** to regard **presumptuous** youth. "I have," he said, quietly, and his **blotchy** face whitened.

"And did you really have the three wishes **granted**?" asked Mrs. White.

"I did," said the sergeant-major, and his glass **tap**ped against his strong teeth.

"And has anybody else wished?" **persisted** the old lady.

"The first man had his three wishes. Yes," was the reply; "I don't know what the first two were, but the third was for death. That's how I got the paw."

His tones were so **grave** that a hush **fell upon** the group.

"If you've had your three wishes, it's no good to you now, then, Morris," said the old man at last. "What do you keep it for?"

The soldier shook his head. "Fancy, I suppose," he said, slowly. "I did have some idea of selling it, but I don't think I will. It has caused enough **mischief** already. Besides, people won't buy. They think it's a **fairy tale**; some of them, and those who do think anything of it want to try it first and pay me afterward."

"If you could have another three wishes," said the old man, eyeing him **keenly**, "would you have them?"

"I don't know," said the other. "I don't know."

He took the paw, and **dangling** it between his forefinger and thumb, suddenly threw it upon the fire. White, with a **slight** cry, **stooped down** and snatched it off.

"Better let it burn," said the soldier, **solemnly**.

"If you don't want it, Morris," said the other, "give it to me."

버릇이 있다고/ 젊은이를 **주제넘게** 여기는. "저도 그랬지요," 그는 말했다,

조용히, 그리고 그는 **얼룩진** 얼굴이 하얗게 됐다.

"당신은 3개의 소원이 **이뤄졌**나요?"

화이트 여사가 물었다.

5 "그랬지요," 군인은 말했다, 그리고 그의 유리잔은 **두드려**졌다/

그의 강한 치아에 부딪혀.

"다른 사람들은 소원을 빌었나요?" 늙은 여인은 **계속해서** 물었다.

"첫 번째 남자는 3개의 소원을 빌었어요. 그랬지요,"라고 대답했다;

"저는 처음 두 사람이 어땠는지는 모릅니다, 하지만 세번째 사람은

10 죽었지요. 그래서 제가 그 손을 갖고 있는거예요."

그의 어조는 아주 **심각해서** 침묵이 그 사람들에게 **달려 들었다.**

"당신이 3개의 소원을 가진다면, 지금의 당신에게는 좋지 않아,

그렇다면, 모리스," 늙은 남자는 마침내 말했다. "왜 그것을 가진 것이지?"

15 그 병사는 머리를 흔들었다. "욕망이랄까요. 제 생각에는요." 그는 말했다,

느리게. "저는 그것을 팔 생각도 있었어요, 하지만 저는 그렇게 하지 않을

거예요. 그것은 이미 충분히 **나쁜 짓**을 일으켰으니까요. 게다가,

사람들은 사지 않을거예요. 그들은 그것이 **꾸며낸 이야기**라고 생각할 걸요;

그들 중 몇은, 그리고 그것에 대해 생각한 사람들은 먼저 시도해보고

20 이후에 지불하려고 할거에요."

"네가 또 다른 3개의 소원을 가질 수 있다면," 늙은 남자는 말했다,

그에게 **날카롭게** 눈짓하며, "그것들을 가질거야?"

"저도 모르겠어요," 다른 이(하사)가 말했다. "저도 모르겠어요."

그는 앞발을 가져갔고, 그것은 **달랑거렸다**/ 그의 검지와

25 엄지 사이에서, 갑자기 그것을 난로로 던졌다. 화이트 씨는

약간의 고함과 함께, **몸을 굽혀서**/ 그것을 잡아챘다.

"타게 놓아두는 게 좋아요," 병사가 말했다, **진지하게.**

"모리스, 네가 그것을 원하지 않는다면," 다른이(화이트 씨)가 말했다. "나에게

줘."

문법&용법
so grave that a
hush fell upon
the group.
so~ that~ 구문.
아주(so) 심각해서
(grave) 침묵이 그
들에게 달려들었다
(that).

"I won't," said his friend, **doggedly**. "I threw it on the fire. If you keep it, don't blame me for what happens. **Pitch** it on the fire again like a **sensible** man."

The other shook his head and examined his new **possession closely**. "How do you do it?" he inquired.

"Hold it up in your right hand and wish aloud," said the sergeant-major, "but I warn you of the **consequence**s."

"Sounds like the Arabian Nights," said Mrs. White, as she rose and began to set the **supper**. "Don't you think you might wish for four pairs of hands for me?"

Her husband drew the **talisman** from pocket, and then all three burst into laughter as the sergeant-major, with a look of alarm on his face, caught him by the arm.

"If you must wish," he said, **gruffly**, "wish for something **sensible**."

Mr. White dropped it back in his pocket, and placing chairs, **motioned** his friend to the table. In the business of supper the talisman was partly forgotten, and afterward the three sat listening in an **enthralled** fashion to a second **instalment** of the soldier's adventures in India.

"If the tale about the monkey's paw is not more truthful than those he has been telling us," said Herbert, as the door closed behind their guest, just in time for him to catch the last train, "we <u>sha'nt</u> make much out of it."

"Did you give him anything for it, father?" inquired Mrs. White, **regarding** her husband closely.

"A trifle," said he, **colouring** slightly. "He didn't want it, but I made him take it. And he pressed me again to throw it away."

"저는 안 그럴 거예요," 그의 친구가 말했다, **억세게**. "저는 그것을 난로에 던졌

고, 당신이 그것을 지니길 원한다면, 무엇이 발생하든 저를 비난하지 마세요.

그것을 다시 난로에 **던지세요**/ **분별 있는** 사람처럼요."

다른 사람은 머리를 흔들고 그의 새로운 **소지품**을

5   **면밀히** 관찰했다. "어떻게 그럴 수 있을까?" 그는 물었다.

"당신의 오른손으로 그것을 들고, 크게 소원을 비세요,"

군인은 말했다, "하지만 저는 그 **결과**에 대해서 분명히 경고했어요."

"아라비안나이트 같은 소리네요," 화이트 여사는 말했다,

그녀가 일어나 **저녁**을 준비하기 시작했을 때. "생각하지 않나요/ 당신이

10   저를 위해 4쌍의 손(먹을 음식)을 위한 소원을 빌 수도 있다고?"

그녀의 남편은 **부적**을 주머니에서 꺼냈다, 그리고 나서

세 명은 웃음을 터트렸다/ 군인이,

놀란 얼굴의 모습으로, 팔로 그를 잡았다.

"당신이 소원을 빌어야 한다면," 그는 말했다, **무뚝뚝하게**, "어떤

15   **그럴듯한** 것을 위해 소원을 비세요."

화이트 씨는 그의 주머니에 돌려넣었다, 그리고 의자를 놓으면서,

그의 친구가 식탁으로 오라고 **몸짓했다**.

저녁 식사 일에서 부적은 부분적으로 잊혀졌다, 그런 뒤에

세 명은 앉았다/ **넋을 빼앗긴** 모습으로 들으면서 두 번째

20   **분량**의 인도에서의 군인의 모험을.

"원숭이 손에 대한 이야기는 더 신뢰가 가지 않네요/

그가 우리에게 한 이야기들보다는," 허버트가 말했다, 문이

닫혔을 때/ 그들의 손님 뒤에 있는, 그가 딱 마지막 기차를 잡을 수 있을 때

였다, "우리는 그것(대화)을 많이 만들지 말아야겠어요."

25   "그에게 줄 것이 없었나요, 당신?" 화이트 여사가 물었다,

그녀의 남편을 가까이서 **바라보며**.

"하찮은 것," 그는 살짝 **생기를 띠며** 말했다. "그는 그것을 원하지 않았지만,

나는 그가 가져가도록 하겠어. 그리고 그가 다시 나를 누르고 그것을 멀리

던지는 거지."

문법&용법

sha'nt

shall not을 줄인

말. 뜻은 '~하지 말

아야 한다'

"Likely," said Herbert, with pretended horror. "Why, we're going to be rich, and famous and happy. Wish to be an emperor, father, to begin with; then you can't be **henpecked**."

He **darted** round the table, pursued by the **maligned** Mrs. White armed with an **antimacassar**.

Mr. White took the paw from his pocket and eyed it **dubiously**. "I don't know what to wish for, and that's a fact," he said, slowly. "It seems to me I've got all I want."

"If you only cleared the house, you'd be quite happy, wouldn't you?" said Herbert, with his hand on his shoulder. "Well, wish for two hundred pounds, then; that'll just do it."

His father, smiling **shamefacedly** at his own **credulity**, held up the talisman, as his son, with a **solemn** face, somewhat **mar**red by a wink at his mother, sat down at the piano and struck a few impressive chords.

"I wish for two hundred pounds," said the old man **distinctly**.

A **fine** crash from the piano **greeted** the words, interrupted by a **shuddering** cry from the old man. His wife and son ran toward him.

"It moved," he cried, with a glance of **disgust** at the object as it lay on the floor.

"As I wished, it twisted in my hand like a snake."

"Well, I don't see the money," said his son as he **picked** it **up** and placed it on the table, "and I **bet** I never shall."

"It must have been your **fancy**, father," said his wife, **regarding** him anxiously.

He shook his head. "Never mind, though; there's no

"그럴지도요," 허버트가 말했다, 공포에 사로잡힌 척하며. "어때요,
우리는 부자가 되고, 유명해지고 행복해지는 거예요.
황제가 되기를 빌어요, 아빠, 처음에는요; 그런 다음에 당신은
바가지 긁힐 수 없을 거예요.

5 그는 **쏜살같이** 식탁 근처로 와서, **비방 받은** 화이트 부인에게 쫓겨졌다/
장식 달린 덮개로 무장한.

화이트 씨는 그의 주머니에서 그 손을 꺼냈고 그것을 **의심스럽게** 쳐다봤
다. "나는 뭘 빌어야 될지 모르겠어, 저것이 사실이지," 그는
느리게 말했다. "나는 내가 모든 것을 가진 것 같이 생각돼."

10 "아빠가 방을 치우기만 한다면, 꽤 행복해질 거에요,
그렇지 않아요?" 허버트는 말했다, 그의 손을 아빠의 어깨에 놓고. "글쎄,
그렇다면 200파운드(현재의 3700만 원)는 어떨까; 저것(손)은 당장 해낼 거야."
아버지는, **부끄럽게** 웃으면서/ 그가 **잘 믿는** 것 때문에, 들었다/
부적을, 그의 아들처럼, **근엄한** 얼굴로, 다소

15 **일그러지면서**/ 그의 엄마에게 윙크했기에, 피아노에 앉아서 쳤다/
몇몇 인상적인 화음을.

"나는 이백 파운드를 바란다," 늙은 남자는
뚜렷하게 말했다.

피아노에서 한 **미세한** 충격이 그 말에 **반응했다**, 방해받으며/

20 늙은 남자의 **오싹한** 울부짖음에 의해. 그의 아내와
아들은 그에게 달려갔다.

"그것이 움직였어," 그는 소리쳤다, **역겹게** 그
물건을 보며/ 그것이 바닥에 놓였을 때.

"내가 소원을 빌 때, 그것이 내 손에서 뱀처럼 꿈틀거렸어."

25 "글쎄요, 저는 돈이 안 보이는데요," 그의 아들이 그것을 **집어 들면서** 말했다/
그리고 식탁에 놓았다, "제가 **장담하는데** 그 돈을 볼일은 절대 없을 거에요."
"그것은 당신의 **상상**이었음이 분명해요, 여보," 그의 아내가 말했다,
그를 걱정스럽게 **보면서**.

그는 머리를 흔들었다. "신경 쓰지 않아도 되긴 해;

harm done, but it gave me a shock **all the same**."

They sat down by the fire again while the two men finished their pipes. Outside, the wind was higher than ever, and the old man started nervously at the sound of a door banging upstairs. A silence unusual and depressing settled upon all three, which lasted until the old couple rose to **retire** for the night.

"I expect you'll find the cash tied up in a big bag in the middle of your bed," said Herbert, as he **bade** them good-night, "and something horrible **squatting** up on top of the **wardrobe** watching you as you pocket your **ill-gotten** gains."

He sat alone in the darkness, **gazing** at the dying fire, and seeing faces in it. The last face was so horrible and so **simian** that he gazed at it in amazement. It got <u>so vivid that, with a little **uneasy** laugh, he felt on the table</u> for a glass **containing** a little water to throw over it. His hand grasped the monkey's paw, and with a little **shiver** he wiped his hand on his coat and went up to bed.

어떤 **안 좋은 일**이 일어나진 않았지만, **그래도** 그게 나한테 충격을 주긴 했어."

그들은 다시 난로 옆에 앉았다/ 두 남자가

그들의 담뱃대(피우는 것)를 끝내는 동안. 밖에서, 바람은 전보다 더 강해졌고,

늙은 남자는 예민해지기 시작했다/ 위층의 문이

5 세게 부딪히는 소리에. 평소와 다르게 우울한 조용함이 그들 세 명에게 내려

앉았다, 그것은 늙은 부부가

자리를 뜰 때까지 밤 동안 계속됐다.

"제가 예상하기에 당신은 돈을 찾을 거예요/ (입구가) 묶여있는 큰 가방에요/

당신의 침대 중간에서요," 허버트가 말했다, 그가 그들에게 **인사했을 때**/ 안

10 녕히-주무시라는, "그리고 뭔가 끔찍한 것이 **쪼그리고 앉아**/ **옷장** 위에서 당

신을 지켜볼 거에요/ 당신이 **부정하게 얻은** 소득을 주머니에 넣을 때에요."

그는 혼자 어둠 속에 앉아서, 사라져가는 불을 **응시**했다,

그리고 그 안에서 얼굴을 봤다. 마지막 얼굴은 아주 끔찍하고 아주

원숭이 같아서 그는 놀라서 쳐다봤다. 그것은 아주 생생해져서,

15 (약간 **부자연스러운** 웃음과 함께), 그는 느꼈다/ 식탁의 유리잔에

담긴 약간의 물을 그 위에 부었다. 그의 손은

원숭이 손을 쥐었고, 약간의 **떨림**과 함께 그는 자신의

손을 외투에 닦았다/ 그리고 자러 갔다.

문법&용법
so vivid that,
with a little
uneasy laugh,
he felt on the
table
so~ that~구문인
데 중간에 콤마(,)
2개로 with a little
uneasy laugh가
삽입됐다. he felt
on the table

Words 2/2

원어민 MP3
bit.ly/
3zk7kf

8

wintry	겨울
stream	흘러가다
prosaic	평범한
shrivelled	쭈글쭈글한
pitch	던지다
betoken	나타내다
virtue	효력
frivolous	경솔한
attribute	~때문이다
break into	일부를 써버리다
avaricious	탐욕스러운
disown	연을 끊다
credulity	쉽게 믿음
scurry	급히 가는
refer	언급하다
bibulous	술을 좋아하는

9

remark	말
dare say	단언하다
soothingly	위로하며
mysterious	신비로운
peer	응시하다
fashion	방식
mental	생각
glossy	광택이 나는
fling open	거칠게 열다
apron	앞치마
apparel	천으로 된
ill at ease	불편해하는
furtively	슬쩍
preoccupied	사로잡힌
appearance	모습

garment	옷
reserved	가진
patiently	참을성 있게
broach	하기 어려운 이야기를 꺼내다
stoop	몸을 굽히다
trouser	바지

10

breathlessly	숨을 죽이고
interpose	끼어들다
hastily	서둘러서
jump to conclusion	속단하다
wistfully	아쉬워하며
in assent	동의하며
clasp	움켜쥐다
sinister	불길한
assurance	확언
confirmation	확증
perverted	일그러진
slower-witted	더 눈치가 없는
at length	한참 있다가
dazed	멍한
blankly	멍하니
wont	습관이 있는
courting-days	연애-시절

11

convey	전하다
sympathy	조의
beg	간청하다
servant	직원
inaudible	들리지 않는
sergeant	군인

carry into	실행에 옮기다
disclaim	부인하다
liability	법적 책임
sum	액수
rising to his feet	일어나서
shape	모양을 만들다
shriek	비명
sightless	보지 못하는

12

cemetery	묘지
steeped	뒤덮인
hardly	거의 ~할 수 없다
load	짐
resignation	체념
miscalled	잘못 일컬어지는
apathy	무관심
weariness	피로
subdued	조용한
tenderly	상냥하게
afresh	새롭게 다시
sob	흐느낌
doze	졸다
with a start	깜짝 놀라서
stumbling	휘청거리며

13

parlour	거실
marvelling	놀라면서
hysterically	병적으로 흥분하며
fiercely	사납게
triumphantly	의기양양하게
sat up	바로 앉다
fling	내던지다

limb	팔	unspeakable	이루 말할 수 없을 정도의
aghast	겁에 질려서		
pant	헐떡이다		
strike a match	성냥을 긋다	**15**	
unsteadily	불안정하게	apathetically	냉담하게
feverishly	매우 흥분해서	creak	삐걱거리다
stammer	말을 더듬다	scurry	허둥대다
quivering	떨면서	oppressive	숨 막힐 듯한
regard	보다	screwing up his courage	
shake	흔들리다		그가 용기를 내서

		stealthy	살며시
14		spill	쏟다
drag	끌고 가다	suspend	멈추다
nurse	기르다	flee	도망치다
feel the way	더듬어 가다	hoarsely	거슬리는 목소리로
mantelpiece	벽난로 위의 선반	for God's sake	제발
talisman	부적		
mutilated	훼손된	**16**	
ere	~하기 전에	wrench	비트는 것
seize	붙잡다	call after	뒤쫓다
catch his breath	숨이 막히다	rattle	달가닥거리는
brow	이마	bolt	빗장
grop	더듬다	stiffly	뻑뻑하게
unwholesome		strained	긴장한
	건강해 보이지 않은	grop	더듬다
expectant	흥분된	fusillade	빗발치는 것
falter	더듬거리다	scraping	끄는
tremble	떨다	creaking	삐걱거리는
glance	흘낏 보다	frantically	미친 듯이
peer	응시하다	cease	그치다
rim	가장자리	rush up	올라오다
pulsating	흔들리는	wail	통곡
flicker	깜빡임	street lamp	가로등
		deserted	아무도 없는

In the brightness of the **wintry** sun next morning as it **streamed** over the breakfast table he laughed at his fears. There was an air of **prosaic** wholesomeness about the room which it had lacked on the previous night, and the dirty, **shrivelled** little paw was **pitched** on the sideboard with a carelessness which **betokened** no great belief in its **virtues**.

"I suppose all old soldiers are the same," said Mrs. White. "The idea of our listening to such nonsense! How could wishes be granted in these days? And if they could, how could two hundred pounds hurt you, father?"

"Might drop on his head from the sky," said the **frivolous** Herbert.

"Morris said the things happened so naturally," said his father, "that you might if you so wished **attribute** it to coincidence."

"Well, don't **break into** the money before I come back," said Herbert as he rose from the table. "I'm afraid it'll turn you into a mean, **avaricious** man, and we shall have to **disown** you."

His mother laughed, and following him to the door, watched him down the road; and returning to the breakfast table, was very happy at the expense of her husband's **credulity**. All of which did not prevent her from **scurrying** to the door at the postman's knock, nor prevent her from **referring** somewhat shortly to retired sergeant-majors of **bibulous** habits when she found that the post brought a tailor's bill.

다음날 **겨울의** 화창한 태양빛에/ 그것(이야기)이

아침 식사로 **흘러갔을** 때/ 그는 두려워했던 것이 우스웠다.

평범하고 건전한 분위기가 방에 있었는데/

그것이 전날 밤에 부족했었다, 그리고 더럽고,

5   **쭈글쭈글한** 작은 손은 **던져졌다**/ 주방 서랍에 무심하게/

그것은 **나타냈다**/ 그것의 **효력**에 어떤 거대한 믿음을 보이지 않는다고.

"제 생각에 나이든 모든 병사들은 똑같았을 거에요," 화이트 여사가 말했다.

"우리가 들었던 말도 안 되는 생각 말이에요! 어떻게 소원이

이뤄질 수 있어요 요즘(같은 세상)에? 그리고 그들이 할 수 있다고 해도,

10 어떻게 이백 파운드가 당신을 해칠 수 있을까요, 여보?"

"하늘에서 아빠 머리로 떨어질지도 모르잖아요," **경솔한**

허버트가 말했다.

"모리스는 아주 자연스럽게 그것이 발생한다고 했어," 아버지는 말했다,

"그러면 당신은 그것이 우연 **때문이었다고** 바랄지도 몰라."

15

"그렇다고, 돈 **중에 일부를 써버리지** 마세요/ 제가 돌아오기 전에는,"

허버트가 말했다/ 그가 식탁에서 일어날 때. "저는 두려워요/ 그것이

아빠를 비열하고, **탐욕스러운** 사람으로 변하게 할까 봐서요, 그러면 아빠

에게 **연을 끊어야** 될 테니까요."

20 그의 어머니는 웃었다, 그리고 문까지 그(아들)를 따라가서,

그가 길로 내려가는 것을 봤다; 그리고 아침 식사

식탁으로 돌아왔다, 아주 행복했다/ 남편이

쉽게 믿은 것을 희생시켜(약올려)서. 그것 모두는 그녀를 막을 수 없었다/

급히 문으로 가는 것으로부터/ 우편 배달부의 노크에, 또는 막을 수 없었

25 다/ 그녀가 **언급하는** 것으로부터/ 다소 짧게/ 퇴직한 군인의

술을 좋아하는 습관들을/ 그녀가 찾았을 때/ 그 우편물이

재단사의 청구서라는 것을.

"Herbert will have some more of his funny **remark**s, I expect, when he comes home," she said, as they sat at dinner.

"I **dare say**," said Mr. White, pouring himself out some beer; "but for all that, the thing moved in my hand; that I'll swear to." 5

"You thought it did," said the old lady **soothingly**.

"I say it did," replied the other. "There was no thought about it; I had just——What's the matter?"

His wife made no reply. She was watching the **mysterious** movements of a man outside, who, **peering** in an undecided 10 **fashion** at the house, appeared to be trying to make up his mind to enter. In **mental** connection with the two hundred pounds, she noticed that the stranger was well dressed, and wore a silk hat of **glossy** newness. Three times he paused at the gate, and then walked on again. The fourth time he 15 stood with his hand upon it, and then with sudden resolu- tion **flung** it **open** and walked up the path. Mrs. White at the same moment placed her hands behind her, and hurriedly unfastening the strings of her **apron**, put that useful article of **apparel** beneath the cushion of her chair. 20

She brought the stranger, who seemed **ill at ease**, into the room. He gazed at her **furtively**, and listened in a **preoccupied** fashion as the old lady apologized for the **appearance** of the room, and her husband's coat, a **garment** which he usually **reserved** for the garden. She then waited 25 as **patiently** as her sex would permit, for him to **broach** his business, but he was at first strangely silent.

"I—was asked to call," he said at last, and **stooped** and picked a piece of cotton from his **trouser**s. "I come from 'Maw

"허버트는 뭔가 더 재미있는 **말**을 가지고 있을 거야, 내가 예상하기에,

그가 집으로 올 때는," 그녀는 말했다, 그들이 저녁 식사 때문에 앉았을 때.

"내가 **단언하는데**," 화이트 씨가 말했다, 스스로 약간의

술을 따르면서; "하지만 그럼에도 불구하고, 그것이 내 손에서 움직였다니

까; 맹세할게."

"당신 생각에 그랬던 것이겠죠," 늙은 여인은 **위로하며** 말했다.

"움직였다고 말하잖아," 다른 이(남편)는 응답했다. "그것 외에 다른 생각은

있지 않았어; 그것뿐이었다고―(그 외에) 뭐가 문제였는데?"

그의 아내는 응답하지 않았다. 그녀는 보고 있었다/ **신비로운**

움직임을/ 바깥에 있는 남자의, 그 사람은, **응시하고** 있었는데 뭐라고 정

의하기 힘든 **방식으로** 그 집(근처)에 있었다, 그의 마음을 정하려는 모습

이었다/ (집에) 들어오려는. 이 백 파운드에 대한 **생각의** 연결에서,

그녀는 알게 됐다/ 낯선 사람이 잘 차려입었다는 것을,

비단으로 된 **광택이 나는** 모자를 썼다. 그는 문 앞에서 세 번을 주저한 뒤

에, 다시 걸어갔다. 네 번째 그는

서서 그의 손을 문 앞에 놓았다, 그러고 나서 갑작스러운 결심으로

그것을 **거칠게 열고** 길을 따라 올라 걸었다. 화이트 여사는

동시에 그녀의 손을 뒤에 놓고, 급하게

앞치마의 끈을 풀고,

천으로 된 유용한 물건(앞치마)을 그녀의 의자의 방석 밑에 놓았다.

그녀는 그 낯선 사람을 데려왔다, 그는 **불편해하는** 것처럼 보였다,

방으로 오면서. 그는 그녀를 **슬쩍** 쳐다보고, 들었다/

(뭔가에) **사로잡힌 듯한** 방식으로/ 늙은 여자가 사과했을 때/

방의 **모습** 때문에, 그리고 그녀의 남편의 외투 때문에, 그 **옷은**

그가 보통 **보관한** 것이다/ 정원을 가꿀 때 입으려고. 그 뒤 그녀는

참을성 있게 기다렸다/ 여자라서 (더) 허락할 수 있는 만큼, 그의 일에 대해 **하**

기 어려운 이야기를 꺼내도록, 하지만 그는 처음에 이상하게 조용했다.

"저―는 연락하라고 부탁받았습니다," 그는 결국 말했다, 그리고 **몸을 굽혀**

집었다/ 그의 **바지**의 면(천) 조각을. "저는 왔습니다/ '머

and Meggins.'"

The old lady started. "Is anything the matter?" she asked, **breathlessly**. "Has anything happened to Herbert? What is it? What is it?"

Her husband **interposed**. "There, there, mother," he said, 5 **hastily**. "Sit down, and don't **jump to conclusions**. You've not brought bad news, I'm sure, sir;" and he eyed the other **wist-fully**.

"I'm sorry—" began the visitor.

"Is he hurt?" demanded the mother, wildly. 10

The visitor bowed **in assent**. "Badly hurt," he said, quietly, "but he is not in any pain."

"Oh, thank God!" said the old woman, **clasping** her hands. "Thank God for that! Thank—"

She broke off suddenly as the **sinister** meaning of the 15 **assurance** dawned upon her and she saw the awful **confirmation** of her fears in the other's **perverted** face. She caught her breath, and turning to her **slower-witted** husband, laid her trembling old hand upon his. There was a long silence.

"He was caught in the machinery," said the visitor **at** 20 **length** in a low voice.

"Caught in the machinery," repeated Mr. White, in a **dazed** fashion, "yes."

He sat staring **blankly** out at the window, and taking his wife's hand between his own, pressed it as he had been 25 **wont** to do in their old **courting-days** nearly forty years before.

"He was the only one left to us," he said, turning gently to the visitor. "It is hard."

앤 메긴스'"에서.

늦은 여자는 시작했다. "무슨 문제가 있나요?" 그녀가 물었다,
숨을 죽이고. "무슨 일이 허버트에게 일어났나요? 무슨 일인가요?
무슨 일인가요?"

5 　그녀의 남편은 **끼어들었다.** "진정해, 여보," 그는 말했다,
서둘러서. "앉아서, **속단하지** 마. 당신은
나쁜 소식을 가져온 것이 아니겠지요, 저는 확신합니다, 손님;" 그는 다른
사람을 **아쉬워하며** 쳐다봤다.

"죄송하지만—" 손님은 (말하기) 시작했다.

10 　"그가 아픈가요?" 어머니는 따지듯 말했다, 흥분하며.
　손님은 **동의하는 듯** 고개를 숙였다. "몹시 아프지요," 그는 말했다, 조용히,
"하지만 그는 고통을 느끼지 않아요."

"오, 신이시여 감사합니다!" 늦은 여인은 말했다, 그녀의 손을 **움켜쥐면서.**
"신이시여 감사드립니다! 감사—"

15 　그녀는 갑자기 멈췄다/ **불길한** 의미의
확언이 이해됐을 때/ 그녀는 봤다/ 그녀의 공포의 끔찍한 **확증을**/
다른 사람의 **일그러진** 얼굴에서. 그녀는 숨이 막혀서,
돌아섰다/ 그녀의 **더 눈치가 없는** 남편에게, 그녀의 떨리는 늦은 손을 놓
았다/ 그의 손에. 긴 침묵이 있었다.

20 　"그는 기계에 끼었어요," 그 손님은 말했다/
한참 있다가 작은 목소리로.

"기계에 끼었다니," 화이트 씨가 말했다, **멍한**
모습으로, "그래요."

그는 앉아서 **멍하니** 창문 밖을 쳐다봤다, 그리고 그의

25 　아내의 손을 그의 손 사이에 놓고, 눌렀다/ 그는 그런
습관이 있었다/ 거의 40년 전의 그들의 옛날 **연애-시절에.**

"그는 우리에게 남겨진 단 하나였지요," 그는 말했다, 부드럽게
손님에게 (몸을) 돌리며, "힘드네요."

The other coughed, and rising, walked slowly to the window. "The firm wished me to **convey** their sincere **sympathy** with you in your great loss," he said, without looking round. "I **beg** that you will understand I am only their **servant** and merely obeying orders." 5

There was no reply; the old woman's face was white, her eyes staring, and her breath **inaudible**; on the husband's face was a look such as his friend the **sergeant** might have **carried into** his first action.

"I was to say that Maw and Meggins **disclaim** all responsi- 10 bility," continued the other. "They admit no **liability** at all, but in consideration of your son's services, they wish to present you with a certain **sum** as compensation."

Mr. White dropped his wife's hand, and **rising to his feet**, gazed with a look of horror at his visitor. His dry lips 15 **shaped** the words, "How much?"

"Two hundred pounds," was the answer.

Unconscious of his wife's **shriek**, the old man smiled faintly, put out his hands like a **sightless** man, and dropped, a senseless heap, to the floor. 20

다른 사람은 기침하고, 일어서서, 느리게 창 쪽으로 걸어갔다.

"회사는 제가 **전하기를** 바랐습니다/ 당신에게 그들의 진심이 담긴
조의를요/ 당신의 크게 잃어버린 것(아들)에 대해," 그는 말했다,
주변을 돌아보지 않고. "당신이 이해해주길 **간청합니다**/ 저는 단지
그들의 **직원**이자 명령에 복종해야 하는 것을요."

어떤 대답도 없었다; 늙은 여인의 얼굴은 하얗게 되었고, 그녀의
눈은 노려봤다, 그리고 그녀의 숨소리는 **들리지 않았다**; 남편의
얼굴은 친구인 **군인**이 첫 행동(소원)을
실행했을 때의 표정 같았을 것이다.

"저는 말해야만 합니다/ 머 앤 메긴스 회사가 모든 책임을 **부인한다**는 것을,"
다른이(손님)는 계속했다. "그들은 어떤 **법적 책임**도 전혀 없습니다만,
당신 아드님의 수고에 대한 보답의 의미로, 그들은 당신에게 선물하기를
바랍니다/ 보상으로써 어떤 **액수를요**."

화이트 씨는 아내의 손을 떨어트렸고, **일어나서**,
공포에 질린 모습으로 그의 손님을 응시했다. 그는 마른 입술이
모양을 만들었다/ 그 말을, "얼마인데요?"

"이백 파운드입니다,"가 그 대답이었다.

아내의 **비명**을 의식하지 못한 채, 늙은 남자는
희미하게 (쓴)웃음을 지었다, **보지 못하는** 사람처럼 그의 손을 꺼내서, (아래
로) 떨어트렸고, (놀라서) 느끼지 못하는 엉덩이를, 땅에 (떨어트렸다).

In the huge new **cemetery**, some two miles distant, the old people buried their dead, and came back to a house **steeped** in shadow and silence. It was all over so quickly that at first they could **hardly** realize it, and remained in a state of expectation as though of something else to happen—something else which was to lighten this **load**, too heavy for old hearts to bear.

But the days passed, and expectation gave place to **resignation**—the hopeless resignation of the old, sometimes **miscalled**, **apathy**. Sometimes they hardly exchanged a word, for now they had nothing to talk about, and their days were long to **weariness**.

It was about a week after that the old man, waking suddenly in the night, stretched out his hand and found himself alone. The room was in darkness, and the sound of **subdued** weeping came from the window. He raised himself in bed and listened.

"Come back," he said, **tenderly**. "You will be cold."

"It is colder for my son," said the old woman, and wept **afresh**.

The sound of her **sob**s died away on his ears. The bed was warm, and his eyes heavy with sleep. He **dozed** fitfully, and then slept until a sudden wild cry from his wife awoke him **with a start**.

"The paw!" she cried wildly. "The monkey's paw!"

He started up in alarm. "Where? Where is it? What's the matter?"

She came **stumbling** across the room toward him.

약 2마일쯤 떨어진, 거대한 새로운 **묘지**에, 그 늙은

사람들은 그들의 시체(아들)를 묻었고, 집으로 돌아왔다/ 그림자와 침묵

으로 **뒤덮인**. 그 모든 일은 너무 빨라서

처음에는 그들이 **거의** 인식할 수 **없었다**, 그런 뒤

5 기대하는 상태에 남겨졌다/ 마치 어떤 다른 것이 발생할 것이라는 (상태에)—

어떤 다른 것이 이 **짐**을 가볍게 할 것이라고, 노쇠한

마음들이 감당하기에는 너무 무거웠다.

하지만 며칠이 지나고, 기대가 **체념**에 자리를 양보했다

—늙은 사람들의 희망 없는 체념은, 때때로

10 **잘못 일컬어진다, 무관심**이라고. 가끔 그들은 거의 말을 섞지 않았다,

왜냐하면 지금 그들은 어떤 것도 말할 것이 없었다, 그리고 그들의 하루하

루는 **피로할 정도로** 길어서.

한주쯤 지났을 때/ 저 늙은 남자가, 밤에 깨어있을 때 갑자기,

손을 뻗었고, 그는 혼자 있다는 것을 알았다.

15 방은 어두웠고, **조용히** 우는 소리는

창문에서 들렸다. 그는 침대에서 일어나 귀를 기울였다.

"들어와," 그는 **상냥하게** 말했다, "당신은 추울 거야."

"저의 아들이 더 추워요," 그 늙은 여자는 말했다, 그리고

새롭게 다시 울었다.

20 그녀의 **흐느끼는** 소리는 그의 귀에서 서서히 사라졌다. 침대는

따뜻했고, 졸려서 그의 눈은 무거웠다. 그는 잠깐씩 **졸았다**,

그러고 나서 잤다/ 그의 아내가 갑자기 사나운 외침으로 그를 깨울 때까

지/ **깜짝 놀라서**.

"그 손!" 그녀는 사납게 외쳤다. "원숭이 손이여!"

25 그는 놀라서 시작했다. "어디? 어디 있는데? 무엇이

문제야?"

그녀는 그를 향해 **휘청거리며** 방을 건너왔다.

"I want it," she said, quietly. "You've not destroyed it?"

"It's in the **parlour**, on the bracket," he replied, **marvelling**. "Why?"

She cried and laughed together, and bending over, kissed his cheek.

"I only just thought of it," she said, **hysterically**. "Why didn't I think of it before? Why didn't you think of it?"

"Think of what?" he questioned.

"The other two wishes," she replied, rapidly.

"We've only had one."

"Was not that enough?" he demanded, **fiercely**.

"No," she cried, **triumphantly**; "we'll have one more. Go down and get it quickly, and wish our boy alive again."

The man **sat up** in bed and **flung** the bedclothes from his quaking **limb**s. "Good God, you are mad!" he cried, **aghast**.

"Get it," she **panted**; "get it quickly, and wish—Oh, my boy, my boy!"

Her husband **struck a match** and lit the candle. "Get back to bed," he said, **unsteadily**. "You don't know what you are saying."

"We had the first wish granted," said the old woman, **feverishly**; "why not the second?"

"A coincidence," **stammered** the old man.

"Go and get it and wish," cried his wife, **quivering** with excitement.

The old man turned and **regarded** her, and his voice **shook**. "He has been dead ten days, and besides he—I would not tell you else, but—I could only recognize him by his clothing. If he was too terrible for you to see then, how now?"

"저는 그것을 원해요," 그녀는 조용히 말했다. "아직 없애지 않았지요?"

"그것은 **거실**에 있어, 선반에," 그는 응답했다, **놀라면서**.

"왜?"

그녀는 소리치는 동시에 웃었다/ (몸을) 구부려서, 그의 뺨에 키스했다.

⁵

"저는 오직 그것에 대해 생각했어요," 그녀는 **병적으로 흥분하며** 말했다.

"왜 제가 전에 생각하지 못했을까요? 왜 당신도 생각하지 못했을까요?"

"무엇에 대해서?" 그는 물었다.

"다른 두 가지 소원이여," 그녀는 빠르게 응답했다.

¹⁰ "우리는 딱 하나만 가졌잖아요."

"그걸로 충분하지 않았어?" 그는 **사납게** 따졌다.

"아니오." 그녀는 **의기양양하게** 외쳤다; "우리는 하나를 더 가질 거예요. 내려

가서 빨리 가져와요, 그리고 우리의 아들을 다시 살려내는 소원을 빌어요."

남자는 침대에 **바로 앉아서** 이부자리를 **내던지고**/ 그의

¹⁵ 떨고 있는 **팔**로부터. "맙소사, 당신은 미쳤어!" 그는 소리쳤다, **겁에 질려서**.

"가져와요," 그녀는 **헐떡였다**; "빨리 가져와서, 소원을 빌어요—오, 내

새끼, 내 새끼!"

그녀의 남편은 **성냥을 그어** 촛불을 밝혔다. "침대로 돌아가요,"

그는 말했다, **불안정하게**, "당신이 무엇을 말하고 있는지 몰라."

²⁰

"우리는 첫 번째 소원이 이루어지게 했잖아요," 늙은 여자가 말했다,

매우 흥분해서, "왜 두 번은 안 되는데요?"

"우연일 뿐이야," 늙은 남자는 **말을 더듬었다**.

"가서 손을 갖고 소원을 빌어요," 아내가 소리쳤다,

²⁵ 흥분으로 **떨면서**.

늙은 남자는 돌아서서 그녀를 **봤다**, 그리고 목소리가 **흔들렸다**.

"그는 죽은 지 10일이 됐고, 그의 옆에는—내가 당신에게 말하지 않아도 (알겠

지), 하지만—나는 그를 유일하게 알아챌 수 있게 한 것은 그의 옷뿐이었어. 그

(의 상태)가 너무 끔찍해서 당신은 그때도 보기 어려웠잖아, 지금은 어떻겠어?"

"Bring him back," cried the old woman, and **dragged** him toward the door. "Do you think I fear the child I have **nursed**?"

He went down in the darkness, and **felt his way** to the parlour, and then to the **mantelpiece**. The **talisman** was in its place, and <u>a horrible fear that the unspoken wish might bring his **mutilated** son before him **ere** he could escape from the room **seized** upon him</u>, and he **caught his breath** as he found that he had lost the direction of the door. His **brow** cold with sweat, he felt his way round the table, and **groped** along the wall until he found himself in the small passage with the **unwholesome** thing in his hand.

Even his wife's face seemed changed as he entered the room. It was white and **expectant**, and to his fears seemed to have an unnatural look upon it. He was afraid of her.

"Wish!" she cried, in a strong voice.

"It is foolish and wicked," he **faltered**.

"Wish!" repeated his wife.

He raised his hand. "I wish my son alive again."

The **talisman** fell to the floor, and he regarded it fearfully. Then he sank **trembling** into a chair as the old woman, with burning eyes, walked to the window and raised the blind.

He sat until he was chilled with the cold, **glancing** occasionally at the figure of the old woman **peering** through the window. The candle-end, which had burned below the **rim** of the china candlestick, was throwing **pulsating** shadows on the ceiling and walls, until, with a **flicker** larger than the rest, it expired. The old man, with an **unspeakable** sense of relief at the failure of the talisman, crept back to his bed, and a minute or two afterward the old woman came silently

"그를 돌려놔요," 그 늙은 여인은 울부짖었다, 그리고 그를 **끌고 갔다**/

문 쪽을 향해. "당신은 제가 **기른** 아이를 제가 두려워할 것이라 생각하나요?"

그는 어둠으로 내려갔고, 응접실로 **더듬어 갔다**

그리고 나서 **벽난로 위의 선반으로** (갔다). **부적**은

5 그 장소 안에 있었고, 끔찍한 공포는 (말해지지 않은 소망이 그의 **훼손된** 아

들을 데려올지도 모른다는/ 그의 앞으로/ 방에서 도망칠 수 있기 **전에)**

그를 붙잡았다, 그리고 **숨이 막혔다**/ 그가

문의 방향을 잃었다는 것을 알았을 때. **이마**는 땀으로 차가웠다,

그는 자기의 길을 느꼈다/ 식탁 주변에서, 그리고 벽을 따라 **더듬었다**/

10 스스로 작은 통로를 발견할 때까지/

건강해 보이지 않은 것을 손에 들고.

심지어 아내의 얼굴은 바뀐 것 같았다/ 그가 방으로 들어올 때.

그것은 하얗고 **흥분돼** 보였다, 그리고 공포 때문에

비정상적인 모습을 가졌다. 그는 그녀가 두려웠다.

15 "소원을 빌어요!" 그녀는 소리쳤다, 강한 목소리로.

"그것은 어리석고 나쁜 짓이야," 그는 **더듬거렸다.**

"소원을 빌어요!" 아내가 반복했다.

그는 손을 들었다. "나는 나의 아들이 다시 살아나길 바란다."

부적은 바닥에 떨어졌고, 그는 공포에 질려 그것을 바라봤다.

20 그러고 나서 그는 **떨면서** 의자에 주저앉았다/ 늙은 여인이,

불타는듯한 눈으로, 창문으로 걸어가서/ (창문의) 가리개를 올렸을 때.

그는 앉았다/ 추위에 으슬으슬해질 때까지, 이따금 **흘낏 보면서**/

창문을 **응시하는** 늙은 여자의 모습을.

촛불이-꺼진 것은, (그것은 타버렸다/ 자기(흙)로 된 촛대의 **가장자리**

25 밑으로), **흔들리는** 그림자를

천장과 벽으로 던졌고, 나머지보다 더 크게 **깜빡였다**/

그것의 생명이 다할 때까지. 늙은 남자는, **이루 말할 수 없을 정도의**

안심과 함께/ 그 부적의 실패 때문에, 그의 침대로 기어갔고,

1~2분 뒤에 늙은 여자는 조용히 올라와서

문법&용법
a horrible
fear that the
unspoken wish
might bring
his mutilated
son before him
ere he could
escape from
the room seized
upon him
that~room까지
삽입됐다.
A horrible fear
(삽입) seized
upon him.
끔직한 공포가 그를
사로잡았다.

and **apathetically** beside him.

Neither spoke, but lay silently listening to the ticking of the clock. A stair **creaked**, and a squeaky mouse **scurried** noisily through the wall. The darkness was **oppressive**, and after lying for some time **screwing up his courage**, he took the box of matches, and striking one, went downstairs for a candle.

At the foot of the stairs the match went out, and he paused to strike another; and at the same moment a knock, so quiet and **stealthy** as to be scarcely audible, sounded on the front door.

The matches fell from his hand and **spilled** in the passage. He stood motionless, his breath **suspended** until the knock was repeated. Then he turned and **fled** swiftly back to his room, and closed the door behind him. A third knock sounded through the house.

"What's that?" cried the old woman, starting up.

"A rat," said the old man in shaking tones—"a rat. It passed me on the stairs."

His wife sat up in bed listening. A loud knock resounded through the house.

"It's Herbert!" she screamed. "It's Herbert!"

She ran to the door, but her husband was before her, and catching her by the arm, held her tightly.

"What are you going to do?" he whispered **hoarsely**.

"It's my boy; it's Herbert!" she cried, struggling mechanically. "I forgot it was two miles away. What are you holding me for? Let go. I must open the door."

"**For God's sake** don't let it in," cried the old man, trembling.

냉담하게 그의 옆에 있었다.

누구도 말하지 않고, 조용히 누워있었다/ 벽시계의 째깍거리는 소리를 들

으며. 계단이 **삐걱거리고**, 찍찍거리는 쥐가 **허둥대며**

벽에서 소리 냈다. 어둠이 **숨 막힐 듯했고,**

5 잠시 동안 누워있다가 **그는 용기를 내어,** 그는 성냥갑을 가져가서

하나를 켰고, 초를 가지러 아래층으로 내려갔다.

계단 아래에서 그 성냥은 꺼졌고, 그는

멈춰서 다른 하나를 켰다; 그리고 같은 순간에 노크하는 소리가,

아주 조용하고 **살며시** 간신히 들릴 정도로,

10 정문에서 소리 났다.

성냥들은 손에서 떨어져서 통로에 **쏟아졌다.**

그는 움직이지 않고 섰다, 호흡을 **멈췄다**/ 노크하는 소리가

반복될 때까지. 그러고 나서 그는 몸을 돌려서 빠르게 방으로 **도망쳤다,**

그리고 뒤에 있는 문을 닫았다. 세 번째로

15 집에서 노크하는 소리가 났다.

"저것이 뭐예요?" 늙은 여인은 소리쳤다, 놀라면서.

"쥐야," 늙은 남자는 떨리는 어조로 말했다—"쥐라고. 그게

계단 위에서 나를 지나간 거야."

아내는 침대에 똑바로 앉아서 들었다. 한 크게 노크하는 소리가 다시

20 집에 울려 퍼졌다.

"허버트예요!" 그녀는 비명을 질렀다. "허버트라고요!"

그녀는 문으로 달려갔지만, 남편이 앞에 있어서,

그녀의 팔을 잡았다, (그녀가 못 가도록) 단단히 붙잡았다.

"무엇을 하려고?" 그는 **거슬리는 목소리로** 속삭였다.

25 "내 아이라고요; 허버트예요!" 그녀는 외쳤다, 기계적으로 몸부림치면서.

"저는 그게 2마일(3.2km) 떨어졌다는 것을 잊었어요. 왜 저를 잡고 있나

요? 가게 해줘요. 저는 문을 열어야만 해요."

"**제발** 그것을 들여보내지 마," 늙은 남자는 소리쳤다, 떨면서.

"You're afraid of your own son," she cried, struggling. "Let me go. I'm coming, Herbert; I'm coming."

There was another knock, and another. The old woman with a sudden **wrench** broke free and ran from the room. Her husband followed to the landing, and **called after** her appealingly as she hurried downstairs. He heard the chain **rattle** back and the bottom **bolt** drawn slowly and **stiffly** from the socket. Then the old woman's voice, **strained** and panting.

"The bolt," she cried, loudly. "Come down. I can't reach it."

But her husband was on his hands and knees **groping** wildly on the floor in search of the paw. If he could only find it before the thing outside got in. A perfect **fusillade** of knocks reverberated through the house, and he heard the **scraping** of a chair as his wife put it down in the passage against the door. He heard the **creaking** of the bolt as it came slowly back, and at the same moment he found the monkey's paw, and **frantically** breathed his third and last wish.

The knocking **ceased** suddenly, although the echoes of it were still in the house. He heard the chair drawn back, and the door opened. A cold wind **rushed up** the staircase, and a long loud **wail** of disappointment and misery from his wife gave him courage to run down to her side, and then to the gate beyond. The **street lamp** flickering opposite shone on a quiet and **deserted** road.

"당신의 아들이 두려운가요," 그녀는 외쳤다, 몸부림치면서.

"제가 가게 해줘요. 내가 가고 있어, 허버트; 내가 가고 있다고."

또다시 노크, 다시 노크가 있었다. 늙은 여인은

갑자기 **비틀어서** 떨쳐내고 방에서 달려갔다.

5   그녀의 남편은 바닥(1층)까지 따라가서, 애원하듯 **뒤쫓았다**/

그녀가 아래층으로 급히 갔을 때. 그는 사슬이

달가닥거리는 것을 들었고/ **빗장**의 밑바닥이 느리고 **뻑뻑하게**

구멍에서 빠지고 있었다. 그리고 나서 늙은 여인의 목소리는, **긴장했고,**

헐떡였다.

10   "빗장," 그녀는 크게 소리쳤다. "내려와요. 저는 닿지 않아요."

하지만 그녀의 남편은 그의 손과 무릎으로 미친 듯이 **더듬었다**/

바닥에서 그 앞발을 찾아서. 그가 그것을

찾을 수 있다면/ 바깥에 있는 것이 들어오기 전에. 완벽하게 **빗발치는**

노크들이 울렸다/ 집안 곳곳에, 그리고 그는 의자

15   **끄는 소리**가 들렸다/ 아내가 그것을

문에 기대서 통로에 내려놓을 때. 그는 들었다/ 빗장의 **삐걱거리는 소리**

를/ 그것이 느리게 풀렸을 때, 그리고 동시에/

원숭이 손을 찾았고, **미친 듯이** 숨을 내뱉어 세 번째이자 마지막

소원을 빌었다.

20   노크하던 소리는 갑자기 **그쳤고,** 그것의 메아리는

아직 집에 (남아)있었다. 그는 의자가 뒤로 끌리는 소리를 들었고,

문은 열렸다. 차가운 바람이 계단을 **올라왔고,**

길고 시끄러운 실망과 고통의 **통곡**이 (그의 아내에게서 나온)

그에게 주었다/ 그녀 옆으로 달려간 용기를, 그리고 나서

25   문 너머로 (달려가니). 맞은편의 **가로등**이 깜빡거리며 빛을 냈다/

조용하고, **아무도 없는** 길에.

원숭이 손

윌리엄 위마크 제이콥스 (1863~1943, 영국) 지음
1902년 출간된 The Lady of the Barge에 첫 번째로 수록

나에 대한 예언

평소 '점'은 보지 않는다. 왜냐하면 성경에서 사람은 미래를 알수 없다고 하고, 점 보는 일이 성경적으로 옳지 않기 때문이다. 그런데 처음이자 마지막으로 우연히 점을 보게 된 적이 있었다. 길에서 어떤 할아버지가 나에 대한 공짜 '운세' 혹은 '예언'을 했다.

처음 보는 할아버지가 길을 걷고 있던 나를 불렀다. 문구점 앞에 앉아있었으며, 80대로 보였다. 눈에 무언가가 하얗게 덮여있어 앞을 거의 볼 수 없었다. "나는 유명 일간지에 '운세'를 연재하는 사람인데, 당신은 자수성가하지만, 평생 돈에 쪼들릴 것이다"라고 하셨다. 그 이후에도 문구점 앞을 종종 지나갔지만 그 할아버지를 볼 수는 없었다.

그때 당시 10대 후반~20대 초반이었다. 20년 가까이 지난 지금, 크게는 아니지만 결국 자수성가하게 됐고(스스로 출판사를 차려서 책을 집필하게 됐으니), 아직까지 빚에 치여 사는 것을 보면 '돈에 쪼들리는 것' 역시 이뤄졌다. '평생' 돈에 쪼들리고 싶지는 않지만, 큰 부자가 되더라도 필요 이상의 돈은 베풀겠다는 생각은 갖고 있다. 뭐 베푼 만큼 또 쪼들릴 수도 있겠지.

나중에 많은 생각이 들었다. 그 할아버지는 정말 세상에 존재하는 사람이었을까? 어떤 알 수 없는 존재가 내려와서 나에게 말해준 것은 아닐까? 아니면 만나는 사람마다 재미 삼아 저렇게 말해주는 것은 아닐까?

Mike의 감상

소설 전반에 공포스러운 복선을 많이 깔아놔서, 처음부터 끝까지 계속 긴장하게 한다. '원숭이 손은 정말 소원을 들어준 것일까? 아니면 모든 것은 우연일까?' 하는 궁금증에 끝까지 숨을 쉴 수 없었다. 그리고 이보다 더 멋질 수 없을 만한 결말로 끝난다.

가장 재미있는 단편소설 1위로 선정되기도 했다. 내 점수는 3.8. 참고로 2위는 <위험한 게임 The Most Dangerous Game (4.3)>이었는데, 그 작품도 재미있다. 이 책에 그 소설을 넣지 않은 이유는 비슷한 느낌의 <리츠호텔 만한 다이아몬드>를 넣었기 때문이다.

처음에 소원을 비는 모습이 인상 깊었다. 그렇게 소심하게 굴 거면서 왜 하필 피아노에서 화음까지 치면서 무게 잡았을까. "It moved," he cried, with a glance of disgust at the object. ("그것이 움직였어," 그는 역겹게 그 물건을 보며 소리쳤다.)

스페인의 메르세 축제에서 만났던 러시아 친구가 나에게 3가지 소원에 대한 질문을 했었다. 질문의 조건은 다른 사람에게는 관여할 수 없고 나 자신에 대해서만 빌어야 한다.

나는 이렇게 말했다. 1.천국에 갈 만큼 예수님을 믿고 옳게 사는 것 2.내 가족들이 천국에 갈 수 있을 만큼 바르게 되도록 돕는 지혜를 갖는 것 3.내가 하는 사업이 잘되는 것이었다. 참고로 그 친구가 빌었던 소원은 원하는 것은 어떤 것이든 배울 수 있는 능력을 갖추게 되는 것이라고 했다.

원숭이 손이 있다면 소원을 빌 것인가? 빈다면 어떤 소원을 빌고 싶은가?

F. Scott Fitzgerald

The Diamond as Big as the Ritz, 1922

TOP 8

리츠 호텔만 한 다이아몬드

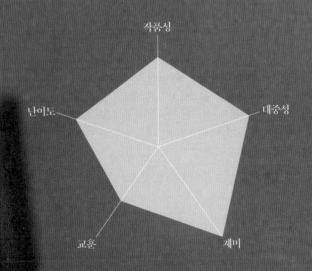

원어민 MP3
bit.ly/
3zk7kf

1

generation	세대
hot-box	(성적으로)뜨거운 여자
phrase	말
certain	특정한
bane	골칫거리
drain	빼내다
seize	사로잡다
suit	적절하다
gifted	재능있는
preparatory school	사립 고등학교
mean	의미있다
inhabitant	거주자
show	가식
keeping up to date	최신
hearsay	소문
elaborate	화려한
hailed	묘사된
tacky	조잡한
eve	전날
fatuity	어리석음
linen	마(천의 종류)
asbestos	석면포
stuffed	채워진

2

home fires	가정생활
huskily	늠름하게
glance	보다
motto	좌우명
verve	열정
pricked out	심어진
resolutely	단호하게

exclusive	특권층의
pleasantly	즐겁게
fond of	좋아하다
strike	인상을 주다

3

of a piece	비슷하게
sameness	비슷함
jovially	유쾌하게
muster	애써 모으다
vary	바꾸다
form	반
exceedingly	과하게
keep aloof	거리를 두다
intimate	친한
uncommunicative	말이 없는
go without saying	말할 필요도 없는
deduction	추정
promise	예상하다
confectionery	과자류
imperfect	불완전한
abrupt	생뚱맞은
hollow	공허한
on the point of	~하려는 순간에
refrain	삼가다
statement	말

4

scarcely	거의 ~할수 없다
almanac	연감
scorn	비웃음
catchpenny	싸구려
small-fry	삼류

buy out	매수하다
put down	내다
any	전혀
fella	남자
frankness	솔직함
easter	부활절
globe	지구본
enthusiastically	의욕적으로
eagerly	열심히
walnut	호두
lean	(몸을) 숙이다

5

gigantic	거대한
artery	동맥
immense	엄청난
crouch	위축시키다
dismal	우울한
inexplicable	설명되지 않는
suck	빨아 마시다
bare	헐벗은
populatory	인구를 위한
beget	낳다
whim	변덕
abandon	버려지다
extermination	멸종
creep	기어가다
desolation	황량함
shanty	판잣집
depot	창고
or so	~쯤
inconceivable	상상할 수 없는
disembark	내리다
dusk	황혼

drive off	떠나다	studded	금속 단추가 박힌
preposterous	말도 안 되는	geometric	기하학적인
cult	의식	livery	제복
vital	필수적인	standing at attention	
speculate	추측하다		차렷자세로 서 있었다

6

barest	가장 벌거벗은	dismount	내리다
tenet	~주의	dialect	사투리
foothold	기반	ebony	검은
altar	제단	ejaculation	외침
concourse	기차의 중앙홀	upholstery	씌운 천
congregation	신도들	minute	섬세함
anaemic	활기없는	embroidery	자수로 짜인 것
deified	신격화한	armchair	안락의자
celestial	천체의	luxuriated	호사를 누리다
protagonist	주인공	numberless	수없이 많은
ordain	정하다	amazement	놀라움
disembark	내리다	a station wagon	짐 싣는 차
spellbound	넋을 잃은	glide	미끄러지다
buggy	차	break	틈
obviously	분명히	indication	암시
coagulate	굳어지다	piety	믿음
negro	흑인	earnest	열렬한
hail	부르다		
opaque	잘 안 보이는		
gloom	어둠		

7

knocked to pieces	조각난		
navigate	길을 찾다		
uphill	오르막		
ascend	오르다		
rise	오르막		
glimpse	흘긋 보다		
pale	흐릿한		
salute	경례하다		
dimly	어렴풋이		
dangle	매달리다		
hub	중심		
resound	울려 퍼지다		
wavy	물결		
quagmire	수렁		

8

creed	교리		
radiantly	빛나는		
blasphemy	신성모독		
break	틈		
gulch	협곡		
peer	보다		
mouthpiece	입을 대는 곳		
footman	하인		

luminous	빛나는		
malignant	악의에 찬		
unfathomable	불가사의한		
tail-light	후미등		
magnificent	아름다운		
gleaming	빛나는		
hub	중심		

9

surmount	오르다	
perpendicularly	가파르게	
bump	부딪힘	
squint	가늘게 뜨고 보다	
survey	측량하다	
grinning	(소리 없이) 활짝 웃다	
corrupt	뇌물을 먹이다	
tinker	손보다	
artificially	인위적으로	
instrument	기구	
defection	결함	
substitute	대체하다	
deflect	방향을 비꾸다	
bank	둑	

I

JOHN T. UNGER came from a family that had been well known in Hades—a small town on the Mississippi River—for several generations.

John's father had held the amateur golf championship through many a heated contest; Mrs. Unger was known "from hot-box to hot-bed," as the local phrase went, for her political addresses; and young John T. Unger, who had just turned sixteen, had danced all the latest dances from New York before he put on long trousers. And now, for a certain time, he was to be away from home. That respect for a New England education which is the bane of all provincial places, which drains them yearly of their most promising young men, had seized upon his parents. Nothing would suit them but that he should go to St. Midas' School near Boston— Hades was too small to hold their darling and gifted son.

Now in Hades—as you know if you ever have been there— the names of the more fashionable preparatory schools and colleges mean very little. The inhabitants have been so long out of the world that, though they make a show of keeping up to date in dress and manners and literature, they depend to a great extent on hearsay, and a function that in Hades would be considered elaborate would doubtless be hailed by a Chicago beef-princess as "perhaps a little tacky."

John T. Unger was on the eve of departure. Mrs. Unger, with maternal fatuity, packed his trunks full of linen suits and electric fans, and Mr. Unger presented his son with an asbestos pocket-book stuffed with money. "Remember, you

존 T. 웅거는 어떤 집안에서 왔다/

하데스에서 유명했던―(하데스란) 미시시피강의 작은 마을이다―

4~5세대 동안.

존의 아버지는 아마추어 골프 대회를 개최했다/

5 　많은 사람에게 열띤 대회였다; 웅거 부인은 알려졌다/

(성적으로)뜨거운 여자에서 뜨거운―침대로"라는, 그 지역의 **말**로 퍼져갔을

때, 그녀의 정치적인 연설 때문에; 그리고 어린 존 T. 웅거는, 막

16살이 됐다, 뉴욕에서 온 최신의 춤을 출 줄 알았다/

그가 긴 바지를 입기 전에. 그리고 지금, **특정한**

10 　기간 동안, 그는 집에서 멀리 떨어졌다. 저런 점은 (뉴

잉글랜드(미국 북동부 쪽)의 교육 때문이었는데/ 그것은 **골칫거리**였다/

모든 시골 지역들의, 그것은 그들을 **빼내 갔다**/ 매년 그들의 가장 전망 있는

젊은 사람들을, 그의 부모님을 **사로잡았다**. 어떤 것도 그들에게는 **적절하지**

않았다/ 그가 보스턴의 성(천주교). 미다스 학교에 가야 한다는 것만 **빼고**―하

15 　데스는 너무 작았다/ 그들의 사랑스럽고 **재능있는** 아들을 데리고 있기에는.

지금 하데스에는―당신이 아는 것처럼/ 당신이 거기 가봤다면―

더욱 부유한 사람들의 **사립 고등학교들**과/

대학의 이름은 아주 조금만 **의미 있었다**. **거주자**들은 아주 오랫동안

저 세계 밖에 있어서, 그들이 **가식**을 만드는 것을 통해/

20 　**최신**의 옷과 태도, 그리고 문학에 대해, 그것들은

소문에 아주 많이 달려있었다, 그리고 모임은 (하데스에서

화려하게 여겨지는) 틀림없이 **묘사되곤** 했다/

시카고의 소고기-공주님(부자)에 의해 "그냥 좀 **조잡하다**."고.

존 T. 웅거는 떠나기 **전날**이었다. 웅거 부인은,

25 　모성애의 **어리석음**으로, 그의 가방을 쌌다/ 마(천의 종류) 정장과

선풍기, 그리고 웅거 씨는 그의 아들에게 선물했다/

석면포의 주머니에 들어갈 만한 크기의-책을/ 돈으로 **채워서**. "기억해라, 너

are always welcome here," he said. "You can be sure boy, that we'll keep the **home fires** burning."

"I know," answered John **huskily**.

"Don't forget who you are and where you come from," continued his father proudly, "and you can do nothing to harm you. You are an Unger—from Hades."

So the old man and the young shook hands and John walked away with tears streaming from his eyes. Ten minutes later he had passed outside the city limits, and he stopped to **glance** back for the last time. Over the gates the old-fashioned Victorian **motto** seemed strangely attractive to him. His father had tried time and time again to have it changed to something with a little more push and **verve** about it, such as "Hades— Your Opportunity," or else a plain "Welcome" sign set over a hearty handshake **pricked out** in electric lights. The old motto was a little depressing, Mr. Unger had thought—but now⋯.

So John took his look and then set his face **resolutely** toward his destination. And, as he turned away, the lights of Hades against the sky seemed full of a warm and passionate beauty.

St. Midas' School is half an hour from Boston in a Rolls- Pierce motorcar. The actual distance will never be known, for no one, except John T. Unger, had ever arrived there save in a Rolls-Pierce and probably no one ever will again. St. Midas' is the most expensive and the most **exclusive** boys' preparatory school in the world.

John's first two years there passed **pleasantly**. The fathers of all the boys were money-kings and John spent his summers visiting at fashionable resorts. While he was very **fond of** all the boys he visited, their fathers **struck** him as being much

는 항상 여기서 환영받는다." 그가 말했다. "너는 명심해야 한다 얘야,

그렇게 우리는 **가정생활**이 타오르도록 할 것이라고."

"알아요," 존은 **늠름하게** 대답했다.

"잊지 마라/ 네가 누구이고 어디에서 왔는지를,"

아버지가 자랑스럽게 계속 말했다, "그리고 너는 스스로에게 해를 끼치는

것은 어떤 것도 하면 안 된다. 너는 웅거가 사람이니까—하데스에서 온."

그렇게 노인과 젊은이는 손을 흔들고 존은 걸어

나갔다/ 그의 눈에서 흐르는 눈물과 함께. 10분

뒤에/ 그는 도시 경계를 지났고, 그는 멈춰서

돌아**봤다**/ 마지막으로. 그 문을 넘어/ 옛날-방식의

빅토리아 시대의 **좌우명**이 이상하게 그에게 매력적이었다. 그의 아버지는

여러 번 반복해서 노력했고/ 그것(좌우명)을 어떤 것으로 바꾸었다/

좀 더 몰아붙이고 **열정**이 담긴 것으로, 이처럼 "하데스는—

당신의 기회입니다," 또는 평범하게 "환영합니다"라고 설치된 간판은/

(마음) 따뜻한 악수 위에/ 전기 불빛으로 **심어졌다**. 그 오래된 좌우명은

조금 우울했다, 웅거 씨는 생각했었다—하지만 지금은….

그렇게 존은 둘러보고/ 그의 얼굴을 **단호하게**

목적지로 향했다. 그리고, 그가 (몸을) 돌렸을 때, 하데스의

하늘을 향한 불빛은 따뜻하고 열정적인 아름다움으로 가득 차 보였다.

성 마이더스 학교는 30분이 걸렸다/ 보스턴에서부터/ 롤스-

피어스 자동차로. 실제 거리는 알려지지 않았다,

왜냐하면 누구도, 존 T. 웅거만 제외하고는,

안전하게 도착하지 않았기에/ 롤스-피어스를 타고/ 분명히 누구도 다시 그러

지도 않을 것이기에. 성 마이더스는 세상에서 가장 비싸고 가장 **특권층의**

아이들의 사립 고등학교였다.

존은 첫 2해를 거기서 **즐겁게** 보냈다. 모든 아이들의 아버지는

돈의-왕이었고 존은 그의 여름들을 보냈다/

부유층의 휴양지들을 방문하며. 그는 모든 소년들을 **좋아했다**/

그가 방문했던, 그들의 아버지들은 그에게 **인상을 줬다**/ 대부분

of a piece, and in his boyish way he often wondered at their exceeding **sameness**. When he told them where his home was they would ask **jovially**, "Pretty hot down there?" and John would **muster** a faint smile and answer, "It certainly is." His response would have been heartier <u>had they not all made this joke</u>—at best **varying** it with, "Is it hot enough for you down there?" which he hated just as much.

In the middle of his second year at school, a quiet, handsome boy named Percy Washington had been put in John's **form**. The newcomer was pleasant in his manner and **exceedingly** well dressed even for St. Midas', but for some reason he **kept aloof** from the other boys. The only person with whom he was **intimate** was John T. Unger, but even to John he was entirely **uncommunicative** concerning his home or his family. That he was wealthy **went without saying**, but beyond a few such **deduction**s John knew little of his friend, so it **promised** rich **confectionery** for his curiosity when Percy invited him to spend the summer at his home 'in the West.' He accepted, without hesitation.

It was only when they were in the train that Percy became, for the first time, rather communicative. One day while they were eating lunch in the dining-car and discussing the **imperfect** characters of several of the boys at school, Percy suddenly changed his tone and made an **abrupt** remark.

"My father," he said, "is by far the richest man in the world."

"Oh," said John, politely. He could think of no answer to make to this confidence. He considered "That's very nice," but it sounded **hollow** and was **on the point of** saying, "Really?" but **refrained** since it would seem to question Percy's **statement**. And

비슷하게, 그리고 그의 소년 같은 방식으로/ 그는 종종 놀랐다/ 그들의

너무나 **비슷함**에. 그들에게 그의 집이 어디있는지 말했을 때/

그들은 **유쾌하게** 묻곤 했다, "저 밑에는 좀 덥지?" 그리고 존은

희미한 미소를 **애써 띄우고** 대답했다, "분명히 그래요." 그의

5 반응은 더 따뜻했을 것이다/ 그들이 이런 농담을 하지 않았다면—

가장 크게 **바꾼** 말로, "저 밑은 너한테는 충분히 덥지 않니?"

그것을 그는 그(이전의 말)만큼 많이 싫어했다.

두 번 째 학년의 중간에, 조용하고, 잘생긴

소년 (펄시 워싱턴이라고 이름 지어진) 존의

10 **반**에 왔다. 새로운 학생은 태도가 쾌활했고/ **과하게**

잘 입었다/ 성 마이더스 학교에서라고 해도, 하지만 왜인지 그는

거리를 두었다/ 다른 소년들로부터. 딱 한사람

그가 **친했던** 사람이 존 T. 웅거였는데, 하지만 존에게조차/ 그는

완전히 **말이 없었다**/ 그의 집과 가족에 대해서는. 그가 부자라는 것은

15 **말할 필요도 없었다**, 하지만 몇(두 세) 가지의

그런 **추정** 외에/ 존은 그의 친구에 대해 거의 알지 못했다, 그래서 그것이 **예**

상됐다/ 그의 호기심을 위한 풍부한 **과자류들**을/ 퍼시가 그를 초대했을 때/

그의 집에서 여름을 보내기 위해 '서쪽에서.' 그는 받아들였다,

주저 없이.

20 그 기차 안에는 그들 뿐이었다/ 퍼시는 되었다,

처음으로, 다소 수다스럽게. 어느 날

그들은 점심을 먹는 중이었다/ 식당-칸에서/ 그리고 의논했다/

불완전한 특징들을/ 학교의 몇몇 소년들의, 퍼시는

갑자기 그의 어조를 바꾸고/ **생뚱맞게** 이야기했다.

25 "나의 아버지는," 그는 말했다, "진짜로 세상에서 가장 부자셔."

"오," 존이 공손하게 말했다. 그는 어떤 대답을 만들 생각도 수 없었다/

이 자신감에. 그는 생각했다 "그것 참 좋겠다," 하지만

그것은 **공허하게** 들렸다/ 이렇게 말하**려는** 순간에, "정말?" 하지만

삼갔다/ 그것이 펄시의 **말**에 의문을 제기하는 것으로 보일 수 있기에. 그리고

문법&용법
had they not all made this joke
if를 생략하고 도
치시킨 것. 도치되
기 전의 문장은 if
they had not all
made this joke

such an astounding statement could **scarcely** be questioned.

"By far the richest," repeated Percy.

"I was reading in the World **Almanac**," began John, "that there was one man in America with an income of over five million a year and four men with incomes of over three million a year, and—"

"Oh, they're nothing." Percy's mouth was a half-moon of **scorn**. "**Catchpenny** capitalists, financial **small-fry**, petty merchants and money-lenders. My father could **buy** them **out** and not know he'd done it."

"But how does he—"

"Why haven't they **put down** his income tax? Because he doesn't pay any. At least he pays a little one—but he doesn't pay **any** on his real income."

"He must be very rich," said John simply. "I'm glad. I like very rich people."

"<u>The richer a **fella** is, the better I like him</u>." There was a look of passionate **frankness** upon his dark face. "I visited the Schnlitzer-Murphys last **Easter**. Vivian Schnlitzer-Murphy had rubies as big as hen's eggs, and sapphires that were like **globe**s with lights inside them—"

"I love jewels," agreed Percy **enthusiastically**. "Of course I wouldn't want any one at school to know about it, but I've got quite a collection myself I used to collect them instead of stamps."

"And diamonds," continued John **eagerly**. "The Schnlitzer-Murphys had diamonds as big as **walnut**s—"

"That's nothing." Percy had **leaned** forward and dropped his voice to a low **whisper**. "That's nothing at all. My father has a diamond bigger than the Ritz-Carlton Hotel."

그런 놀라운 말은 **거의** 질문받아**질 수 없었다.**

"정말 가장 부자라니까." 퍼시가 반복했다.

"내가 (예전에) 세계 **연감**에 대해 읽고 있었는데," 존이 시작했다,

"미국에 한 남자는 수입이 일 년에 5백만 달러(1922년의 54억, 현재의 769
5   억)가 넘었어/ 4명의 수입이 일 년에 300만

달러(461억)가 넘었고, 그리고—"

"오, 그 정도는 아무것도 아니야." 퍼시의 입은 반-달 모양의

비웃는 모습이었다. "**싸구려** 자본주의자들, 경제의 **삼류**, 하찮은

상인들이나 대금업자들이지. 나의 아버지는 그들을 **매수할 수 있어/**
10   그래놓고 그가 그걸 했다는 것을 까먹을 수도 있지."

"하지만 그가 어떻게—"

왜 그들은 아버지의 수입에 세금을 **내게** 하지 않았을까? 그는

조금도 내지 않기 때문이지. 적어도 그는 적게 내—하지만

그의 진짜 수입에 대해서는 **전혀** 내지 않지.
15   "그는 아주 부자인가봐," 존이 쉽게 말했다. "나는 기뻐. 내가

아주 부자인 사람을 좋아하거든."

"**남자**가 부자일수록, 나는 그를 더 좋아하지."

열정적이고 **솔직한** 모습이 그의 어두운 얼굴에 있었다. "나는

슈니처-머피네 방문했어 지난 **부활절**에. 비비안 슈니처-머피는
20   루비를 가졌는데/ 닭의 알만큼 컸지, 그리고 사파이어는

지구본 같았어/ 그것들 안의 빛들이—"

"난 보석을 사랑해," 퍼시가 **의욕적으로** 동의했다. "물론 나는

학교의 누구도 그것에 대해 알기를 원하지 않아, 하지만 나는 스스로 (모

은) 상당한 수집품이 있지/ 나는 그것들을 모으곤 했어/우표 대신에."
25   "그리고 다이아몬드들은," 존은 **열심히** 계속했다. "그 슈니처

-머피네는 **호두**만 다이아몬드들을 가졌지—"

"그건 아무것도 아냐." 퍼시는 앞으로 **몸을 숙였고** 그의

어조를 떨어트려 낮게 **속삭였다.** "그건 진짜 아무것도 아니야. 나의 아버지는

리츠-칼튼 호텔보다 큰 다이아몬드를 가졌어.

문법&용법
The richer a fella
is, the better I
like him
the more~, the
more 구문.
If a fella is richer,
I like him better.
better는 well의
비교급.

THE MONTANA sunset lay between two mountains like a **gigantic** bruise from which dark **arteries** spread themselves over a poisoned sky. An **immense** distance under the sky **crouched** the village of Fish, minute, **dismal**, and forgotten. There were twelve men, so it was said, in the village of Fish, twelve somber and **inexplicable** souls who **sucked** a lean milk from the almost literally **bare** rock upon which a mysterious **populatory** force had **begotten** them. They had become a race apart, these twelve men of Fish, like some species developed by an early **whim** of nature, which on second thought had **abandoned** them to struggle and **extermination**.

Out of the blue-black bruise in the distance **crept** a long line of moving lights upon the **desolation** of the land, and the twelve men of Fish gathered like ghosts at the **shanty depot** to watch the passing of the seven o'clock train, the Transcontinental Express from Chicago. Six times **or so** a year the Transcontinental Express, through some **inconceivable** jurisdiction, stopped at the village of Fish, and when this occurred a figure or so would **disembark**, mount into a buggy that always appeared from out of the **dusk**, and **drive off** toward the bruised sunset. The observation of this pointless and **preposterous** phenomenon had become a sort of **cult** among the men of Fish. To observe, that was all; there remained in them none of the **vital** quality of illusion which would make them wonder or **speculate**, else a religion might have grown up around these mysterious visi-

몬태나의 일몰은 2개의 산 사이에 있었다/

거대한 멍 같았다/ 그곳에서부터 어두운 **동맥**들이 스스로 퍼져나갔다/

독이 든 하늘에. 하늘 아래에의 **엄청난** 거리가

위축시켰다/ 물고기 마을을, 작게, **우울하게**, 그리고 잊히도록.

5 12명의 사람은, 말해진 것처럼, 물고기 마을에서,

12의 우울하고 **설명되지 않는** 영혼들이었다/ 그들은 저지방 유액을 **빨아 마**

셨다/ 거의 말 그대로 **헐벗은** 암석에서/ 그곳에서

신비로운 **인구를 위한** 힘이 그들을 **낳았다**. 그들은

떨어진 종족이 됐고, 12명의 물고기 사람들은, 몇몇

10 종들처럼 발전됐다/ 자연의 초창기 **변덕**에 의해, 그 말은

(다시 생각하면) **버려지게** 했다/ 그들이 투쟁하고

멸종되도록.

푸르고-검은 멍으로부터/ 멀리서 **기어갔다**/ 긴

선을 움직이는 불빛들의/ 땅의 **황량함**에, 그리고

15 12명의 물고기 사람들은 유령 같았다/ **판잣집**

창고에서/ 지켜보는/ 그 7시 정각에 지나는 기차를, 그

시카고에서 대륙 횡단하는 열차를. 1년에 6번**쯤**

대륙횡단 열차는, **상상할 수 없는**

관할구역을 통과해, 물고기 마을에 멈춘다, 그리고

20 이것이 나타나게 할 때/ 한 명 정도 **내려서**,

(마)차에 올라탄다/ (마)차는 항상 나타난다/ **황혼**의 밖에서부터,

그리고 **떠난다**/ 그 멍든 일몰을 향해. 이

무의미한 관찰은 그리고 **말도 안 되는** 현상은

어떤 **의식**이 되었다/ 물고기 사람들에게. 관찰하는 것, 그것이

25 다였다; 그들에게 남겨진 것은/ 어떤 환상의 **필수적인** 특징도 없었다/

그들에게 만들곤 하는/ 궁금하게 또는 **추측하도록**, 그 밖에

종교가 생겨날지도 모른다는/ 이 신비로운 방문 주변에.

tations. But the men of Fish were beyond all religion—the **barest** and most savage **tenets** of even Christianity could gain no **foothold** on that barren rock—so there was no **altar**, no priest, no sacrifice; only each night at seven the silent **concourse** by the shanty depot, a **congregation** who lifted up a prayer of dim, **anaemic** wonder.

On this June night, the Great Brakeman, whom, had they **deified** any one, they might well have chosen as their **celestial protagonist**, had **ordained** that the seven o'clock train should leave its human (or inhuman) deposit at Fish. At two minutes after seven Percy Washington and John T. Unger **disembarked**, hurried past the **spellbound**, the agape, the fearsome eyes of the twelve men of Fish, mounted into a **buggy** which had **obviously** appeared from nowhere, and drove away.

After half an hour, when the twilight had **coagulated** into dark, the silent **negro** who was driving the buggy **hailed** an **opaque** body somewhere ahead of them in the **gloom**. In response to his cry, it turned upon them a **luminous** disk which regarded them like a **malignant** eye out of the **unfathomable** night. As they came closer, John saw that it was the **tail-light** of an immense automobile, larger and more **magnificent** than any he had ever seen. Its body was of **gleaming** metal richer than nickel and lighter than silver, and the **hub**s of the wheels were **studded** with iridescent **geometric** figures of green and yellow—John did not dare to guess whether they were glass or jewel.

Two negroes, dressed in glittering **livery** such as one sees in pictures of royal processions in London, were **stand-**

하지만 물고기 사람들에게 종교 이상이었다—

가장 **벌거벗고** 가장 야만 **주의적인** 기독교도

기반을 얻을 수 없었다/ 저 황량한 바위에서—그래서 그곳에는 어떤 **제단도**,

성직자도, 희생물도 없었다; 오직 매일 밤 7시에 조용한

5   **기차의 중앙홀만** 있었다/ 통나무 창고 근처에, **신도들은** 들어 올렸다/

어둡고, **활기 없는** 놀라움의 기도를.

이번 6월 밤에, 그 대단한 보조 차장은, (그들이

신격화한 누구인데, 그들이 잘 고를지도 모른다/ **천체의**

주인공으로), **정했다**/ 7시 정각 기차가

10   이 인간들(또는 비인간들)의 남겨진 것들을 피쉬에 두고 떠나야 한다고.

7시 2분에 퍼시 워싱턴과 존 T. 웅거는

내려서, 서둘렀다/ **넋을 잃은**, 형제애의,

무시무시한 눈의 12명의 피시 사람들을 지나,

차에 올라탔다/ 그것은 **분명히** 나타났다/ 아무것도 없는 곳에서, 그리고

15   멀리 운전해갔다.

30분 후에, 황혼이 어둠으로 **굳어졌을** 때,

조용한 **흑인은** (그는 그 차를 운전하고 있었다) **불렀다**/

잘 안 보이는 사람을/ 어딘가 그들 앞의/ **어둠** 속에서.

그의 소리에 응답해서, 그것은 그들에게 나타났다/ **빛나는**

20   원판으로/ 그것은 그들에게 **악의에 찬** 눈처럼 여겨졌다/

불가사의한 밤의. 그들이 더 가까이 왔을 때, 존은

그것이 **후미등**임을 봤다/ 거대한 자동차의, 더 크고

더 **아름다웠다**/ 그가 본 어떤 것보다도. 그것의 몸체는

빛나는 금속이었는데 니켈보다는 풍부하고 은보다는 가벼웠다,

25   그리고 바퀴의 **중심은 금속 단추가 박혀**있었는데/

기하학적인 모습이었다/ 형광 녹색이나 노란색으로—존은 절대 추측할 수 없

었다/ 그것들이 유리인지 보석인지를.

두 흑인은, (화려한 **제복**을 입었는데/ 누군가

볼 때 영국 왕실의 행렬 사진 같았다), **차렷자세로 서 있었다**/

ing at attention beside the car and as the two young men **dismounted** from the buggy they were greeted in some language which the guest could not understand, but which seemed to be an extreme form of the Southern negro's **dialect**.

"Get in," said Percy to his friend, as their trunks were tossed to the **ebony** roof of the limousine. "Sorry we had to bring you this far in that buggy, but of course it wouldn't do for the people on the train or those Godforsaken fellas in Fish to see this automobile."

"Gosh! What a car!" This **ejaculation** was provoked by its interior. John saw that the **upholstery** consisted of a thousand **minute** and exquisite tapestries of silk, woven with jewels and **embroideries**, and set upon a background of cloth of gold. The two **armchair** seats in which the boys **luxuriated** were covered with stuff that resembled duvetyn, but seemed woven in **numberless** colors of the ends of ostrich feathers.

"What a car!" cried John again, in **amazement**.

"This thing?" Percy laughed. "Why, it's just an old junk we use for a **station wagon**."

By this time they were **gliding** along through the darkness toward the **break** between the two mountains.

"We'll be there in an hour and a half," said Percy, looking at the clock. "I may as well tell you it's not going to be like anything you ever saw before."

If the car was any **indication** of what John would see, he was prepared to be astonished indeed. The simple **piety** prevalent in Hades has the **earnest** worship of and respect

자동차 옆에/ 그리고 그 두 젊은이는

내렸다/ 차에서/ 그들은 어떤

언어로 인사했다/ 손님은 이해할 수 없게, 하지만 그것은

극단적인 언어 같았다/ 남부 흑인

5   **사투리**의.

"들어와," 퍼시가 친구에게 말했다, 그들의 가방이

던져졌을 때/ 리무진(차)의 **검은** 천장으로. "미안하지만

우리는 너를 이렇게 멀리 데려와야 했어/ 저 차 안에서, 하지만 물론

기차에 탄 사람들이나 물고기 마을에 사는 신이 버린 남자들이

10   이 자동차를 보라고 그런 것은 아니야."

"와! 끝내주는 차다!" 이 **외침**은 튀어나왔다/

그것의 인테리어(내부 모습) 때문에. 존은 봤다/ (내부를) **씌운 천**이

천 개의 **섬세하고** 정교한 비단 융단으로 된것을,

보석과 **자수로 짜인 것**을, 그리고 뒤쪽은

15   금색 천으로 놓여있었다. 두 개의 **안락의자** 좌석은 (그 안에서 소년들은

호사를 누렸다) 덮여있었다/ 벨벳 같은 천으로,

하지만 끝부분이 타조 깃털의 **수없이 많은** 색으로 짜인 것 같았다.

"끝내주는 차야!" 존은 다시 소리쳤다, **놀라움** 속에서.

20   "이거?" 퍼시는 웃었다. "왜, 이건 그냥 오래된 쓰레기야/

우리가 **짐 싣는 차**로 이용하는."

이때까지/ 그들은 어둠을 **미끄러지듯** 따라갔다/

두 개의 산 사이의 **틈**을 따라.

"우리는 거기까지 1시간 반 정도 걸려," 퍼시가 말했다,

25   시계를 보면서. "나는 또 너에게 말할 수 있어/ 그것은

네가 그동안 봤던 것과는 같지 않을 것이라고."

그 차가 존이 볼 것에 대한 어떤 **암시**였다면, 그는

정말 놀랄 준비가 되었다. 이 단순한 **믿음**은

(하데스에 널리 퍼져 있는) 가진다/ **열렬한** 흠모와 부자를 향한 존경을/

for riches as the first article of its **creed**—had John felt otherwise than **radiantly** humble before them, his parents would have turned away in horror at the **blasphemy**.

They had now reached and were entering the **break** between the two mountains and almost immediately the way became much rougher.

"If the moon shone down here, you'd see that we're in a big **gulch**," said Percy, trying to **peer** out of the window. He spoke a few words into the **mouthpiece** and immediately the **footman** turned on a search-light and swept the hillsides with an immense beam.

"Rocky, you see. An ordinary car would be **knocked to pieces** in half an hour. In fact, it'd take a tank to **navigate** it unless you knew the way. You notice we're going **uphill** now."

They were obviously **ascending**, and within a few minutes the car was crossing a high **rise**, where they caught a **glimpse** of a **pale** moon newly risen in the distance. The car stopped suddenly and several figures took shape out of the dark beside it—these were negroes also. Again the two young men were **saluted** in the same **dimly** recognizable dialect; then the negroes set to work and four immense cables **dangling** from overhead were attached with hooks to the **hub**s of the great jeweled wheels. At a **resounding** "Hey-yah!" John felt the car being lifted slowly from the ground—up and up—clear of the tallest rocks on both sides—then higher, until he could see a **wavy**, moonlit valley stretched out before him in sharp contrast to the **quagmire** of rocks that they had just left. Only on one side was there still rock—and then suddenly there was no rock beside them or anywhere around.

그들 **교리**의 첫 번째 조항으로써, 존이

그렇지 않고 느꼈다면/ **빛나는** 겸손함을/ 그것들 앞에서, 그의 부모님은

등을 돌렸을 것이다/ **신성모독에 대한** 공포로.

그들은 지금 도착해서/ 그 **틈**을 들어가는 중이었다/

두 개의 산 사이의/ 그리고 거의 바로 그

길은 더욱 거칠어졌다.

"달이 여기를 비췄다면, 너는 봤을 거야/ 우리가

큰 **협곡** 안에 있는 것을," 퍼시가 말했다, 창문 밖을 **보려고** 하면서. 그는

2~3단어를 말했다/ **입을 대는 곳**에 그리고 즉시

하인은 탐조등을 켰다/ 그리고 비탈을 쓸었다/

거대한 빛줄기로.

"돌투성이야. 보이지. 일반적인 차는 **조각날 거야**/

30분 만에. 사실, 탱크를 가져가야 할 거야/ **길을 찾기** 위해서.

네가 그 길을 알지 못했다면. 너는 이제 우리가 **오르막**으로 가는 걸 알 거야."

그들은 분명히 **오르고** 있었다, 그리고 몇(2~3) 분 안에

차는 높은 **오르막**을 건너고 있었다, 그곳에서 그들은 **흘끗 봤다**/

흐릿한 달을/ 멀리서 새로 떠오른. 그 차는 갑자기 멈췄다/

그리고 몇(4~5) 명의 형태가 나타났다/ 어둠 밖으로/

그 차 옆에—이들도 흑인이었다. 다시 두 젊은 남자는

경례했다/ 아까처럼 **어렴풋이** 알아들을 만한 사투리로; 그리고 나서

흑인들은 일하기 시작했다/ 네 개의 거대한 (굵은)선이 **매달려 있었다**/

머리 위에/ 그것은 고리가 달려있었다/ 그 거대한 보석 박힌 바퀴의 **중심**

에. **울려 퍼지는** 소리에 "헤이-야!"라고/ 존은

차가 땅에서 느리게 들어 올려지는 것이 느껴졌다—위로 또 위로—사라졌다/

그 가장 큰 옆의 바위들이—그리고 나서 더 높이, 그가 들을 수 있을 때까지/

물결 모양의, 달이 비치는 계곡이 뻗어 나가는 것을/ 그의 앞에서/ 뚜렷한

대조로/ 바위 **수렁**에의/ 그들이 방금 떠난. 오직

한쪽만 여전히 바위였다—그리고 나서 갑자기

바위가 없었다/ 그들 주변에서 주변 어디에도.

It was apparent that they had **surmounted** some immense knife-blade of stone, projecting **perpendicularly** into the air. In a moment they were going down again, and finally with a soft **bump** they were landed upon the smooth earth.

"The worst is over," said Percy, **squinting** out the window. "It's only five miles from here, and our own road—tapestry brick—all the way. This belongs to us. This is where the United States ends, father says."

"Are we in Canada?"

"We are not. We're in the middle of the Montana Rockies. But you are now on the only five square miles of land in the country that's never been **surveyed**."

"Why hasn't it? Did they forget it?"

"No," said Percy, **grinning**, "they tried to do it three times. The first time my grandfather **corrupted** a whole department of the State survey; the second time he had the official maps of the United States **tinkered** with—that held them for fifteen years. The last time was harder. My father fixed it so that their compasses were in the strongest magnetic field ever **artificially** set up. He had a whole set of surveying **instrument**s made with a slight **defection** that would allow for this **territory** not to appear, and he **substituted** them for the ones that were to be used. Then he had a river **deflected** and he had what looked like a village built up on its **banks**—so that they'd see it, and think it was a town ten miles farther up the valley. There's only one thing my father's afraid of," he concluded, "only one thing in the world that could be used to find us out."

"What's that?" Percy sank his voice to a whisper.

그들이 **오른 것이** 분명했다/ 어떤 거대한

칼-날 모양의 돌을, 대기 중으로 **가파르게** 튀어나온.

잠시 동안 그들은 다시 내려가는 중이었다, 그리고 끝내

부드럽게 **부딪히며** 그들은 착륙했다/ 매끄러운 지면에.

5   "가장 나쁜 것은 끝났어," 퍼시가 말했다, 창문 밖으로 **가늘게 뜨고 보면서**.

"여기서 이제 5마일 남았어, 그리고 우리 소유의 길이지—무늬

벽돌로 된—모든 길에. 이것은 우리 것이야. 이곳이

미국이 끝나는 곳이라고, 아버지는 말씀하시지."

"우리는 캐나다에 있는 거야?"

10   "아니. 우리는 몬태나 로키산맥의 중앙에 있어.

하지만 너는 지금 5 평방 마일(약 8000m)에 있지/

나라의/ 그들이 **측량한** 적이 없는."

"왜 하지 않았는데? 그들이 잊은거야?"

"아니," 퍼시가 말했다, (소리 없이) **활짝** 웃으며, "그들은 3번 하려고 했어.

15   처음에는 내 할아버지가 **뇌물을 먹였지**/ 미국의 측량부서 전체에;

두 번째로 그는 미국 공공 지도를

손봤어—그것은 15년이 걸렸어.

마지막이 가장 어려웠지. 나의 아버지는 그것을 고쳤어/

그들의 나침반이 강한 자기장에 의해

20   **인위적으로** 조정되도록. 그는 모든 조사 **기구들이**

만들어지게 했지/ 약간의 **결함을** 가지도록/ 이

지역이 나타나지 않기 위해, 그리고 그는 그것들을 **대체했어**/ 사용 되어야

할 다른 것들로. 그러고 나서 그는 강의 **방향을 바꾸고,**

마을처럼 보이는 것을 지었지/ 그것의 둑에—

25   그들이 그것을 보도록, 그리고 생각하도록/ 계곡 위의 10마일 떨어진 마

을이라고. 오직 한가지 아빠가 두려워 하는 것은," 그는

결론지었다. "오직 한가지는 세상이

우리를 찾아내는 것이야."

"저것이 뭐냐고?" 퍼시는 그의 목소리를 속삭이도록 낮췄다.

Words 2/7

원어민 MP3
bit.ly/
3zk7kf

10

		oblong	직사각형	foliage	나뭇잎
parade	행진하다	shattered	산산 조각난	tread	디디다
lad	사내아이	intersecting	교차하는	corridor	복도
tract	소책자	shade	음영	tusk	상아
circular	안내장	arrangement	배치	hazily	어렴풋하게
hamlet	아주 작은 마을	fairyland	요정의 나라	imperceptible	감지할 수 없는
stare	응시하다	enchantment	황홀감		
whither	그 곳에서(where)	fragrant	향긋한	**13**	
induce	유도하다	amber	황색	solid	원석
insidious	교활한	silhouet	윤곽을 만들다	filigree	금줄 세공된
immured	가두어진	piled	올린	plangent	구슬픈
judgment	(최후의) 심판	hold out	내밀다	insidiously	서서히
trap	덫			engulf	에워싸다
puff	날아온 연기	**12**		port	포트 와인
split	나누다	daze of	눈부심	drowsily	나른하게
droop	늘어뜨리다	sensory	감각	honeyed	꿀 발린듯한
wraith	유령	cordial	코디얼(과일주스)	clasped	움켜쥔
issue	나오다	crystal thimble	작은 유리잔	illusion	착시
transaction	거래	flowery	꽃 같은	blurred	흐릿한
expedient	방편	braided	땋은	mist	안개
drift	떠나가다	yield	움직이다	manage to	가까스로 ~하다
tread	밟아 가다	platonic	정신적인 사랑의	ebony	검은
		mass	덩어리	illumination	조명
11		dazzle	황홀하게 하다	sigh	한숨을 쉬다
grove	숲	maze	미로		
lawn	잔디밭	brilliant	훌륭한	**14**	
taciturn	과묵함	clashing	부딪히는	sod	(보기 싫은)녀석
exquisite	매우 아름다운	delicacy	연약함	gravel	자갈
border	둘레	sheer	순전한	cubic	입방
adjoining	인접한	subtle	미묘한	flaw	흠
symmetry	대칭	intricate	복잡한		
languor	나른함	mosque	모스크(회교 사원)	**15**	
tracery	난간	beneath	~의 바로 아래에서	drowsily	졸린 듯이
parapet	장식	swirling	소용돌이치는	dense	밀도

mutter	중얼거리다	**17**	
unbutton	단추를 끌르다	frothy	거품 같은
tend	시중을 들다	fragile	섬세해진
tilt	기울이다	charm	사로잡다
startled	놀란	bracer	자극제
drapery	천	fleecy	푹신한
fleecy	폭신한	rub	문지르다
plump	텀벙 빠지다	voluptuous	관능적인
fold	접히다	sitting-room	거실
sunken bath	물속 목욕	brisk	상쾌한
line	늘어세우다	gorgeous	끝내주는
aquarium	수족관	easy chair	안락의자
amber	황색		

16

outstretched	쭉 뻗은
soapsud	비누 거품
inanely	멍하니
meager	빈약한
priggish	건방진
apparently	보아하니
arrangement	준비
spurt	뿜다
walrus	바다코끼리
paddle	(노)젓는
churn	휘젓다
envelope	뒤덮다
delicious	기분 좋은
one-reel	한-편
distraction	방해
intently	오로지
rip	훌륭하게 만들다

"Aeroplanes," he breathed. "We've got half a dozen anti-aircraft guns and we've arranged it so far—but there've been a few deaths and a great many prisoners. Not that we mind that, you know, father and I, but it upsets mother and the girls, and there's always the chance that some time we won't be able to arrange it."

Shreds and tatters of chinchilla, courtesy clouds in the green moon's heaven, were passing the green moon like precious Eastern stuffs **paraded** for the inspection of some Tartar Khan. It seemed to John that it was day, and that he was looking at some **lad**s sailing above him in the air, showering down **tract**s and patent medicine **circular**s, with their messages of hope for despairing, rockbound **hamlet**s. It seemed to him that he could see them look down out of the clouds and **stare**—and stare at whatever there was to stare at in this place **whither** he was bound—What then? Were they **induced** to land by some **insidious** device there to be **immured** far from patent medicines and from tracts until the **judgment** day—or, should they fail to fall into the **trap**, did a quick **puff** of smoke and the sharp round of a **splitting** shell bring them **drooping** to earth—and 'upset' Percy's mother and sisters. John shook his head and the **wraith** of a hollow laugh **issued** silently from his parted lips. What desperate **transaction** lay hidden here? What a moral **expedient** of a bizarre Croesus? What terrible and golden mystery?···.

The chinchilla clouds had **drifted** past now and outside the Montana night was bright as day. The tapestry brick of the road was smooth to the **tread** of the great tires as they

"비행기야," 그는 숨을 내쉬었다. "우리는 12개의 항공기를-막는

  총이 있고 우리는 지금껏 처리해오고 있지—하지만

  몇(2~3)사람이 죽고 꽤 많은 사람이 갇혔어. 우리가

  저걸 꺼리지는 않지만, 네가 알듯, 아버지와 나는 그래, 하지만 어머니와

5 소녀들을 화나게 하지, 그리고 항상 기회가 있어/ 우리가 때때로

  그것을 처리할 수 없는."

  친칠라(토끼과 동물)의 조각들과 넝마들의 모습으로, 특별히 제공된 구름은/

  녹색 달의 천국에서, 녹색 달을 지나고 있었다/

  귀중한 동쪽의 군대처럼 **행진했다**/

10 타타르 칸이 감찰을 위해. 존에게는 그 날인 것처럼 보였다, 그리고

  그는 보고 있었다/ 몇몇 **사내아이들**을/ 그의 위의 공중에서 항해하는,

  쏟아 내리면서 **소책자**들과 특허받은 약의 **안내장**들을, 그들의 소망에 대

  한 메시지와 함께/ 절망하고, 바위로 둘러싸인 **아주 작은 마을**을 위한.

  그가 볼 수 있는 것처럼 생각됐다/ 그들이 구름 아래를 내려다보는 것을

15 그리고 **응시하는** 것을—그리고 이 장소에서 무엇을

  응시해야 하든/ **그 장소에** 그는 묶여 있었다—다음은 무엇일까?

  그들은 땅으로 **유도되었다**/ 어떤 **교활한** 장치에 의해/ 거기에

  가두어지기 위해/ 특허받은 약들과 안내장으로부터/

  최후의 심판 날까지—또는, 그들은 실패하거나 떨어졌다면/

20 **덫**에, 빠르게 **날아온 연기**와 둥글고 날카로운

  나뉘진 껍데기가 그들을 데려와 지면으로 **늘어뜨릴** 것이다—그리고 '속상한'

  퍼시의 어머니와 여자들이 있었다. 존은 그의 머리를 흔들었고,

  유령이 공허한 웃음으로 조용히 **나왔다**/ 그의 나뉘진 입술에서.

  무슨 극단적인 **거래**가 여기 숨겨져 있을까? 무슨 도덕적인

25 **방편**이 기이한 크로이소스(큰 부자)에게 있을까? 무슨 끔찍하고 귀중한

  수수께끼가 있을까?….

  친칠라 구름은 지금 **떠나갔다**/

  몬태나의 밤은 외부에서 낮처럼 밝았다. 그 길의 무늬 벽돌은

  커다란 타이어가 **밟아 가기에** 매끈했다/ 그들이

rounded a still, moonlit lake; they passed into darkness for a moment, a pine **grove**, pungent and cool, then they came out into a broad avenue of **lawn** and John's exclamation of pleasure was simultaneous with Percy's **taciturn** "We're home." 5

Full in the light of the stars, an **exquisite** château rose from the **border**s of the lake, climbed in marble radiance half the height of an **adjoining** mountain, then melted in grace, in perfect **symmetry**, in translucent feminine **languor**, into the massed darkness of a forest of pine. The 10 many towers, the slender **tracery** of the sloping **parapet**s, the chiselled wonder of a thousand yellow windows with their **oblong**s and hectagons and triangles of golden light, the **shattered** softness of the **intersecting** planes of star-shine and blue **shade**, all trembled on John's spirit like a 15 chord of music. On one of the towers, the tallest, the blackest at its base, an **arrangement** of exterior lights at the top made a sort of floating **fairyland**—and as John gazed up in warm **enchantment** the faint **acciaccare** sound of violins drifted down in a rococo harmony that was like nothing he 20 had ever heard before. Then in a moment the car stopped before wide, high marble steps around which the night air was **fragrant** with a host of flowers. At the top of the steps two great doors swung silently open and **amber** light flooded out upon the darkness, **silhouetting** the figure of an 25 exquisite lady with black, high-**piled** hair, who **held out** her arms toward them.

"Mother," Percy was saying, "this is my friend, John Unger, from Hades."

돌아갔을 때/ 조용하고, 달이 빛나는 호수를; 그들은 잠시 어둠으로 들어

갔다, 소나무 **숲인**, 향이 강하고 시원한, 그러고 나서 그들은 나왔다/

넓은 **잔디밭** 길 안으로/ 그리고 존의 기쁨이 넘치는 감탄사가

동시에 나왔다/ 퍼시의 **과묵함**과 함께

5 "집에 도착했어."

별의 빛으로 가득 찼고, **매우 아름다운** 성의 장미가

호수 **둘레**에서부터, 타고 올라갔다/ 부드러운 빛으로/

인접한 산의 절반 높이로, 그러고 나서 우아하게 녹았다,

완벽한 **대칭**으로, 반투명한 여성스러운

10 **나른함**으로, 밀집한 소나무 숲의 어둠 안으로.

많은 탑과, 비탈진 **난간**의 가느다란 **장식**과,

조각같이 놀라운 천 개의 노란 창문의/

금색 빛의 **직사각형**과 백각형과 삼각형과,

산산 조각난 부드러움과/ **교차하는** 비행기들처럼 별이-

15 빛나는 것의/ 그리고 푸른 **음영**은, 모두 떨렸다/ 존의 영혼에서/

음악의 화음처럼. 탑 중의 하나에서, 가장 높고,

아랫부분이 가장 검은, **배치된** 바깥 불빛은 꼭대기에서

만들었다/ 어떤 떠다니는 **요정의 나라**를—그리고 존은 위를 바라봤을 때/

따뜻한 **황홀감**에/ 바이올린의 희미하지만 **강렬한** 소리가

20 떠내려왔다/ 로코코 양식의 화음으로/ 저것은 그가

전에 한 번도 들을 수 없었다. 그러고 나서 잠시동안/ 차는 멈췄다/

넓고, 높은 대리석 계단 앞에서/ 주변의 밤

공기는 **향긋했다**/ 다수의 꽃으로. 계단의 꼭대기에/

두 개의 거대한 문이 조용히 흔들리며 열렸다/ 그리고 **황색** 불빛이

25 쏟아졌다/ 그 어둠으로, 아름다운 여인의 **윤곽을 만들면서**/

검고, 높게-**올린** 머리로, 그녀는 팔을 **내밀었다**

그들을 향해 .

"어머니," 퍼시는 말하는 중이었다, "여기는 제 친구, 존 웅거에요,

하데스에서 왔어요."

Afterward John remembered that first night as a **daze** of many colors, of quick **sensory** impressions, of music soft as a voice in love, and of the beauty of things, lights and shadows, and motions and faces. There was a whitehaired man who stood drinking a many-hued **cordial** from a **crystal thimble** set on a golden stem. There was a girl with a **flowery** face, dressed like Titania with **braided** sapphires in her hair. There was a room where the solid, soft gold of the walls **yielded** to the pressure of his hand, and a room that was like a **platonic** conception of the ultimate prism— ceiling, floor, and all, it was lined with an unbroken **mass** of diamonds, diamonds of every size and shape, until, lit with tall violet lamps in the corners, it **dazzled** the eyes with a whiteness that could be compared only with itself, beyond human wish or dream.

Through a **maze** of these rooms the two boys wandered. Sometimes the floor under their feet would flame in **brilliant** patterns from lighting below, patterns of barbaric **clashing** colors, of pastel **delicacy**, of **sheer** whiteness, or of **subtle** and **intricate** mosaic, surely from some **mosque** on the Adriatic Sea. Sometimes **beneath** layers of thick crystal he would see blue or green water **swirling**, inhabited by vivid fish and growths of rainbow **foliage**.

Then they would be **treading** on furs of every texture and color or along **corridor**s of palest ivory, unbroken as though carved complete from the gigantic **tusk**s of dinosaurs extinct before the age of man⋯.

Then a **hazily** remembered transition, and they were at dinner—where each plate was of two almost **impercepti-**

나중에 존은 기억했다/ 첫날 밤을/ 많은 색깔의 **눈부심**으로,

빠른 **감각**의 인상들의, 부드러운 음악의/

사랑의 목소리 같은, 그리고 아름다운 것들의, 빛과

그림자, 그리고 움직임들과 얼굴들의. 하얀 머리의

5 남자가 있었는데/ 그는 서서 마셨다/ 다-채로운 **코디얼(과일주스)**을/

작은 유리잔 세트에/ 금색 손잡이의.

꽃 같은 얼굴의 소녀가 있었는데, 티타니아(요정 여왕)처럼 입었고/ 머리를

사파이어로 **땋았다**. 방이 있었는데/ 그곳은 순수한(섞이지 않은), 부드러운

금으로 벽이 **움직였다**/ 그가 손으로 눌러서, 그리고 방의

10 모습은 **정신적인 사랑의** 개념 같았다/ 최후의 프리즘을 사용한—

천장, 바닥, 그리고 모두, 그것은 줄이었다/ 부서지지 않은 다이아몬드 **덩어리**

로, 모든 크기와 형태의 다이아몬드들로, 모퉁이에서 키 높은

보랏빛 전등으로 밝혀진 곳까지, 그것은 눈을 **황홀하게** 했다/

순백색으로/ (다른 것은 불가능하고) 오직 그것 자체와 비교될 수 있었다,

15 인간의 소망이나 꿈을 넘어섰다.

이 방의 **미로**를 통해/ 두 소년은 돌아다녔다.

때로 그들의 발밑 바닥에서/ **훌륭한**

방식으로 불꽃이 타곤 했다/ 아래서부터 비쳤는데, 야만적으로

부딪히는(부조화스러운) 색깔 패턴, 파스텔 색조의 **연약함**, 순백색, 또는

20 **미묘하고 복잡한** 모자이크, 아드리아해의 **모스크(회교 사원)**에서 온 것이

분명했다. 때로는 두꺼운 유리 층 **바로 아래에서**/

그는 보곤 했다/ 푸르거나 녹색의 물이 **소용돌이치는** 것을,

활발한 물고기들이 서식했고/ 무지개색 **나뭇잎**이 무성했다.

그리고 나서 그들은 **디디고 있었다**/ 모든 질감과 색깔의 가죽들이나/

25 옅은 상아색의 **복도**를 따라, 부서지지 않았다/

그것이 완전히 새겨졌지만/ 멸종된 거대한 공룡의 **상아**에

사람이 존재하기 이전의….

그리고 나서 기억에서 **어렴풋하게** 변화됐고, 그리고 그들은

저녁 식사에 있었다—그곳에서 각각의 접시는 2장으로 되었는데/ 거의 **갑지**

ble layers of **solid** diamond between which was curiously worked a **filigree** of emerald design, a shaving sliced from green air. Music, **plangent** and unobtrusive, drifted down through far corridors—his chair, feathered and curved **insidiously** to his back, seemed to **engulf** and overpower him as he drank his first glass of **port**. He tried **drowsily** to answer a question that had been asked him, but the **honeyed** luxury that **clasped** his body added to the **illusion** of sleep—jewels, fabrics, wines, and metals **blurred** before his eyes into a sweet **mist**⋯.

"Yes," he replied with a polite effort, "it certainly is hot enough for me down there."

He **managed to** add a ghostly laugh; then, without movement, without resistance, he seemed to float off and away, leaving an iced dessert that was pink as a dream⋯. He fell asleep.

When he awoke he knew that several hours had passed. He was in a great quiet room with **ebony** walls and a dull **illumination** that was too faint, too subtle, to be called a light. His young host was standing over him.

"You fell asleep at dinner," Percy was saying. "I nearly did, too—it was such a treat to be comfortable again after this year of school. Servants undressed and bathed you while you were sleeping."

"Is this a bed or a cloud?" **sighed** John. "Percy, Percy—before you go, I want to apologize."

"For what?"

"For doubting you when you said you had a diamond as big as the Ritz-Carlton Hotel."

할 수 없는 층의 다이아몬드 **원석**이 그 두 장 사이에서 신기하게

작업 되어 있었다/ **금줄 세공된** 에메랄드 디자인이었고, 초록 공기를 면도날

로 얇게 잘라낸 듯했다. 음악은, **구슬프고** 야단스럽지 않게, 흘러나왔다/

먼 복도를 통해서—그의 의자는, 깃털로 덮였고, **서서히**

5 그의 뒤쪽으로 굽었다, 그를 완전히 **에워싸고** 압도한 것처럼 보였다/

그가 마셨을 때/ 그의 첫 **포트 와인** 한잔을. 그는 **나른하게**

질문에 대답하려고 했다/ 그에게 질문될 때면, 하지만 **꿀 발린듯한**

고급스러움은(그의 몸을 **움켜쥔**) 자는듯한 **착시**를 더 했다—

보석들, 섬유, 와인, 그리고 금속들 **흐릿했다**/ 그의 눈앞에서/

10 달콤한 **안개** 안으로….

"그래요," 그는 공손하게 노력하며 대답했다. "그것은 분명히 저한테 덥지

요/ 아래 (지역)에서는요."

그는 **가까스로** 더했다/ 희미한 웃음을; 그리고 나서, 움직임이나

저항 없이, 그는 떠올라 멀어지는 것 같았다,

15 얼음 넣은 디저트를 남기고/ 꿈에서 나온 듯한 분홍색의…. 그는

잠에 빠졌다.

그가 일어났을 때/ 그는 몇(4~5) 시간이 지난 것을 알았다.

그는 상당히 조용한 방 안에 있었다/ **검은** 벽과 흐릿한

조명으로 된/ 저것은 너무 희미했고, 너무 미묘했다, 빛이라고 불리기에

20 는. 그의 젊은 주인은 그의 위에 서 있었다.

"너는 저녁 식사 중에 잠들었어," 퍼시는 말하고 있었다, "나는 거의

했지, 너무—그것은 다시 편안해지는 좋은 대접이었어/

올해 학업이 끝나고. 하인들은 옷을 벗겨서 목욕시켰어/ 네가

자고 있을 때."

25 "이것은 침대야 구름이야?" 존은 **한숨을 쉬었다**. "퍼시, 퍼시—

네가 가기 전에, 나는 사과하고 싶어."

"무엇 때문에?"

"너를 의심한 것 때문에/ 네가

리츠-칼튼 호텔만 한 다이아를 가졌다고 한 것을"

Percy smiled.

"I thought you didn't believe me. It's that mountain, you know."

"What mountain?"

"The mountain the château rests on. It's not very big, for a mountain. But except about fifty feet of **sod** and **gravel** on top it's solid diamond. One diamond, one **cubic** mile without a **flaw**. Aren't you listening? Say⋯." ⁵

But John T. Unger had again fallen asleep.

퍼시는 웃었다.

"나는 네가 나를 믿지 않았다고 생각했어. 그것은 저 산이야, 네가
아는."

"무슨 산인데?"

저 성이 달린 산. 그것은 아주 크진 않아, 산치고는.
하지만 50피트(15m)의 **녀석**과 꼭대기의 **자갈**만 빼고
그것은 다이아 원석이야. 한 개의 다이아, 1 **입방** 마일(1.6km*1.6km)의
홈 없는 것이지. 듣지 않고 있니? 말하자면…."

하지만 존 T. 웅거는 다시 잠에 빠졌다.

MORNING. As he awoke he perceived **drowsily** that the room had at the same moment become **dense** with sunlight. The ebony panels of one wall had slid aside on a sort of track, leaving his chamber half open to the day. A large negro in a white uniform stood beside his bed.

"Good-evening," **muttered** John, summoning his brains from the wild places.

"Good-morning, sir. Are you ready for your bath, sir? Oh, don't get up—I'll put you in, if you'll just **unbutton** your pajamas—there. Thank you, sir."

John lay quietly as his pajamas were removed—he was amused and delighted; he expected to be lifted like a child by this black Gargantua who was **tending** him, but nothing of the sort happened; instead he felt the bed **tilt** up slowly on its side—he began to roll, **startled** at first, in the direction of the wall, but when he reached the wall its **drapery** gave way, and sliding two yards farther down a **fleecy** incline he **plumped** gently into water the same temperature as his body.

He looked about him. The runway or rollway on which he had arrived had **folded** gently back into place. He had been projected into another chamber and was sitting in a **sunken bath** with his head just above the level of the floor. All about him, **lining** the walls of the room and the sides and bottom of the bath itself, was a blue **aquarium**, and gazing through the crystal surface on which he sat, he could see fish swimming among **amber** lights and even gliding

아침. 그가 깨어났을 때/ 그는 **졸린 듯이** 감지했다/ 그

방이 된 것을/ 그 때에 태양 빛과 같은 **밀도**로.

벽의 흑색 판은 옆으로 미끄러졌다/

레일 같은 것을 따라, 그의 방을 절반 정도 햇빛에 열리게 하면서. 큰 흑인

5 이 하얀 제복을 입고 서 있었다/ 그의 침대 옆에서.

"좋은-저녁이야," 존이 **중얼거렸다**, 그의 뇌를 소환하면서/

제멋대로(잠)인 장소에서.

"좋은-아침입니다. 목욕하실 준비 되셨습니까? 오,

일어나지 마세요—제가 넣어드릴께요, 당신은 단지 파자마 **단추를 끌러**주세

10 요. 고맙습니다, 주인님."

존은 조용히 그의 파자마를 벗었다—그는

놀랍고 기뻤다; 그는 아이처럼 들어 올려지길 기대했다/

이 검은 가르강튀아(라블레 소설의 거인 왕)에 의해/ 그는 **시중을 들** 뿐,

그런 어떤 일도 일어나지 않았다; 대신에 그는 침대를 느리게 **기울였다**/

15 옆쪽으로—그는 구르기 시작했고, 처음에는 **놀랐지만**, 벽 쪽 방향이라서,

하지만 그가 벽에 닿았을 때/ 그것의 **천**이

길을 열었다, 그리고 2야드(1.8m) 정도 **폭신한** 경사를 미끄러져 내려가서/

그는 부드럽게 물에 **텀벙 빠졌다**/ 그의 몸과 같은 온도였다.

20 그는 자기 주변을 살펴봤다. 그 활주로 혹은 미끄럼대는 (그곳에

그는 도착했다) 부드럽게 원래의 장소로 **접혔다**. 그는

다른 방으로 던져져서/ 앉아 있었다/

물속 목욕을 하면서/ 그의 머리는 바닥보다 살짝 높았다.

그의 주변의 모든 것은, 벽들을 **늘어세우면서**/ 옆과 바닥은

25 욕탕 자체였다, 푸른 **수족관**이었다, 그리고

유리 표면을 응시하면서/ 그는 그 표면에 앉아있었다,

그는 물고기가 헤엄치는 것을 볼 수 있었다/ **황색** 빛 사이에서/ 그리고

without curiosity past his **outstretched** toes, which were separated from them only by the thickness of the crystal. From overhead, sunlight came down through sea-green glass.

"I suppose, sir, that you'd like hot rosewater and **soap-sud**s this morning sir—and perhaps cold salt water to finish."

The negro was standing beside him.

"Yes," agreed John, smiling **inanely**, "as you please." Any idea of ordering this bath according to his own **meager** standards of living would have been **priggish** and not a little wicked.

The negro pressed a button and a warm rain began to fall, **apparently** from overhead, but really, so John discovered after a moment, from a fountain **arrangement** near by. The water turned to a pale rose color and jets of liquid soap **spurted** into it from four miniature **walrus** heads at the corners of the bath. In a moment a dozen little **paddle**-wheels, fixed to the sides, had **churned** the mixture into a **radiant** rainbow of pink foam which **enveloped** him softly with its **delicious** lightness, and burst in shining, rosy bubbles here and there about him.

"Shall I turn on the moving-picture machine, sir?" suggested the negro **deferentially**. "There's a good **one-reel** comedy in this machine to-day, or can put in a serious piece in a moment, if you prefer it."

"No, thanks," answered John, politely but firmly. He was enjoying his at too much to desire any **distraction**. But distraction came. In a moment he was listening **intently** to the sound of flutes from just outside, flutes **ripping** a melody that was

심지어 (물고기는) 미끄러져 갔다/ 호기심 없이/ 그의 **쭉 뻗은** 발가락을,

물고기와 나뉘었을 뿐이다/ 두꺼운 유리로.

머리 위로는 태양 빛이 들어왔다/ 바닷빛-초록

유리를 통해.

5 "제 생각에는. 당신이 뜨거운 장미 향수와 **비누 거품**을 좋아하실 것 같습니다/

오늘 아침에는요—그리고 아마도 차가운 소금물로 끝내는 것을요."

그 흑인은 그의 옆에 서 있었다.

"그래," 존은 동의했다, **멍하니** 웃으며, "네가 원하는 대로."

이 목욕에 대해 요구하는 어떤 생각도/ 그가 아는 **빈약한**

10 수준의 삶을 따르면/ **건방질** 것 같았다/ 조금도

악의는 없었다.

흑인은 버튼을 눌렀고/ 따뜻한 비가 떨어지기 시작했다,

보아하니/ 머리 위로부터, 하지만 진짜로, 그렇게 존은

잠시 후 발견했다, 근처에 **준비된** 분수에서 온 것임을.

15 물은 옅은 장밋빛으로 바뀌었고/ 액상

비누의 분출물이 **뿜어졌다**/ 그것으로/ 4개의 **바다코끼리** 머리에서/

욕조의 귀퉁이의. 잠시동안 12개의 작은 (노)젓는-

바퀴가, 옆에 고정되었고, 혼합물을 **휘저었다**/

빛나는 분홍색 거품의 무지개로/ 그것은 그를 부드럽게 **뒤덮었다**/

20 그것의 **기분 좋은** 가벼움으로, 그리고 빛을 내며 폭발했다, 장미

거품이 그의 여기저기에서.

"제가 움직이는-그림 기계(TV)를 틀어드릴까요?"

흑인이 **공손히** 제안했다. "**한-편**의 좋은 코미디 영화가 있는데요/

오늘 이 기계에는, 아니면 곧 진지한 것(영화)을 넣을 수도 있습니다,

25 당신이 원하신다면요."

"아니에요. 고맙지만 (괜찮아)," 존이 대답했다, 공손하지만 단호하게. 그는

스스로 너무 많이 즐기고 있어서 어떤 **방해**도 원하지 않았다. 하지만 방해

하는 것이 왔다. 곧 그는 **오로지** 즐기고 있었다/ 플루트의

소리를/ 바로 바깥에서 들리는, 플루트는 **훌륭하게** 선율을 만들었다/

like a waterfall, cool and green as the room itself, accompanying a **frothy** piccolo, in play more **fragile** than the lace of us that covered and **charmed** him.

After a cold salt-water **bracer** and a cold fresh finish, he stepped out and into a **fleecy** robe, and upon a couch covered with the same material he was **rubbed** with oil, alcohol, and spice. Later he sat in a **voluptuous** chair while he was shaved and his hair was trimmed.

"Mr. Percy is waiting in your **sitting-room**," said the negro, when these operations were finished. "My name is Gygsum, Mr. Unger, sir. I am to see to Mr. Unger every morning."

John walked out into the **brisk** sunshine of his living-room, where he found breakfast waiting for him and Percy, **gorgeous** in white kid knickerbockers, smoking in an **easy chair**.

저것은 폭포 같았다, 시원하고 초록색인/ 그 방 자체처럼,

거품 같은 피콜로 반주가 따라오면서, 연주가 더욱 **섬세해졌다**/ 우리의 레이스(망사 천)보다/ 그것이 그를 덮고 **사로잡았다.**

차가운 소금-물 **자극제**와 차갑고 상쾌한 마무리 이후에,

5 그는 걸어 나갔다/ 그리고 **푹신한** 목욕가운을 입고,

같은 소재로 덮인 침상에서/ 그는 기름, 알콜, 그리고 향신료로 **문질러졌다.**

나중에 그는 **관능적인** 의자에 앉았다/

그가 면도 되고/ 머리가 다듬어지는 동안에.

"퍼시씨는 당신의 **거실**에서 기다리고 계십니다," 그 흑인이 말했다.

10 이 작업이 끝날 때. "제 이름은 짐섬입니다,

웅거님. 저는 매일 아침 웅거 님을 만날 것입니다."

존은 그의 거실의 **상쾌한** 햇빛으로 걸어나갔다,

그곳에서 그는 퍼시와 아침 식사가 그를 기다리는 것을 발견했는데,

끝내줬다/ 청소년용 흰색 니커바커(무릎 밑을 조이는 헐렁한 반바지)를

15 입고, **안락의자**에서 담배 피우는 모습.

원어민 MP3
bit.ly/
3zk7kf

18

sketch	요약하다
colonel	대령
plantation	농장
estate	사유지
two dozen	24개
take out	경작하다
stumble	헛디디다
vanish	사라지다
providence	섭리
alleviate	완화하다
burden	짐
gleam	반짝임
appetite	식욕

19

persistence	고집
magnitude	규모
apparent	분명한
quandary	진퇴양난
literally	말 그대로
solid	원석
dispose	처리하다
fainted	졸도한
disturber	어지럽힌 자
in exchange	~을 대가로
exceptional	특출한
just in time	적시에
not so much	~라기보다
mysterious	알 수 없는
current	흘러나온
excursion	(짧은) 여행
pick	곡괭이

20

fortnight	2주일
estimate	추산하다
approximately	대략
value	가치를 평가하다
computation	계산
arithmetical	산술의
predicament	곤경
ever lived	(역사상) 살았던
transpire	새어 나오다
measure	방도
resort	도움을 구하다
panic	공황
claim	권리
institute	시작하다
market	시장에 내놓다
send for	부르다
in charge of	~을 담당하게
abolished	폐지된
proclamation	선언문
reorganize	재조직하다
pitched battle	대격전
implicitly	절대적으로
revival services	부흥회

21

obscure	잘 알려지지 않은
court	궁정
fortnight	2주
deposit	입금하다
alias	가명
disclosure	폭로
public eye	다른 사람들의 눈
fatality	사망자

occupy	차지하다
epic	장대한
side issue	지엽적인 일
evade	피하다
compel	강요하다

22

indiscreet	조심성 없는
stupor	인사불성
stain	오점을 남기다
expansion	확장
policy	방침
bought up	살 수 있는 대로 다 사는
in bulk	대량으로
vault	금고
bric-a-brac	장식품
tensive	긴장될 정도의
convert	전환하다
element	성분
equivalent	맞먹는
receptacle	용기
go far enough	(원하는 만큼) 충분히 되도록
computation	계산
cipher	암호
patronize	애용하다
seal up	봉하다
unparalleled	비할 데 없는
lest	~하지 않도록
utter	말하다

23

granite	화강암
give off	발산하다

THIS IS A STORY of the Washington family as Percy **sketched** it for John during breakfast.

The father of the present Mr. Washington had been a Virginian, a direct descendant of George Washington, and Lord Baltimore. At the close of the Civil War he was a twenty-five-year-old **Colonel** with a played-out **plantation** and about a thousand dollars in gold.

Fitz-Norman Culpepper Washington, for that was the young Colonel's name, decided to present the Virginia **estate** to his younger brother and go West. He selected **two dozen** of the most faithful blacks, who, of course, worshipped him, and bought twenty-five tickets to the West, where he intended to **take out** land in their names and start a sheep and cattle ranch.

When he had been in Montana for less than a month and things were going very poorly indeed, he **stumbled** on his great discovery. He had lost his way when riding in the hills, and after a day without food he began to grow hungry. As he was without his rifle, he was forced to pursue a squirrel, and in the course of the pursuit he noticed that it was carrying something shiny in its mouth. Just before it **vanished** into its hole—for **Providence** did not intend that this squirrel should **alleviate** his hunger—it dropped its **burden**. Sitting down to consider the situation Fitz-Norman's eye was caught by a **gleam** in the grass beside him. In ten seconds he had completely lost his **appetite** and gained one hundred thousand dollars. The squirrel, which

이 이야기는 워싱턴 가족에 대한 것을 퍼시가 **요약한** 것이다/

존이 아침을 먹는 동안.

현재의 워싱턴 씨의 아버지는

버지니아주 사람이었다, 조지 워싱턴과

5 발티모어 경의 직계 후손이었다. 시민전쟁의 끝에서 그는

25살 나이의 **대령**이었고/ (땅의) 능력이-다한 **농장**과

약 천 달러 어치(현재의 1만 4천 달러, 1500만 원 정도)의 금을 가졌다.

피츠-노먼 컬페퍼 워싱턴은, 그

젊은 대령의 이름이었는데, 버지니아

10 **사유지**를 주기로 결심했다/ 그의 어린 동생에게/ 그리고 서쪽으로 가기로

(결심했다). 그는 **24개**의 가장 성실한 흑인을 골랐다, 그들은, 물론,

그를 숭배했다, 그리고 서쪽으로 향하는 25개의 표를 샀다,

그곳에서 그는 땅을 **경작할** 생각이었다/ 그들의 이름으로. 그리고

양과 소의 목장을 시작할 (생각이었다).

15 그가 몬타나에 왔을 때/ 한 달보다 적게/

그리고 상황은 아주 정말로 열악했다, 그는 **헛디뎠다**/

그의 대단한 발견에서. 그는 길을 잃었다/

언덕에서 (말을) 타다가, 그리고 음식 없이 하루가 지나고/ 그는

배고파지기 시작했다. 그가 총이 없었기에, 그는 다람쥐를 쫓아다녀야 했

20 다, 그리고 쫓는 과정에서 그는 알아챘다/

다람쥐가 입에 지니고 있는 것이 빛났다고. 그것이 구멍 안으로

사라지기 바로 직전에—왜냐하면 (신의) **섭리**는 의도하지 않았기에/

이 다람쥐가 그의 배고픔을 **완화하기**를—그것은

짐을 떨어트렸다. 그 상황을 생각하기 위해 앉으면서/ 피츠-노먼의

25 눈은 사로잡혔다/ 그의 옆의 유리 속의 **반짝임**에.

10초 동안 그는 완전히 **식욕**을 잃었다/ 그리고

10만 달러(현재의 15억 정도)를 얻었다. 그 다람쥐는,

had refused with annoying **persistence** to become food, had made him a present of a large and perfect diamond.

Late that night he found his way to camp and twelve hours later all the males among his darkies were back by the squirrel hole digging furiously at the side of the mountain. He told them he had discovered a rhinestone mine, and, as only one or two of them had ever seen even a small diamond before, they believed him, without question. When the **magnitude** of his discovery became **apparent** to him, he found himself in a **quandary**. The mountain was a diamond—it was **literally** nothing else but **solid** diamond. He filled four saddle bags full of glittering samples and started on horseback for St. Paul. There he managed to **dispose** of half a dozen small stones—when he tried a larger one a storekeeper **fainted** and Fitz-Norman was arrested as a public **disturber**. He escaped from jail and caught the train for New York, where he sold a few medium-sized diamonds and received **in exchange** about two hundred thousand dollars in gold. But he did not dare to produce any **exceptional** gems—in fact, he left New York **just in time**. Tremendous excitement had been created in jewelry circles, **not so much** by the size of his diamonds as by their appearance in the city from **mysterious** sources. Wild rumors became **current** that a diamond mine had been discovered in the Catskills, on the Jersey coast, on Long Island, beneath Washington Square. **Excursion** trains, packed with men carrying **pick**s and shovels, began to leave New York hourly, bound for various neighboring El Dorados. But by that time young Fitz-Norman was on his way back to Montana.

(거절했다/ 약오르게 하는 **고집**으로 먹이가 되는 것을),

그에게 선물을 만들어줬다/ 거대하고 완벽한 다이아몬드의 (선물을).

저 날의 늦은 밤에/ 그는 캠프로 가는 길을 발견했다/ 그리고 12

시간 후에 검둥이 중에 모든 남자들은 돌아왔다/

5   그 다람쥐 구멍까지/ 격렬하게 파면서/ 산 옆쪽으로.

그는 그들에게 말했다/ 그가 라인석(모조 다이아몬드) 광산을 발견했다

고, 그리고, 그들 중에 한두 명만 전에 (그것도 작은 것만) 본적이 있었다,

그들은 그를 믿었다,

의심 없이. 그의 발견의 **규모**가 **분명해**졌을 때,

10   그는 스스로 **진퇴양난**에 빠졌음을 알았다. 그 산이 (바로)

다이아몬드였기에—그것은 **말 그대로** 아무것도 없이 다이아몬드 원석이

었다. 그는 4개의 안장주머니를 가득 채웠다/ 빛나는 견본들로/ 그리고

말 등에 올라 세인트 폴로 출발했다. 그곳에 그는 가까스로

처리할 수 있었다/ 6개의 작은 돌—그가 더 큰 것을 시도했을 때/

15   가게 주인은 **졸도했고**/ 피츠-노먼은 체포되었다/

공공을 **어지럽힌 자**로써. 그는 감옥에서 도망쳤고/

뉴욕행 열차를 탔다, 그곳에서 그는 2~3개의 중간-크기의 다이아몬드를

팔았고/ **대가로** 20만

달러(현재의 약 30억)의 금을 받았다. 하지만 그는 감히 **특출한**

20   보석을 만들어낼 수는 없었다—사실, 그는 뉴욕을 **적시에** 떠났다. 엄청난

흥분이 보석계에 만들어졌다, 다이아몬드의 사이즈 때문이**라기보다**/

그것들이 도시에 나타난 것 때문이다/

어디서 만들어졌는지 **알 수 없**어서. 터무니없는 루머들이

흘러나왔다/ 다이아몬드 광산이 발견되었다는/

25   캐츠킬에서(미국 동부 산맥 지역), 뉴져지 해변에서, 롱 아일랜드에서,

워싱턴 스퀘어 바로 밑에 있는. **(짧은) 여행** 기차는,

(곡괭이와 삽을 든 남자들로 들어차서), 매시간 뉴욕을 떠나기 시작했다,

엘도라도 근처의 다양한 곳을 향한. 하지만 저 때에/

젊은 피츠-노먼은 몬타나로 돌아가지 않았다.

By the end of a **fortnight** he had **estimated** that the diamond in the mountain was **approximately** equal in quantity to all the rest of the diamonds known to exist in the world. There was no **valuing** it by any regular **computation**, however, for it was one solid diamond—and if it were offered for sale not only would **the bottom fall out of the market**, but also, if the value should vary with its size in the usual **arithmetical** progression, there would not be enough gold in the world to buy a tenth part of it. And what could any one do with a diamond that size?

It was an amazing **predicament**. He was, in one sense, the richest man that **ever lived**—and yet was he worth anything at all? If his secret should **transpire** there was no telling to what **measure**s the Government might **resort** in order to prevent a **panic**, in gold as well as in jewels. They might take over the **claim** immediately and **institute** a monopoly.

There was no alternative—he must **market** his mountain in secret. He **sent** South **for** his younger brother and put him **in charge of** his colored following—darkies who had never realized that slavery was **abolished**. To make sure of this, he read them a **proclamation** that he had composed, which announced that General Forrest had **reorganized** the shattered Southern armies and defeated the North in one **pitched battle**. The negroes believed him **implicitly**. They passed a vote declaring it a good thing and held **revival services** immediately.

Fitz-Norman himself set out for foreign parts with one hundred thousand dollars and two trunks filled with rough diamonds of all sizes. He sailed for Russia in a Chinese

2주일의 끝에/ 그는 **추산했다**/ 그 산의 다이아몬드가

대략 비슷한 양이라고/

세상에 존재하는 다른 모든 다이아몬드만큼의.

그것의 **가치를 평가할** 수 없었다/ 어떤 일반적인 **계산으로는,**

⁵ 하지만, 왜냐하면 그것이 순수한 한 개의 다이아이기에—그리고 그것이 팔

린다면/ 그것의 **시장의 바닥 (가격이) 붕괴**될 뿐 아니라,

또한, 그 가치를 다르게 할 것이다/ 그것의 크기로/

일반적인 **산술의** 방식으로는, 세상에는 충분한

금이 없을 것이다/ 그것의 10분의 1을 사기 위해서도. 누가 해낼 수 있겠

¹⁰ 는가/ 저런 다이아몬드 사이즈를?

그것은 경이로운 **곤경이었다.** 그는, 어떤 의미에서,

(역사상) 살았던 모든 사람 중에 가장 부자인 사람이었다—하지만 그가 무

엇보다도 가치 있을까? 그의 비밀이 **새어 나온다면**/ 누구도

해결책을 말할 수 없어서/ 정부는 **도움을 구할**지도 모른다/

¹⁵ **공황**을 막기 위해, 금에서나 보석에서나. 그들은 가져갈지도 모른다/

즉시 그 **권리**를/ 그리고 독점을 **시작할지도** (모른다).

대안이 없었다—그는 자기 산을 비밀리에 **시장에 내놔야** 했다.

그는 남쪽의 동생을 **불렀다**/ 그리고 그에게

담당하게 했다/ 그의 (피부에) 색깔 있는 추종자들인—검둥이를/ 그들은

²⁰ 절대 몰랐다/ 노예제도가 **폐지된** 것을. 이것을 확실하게 하려고,

그는 그들에게 읽어줬다/ 그가 작성한 **선언문을**/ 그것은 발표했다/

포레스트 장군이 산산조각난 남쪽 군대를 **재조직했다**고/

그리고 북쪽을 한 번의

대격전에서 패배시켰다고. 흑인들은 그를 **절대적으로** 믿었다. 그들은

²⁵ 투표는 건너뛰고/ 그것이 좋은 것이라고 선언했다/ 그리고 즉시 **부흥회**

를 열었다.

피츠-노먼은 스스로 나섰다/ 외국의 지역으로/

10만 달러(현재의 15억)와 2개의 가방에 모든 크기의 다이아 원석을.

그는 러시아로 항해했다/ 중국식

junk and six months after his departure from Montana he was in St. Petersburg. He took **obscure** lodgings and called immediately upon the **court** jeweller, announcing that he had a diamond for the Czar. He remained in St. Petersburg for two weeks, in constant danger of being murdered, living from lodging to lodging, and afraid to visit his trunks more than three or four times during the whole **fortnight**.

On his promise to return in a year with larger and finer stones, he was allowed to leave for India. Before he left, however, the Court Treasurers had **deposit**ed to his credit, in American banks, the sum of fifteen million dollars—under four different **alias**es.

He returned to America in 1868, having been gone a little over two years. He had visited the capitals of twenty-two countries and talked with five emperors, eleven kings, three princes, a shah, a khan, and a sultan. At that time Fitz-Norman estimated his own wealth at one billion dollars. One fact worked consistently against the **disclosure** of his secret. No one of his larger diamonds remained in the **public eye** for a week before being invested with a history of enough **fatalities**, amours, revolutions, and wars to have **occupied** it from the days of the first Babylonian Empire.

From 1870 until his death in 1900, the history of Fitz-Norman Washington was a long **epic** in gold. There were **side issue**s, of course—he **evaded** the surveys, he married a Virginia lady, by whom he had a single son, and he was **compelled**, due to a series of unfortunate complications, to murder his brother, whose unfortunate habit of drinking himself into an **indiscreet stupor** had several

배를 타고/ 그리고 몬태나에서 출발한 지 6개월 후에/ 그는

상트페테르부르크(과거 러시아의 수도)에 있었다. 그는 **잘 알려지지 않은**

숙소에 묵었고/ 즉시 **궁정**의 보석상에게 불려갔다, 알리면서/ 그가

황제를 위한 보석을 가졌다고. 그는 상트페테르부르크

5   2주간 있었고, 계속되는 살해의 위험 속에서,

옮겨 살면서/ 이 숙소 저 숙소에서, 그리고 두려워했다/ 그의 가방을

3~4회 이상 방문하는(보려는) 것을/ **2주** 내내.

1년 후에 돌아오겠다는 약속으로/ 더 크고 좋은

돌과 함께, 그는 인도로 떠나는 것이 허락됐다. 그가 떠나기 전에,

10   하지만, 그 왕의 보물 상인은 **입금했**다/ 그의 잔고에,

미국 은행 안에 있는, 합계가 천오백만 달러(현재의 2240억원)였다—

4개의 다른 **가명**으로.

그는 1868년에 미국에 돌아왔다,

2년이 조금 넘게 지내고. 그는 22

15   나라의 수도를 방문했다/ 5명의 황제와 이야기하고,

왕 11명, 왕자 3명, 샤, 칸, 그리고 술탄이라는. 그때에

피츠-노먼은 추정했다/ 그의 부가 10억 달러(현재의 22.5조 원)에 달한다

고. 한 가지 사실은 끊임없이 작동했다/ 그의 비밀 **폭로**에 맞서서.

그의 더 큰 다이아몬드의 어떤 것도

20   **다른 사람들의 눈**에 남아 있지 않게 될 것이다/ 투자되기 1주일 전에

(새로운) 역사가 함께했을 것이다/ 충분한 **사망자**들의, 정사들, 혁명들,

그리고 전쟁의 그것을 **차지하기 위한**/ 첫 바빌론 왕국 이래로.

1870년부터 1900년에 그가 죽을 때까지,

피츠-노먼의 워싱턴의 역사는 금의 긴 **장대한 일**이었다.

25   **지엽적인 일**도 있었다, 물론—그는 조사를 **피했**지만, 그는 버지니아

여인과 결혼했다, 그녀에 의해 그는 외동아들을 가졌다, 그리고

그는 **강요되었다**, (운 나쁜 문제의 연속 때문에),

그의 동생을 살해하도록, 그의 운 나쁜

스스로 술 마시는 습관은 (**조심성 없이** 인사불성이 되도록) 몇(4~5) 번

times endangered their safety. But very few other murders stained these happy years of progress and expansion.

Just before he died he changed his policy, and with all but a few million dollars of his outside wealth bought up rare minerals in bulk, which he deposited in the safety vaults of banks all over the world, marked as bric-a-brac. His son, Braddock Tarleton Washington, followed this policy on an even more tensive scale. The minerals were converted into the rarest of all elements—radium—so that the equivalent of a billion dollars in gold could be placed in a receptacle no bigger than a cigar box.

When Fitz-Norman had been dead three years his son, Braddock, decided that the business had gone far enough. The amount of wealth that he and his father had taken out of the mountain was beyond all exact computation. He kept a note-book in cipher in which he set down the approximate quantity of radium in each of the thousand banks he patronized, and recorded the alias under which it was held. Then he did a very simple thing—he sealed up the mine.

He sealed up the mine. What had been taken out of it would support all the Washingtons yet to be born in unparalleled luxury for generations. His one care must be the protection of his secret, lest in the possible panic attendant on its discovery he should be reduced with all the property-holders in the world to utter poverty.

This was the family among whom John T. Unger was staying. This was the story he heard in his silver-walled living-room the morning after his arrival.

그들의 안전을 위험에 빠트렸다. 하지만 그 외에 아주 적은 수의 다른 살인들

이 **오점을 남겼다**/ 이 행복한 날의 진행과 **확장**에.

그가 죽기 직전에/ 그는 자기 **방침**을 바꿨다, 그리고

적지만 전부인 2~3백만 달러의 외부의 돈으로 **살 수 있는 대로 다 사는** 것이

었다/ 구하기 힘든 미네랄을/ **대량으로,** 그것을 그는 입금했다/

전 세계의 은행의 안전 **금고**에, **장식품**으로 표시해서.

그의 아들인, 브래독 탈턴 워싱턴은, 이

방침을 따랐다/ 더욱더 **긴장될 정도의** 규모로. 미네랄은

전환되었다/ 모든 **성분** 중에 가장 드문—라듐으로—

금으로는 십억 달러와 **맞먹는** 양이었다/ 놓여질 수 있었다/

담배 상자보다 더 크지 않은 **용기**에.

피츠-노먼이 죽은지 3년후/ 그의 아들인,

브래독은, 결정했다/ 그 사업이 **(원하는 만큼) 충분히 되도록.**

부의 양은 (그와 그의 아버지가 산에서 가져간)

모두 정확한 **계산**을 넘어섰다(계산이 불가능했다). 그는

노트에 **암호**를 지녔는데/ 그 안에 대략적인

양의 라듐이 적혀있었다/ 수천 개의 은행 각각에/ 그가

애용했던, 그리고 가명을 기록했던/ 그 가명으로 그것이 보관됐다.

그리고 나서/ 그는 아주 단순한 것을 했다—그 광산을 **봉했다.**

그는 그 광산을 봉했다. 무엇이 그것에서 나왔든/

아직 태어나지 않은 워싱턴가 사람들 모두를 지원할 수 있다/ **비할 데 없**

이 사치스럽게/ (수많은) 세대 동안. 그의 한가지 걱정은

비밀을 보호해야 하는 것이다, 혹시나 공황상태의 수행원이 감소되지(죽

지) **않도록**/ 그것을 발견하고/ 전 세계의 모든 재산-소유자들과

빈곤을 **말하기** 위해.

이것은 그 가족(에 대한 이야기)이다/ 존 T. 웅거가 그들 중에

머물렀을 때. 그는 이 이야기를 은색-벽으로 된

거실에서 들었다/ 그가 도착한 이후의 (첫) 아침에.

AFTER BREAKFAST, John found his way out the great
marble entrance and looked curiously at the scene before
him. The whole valley, from the diamond mountain to the
steep **granite** cliff five miles away, still **gave off** a breath of
golden haze which **hovered** idly above the fine **sweep** of
lawns and lakes and gardens. Here and there clusters of **elm**s
made delicate groves of shade, **contrasting** strangely with
the tough masses of pine forest that held the hills in a **grip** of
dark-blue green. Even as John looked he saw three **fawn**s in
single file **patter out** from one **clump** about a half mile away
and disappear with awkward **gayety** into the black-**ribbed**
half-light of another. John <u>would not have been surprised</u> to
see a goat-foot **piping** his way among the trees or to **catch a
glimpse** of pink **nymph**-skin and flying yellow hair between
the greenest of the green leaves.

In some such cool hope he descended the marble steps,
disturbing **faintly** the sleep of two silky Russian wolfhounds
at the bottom, and **set off** along a walk of white and blue
brick that seemed to lead in no **particular** direction.

He was enjoying himself as much as he was able. It is
youth's **felicity** as well as its **insufficiency** that it can never
live in the present, but must always be **measuring** up the
day against its own **radiantly** imagined future—flowers and
gold, girls and stars, they are only **prefiguration**s and proph-
ecies of that **incomparable**, unattainable young dream.

John **rounded** a soft corner where the massed rose-
bushes filled the air with heavy scent, and **struck off** across

아침 식사 후에, 존은 나가는 길을 발견했다/

대리석 입구인/ 그리고 신기하게 보였다/ 그의 앞에 있는 장면이.

전체의 계곡은, 다이아몬드 산에서부터

가파른 **화강암** 절벽까지 5마일 떨어져 있었고, 여전히

5 금색 실안개의 숨을 **발산하고** 있었다/ 그것은 한가하게 **맴돌고 있었다**/

잔디와 호수와 정원의 훌륭한 **길**을. 여기저기에 **느릅나무**의 무리가

섬세한 음영의 숲을 만들었다, 이상하게 **대비를 이루며**/

거친 덩어리의 소나무 숲과/ 그것은 남녹색으로 언덕을 **움켜쥐고** 있었다.

심지어 존이 봤을 때/ 그가 3마리의 **새끼 사슴**이

10 일렬로 **걸어** 나가는 것을/ **무리**에서/ 반 마일쯤 떨어진 곳에서/

그리고 사라졌다/ 보기 흉한 **흥겨움**과 함께/ 검은색-골이 있는

흐릿한 빛의 다른 숲 안으로. 존은 놀라지 않을 것 같았다/

피리 부는 염소의-발이 길에 있는 것을 본다 해도/ 나무에서/ 또는

얼핏 본다 해도/ 분홍색 **정령의**-피부를/ 그리고 날아오는 노란 머리를 (봤

15 을 때) 가장 초록색인 녹색 잎 사이로.

그런 멋진 소망을 가지며/ 그는 대리석 계단을 내려왔다,

살며시 방해하면서/ 두 비단 같은 러시아산 늑대 사냥개가

바닥에서 자는 것을, 그리고 **출발했다**/ 희고 푸른 색의

벽돌을 따라/ 그것은 어떤 **특정한** 방향으로 이끌지 않았다.

20 그는 스스로 즐겼다/ 그가 할 수 있는 한 많이. 그것은

젊음의 **기쁨**이었다/ 젊음의 **부족함** 만큼의/ 저것은 절대

현재에 살지 않는다, 하지만 항상 그 날을 **측정해야만** 한다/

그것이 가진 **밝게** 상상된 미래에 대항해서—꽃과

금, 소녀와 별들로, 그것들은 오직 **예상**이자 예언이다/

25 **비교할 수 없고**, 도달할 수 없는 젊은 꿈의.

존은 완만한 모퉁이를 돌아갔다/ 그곳에서 밀집한 장미-

덤불은 대기를 채웠다/ 강한 향기로, 그리고 존은 **갔다**/

문법&용법
would not have
been surprised
if가 없어도 과거
보다 한 시제 전
(would have
p.p.)으로 쓰면 과
거를 가정한다.

a park toward a **patch** of moss under some trees. He had never lain upon **moss**, and he wanted to see whether it was really soft enough to **justify** the use of its name as an **adjective**. Then he saw a girl coming toward him over the **grass**. She was the most beautiful person he had ever seen.

She was dressed in a white little gown that came just below her knees, and a **wreath** of mignonettes clasped with blue slices of sapphire bound up her hair. Her pink bare feet scattered the dew before them as she came. She was younger than John—not more than sixteen.

"Hello," she cried softly, "I'm Kismine."

She was much more than that to John already. He advanced toward her, scarcely moving as he drew near **lest** he should tread on her bare toes.

"You haven't met me," said her soft voice. Her blue eyes added, "Oh, but you've missed **a great deal**!"··· "You met my sister, Jasmine, last night. I was sick with **lettuce** poisoning," went on her soft voice, and her eyes continued, "and when I'm sick I'm sweet—and when I'm well."

"You have made an **enormous** impression on me," said John's eyes, "and I'm not so slow myself"—"How do you do?" said his voice. "I hope you're better this morning."—"You **darling**," added his eyes **tremulously**.

John observed that they had been walking along the path. On her suggestion they sat down together upon the moss, the softness of which he **failed to** determine.

He was **critical** about women. A single **defect**—a thick ankle, a **hoarse** voice, a glass eye—was enough to make him **utterly** indifferent. And here for the first time in his life he was

공원 건너편의/ 이끼 **조각**을 따라/ 몇몇 나무 아래에서. 그는

절대 높지 않았다/ **이끼** 위에서, 그리고 그는 보기를 원했다/ 그것이

정말 충분히 부드러운지/ **타당할** 정도로/ 그 이름(이끼)을 사용하는데/ **형**

용사로써. 그리고 나서 그는 소녀를 봤다/ **잔디**를 넘어 그를 향해 오는.

5   그녀는 가장 아름다운 사람이었다/ 그가 (평생) 봐온 중에서.

그녀는 하얗고 작은 드레스를 입었는데/ 그것은 딱

그녀의 무릎 아래였다, 그리고 미뉴네트(레이스)의 **화환**이 움켜쥐었다/

푸른 조각의 사피어를/ 그녀의 머리에 묶어서. 그녀의 분홍색 맨

발은 흩었다/ 그들 앞의 이슬을/ 그녀가 다가올 때. 그녀는

10   존보다 어렸다—16살을 넘지 않았다.

"안녕," 그녀는 부드럽게 외쳤다, "나는 키스민이야."

그녀는 이미 존에게 그 이상이었다. 그는 그녀를 향해 접근했다,

거의 움직이지 않으면서/ 그가 근처로 이동할 때/ 그가 밟지 **않도록**/

그녀의 맨 발가락을.

15   "너는 나를 만난 적이 없어," 그녀는 부드러운 목소리로 말했다. 그녀의 푸

른 눈은 더했다, "오, 하지만 너는 **많이** 놓쳤어!"… "내 언니를 만났을 거야,

재스민이라는, 어젯밤에. 나는 **상추**의 독 때문에 아팠거든,"

그녀의 부드러운 목소리가 계속했다, 그녀의 눈도 계속했다, "그리고

내가 아플 때/ 나는 예뻐—그리고 내가 건강할 때도."

20   "너는 나한테 **엄청난** 인상을 줬어,"

존의 눈이 말했다, "그리고 원래 나는 아주 느리지 않아"—"처음 만나 반가

워." 그의 목소리가 말했다. "네가 오늘 아침엔 회복했기를 바라."—

"너는 내 **사랑**," 덧붙였다 그의 눈이 **떨리면서**.

존은 관찰했다/ 그들이 길을 따라 걷는 중인 것을.

25   그녀의 제안에서/ 그들은 이끼 위에 앉았다,

부드러운 정도는 (형용사로 써도 될지) 그가 결정**하지 못했다**.

그는 여자에 대해 **비판적이**었다. 단 하나의 **결점**은—두꺼운

발목, **쉰** 목소리, 가짜 눈—충분했다/ 그가

전적으로 무관심하게 만드는데에. 그리고 여기 그의 인생에서 처음으로/

beside a girl who seemed to him the **incarnation** of physical perfection.

"Are you from the East?" asked Kismine with **charming** interest.

"No," answered John simply. "I'm from Hades." 5

Either she had never heard of Hades, or she could think of no pleasant comment to make upon it, for she did not discuss it further.

"I'm going East to school this fall," she said. "D'you think I'll like it? I'm going to New York to <u>Miss Bulge's</u>. It's 10 very strict, but you see over the weekends I'm going to live at home with the family in our New York house, because father heard that the girls had to go walking two by two."

"Your father wants you to be proud," **observed** John.

"We are," she answered, her eyes shining with **dignity**. 15 "None of us has ever been **punished**. Father said we never should be. Once when my sister Jasmine was a little girl she pushed him down-stairs and he just got up and **limped** away."

"Mother was—well, a little **startled**," continued Kismine, "when she heard that you were from—from where you are 20 from, you know. She said that when she was a young girl— but then, you see, she's a Spaniard and old-fashioned."

"Do you spend much time out here?" asked John, to **conceal** the fact that he was somewhat hurt by this remark. It seemed an unkind **allusion** to his **provincialism**. 25

"Percy and Jasmine and I are here every summer, but next summer Jasmine is going to Newport. She's coming out in London a year from this fall. She'll be **presented** at court."

소녀가 옆에 있었다/ 그에게는 육체적으로 완벽한 **사람으로 태어난**.

"너는 동쪽에서 왔니?" 키스민이 물었다/ **즐거운**

　흥미를 갖고.

5　"아니," 존이 간단히 대답했다. "나는 하데스에서 왔어."

　그녀 또한 하데스에 대해 들어본 적이 없었다, 또는 그녀는 생각할 수 없었

　다/ 어떤 즐거운 말을 그것에 만들어낼지를, 왜냐하면 그녀는

　더 깊이 있게 의논하지 않았기에.

　"나는 동쪽에 공부하러 갈 거야/ 이번 가을에," 그녀는 말했다. "내가

10　그것을 좋아할 것이라고 생각해? 나는 뉴욕의 벌지 학교에 가. 거기는

　아주 엄격하대. 하지만 네가 보는 것처럼/ 주말에 나는 집에 있을 거야/

　그 가족과/ 우리의 뉴욕 집에 있는, 왜냐하면

　아버지가 들었거든/ (안전하게) 소녀들은 둘씩 짝지어 걸어야만 한다고."

　"너의 아버지는 네가 자존감을 갖기를 원하시나 봐," 존이 **말했다**.

15　"우리는 그래," 그녀가 대답했다, 그녀의 눈은 **자존감**으로 반짝였다.

　"우리 중 누구도 **처벌받지** 않았어. 아버지는 우리가 절대

　그렇지 않을 것이라 말했어. 한번은 누나 재스민이 작은 소녀였을 때/

　오빠를 밀었어 아래-층으로/ 그리고 오빠는 바로 일어났고/ **절뚝이며** 갔지."

　"어머니는—하지만, 약간 **놀랐고**," 키스민은 계속했다,

20　"그녀가 들었을 때/ 네가 어디서 왔는지—네가 어디 출신인지,

　말 안해도 알잖아. 그녀는 말했어/ 그녀가 어린 소녀였을 때—

　하지만 그때, 네가 알듯, 그녀는 스페인 사람에 고지식하니까."

　"너는 밖인 여기에서 많은 시간을 보내니?" 존이 물었다,

　그 사실을 **숨기기** 위해/ 그가 다소 상처받았다는/ 이 발언에.

25　그것은 불쾌한 **암시**처럼 보였다/ 그의 **시골적인 특질**에 대한.

　"퍼시와 재스민과 나는 여름마다 여기 있어, 하지만

　다음 여름에 재스민은 뉴포트로 갈 거야. 그녀는 나와서/

　1년간 런던에 있어/ 이번 여름부터. 그녀는 법원에 **나타날** 거야."

"Do you know," began John **hesitantly**, "you're much more **sophisticated** than I thought you were when I first saw you?"

"Oh, no, I'm not," she **exclaimed** hurriedly. "Oh, I wouldn't think of being. I think that sophisticated young people are terribly common, don't you? I'm not at all, really. If you say I am, I'm going to cry."

She was so **distressed** that her lip was trembling. John was **impelled** to protest:

"I didn't mean that; I only said it to **tease** you."

"Because I wouldn't mind if I were," she **persisted**. "but I'm not. I'm very innocent and girlish. I never smoke, or drink, or read anything except poetry. I know scarcely any mathematics or chemistry. I dress very simply—in fact, I scarcely dress at all. I think sophisticated is the **last thing** you can say about me. I believe that girls ought to enjoy their youths in a **wholesome** way."

"I do, too," said John **heartily**.

Kismine was **cheerful** again. She smiled at him, and a **still**-born tear **drip**ped from the corner of one blue eye.

"I like you," she whispered, intimately. "Are you going to spend all your time with Percy while you're here, or will you be nice to me. Just think—I'm absolutely fresh ground. I've never had a boy in love with me in all my life. I've never been allowed even to see boys alone—except Percy. I came **all the way** out here into this **grove** hoping to run into you, where the family wouldn't be around."

Deeply **flattered**, John bowed from the hips as he had been taught at dancing school in Hades.

"너는 아니," 존이 **머뭇거리며** (말하기) 시작했다, "네가 얼마나

많이 **세련됐**는지/ 내가 예상했던 것보다/ 너를 처음 봤을 때?"

"아니야, 난 안 그래," 그녀는 서둘러 **외쳤다**. "오, 나는

5　존재에 대해 생각하지 않아. 나는 생각해/ 세련된 젊은 사람들은

끔찍하게 평범하다고, 그렇지 않니? 나는 전혀 안 그래, 진짜로. 네가 그렇

다고 한다면, 나는 울어버릴 거야."

그녀는 아주 **고통스러워서**/ 입술이 떨렸다. 존은

주장해야만 한다고 느꼈다:

10　"그런 뜻이 아니야; 단지 너한테 **장난치려고** 말한 거야."

"왜냐하면 내가 그랬다면 난 싫어하지 않았을 테니까," 그녀는 **집요했다**. "하지

만 나는 아니야. 나는 아주 순결한 여자아이야. 나는 담배피운 적도, 술 마신 적

도, 시를 제외하고는 읽은 적도 없어. 나는 거의 몰라/ 어떤 수학이나

화학을. 나는 아주 단순하게 입지―사실, 나는 거의 차려입지 않아.

15　나는 생각해/ 세련됐다는 것이/ 네가 나에 대해 말할 수 있는 **가장 듣기 싫**

은 말이거든. 나는 믿어/ 소녀들은 그들의 젊음을 즐겨야만 한다고/ **건전**

한 방식으로."

"나도 그래," 존이 **진심으로** 말했다.

키스민은 다시 **쾌활해졌다**. 그녀는 그에게 미소지었고,

20　**사산된**(태어나기 전에 죽은) 눈물이 **떨어졌다**/ 한쪽의 푸른 눈의 꼬리에서.

"난 네가 좋아," 그녀는 속삭였다, 친밀하게. "네가

모든 시간을 퍼시와 보낸다면/ 네가 여기 있는 동안, 또는

네가 나에게 친절할 것이라면. 단지 생각해봐―나는 완전히 깨끗한 땅이야.

나는 소년과 사랑에 빠진 적이 없어/ 전 생애에서. 나는

25　절대 허락되지 않아/ 심지어 남자들을 혼자 보는 것조차도―퍼시를 제외하

고는. 나는 **항상** 여기에 나와서/ 이 **숲** 안으로/ 너에게 달려가길 소망하면

서, 가족들이 주변에 없는 곳에서."

몹시 **아첨 받으며**, 존은 인사했다/ 엉덩이에서부터/ 그가

배운 것처럼/ 하데스의 무용 학원에서.

"We'd better go now," said Kismine sweetly. "I have to be with mother at eleven. You haven't asked me to kiss you once. I thought boys always did that **nowadays**."

John **drew himself up** proudly.

"Some of them do," he answered, "but not me. Girls don't do that sort of thing—in Hades."

Side by side they walked back toward the house.

"우리는 가는 게 좋을 것 같아," 키스민이 달콤하게 말했다. "나는

11시에 엄마와 있어야 해/ 너는 나에게 한 번도 키스해도 되냐고 묻지 않

았어. 나는 생각했거든/ 남자들은 **요새** 항상 저것을 한다고."

존은 자랑스러워하며 **곧게 섰다.**

5　"남자들 중 일부는 그래," 그는 대답했다, "하지만 난 아니야. 여자들은

저런 것을 하지 않거든—하데스에서는."

그들은 **나란히** 걸어서 그 집을 향해 돌아갔다.

원어민 MP3
bit.ly/
3zk7kf

28

vacuous	얼빠진
robust	팔팔한
smell of	~의 냄새가 나다
birch	자작나무
grip	손잡이
quarter	사 분의 일
cloister	복도
absurd	터무니없는
equip	갖추다
tile	타일
venture	조심스럽게 말하다
ingratiating	환심을 사려는
sulphuric	황산의
sober	진지한

29

indistinguishable	거의 구별할 수 없는
bring up	기르다
stroll	거닐다
fairway	페어웨이 (골프의 치기 좋은 지역)
involuntary	자기도 모르게
ejaculate	외치다
exclaim	외쳤다
ghastly	섬뜩한
stumble	넘어지다
probability	확률
look for	~을 찾다
agent	대리인
description	설명

30

break off	말을 멈추다
cavity	구멍
circumference	둘레
grating	쇠창살
beckon	부르다
assail	공격하다
clamor	외침
disappearance	사라짐
paste	붙이다
coarse	상스러운
rugged	기복이 심한
spring into	갑자기 ~해지다
mariner	선원
hollow	움푹 꺼진
concave	오목한
clad	입다
costume	특정한 옷
aviator	비행사
upturned	위를 향한
malice	악의
cynical	조롱 섞인
beard	턱수염

31

perceptibly	상당히
genially	친절하게
execration	저주
dispirited	낙담한
unruffled	동요하지 않은
echo	울림
think up	생각해내다
interest	이익
confine	국한하다

make it out	도망치다
howling	울부짖는
aviation	비행
captor	억류하는 사람
fair-minded	공정한

32

absurd	터무니없는
position	처지
might as well	~하는 편이 낫다
harsh	가혹한
humanitarian	인도주의자
demand	따지다
unnecessary	불필요하게
cruel	잔인하게
self-preservation	자기-보호
grant	허락하다
alternative	대안
enlarge	넓혀주다
amnesia	기억상실
operate	수술 하다
preserve	사냥금지 구역
go	진행되다
peach on	배신하다

33

proffer	내놓다
scorn	조롱
jubilation	승리감
pandemonium	대혼란
clog-dance	나막신을 신고 추는 춤
uprush	야성적인
kaiser	황제

inscrutable	헤아릴 수 없는
modicum	약간의
ill-will	나쁜 감정
tumult	소란
subside	가라앉다
ejaculation	외침
wop	이탈리아인

34

dismally	우울하게
hazard	벙커
facile	쓰기 쉬운

35

rested on	얹힌
bosom	가슴
coiffure	머리 모양
stowed away	안전한 곳에 놓여진
ermine	족제비 털
hesitate	멈칫하다
in the course of	~동안
drift away	훌쩍 가버리다
drift down	떠내려 오다

JOHN STOOD facing Mr. Braddock Washington in the full sunlight. The elder man was about forty with a proud, **vacuous** face, intelligent eyes, and a **robust** figure. In the mornings he **smelt of** horses—the best horses. He carried a plain walking-stick of gray **birch** with a single large opal for a **grip**. He and Percy were showing John around.

"The slaves' **quarter**s are there." His walking-stick indicated a **cloister** of marble on their left that ran in graceful Gothic along the side of the mountain. "In my youth I was distracted for a while from the business of life by a period of **absurd** idealism. During that time they lived in luxury. For instance, I **equipped** every one of their rooms with a **tile** bath."

"I suppose," **ventured** John, with an **ingratiating** laugh, "that they used the bathtubs to keep coal in. Mr. Schnlitzer-Murphy told me that once he⋯."

"The opinions of Mr. Schnlitzer-Murphy are of little importance, I should imagine," interrupted Braddock Washington, coldly. "My slaves did not keep coal in their bathtubs. They had orders to bathe every day, and they did. If they hadn't I might have ordered a **sulphuric** acid shampoo. I discontinued the baths for quite another reason. Several of them caught cold and died. Water is not good for certain races—except as a beverage."

John laughed, and then decided to nod his head in **sober** agreement. Braddock Washington made him uncomfortable.

존은 서 있었다/ 브래독 워싱턴 씨를 마주하고/

화창한 햇볕에서. 40세쯤으로 나이 든 사람은 거만하고,

얼빠진 얼굴로, 총명한 눈에, **팔팔한** 모습이었다.

아침에 그에게 말 **냄새가 났다**—최고의 말 (냄새가). 그는

5 평야에 가져갔다/ 회색 **자작나무** 지팡이를/ 한 개의 거대한 오팔이

손잡이에 달린. 그와 퍼시는 존에게 주변을 보여주고 있었다.

"노예들' **사 분의 일**이 거기 있어." 그의 지팡이로 가리켰다/

그들 왼쪽의 대리석 **복도**를/ 저것은 뻗어갔다/우아한

고딕 양식으로 산의 옆쪽을 따라서. "내가 젊을 때/

10 잠시동안 방해받았지/ 삶의 사업에서/

터무니없는 이상주의를 가졌던 기간까지. 저 시기 동안/ 그들은 호화롭게

살았어. 예를 들어, 나는 그들의 모든 방에 **갖추게 했어**/ **타일**이 깔린 욕조

를."

"제가 예상하기에," 존이 **조심스럽게 말했**다, **환심을 사려는** 웃음으로,

15 "그들은 석탄을 보관하려고 그 욕조를 썼을 거예요. 슈니처-

머피 씨가 저에게 전에 말했어요 그는…."

"슈니처 머피의 이야기는 별로 중요하지 않아,

내가 생각하기에," 브래독 워싱턴이 끼어들었다,

차갑게. "나의 노예들은 그들의 욕조에 석탄을 보관하지 않았어.

20 그들은 명령을 받았지/ 매일 목욕해야 한다는, 그리고 그렇게 했어.

그들이 하지 않았다면/ 나는 **황산** 샴푸를 명령했을지도 몰라.

나는 목욕을 계속 시키지 않았어/ 아주 다른 이유 때문에.

그들 중 몇(4~5)이 감기에 걸려서 죽었어. 물은 특정한 인종에게는 좋지 않

았던 것이지—음료(로 마실 때)를 제외하고."

25 존은 웃었다, 그리고 나서 머리를 끄덕이기로 했다/ **진지한**

동의(의 표현으)로. 브래독 워싱턴은 그를 불편하게 만들었다.

"All these negroes are descendants of the ones my father brought North with him. There are about two hundred and fifty now. You notice that they've lived so long apart from the world that their original dialect has become an almost **indistinguishable** patois. We **bring** a few of them **up** to speak English—my secretary and two or three of the house servants."

"This is the golf course," he continued, as they **strolled** along the velvet winter grass. "It's all a green, you see—no **fairway**, no rough, no hazards."

He smiled pleasantly at John.

"Many men in the cage, father?" asked Percy suddenly.

Braddock Washington stumbled, and let forth an **involuntary** curse.

"One less than there should be," he **ejaculated** darkly— and then added after a moment, "We've had difficulties."

"Mother was telling me," **exclaimed** Percy, "that Italian teacher⋯."

"A **ghastly** error," said Braddock Washington angrily. "But of course there's a good chance that we may have got him. Perhaps he fell somewhere in the woods or **stumbled** over a cliff. And then there's always the **probability** that if he did get away his story wouldn't be believed. Nevertheless, I've had two dozen men **looking for** him in different towns around here."

"And no luck?"

"Some. Fourteen of them reported to my **agent** that they'd each killed a man answering to that **description**, but of course it was probably only the reward they were after⋯."

"이 모든 흑인은 그들의 후손이야/ 나의 아버지가

북쪽에서 데려온. 이제 250명쯤이 됐지.

너는 알 거야/ 그들이 아주 오랫동안 세상에서 떨어져 살았다는 것을

그래서 그들의 원래 사투리가

거의 구별할 수 없는 방언이 되었지. 우리는 그들 중 몇에게 영어를 말하도

록 **길렀어**—나의 비서와 2~3명의 집안의

하인에게."

"이것이 그 골프장이야," 그는 계속했다. 그들이 **거닐** 때/

그 겨우삭 잔디를. "그것은 모두 그린이야, 네가 보듯—

페어웨이(치기 쉬운 부분)도, 러프(치기 힘든 부분)도, 벙커도 없지."

그는 존에게 기쁜 듯 웃었다.

"감옥에는 사람이 많지요, 아버지?" 퍼시가 갑자기 물었다.

브래독 워싱턴은 비틀거렸고, **자기도 모르게**

욕이 나왔다.

"거기 있어야 하는 것보다 하나 줄었지," 그는 어둡게 **외쳤다**—

그리고 나서 잠시 후 더해졌어, "우리는 어려움을 가졌어."

"어머니가 저한테 말했어요," 퍼시가 **외쳤다**, "이탈리아어

선생이…"

"**섬뜩한** 실수였어," 브래독 워싱턴이 화나서 말했다. "하지만

물론 우리가 그를 잡을 좋은 기회가 있었지.

아마 그는 숲 어딘가에 떨어졌거나/ 절벽에서 **넘어졌거나.**

그리고 나서 항상 **확률**이 있어/ 그가

도망간다 해도/ 그의 이야기는 믿겨지지 않을꺼야. 그런데도,

나는 24명의 남자가 그를 **찾도록** 했지/ 여기 주변의 다른 마을에서."

"그리고 운이 나빴나요?"

"일부는. 그들 중 14명이 내 **대리인**에게 보고했어/

그들이 서로 어떤 남자를 죽이려 했다고/ 저런 **설명**에 대답하면서,

하지만 물론 그것은 분명히 그 보상(때문)이지/ 그들이 그 후에 (받을)…"

He **broke off**. They had come to a large **cavity** in the earth about the **circumference** of a merry-go-round and covered by a strong iron **grating**. Braddock Washington **beckoned** to John, and pointed his cane down through the **grating**. John stepped to the edge and gazed. Immediately his ears were **assailed** by a wild **clamor** from below.

"Come on down to Hell!"

"Hello, kiddo, how's the air up there?"

"Hey! Throw us a rope!"

"Got an old doughnut, Buddy, or a couple of second-hand sandwiches?"

"Say, fella, if you'll push down that guy you're with, we'll show you a quick **disappearance** scene."

"**Paste** him one for me, will you?"

It was too dark to see clearly into the pit below, but John could tell from the **coarse** optimism and **rugged** vitality of the remarks and voices that they proceeded from middle-class Americans of the more spirited type. Then Mr. Washington put out his cane and touched a button in the grass, and the scene below **sprang into** light.

"These are some adventurous **mariner**s who had the misfortune to discover El Dorado," he remarked.

Below them there had appeared a large **hollow** in the earth shaped like the interior of a bowl. The sides were steep and apparently of polished glass, and on its slightly **concave** surface stood about two dozen men **clad** in the half costume, half uniform, of **aviator**s. Their **upturned** faces, lit with wrath with **malice**, with despair, with **cynical** humor, were covered by long growths of **beard**, but with the excep-

그는 **말을 멈췄다**. 그들은 땅의 큰 **구멍**에 왔다/

회전목마의 **둘레** 정도인/ 그리고

강철 **쇠창살**로 덮혀진. 브래독 워싱턴은 존을

불렀다, 그리고 그의 지팡이를 아래로 가리켰다/ 그

5 **쇠창살** 사이로. 존은 모퉁이로 걸어가 쳐다봤다. 즉시

그의 귀는 **공격받았다**/ 아래의 격렬한 **외침**으로부터.

"지옥에 내려와!"

"안녕, 꼬마야, 위의 공기는 어떠니?"

"거기! 밧줄 좀 던져줘!"

10 "말라붙은 도너츠 좀 있니, 친구, 아니면 먹다 남은

샌드위치라든지?"

"말해봐, 짜식, 너랑 있는 남자를 밑으로 밀면, 우리가

빠르게 **없애는** 장면을 보여줄게."

"그를 나한테 한 번 **붙여줘**, 그럴 거지?"

15 너무 어두워서 정확히 볼 수 없었다/ 구덩이 밑으로는, 하지만 존은 말할

수 있었다/ **상스러운** 낙천주의로부터/ 그리고 그 말과 목소리의 **기복이 심한**

활력에서/ 그들이 살아갔음을/ 중산-

층의 더 활발한 종류의 미국인으로. 그러고 나서 워싱턴은

그의 지팡이를 꺼내 잔디 속의 버튼을 눌렀다,

20 그러자 그 아래의 장면은 **갑자기** 밝아**졌다**.

"이 사람들은 모험심 많은 **선원들**이지/

운이 없게도 엘도라도를 발견한," 그는 말했다.

그들 아래로/ 지면에 거대하고 **움푹 꺼진** 곳이 나타났다/

그릇의 안쪽 모양처럼. 측면은

25 가팔랐고/ 보아하니 매끄러운 유리로 되어있었고, 그것의

오목한 표면에/ 24명의 남자가 절반은 **입고** 있었다, 절반은

특정한 옷을 입고 있었다, **비행사**의 옷 같은. 그들의 **위를 향한** 얼굴은,

(**악의**에 찬 분노에 타오르고 있었고, 절망과, **조롱 섞인** 유머가 있는),

길게 자란 **턱수염**으로 덮여 있었다, 하지만

tion of a few who had pined **perceptibly** away, they seemed to be a well-fed, healthy lot.

Braddock Washington drew a garden chair to the edge of the pit and sat down.

"Well, how are you, boys?" he inquired **genially**.

A chorus of **execration** in which all joined except a few too **dispirited** to cry out, rose up into the sunny air, but Braddock Washington heard it with **unruffled** composure. When its last **echo** had died away he spoke again.

"Have you **thought up** a way out of your difficulty?"

From here and there among them a remark floated up.

"We decided to stay here for love!"

"Bring us up there and we'll find us a way!"

Braddock Washington waited until they were again quiet. Then he said:

"I've told you the situation. I don't want you here. I wish to heaven I'd never seen you. Your own curiosity got you here, and any time that you can think of a way out which protects me and my **interes**ts I'll be glad to consider it. But so long as you **confine** your efforts to digging tunnels—yes, I know about the new one you've started—you won't get very far. This isn't as hard on you as you **make it out**, with all your **howling** for the loved ones at home. If you were the type who worried much about the loved ones at home, you'd never have taken up **aviation**."

A tall man moved apart from the others, and held up his hand to call his **captor**'s attention to what he was about to say.

"Let me ask you a few questions!" he cried. "You pretend to be a **fair-minded** man."

2~3명의 예외도 있었는데/ 그들은 **상당히** 떨어진 곳에서 슬퍼했고, 잘 먹

은 것처럼 보였고, 아주 건강했다.

브래독 워싱턴은 정원 의자를 끌어왔다/ 구덩이의 모서리에/

그리고 앉았다.

5   "그래, 잘 지내니, 남자들아?" 그는 **친절하게** 물었다.

  저주의 화음이 (그 속에서 모두 함께했다/ 2~3명의

  너무 **낙담해서** 소리치지 못하는 사람을 제외하고/ 햇살이 비치는 대기 쪽으

로, 하지만 브래독 워싱턴은 **동요하지 않은** 평정심으로 들었다.

  그것의 마지막 **울림**이 사라졌을 때/ 그는 다시 말했다.

10   "너희들의 곤경에서 빠져나갈 방법을 **생각해냈니?**"

  여기서부터 그들이 있는 거기까지 말이 흘러갔다.

  "우리는 사랑으로 여기에 있기로 결정했다!"

  "우리를 위로 올려주면 방법을 찾아낼 것이다!"

  브래독 워싱턴은 기다렸다/ 그들이 다시 조용해질 때까지.

15   그리고 나서 그는 말했다:

  "내가 너희들에게 상황을 말했잖아. 나는 너희들이 여기 있기를 원하지 않아.

  너희들을 절대 보지 않았기를 소망했지. 너희의 호기심이

  여기에 데려온 거야, 그리고 언제든 나갈 방법에 대해 생각할 수 있어/ 그것이

  나와 내 **이익**을 보호한다면/ 기쁘게 그것을 고려할 거야. 하지만

20   너의 노력을 터널을 뚫는데 **국한한다면**—그래,

  나는 너희가 시작한 새로운 것을 알지—너희는

  멀리갈 수 없을 거야. 이것은 너한테 어렵지 않을 거야/ 네가 **도망칠** 때, 네

가 최대한으로 **울부짖는** 것은/ 집의 사랑하는 사람을 위해. (그리고) 네가

많이 걱정하는 성격이라면/ 집의 사랑하는 사람에 대해,

25   너는 (애초에) 절대 **비행**을 계속하지 말아야 했어"

  키 큰 사람이 다른 사람들에게서 떨어져 나와,

  손을 들어 요청했다/ 그를 **억류하는 사람**의 관심을/ 그가 말하려고 하는 것에.

  "몇(2~3) 가지 질문만 물어보자!" 그는 소리쳤다. "너는

  공정한 사람인 척하지."

"How **absurd**. How could a man of my **position** be fair-minded toward you? You **might as well** speak of a Spaniard being fair-minded toward a piece of steak."

At this **harsh** observation the faces of the two dozen steaks fell, but the tall man continued:

"All right!" he cried. "We've argued this out before. You're not a **humanitarian** and you're not fair-minded, but you're human—at least you say you are—and you ought to be able to put yourself in our place for long enough to think how⋯how⋯how⋯⋯."

"How what?" **demanded** Washington, coldly.

"—how **unnecessary**⋯."

"Not to me."

"Well,—how **cruel**⋯."

"We've covered that. Cruelty doesn't exist where **self-preservation** is involved. You've been soldiers; you know that. Try another."

"Well, then, how stupid." "There," admitted Washington, "I **grant** you that. But try to think of an **alternative**. I've offered to have all or any of you painlessly executed if you wish. I've offered to have your wives, sweethearts, children, and mothers kidnapped and brought out here. I'll **enlarge** your place down there and feed and clothe you the rest of your lives. If there was some method of producing permanent **amnesia** I'd have all of you **operated** on and released immediately, somewhere outside of my **preserve**s. But that's as far as my ideas **go**."

"How about trusting us not to **peach on** you?" cried some one.

"You don't **proffer** that suggestion seriously," said Wash-

"얼마나 **터무니없는지**. 어떻게 내 **처지**인 사람이

너한테 공정할 수 있을까? 너는 말**하는 편이 낫다**/ 스페인 사람이

공정하다고/ 스테이크(소의 고깃덩이) 조각을 향해."

이 **가혹한** 논평에/ 그 24개의 고깃덩이는 얼굴을

5   떨궜다, 하지만 키 큰 남자는 계속했다:

"좋아!" 그는 외쳤다. "너는 이것을 전에 논쟁한 적이 있지. 너는

인도주의자가 아니고 공정하지 않아, 다만 너는

인간이지—적어도 네가 어떻다고 말하는—그리고 너는

자신을 놓을 수 있어야만 해/ 우리의 입장에/ 충분히 길게 생각해야지 어떻

10   게… 어떻게… 어떻게……."

"어떻게 뭘하라고?" 워싱턴이 차갑게 **따졌다**.

"—얼마나 **불필요하게**…"

"나한테는 아니지."

"글쎄,—얼마나 **잔인하게**…"

15   "우리는 다뤘지. 잔인함은 존재하지 않는다고 **자기-**

보호가 필요한 곳에서. 너희들은 군인이야; 너희들도 알잖아.

다른 걸 얘기해봐."

"글쎄, 그렇다면, 얼마나 멍청한지." "그런 점에서," 워싱턴은 인정했다,

"나는 너희들에게 **허락했어**. 하지만 **대안**에 대해 생각해봐. 나는

20   제안했지/ 모든 또는 어떤 고통 없이 처형시키는 것을/ 너희가

원한다면. 나는 제안했어/ 아내나, 애인이나, 자녀나,

부모님을 납치해서 여기에 데려오는 것을. 나는 **넓혀줄 거야**/

거기 아래에 너희의 장소를/ 그리고 먹이고 입힐 거야/

너의 남은 생애 동안. 영구적인

25   **기억상실**을 만들 방법이 있다면/ 너희 모두에게 **수술 했을 거야**/ 그리고

즉시 풀어줬겠지, 밖에 어딘가 나의 **사냥금지 구역**에. 하지만

저것은 내 생각이 **진행되는** 한에 말이지."

"우리를 믿는 것은 어때/ 너를 **배신하지** 않고?" 누군가 소리쳤다.

"너는 진지하게 저 제안을 **내놓지** 않지," 워싱턴이 말했다,

ington, with an expression of **scorn**. "I did take out one man to teach my daughter Italian. Last week he got away."

A wild yell of **jubilation** went up suddenly from two dozen throats and a **pandemonium** of joy ensued. The prisoners **clog**-danced and cheered and yodled and wrestled with one another in a sudden **uprush** of animal spirits. They even ran up the glass sides of the bowl as far as they could, and slid back to the bottom upon the natural cushions of their bodies. The tall man started a song in which they all joined—

> *"oh, we'll hang the **kaiser**
> on a sour apple tree⋯."*

Braddock Washington sat in **inscrutable** silence until the song was over. "You see," he remarked, when he could gain a **modicum** of attention. "I bear you no **ill-will**. I like to see you enjoying yourselves. That's why I didn't tell you the whole story at once. The man—what was his name? Critchtichiello?—was shot by some of my agents in fourteen different places."

Not guessing that <u>the places referred to were cities</u>, the **tumult** of rejoicing **subsided** immediately.

"Nevertheless," cried Washington with a touch of anger, "he tried to run away. Do you expect me to take chances with any of you after an experience like that?"

Again a series of **ejaculation**s went up.

"Sure!" "Would your daughter like to learn Chinese?"

"Hey, I can speak Italian! My mother was a **wop**."

조롱의 표현으로. "나는 한 명을 꺼내서/
내 딸에게 이탈리아어를 가르치게 했지. 지난주에/ 그는 도망갔고."
승리감의 격렬한 소리가 갑자기 터져 나왔다/
24명의 목청에서/ 그리고 기쁨의 **대혼란**이 뒤따랐다.

5 죄수들은 **나막신을 신고 추는** 춤을 추며/ 환호했고/ 요들을 부르고/ 서로 몸
싸움을 벌였다/ 갑자기 **야성적인** 충동이 솟구쳤다/ 그들은
심지어 그릇 모양인 벽의 유리를 뛰어 올라갔다/ 그들이 할 수 있는 한 멀
리, 그리고 미끄러졌다/ 그들의 몸이 천연 쿠션이 된 바닥으로.
키 큰 남자는 노래하기 시작했다/ 그 노래를 모두

10 함께했다—

"오, 우리는 **황제**를 목매달 것이다/
시큼한 사과나무에…"

15 브래독 워싱턴은 **헤아릴 수 없는** 침묵으로 앉았다/ 그
노래가 끝날 때까지. "봤지," 그는 말했다, 그가
약간의 집중을 얻을 수 있었다. "나는 너에게 **나쁜 감정**을 표현하지 않았어.
나는 너희들이 스스로 즐기고 있었으면 좋겠어. 저것이 내가 너희들에게
모든 이야기를 전부 말하지 않은 이유야. 그 남자—이름이 뭐였더라? 크릿
20 치티치엘로는?—총 맞았지/ 나의 대행인 중 몇에게/ 14곳의
다른 부분에."
추측하지 못하면서/ 그 장소가 도시와 관련이 있다고,
기쁨의 소란은 즉시 **가라앉았다.**
"그런데도," 워싱턴은 약간의 분노와 함께,
25 "그는 도망치려고 했지. 너는 기대하니/ 내가 기회를 가질 것이라고/
너희들 중 누구에게도/ 저런 경험을 한 뒤에?"
다시 연속된 **외침**이 올라왔다.
"물론!" "너의 딸이 중국어를 배우고 싶어 하지?"
"거기, 나는 이탈리아어 말할 수 있어! 내 엄마가 **이탈리아년**이거든."

문법&용법
the places
referred to were
cities
주어: the places
(referred to 과거
분사로 삽입됨)
동사:were

리츠 호텔만 한 다이아몬드

"Maybe she'd like t'learna speak N'Yawk!"

"If she's the little one with the big blue eyes I can teach her a lot of things better than Italian."

"I know some Irish songs—and I could hammer **brass** once't.

Mr. Washington reached forward suddenly with his cane and pushed the button in the grass so that the picture below went out instantly, and there remained only that great dark mouth covered **dismally** with the black teeth of the grating.

"Hey!" called a single voice from below, "you ain't goin' away without givin' us your blessing?"

But Mr. Washington, followed by the two boys, was already strolling on toward the ninth hole of the golf course, as though the pit and its contents were no more than a **hazard** over which his **facile** iron had triumphed with ease.

"아마 그녀가 이탈리아 발음의 뉴욕말을 배우고 싶어했나보지!"

"그녀가 어리고/ 크고 푸른 눈을 가졌다면/ 나는

 더 많은 것(사랑)을 가르쳐줄 수 있어/ 이탈리아어보다."

"나는 아일랜드 노래를 알아—그리고 예전에 **놋쇠**에 망치질도 했었지."

5

 워싱턴 씨는 앞으로 뻗어서 갑자기 그의 지팡이로

 잔디의 버튼을 눌렀다/ 그래서 아래의 장면은

 즉시 사라졌다, 그리고 거기에는 오직 거대하고 어두운

 입이 남아 있었다/ 쇠창살의 검은 이빨로 **우울하게** 덮여서.

10 "거기!" 아래에서 하나의 목소리가 불렀다, "너는 떠나면 안 돼/

 우리에게 축복도 주지 않고?"

 하지만 워싱턴 씨는, 두 소년이 따르는, 이미

 거닐고 있었다/ 골프장의 9번째 홀을 향해,

 구덩이와 그것의 내용물이 **벙커** 이상의 어떤 것도 아닌 것처럼/

15 그 위에서 그의 **쓰기 쉬운** 골프채가 쉽게 승리했다.

JULY UNDER the **lee** of the diamond mountain was a month of blanket nights and of warm, glowing days. John and Kismine were in love. He did not know that the little gold football (*inscribed with the legend Pro deo et patria et St. Midas*) which he had given her **rested on** a platinum chain next to her **bosom**. But it did. And she for her part was not aware that a large sapphire which had dropped one day from her simple **coiffure** was **stowed away** tenderly in John's jewel box.

Late one afternoon when the ruby and **ermine** music room was quiet, they spent an hour there together. He held her hand and she gave him <u>such a look that</u> he whispered her name aloud. She bent toward him—then **hesitated**.

"Did you say 'Kismine'?" she asked softly, "or⋯."

She had wanted to be sure. She thought she might have misunderstood.

Neither of them had ever kissed before, but **in the course of** an hour it seemed to make little difference.

The afternoon **drifted away**. That night when a last breath of music **drifted down** from the highest tower, they each lay awake, happily dreaming over the separate minutes of the day. They had decided to be married as soon as possible.

7월은 (바람 없는 다이아몬드 산의 아래에/

짙게 드리운 밤과 따뜻함의), 열정적인 날의 달이었다. 존과

키스민은 사랑에 빠졌다. 그는 몰랐다/ 작은 금색

축구공을 (전설적인 *Pro deo et patria et St. Midas* 라고 새겨진)

5   그는 그것을 그녀에게 줬다/ 백금 사슬에 **얹어서**

그녀의 **가슴** 옆에 있는. 하지만 그것은 했다. 그리고 그녀는 자신의 부분

(보석)을 눈치채지 못했다/ 거대한 사파이어가 (어느 날 떨어진 것을/

그녀의 단순한 **머리 모양**에서) 신중하게 **안전한 곳에 놓여진** 것을/ 존의 보석

함에.

10   늦은 오후에/ 그 루비와 **족제비 털**의 음악실이

조용했을 때, 그들은 함께 거기에서 한 시간을 보냈다. 그는

그녀의 손을 잡았고/ 그녀는 그에게 그런 시선을 보내기에/ 그는 그녀의 이름

을 크게 속삭였다. 그녀는 그를 향해 몸을 기울였다—그러고 나서 **멈칫했다.**

"'키스민'이라고 말했지?" 그녀는 부드럽게 물었다, "아니면…(키스 미)"

15   그녀는 확실히 하길 원했다. 그녀가

오해했을지도 모른다고 생각했다.

그들 중 누구도 전에 키스해본 적이 없었다, 하지만 한 시간 **동안**/

그것은 작은 차이를 만든 것처럼 보였다.

그날 오후는 **훌쩍 가버렸다.** 그날 밤에 음악의 마지막 공기가

20   **떠내려왔을** 때/ 가장 높은 탑에서부터, 그들은 모두

잠에서 깬 채 누워있었다, 행복하게 꿈을 꾸면서/ 그 날의 매시간 동안.

그들은 가능한 빨리 결혼하기로 결심했다.

문법&용법
such a look that
so~that과
such~that은
비슷한 의미로 해석
되지만, such 뒤에
는 명사(a look)만
온다.

36

somnolent	졸리게 하는
diplomatically	무안하지 않도록
exacting	까다로운
utterly	완전히
reserved	내성적인
indifferent	무관심한
interminable	끊임없는
bow-legged	휜-다리인
temperament	기질
widowed	사별한
start for	~을 향해 출발하다
canteen	사교
pined away	(슬픔으로) 야위어 갔다
take steps	조치를 취하다
proceeding	행위
inherited	물려받은
magnificence	기품
chaste	순수한
enchanted	매료된

37

cause to	~하게 하다
decadent	타락한
disposal	처분
work out	해나가다
uselessness	쓸모없음
bewailing	비통해하는 것
boulevard	큰길
make some vague remarks	우물쭈물 말하다
trick	마술
things	모습

as for	~에 대해 말하자면
convention	관행(뻔한 방식)
confined	갇혀있는
insane asylum	정신병원
inquire	묻다
blush to	~하기 부끄럽다
tuck	밀어 넣다

38

August	8월
elope	달아나다
confess	고백하다
bulletin	뉴스 속보
remnant	남은 물건
a peck of	수많은
second-hand	중고
lace	레이스(얇은 천)
empress	황후
fervently	열렬하게
anyhow	어쨌든
absurd	황당한
laborer	노동자
chance	우연한
face	모습
throw A into B	A를 B에 빠뜨리다
grove	숲
indulge	빠져있다
foreboding	불길한 느낌
poignancy	격렬함
magnificent	아름다운

39

content	만족하는

exclaim	소리치다
extent	정도
pleasanter	더 즐거운
arouse	깨어나다
attached to	~에 애착을 느끼는
keep	계속 ~하다
suspicion	의혹
brokenly	띄엄띄엄
paroxysm	발작
revelation	폭로

40

twitter	떨리는
perch upon	~에 걸터앉은
nod	끄덕이다
abdominable	끔직한
shrug	으쓱하다
reproach	비난하다
scarlet fever	성홍열
inevitable	불가피한
stand in	방해하다
lonesome	외로운

41

accusingly	비난하듯
protest	주장하다
couldn't help	어쩔 수 없었다
might as well	~하는 게 낫다
honestly	솔직히
put away	치우다
ferociously	사납게
spoiled	망친
decency	품위
fellow	친구

corpse	시체

42

interruption	방해
subside	진정하다
parted	나뉘어진
set in	~에 고정된
vacuous	멍청한
peer	응시하다
disapproval	반감
gruffly	무뚝뚝하게
crossly	사납게
fiercely	사납게
set his mind at rest	그의 마음을 가라앉히다
inside of	~이내에
gnaw	물어뜯다
get to their feet	일어서다
impatiently	성급하게
most certainly	틀림없이

43

catch up with	따라가다
muster	짜내다
placidly	잔잔하게
fervently	강렬하게
chateau	성
empty	비워내다
sable	검은 족제비
pound	두드리다
under-butler	조수-집사

EVERY DAY Mr. Washington and the two young men went hunting or fishing in the deep forests or played golf around the **somnolent** course—games which John **diplomatically** allowed his host to win—or swam in the mountain coolness of the lake. John found Mr. Washington a somewhat **exacting** personality—**utterly** uninterested in any ideas or opinions except his own. Mrs. Washington was aloof and **reserved** at all times. She was apparently **indifferent** to her two daughters, and entirely absorbed in her son Percy, with whom she held **interminable** conversations in rapid Spanish at dinner. Jasmine, the elder daughter, resembled Kismine in appearance—except that she was somewhat **bow-legged**, and terminated in large hands and feet—but was utterly unlike her in **temperament**. Her favorite books had to do with poor girls who kept house for **widowed** fathers. John learned from Kismine that Jasmine had never recovered from the shock and disappointment caused her by the termination of the World War, just as she was about to **start for** Europe as a **canteen** expert. She had even **pined away** for a time, and Braddock Washington had **taken steps** to promote a new war in the Balkans—but she had seen a photograph of some wounded Serbian soldiers and lost interest in the whole **proceeding**s. But Percy and Kismine seemed to have **inherited** the arrogant attitude in all its harsh **magnificence** from their father. A **chaste** and consistent selfishness ran like a pattern through their every idea.

John was **enchanted** by the wonders of the château and

매일 워싱턴 씨와 두 남자는

깊은 숲에 사냥하거나 낚시하러 갔다/ 또는 골프를 쳤다/

나른한 (골프)코스에서—그것을 존이 **무안하지 않도록**

허락했다/ 그의 초대자가 이기도록—또는 수영했다/ 차가운

5 산속의 호수에서. 존은 알아냈다/ 워싱턴 씨가 다소

까다로운 성격이라고—**완전히** 흥미가 없었다/ 어떤 생각이나

의견에/ 그의 것을 제외하고. 워싱턴 부인은 항상 냉담하고

내성적이었다. 그녀는 분명히 **무관심했다**/

그녀의 두 딸에게. 그리고 완전히 빠져있었다/ 그녀의 아들인 퍼시에게,

10 그와 함께 그녀는 **끊임없는** 대화를 가졌다/ 빠른

스페인어로/ 저녁 식사에서. 재스민은, 더 나이 많은 딸이었고,

키스민과 모습이 닮았다—그녀가 다소

흰-다리라는 점을 빼면, 그리고 몸의 끝부분인 큰 손과 발로 (된 것만 빼면)—

하지만 완전히 **기질이** 달랐다. 그녀가 가장 좋아하는 책은

15 가난한 소녀들이 나와야 했다/ 집을 지키면서 **사별한**

아빠를 위해. 존은 키스민에게 배웠다/ 재스민은 절대

회복되지 않는다고/ 그 충격과 실망으로부터/ 그녀에게 일어난/

세계 전쟁의 종결에 의해, 딱 그녀가

유럽으로 **출발하려고** 할 때/ **사교** 전문가로서. 그녀가 잠시동안 심지어 (슬픔

20 으로) **야위어 갔다**, 그리고 브래독 워싱턴은 **조치를 취했다**/

발칸의 새로운 전쟁을 촉발하기 위해—하지만 그녀는

사진을 봤다/ 몇몇 부상당한 세르비아 군인의/ 그리고

흥미를 잃었다/ **행위** 전부에. 하지만 퍼시와 키스민은

물려받은 듯 보였다/ 그 거만한 태도를/

25 냉혹한 모든 **기품**을/ 그들의 아버지로부터. **순수하고** 한결같은

이기주의가 흘러나왔다/ 반복된 패턴처럼/ 그들의 모든 생각에.

존은 **매료됐다**/ 성과 계곡의 놀라움에.

the valley. Braddock Washington, so Percy told him, had **caused to** be kidnapped a landscape gardener, an architect, a designer of state settings, and a French **decadent** poet left over from the last century. He had put his entire force of negroes at their **disposal**, guaranteed to supply them with any materials that the world could offer, and left them to **work out** some ideas of their own. But one by one they had shown their **uselessness**. The decadent poet had at once begun **bewailing** his separation from the **boulevard**s in spring—he **made some vague remarks** about spices, apes, and ivories, but said nothing that was of any practical value. The stage designer on his part wanted to make the whole valley a series of **trick**s and sensational effects—a state of **things** that the Washingtons would soon have grown tired of. And **as for** the architect and the landscape gardener, they thought only in terms of **convention**. They must make this like this and that like that.

But they had, at least, solved the problem of what was to be done with them—they all went mad early one morning after spending the night in a single room trying to agree upon the location of a fountain, and were now **confined** comfortably in an **insane asylum** at Westport, Connecticut.

"But," **inquired** John curiously, "who did plan all your wonderful reception rooms and halls, and approaches and bathrooms⋯?"

"Well," answered Percy, "I **blush to** tell you, but it was a moving-picture fella. He was the only man we found who was used to playing with an unlimited amount of money, though he did **tuck** his napkin in his collar and couldn't read or write."

브래독 워싱턴은, 퍼시가 그에게 말한 것처럼,

납치되게 했다/ 정원사와, 건축가,

집단의 환경을 위한 디자이너, 그리고 프랑스의 **타락한** 시인을/

지난 세기에 남겨진. 그는 맡겼다/ 그의 흑인에 대한 모든 힘을/

5   그들의 **처분**에, 그들에게 세상이 제공하는

어떤 물질이든 공급하는 것이 보장됐고, 그들을 놔뒀다/

그들만의 생각을 **해나가도록**. 하지만 하나씩 차례로

그들이 **쓸모없음**을 보여줬다. 타락한 시인이 즉시

비통해하기 시작했다/ 그가 떨어진 것(볼 수 없는 것) 때문에/ 그 **큰길로**

10   부터 봄에—그는 **우물주물 말했다**/ 향신료, 유인원, 그리고

상아에 대해, 하지만 실용적인 가치에 대해서는 어떤 것도 말하지 않았다.

무대 연출가는 (그의 역할로써 만들기를 원했다/전체

계곡을 연속된 **마술**과 선풍적인 효과로—

모습의 상태는 워싱턴 사람들이 금방 질리게 했다.

15   그리고 건축가와 정원사에 **대해 말하자면**,

그들은 오직 **관행(뻔한 방식)**에 대해서만 생각했다. 그들은

만들어야 했다/ 이것을 이것처럼, 그리고 저것을 저것처럼.

하지만 그들은, 적어도, 문제를 풀었다/

그들에게 되어야 하는 무엇으로—그들 모두 이른 아침에 미치거나/

20   일인실에서 밤을 보낸 이후에/ 동의하려고 노력하면서/

분수의 위치에, 그리고 지금 편안하게 **갇혀있다**/

정신병원에/ 웨스트포트에, 코네티컷.

"하지만," 존은 호기심으로 **물었다**, "누가 모든

멋진 거실과 강당을 계획한 거야?, 그리고 진입로와

25   욕실을…?"

"글쎄," 퍼시가 대답했다, "나는 말하기 **부끄럽지만**, 그것은

영화 만드는 남자가 한 거야. 그는 우리가 발견한 단 한 사람이었지/

제한 없는 양의 돈을 가지고 노는 것에 익숙한,

그가 그의 옷깃에 냅킨을 **밀어 넣고**, 읽거나 쓸 수 없긴 했지만."

As **August** drew to a close John began to regret that he must soon go back to school. He and Kismine had decided to **elope** the following June.

"It would be nicer to be married here," Kismine **confess**ed, "but of course I could never get father's permission to marry you at all. Next to that I'd rather **elope**. It's terrible for wealthy people to be married in America at present—they always have to send out **bulletin**s to the press saying that they're going to be married in **remnant**s, when what they mean is just **a peck of** old **second-hand** pearls and some used **lace** worn once by the **Empress** Eug nie."

"I know," agreed John **fervently**. "When I was visiting the Schnlitzer-Murphys, the eldest daughter, Gwendolyn, married a man whose father owns half of West Virginia. She wrote home saying what a tough struggle she was carrying on on his salary as a bank clerk—and then she ended up by saying that 'Thank God, I have four good maids **anyhow**, and that helps a little.'"

"It's **absurd**," commented Kismine. "Think of the millions and millions of people in the world, **laborer**s and all, who get along with only two maids."

One afternoon late in August a **chance** remark of Kismine's changed the **face** of the entire situation, and **threw** John **into** a state of terror.

They were in their favorite **grove**, and between kisses John was **indulging** in some romantic **foreboding**s which he fancied added **poignancy** to their relations.

"Sometimes I think we'll never marry," he said sadly.

"You're too wealthy, too **magnificent**. No one as rich as

8월이 끝에 가까워지자/ 존은 후회하기 시작했다/ 그가

곧 학교로 돌아가야 하는 것을. 그와 키스민은

달아나기로 결심했다/ 다음(내년) 6월에.

"여기서 결혼하는 것은 더 좋을 거야," 키스민이 **고백했다,**

5 "하지만 물론 나는 절대 너와의 결혼 허락을 아버지께 받을 수는 없을 거야.

저것과 비교하면/ 나는 차라리 **달아날** 거야. 부자인

사람들이 현재의 미국에서 결혼하는 것은 끔찍해—그들은 항상

보내야 하지/ 언론에 **뉴스 속보**를/ 그들이

결혼할 것이라고/ **남은 물건**으로, 그들이 의미하는 것은 단지 **수많은**

10 옛날 **중고** 진주와 몇몇 낡고 닳은 **레이스(얇은천)**지/

외제니 **황후**에 의해.

"알아," 존이 **열렬하게** 동의했다. "내가

슈니처-머피네에 방문했을 때, 그 첫째 딸은, 그웬돌린인데,

그의 아버지가 웨스트 버지니아의 절반을 가진 남자랑 결혼했어. 그녀는

15 집에 편지 보냈지/ 그녀가 얼마나 힘들게 살아가는지/

그(남편)의 은행원의 수입으로—그리고 나서 그녀는 이렇게 말하며 (편지

를) 끝냈지/ 신께 감사드립니다, 저는 **어쨌든** 4명의 좋은 하녀가 있고,

그것이 조금 도움이 되니까요."

"**황당하네**," 키스민이 언급했다. "생각해봐/ 세상의 수백만의

20 사람들을, **노동자**들과 다른 모두를, 그들은

오직 2명의 하인으로도 잘 지내잖아."

늦은 8월의 오후에/ 키스민의 **우연한** 말은

모든 상황의 **모습**을 바꿨다, 그리고 존을

공포의 상태로 **빠뜨렸다.**

25 그들은 그들이 가장 좋아하는 **숲**에 있었고, 키스하는 중에/

존은 빠져있었다/ 연애의 **불길한 느낌**에/ 그것을 그는

좋아했고/ 그들의 관계에 **격렬함**을 더했다.

"때때로/ 나는 우리가 절대 결혼하지 않으리라 생각해," 그는 슬프게 말했다.

"너는 너무 부자이고, 너무 **아름다워**. 누구도

you are can be like other girls. I should marry the daughter of some well-to-do wholesale hardware man from Omaha or Sioux City, and be **content** with her half-million."

"I knew the daughter of a wholesale hardware man once," remarked Kismine. "I don't think you'd have been contented with her. She was a friend of my sister's. She visited here."

"Oh, then you've had other guests?" **exclaimed** John in surprise.

Kismine seemed to regret her words.

"Oh, yes," she said hurriedly, "we've had a few."

"But aren't you···wasn't your father afraid they'd talk outside?"

"Oh, to some **extent**, to some extent," she answered. "Let's talk about something **pleasanter**."

But John's curiosity was **aroused**.

"Something pleasanter!" he demanded. "What's unpleasant about that? Weren't they nice girls?"

To his great surprise Kismine began to weep.

"Yes···th···that's the···the whole t···trouble. I grew qu··· quite **attached to** some of them. So did Jasmine, but she **kept** inv-viting them anyway. I couldn't understand it."

A dark **suspicion** was born in John's heart.

"Do you mean that they told, and your father had them— removed?"

"Worse than that," she muttered **brokenly**. "Father took no chances—and Jasmine kept writing them to come, and they had such a good time!"

She was overcome by a **paroxysm** of grief.

Stunned with the horror of this **revelation**, John sat there

너만큼 부자일 수 없기에/ 다른 소녀들처럼 될 수 없어. 나는 결혼해야 할
거야/ 몇몇의 잘-사는 장비 도매상의 딸/ 오마하나 수 시티 출신의,
그리고 그녀의 50만(달러 재산)에 **만족할** 거야(현재의 약 70억원).

"나도 전에 그 장비 도매상의 딸을 알았어,"

키스민이 언급했다. "네가 그녀에게 만족할 것이라고 생각하지 않아.
그녀는 내 누나의 친구니까. 그녀는 여기 왔었어."

"정말, 그렇다면 너는 다른 손님을 가졌어?" 존이 놀라서 **소리쳤다**.

키스민은 그녀의 말을 후회하는 듯 보였다.

"응, 그래." 그녀는 서둘러 대답했다, "우리는 몇(2~3) 명을 가졌지."

"하지만 너는…아니 너의 아버지는 두려워하잖아/ 그들이
밖에서 말하는 것을?"

"응, 어느 **정도까지만**, 어느 정도로만," 그녀가 대답했다.
"우리 더 즐거운 것에 대해 이야기하자."

하지만 존의 호기심이 **깨어났다**.

"더 즐거운 것이라고!" 그는 따졌다. "저게 어떤 점이 불쾌한데?
그들이 좋은 소녀들이 아니라서?"

그가 매우 놀란 것에/ 키스민은 흐느끼기 시작했다.

"맞아…저…저것은 그…그 완전히 무…문제였어. 나는 되었어/ 사…
상당히 그들 중 일부에게 **애착을 느끼게**. 그렇게 재스민이 했지, 하지만 그녀
는 **계속** 그런데도 그들을 초대했어. 나는 그것을 이해할 수 없었어."

불길한 **의혹**이 존의 마음에 태어났다.

그들이 말했다는 의미가, 그리고 너의 아버지가 그들을—
죽였다고?

"그것보다 더 나빴지," 그녀는 **띄엄띄엄** 중얼거렸다. "아버지는
확률에 걸지 않았어—재스민은 그들에게 오라고 계속 편지 썼고,
그들은 아주 좋은 시간을 가졌지!"

그녀는 압도당했다/ 슬픔의 **발작**에 의해.

이 **폭로**의 공포로 망연자실하면서, 존은 거기에 앉았다

open-mouthed, feeling the nerves of his body **twitter** like so many sparrows **perched upon** his spinal column.

"Now, I've told you, and I shouldn't have," she said, calming suddenly and drying her dark blue eyes.

"Do you mean to say that your father had them murdered before they left?"

She **nod**ded.

"In August usually—or early in September. It's only natural for us to get all the pleasure out of them that we can first."

"How **abdominable**! How—why, I must be going crazy! Did you really admit that—"

"I did," interrupted Kismine, **shrugging** her shoulders. "We can't very well imprison them like those aviators, where they'd be a continual **reproach** to us every day. And it's always been made easier for Jasmine and me because father had it done sooner than we expected. In that way we avoided any farewell scene⋯."

"So you murdered them! Uh!" cried John.

"It was done very nicely. They were drugged while they were asleep—and their families were always told that they died of **scarlet fever** in Butte."

"But—I fail to understand why you kept on inviting them!"

"I didn't," burst out Kismine. "I never invited one. Jasmine did. And they always had a very good time. She'd give them the nicest presents toward the last. I shall probably have visitors too—I'll harden up to it. We can't let such an **inevitable** thing as death **stand in** the way of enjoying life while we have it. Think how **lonesome** it'd be out here if we never had any one. Why, father and mother have sacrificed some

입을-열고, 그의 몸의 신경이 **떨리는** 것을 느끼면서/

아주 많은 참새가 그의 척추 기둥에 **걸터앉은** 것처럼.

"이제, 내가 말했지, (말하지) 말아야 한다고," 그녀가 말했다,

갑자기 차분해지면서/ 그녀의 짙은 푸른 눈이 마르면서.

5 "네 말은 너의 아버지가 그들을 살해했다는 거야/

그들이 떠나기 전에?"

그녀는 **끄덕였다.**

"보통 8월에—또는 이른 9월에. 그것은 우리에겐 아주 자연스러워/

그들에게 모든 기쁨을 얻고/ 우리가 처음으로 할 수 있는."

10 "이렇게 **끔찍할 수가**! 이렇게—왜, 나는 미쳐가는 게 분명해!

너는 정말 저걸 받아들일 수—"

"나는 받아들여," 키스민이 끼어들었다, 그녀의 어깨를 **으쓱하**면서.

"우리는 그들을 아주 잘 감금할 수 없어/ 저 비행사들처럼,

그곳에서 그들은 매일 끊임없이 우리를 **비난할**테니까. 그리고

15 그것은 항상 더 (견디기) 쉬웠어/ 자스민과 나에게/ 왜냐하면

아버지는 그것을 빨리 해치웠으니까/ 우리가 기대했던 것보다. 그런식으로/

우리는 어떤 작별 장면이든 피할 수 있었지…"

"그렇게 네가 그들을 살인했다고! 제길!" 존이 소리쳤다.

"그것은 아주 친절하게 행해졌어. 그들은 약이 투여됐어/ 그들이

20 자는 중에—그리고 그들의 가족들은 항상 알려졌지/ 그들이

죽었다고/ 외딴 산에서 **성홍열**(급성 전염병의 일종)로."

"하지만—나는 이해할 수 없어/ 왜 네가 그들을 계속 초대했는지!"

"내가 안 했어," 키스민이 소리 질렀다. "나는 절대 한 명도 초대하지 않았

어. 재스민이 했지. 그리고 그들은 항상 아주 좋은 시간을 가졌어. 그녀는

25 그들에게 가장 좋은 선물을 줬어/ 마지막쯤에. 나도 분명히

방문객을 가져야 할 거야—나는 단호하게 할 거야. 우리는 그런 **불가피한**

것을 허락할 수 없어/ 죽음이 삶을 즐기는 것을 **방해할** 때/

우리가 그것을 가진 동안에. 생각해봐 얼마나 **외로울**지/ 여기에서 우리가

누구도 만나지 않는다면. 왜, 아버지와 어머니는 희생해야 하는지/

of their best friends just as we have."

"And so," cried John **accusingly**, "and so you were letting me make love to you and pretending to return it, and talking about marriage, all the time knowing perfectly well that I'd never get out of here alive—"

"No," she **protested** passionately. "Not any more. I did at first. You were here. I **couldn't help** that, and I thought your last days **might as well** be pleasant for both of us. But then I fell in love with you, and··· and I'm **honestly** sorry you're going to···going to be **put away**···though I'd rather you'd be put away than ever kiss another girl."

"Oh, you would, would you?" cried John **ferociously**.

"Much rather. Besides, I've always heard that a girl can have more fun with a man whom she knows she can never marry. Oh, why did I tell you? I've probably **spoiled** your whole good time now, and we were really enjoying things when you didn't know it. I knew it would make things sort of depressing for you."

"Oh, you did, did you?" John's voice trembled with anger. "I've heard about enough of this. If you haven't any more pride and **decency** than to have an affair with a **fellow** that you know isn't much better than a **corpse**, I don't want to have any more to do with you!"

"You're not a corpse!" she protested in horror. "You're not a corpse! I won't have you saying that I kissed a corpse!"

"I said nothing of the sort!"

"You did! You said I kissed a corpse!"

"I didn't !"

Their voices had risen, but upon a sudden **interruption**

그들 최고의 친구 중 일부를/ 우리가 그랬던 것처럼."

"그래서 그렇게," 존이 **비난하듯** 외쳤다, "그래서 그렇게 너는

내가 너를 사랑하게 만들었구나/ 그리고 그것을 돌려주는 척했지, 그리고

결혼에 대해 말하고, 항상 완벽히 잘 알면서/ 내가 여기서

5   절대 살아서 나갈 수 없다는 것을—"

"아니야," 그녀는 격노하며 **주장했다.** "더 이상은 아니야. 나는

처음에 그랬어. 네가 여기 있었고, 나는 **어쩔 수 없었고,** 너의

마지막 날이 우리 모두에게 기쁜 게 **나을 것으로** 생각했어. 하지만 그러고 나

서 나는 너와 사랑에 빠졌고, 그리고… 그리고 나는 **솔직히** 미안해/ 네가 될

10   것이라… 될 것이라서… **치워지게**… 나는 차라리 네가 치워지는 게 나아/

다른 소녀와 키스하는 것보다."

"아, 그렇다고, 진짜 그렇다고?" 존이 **사납게** 외쳤다.

"훨씬 낫지. 게다가, 나는 항상 들었어/ 소녀가

어떤 남자와 더 많은 즐거움을 가질 수 있다고/ 그녀가 절대 결혼할 수 없는

15   것을 아는 (남자와). 이런, 왜 너한테 말했지? 나는 분명히 너의 모든 좋은 시간

을 **망쳤고,** 우리는 정말 상황을 즐기고 있었는데/

네가 그것을 몰랐을 때. 나는 그것이 너한테 어떤

우울함을 만들리라는 것을 알았어."

"하, 네가 그랬구나, 그랬구나?" 존의 목소리는 분노로 떨렸다.

20   "나는 이것에 대해 충분히 들었어. 네가 더 많은

자부심과 **품위**를 가지지 않았다면/ 네가 알고 있는 **친구**와 연애하는 것보다/

시체보다 훨씬 낫지 않은(친구), 나는 어떤 더 많은 것을

가지길 원하지 않아/ 너와 함께!"

"너는 시체가 아니야!" 그녀는 무서워서 반대했다/ "너는

25   시체가 아니야! 네가 말하게 하지 않을 거야/ 내가 시체와 키스했다고!"

"나는 그렇게 말하지 않았어!"

"너는 그랬어! 너는 내가 시체와 키스했다고!"

"안 그랬어!"

그들의 목소리는 커졌지만, 갑작스러운 **방해**에/

they both **subsided** into immediate silence. Footsteps were coming along the path in their direction, and a moment later the rose bushes were **parted** displaying Braddock Washington, whose intelligent eyes **set in** his good-looking **vacuous** face were **peering** in at them.

"Who kissed a corpse?" he demanded in obvious **disapproval**. ⁵

"Nobody," answered Kismine quickly. "We were just joking."

"What are you two doing here, anyhow?" he demanded **gruffly**. "Kismine, you ought to be—to be reading or playing golf with your sister. Go read! Go play golf! Don't let me find you here when I come back!" ¹⁰

Then he bowed at John and went up the path.

"See?" said Kismine **crossly**, when he was out of hearing. "You've spoiled it all. We can never meet any more. He won't let me meet you. He'd have you poisoned if he thought we were in love." ¹⁵

"We're not, any more!" cried John **fiercely**, "so he can **set his mind at rest** upon that. Moreover, don't fool yourself that I'm going to stay around here. **Inside of** six hours I'll be over those mountains, if I have to **gnaw** a passage through them, and on my way East." ²⁰

They had both **got to their feet**, and at this remark Kismine came close and put her arm through his.

"I'm going, too."

"You must be crazy…."

"Of course I'm going," she interrupted **impatiently**. ²⁵

"You **most certainly** are not. You…." "Very well," she said quietly, "we'll **catch up with** father now and talk it over with him."

그들 둘 다 **진정되었다**/ 즉각적인 침묵으로. 발자국이

오고 있었다/ 그들 쪽의 길을 따라, 그리고 잠시

후 그 장미 덤불은 **나뉘었다**/ 브래독

워싱턴을 드러내면서, 그의 똑똑한 눈이 **고정되었다**/ 그의 잘-생기고

멍청한 얼굴에/ **응시하면서**/ 그들을.

"누가 시체에 키스했다고?" 그는 따졌다/ 명백한 **반감**으로.

5

"누구도 아니에요," 키스민이 빠르게 대답했다. "우리는 그냥 농담하고 있었어요."

"어쨌든, 둘이 여기서 뭐 하고 있는 거니?" 그는

무뚝뚝하게 물었다. "키스민, 너는 해야만 해—읽거나 골프를 치는 것을/

네 언니랑. 가서 읽어라! 가서 골프쳐라! 내가 너를 여기서 찾게 하지 말고/

10   내가 돌아올 때!"

그러고 나서 그는 존에게 허리 숙여 인사한 뒤에 그 길로 올라갔다.

"봤지?" 키스민이 **사납게** 말했다, 그가 들리지 않게 멀리 갔을 때.

"너는 전부 망쳐버렸어. 우리는 더 이상 절대 만날 수 없어. 그는

내가 너를 만나게 하지 않을거야. 너를 독살할 거라고/ 우리가

15   사랑에 빠졌다고 생각한다면."

"우리는 아니야, 더 이상은!" 존이 **사납게** 소리쳤다, "그렇게 그가

마음을 가라앉힐 수 있어. 더욱이, 너 스스로 바보같이 굴지마/

내가 여기 주변에 머물 것이라고 해서. 6시간 **이내에**/

나는 저 산을 넘어갈 거야, 내가 그들을 지나면서 통로를 **물어뜯어야** 한다

20   면, 난 동쪽으로 내 길을 갈 거야."

그들 모두는 **일어서야** 했다, 그리고 이 말에/ 키스민은

가까이 와서 그에게 팔짱 꼈다.

"나도 갈 거야."

"너 미쳤구나…"

25   "물론 나도 갈 거야," 그녀는 **성급하게** 끼어들었다.

"너는 **틀림없이** 안 그럴 거야. 너는…" "확실히 갈 거야," 그녀는 조용히 말

했다, "우리가 지금 아버지를 **따라가서**/ 그것에 대해 이야기를 나눠보자."

Defeated, John **mustered** a sickly smile.

"Very well, dearest," he agreed, with pale and unconvincing affection, "we'll go together."

His love for her returned and settled **placidly** on his heart. She was his—she would go with him to share his dangers. He put his arms about her and kissed her **fervently**. After all she loved him; she had saved him, in fact.

Discussing the matter, they walked slowly back toward the **château**. They decided that since Braddock Washington had seen them together they had best depart the next night. Nevertheless, John's lips were unusually dry at dinner, and he nervously **emptied** a great spoonful of peacock soup into his left lung. He had to be carried into the turquoise and **sable** card-room and **pounded** on the back by one of the **under-butler**s, which Percy considered a great joke.

주장을 접고, 존은 창백한 미소를 **짜냈다**.

"좋아, 내 사랑," 그는 동의했다, 희미하고 설득력이 없는

애정으로, "우리 같이 가자."

그녀에 대한 사랑은 돌아와서 그의 마음에 **잔잔하게** 자리 잡았다.

5 그녀는 그의 것이었다—그녀는 그의 위험을 함께 나누려고 했다. 그는

팔을 그녀에게 두르고 **강렬하게** 키스했다. 결국 그녀는

그를 사랑하게 됐다; 그녀는 사실 그를 (목숨을) 구했다.

그 문제에 대해 의논하면서, 그들은 느리게 돌아갔다/

성을 향해 느리게 걸어오면서. 그들은 결심했다 (브래독 워싱턴이

10 그들이 함께 있는 것을 본 이래로) 그들은 다음날 밤에 떠나는 것이 가장 좋다

고. 그런데도, 저녁 식사에서 존의 입술은 이상하게 말랐다, 그리고

그는 초조하게 **비워냈다**/ 공작(새의 고기) 수프를 한 숟가락 가득히/

그의 왼쪽 폐에. 그는 옮겨져야 했다/ 그 터키석과

검은 족제비 카드 게임하는-방에/ 그리고 등이 **두드려졌다**/

15 **조수-집사** 중 한 명에게, 퍼시는 그것을 기막히게 우습다고 여겼다.

44

jerk	움찔거리다
upright	곧게
somnolence	비몽사몽
drape	(천으로) 가리다
faint	희미한
knob	손잡이
lump	덩어리
strained	긴장한
dissolve	사라지다
limn	그리다
mingled	섞인
drapery	휘장
pane	판유리
fright	섬뜩함
adjoining	인접한
alertness	정신이 번쩍든 것
spring out	일어서다
trickle	(물)방울
aquamarine	남옥
landing	마루
crimson	진홍색
sweep	길
poignant	사무치는

45

appalled	오싹해진
massed	집중된
fold	집단
contour	윤곽
ivory	상아

simultaneously	동시에
precipitate	거꾸러트리다
sway	흔들리다
corridor	복도
riding boots	승마용 장화
executioner	사형 집행가
expectantly	기대하며
burst out	소리를 지르다
dart	쏜살같이 가다
oblong	직사각형
blotted out	덮어진
slump	주저앉다
portentous	불길한
postpone	미루다
petty	하찮은
revolt	반란
stumble	실수하다
bleak	암울한
gaudy	화려한
whir	날개 도는 소리

46

shivering	떨면서
whip	채찍질하다
flight of stairs	이어진 계단
suite	스위트룸
interrupt	끼어들다
dead	정확히
simultaneously	동시에
a succession of	일련의
tumble in	끼어들다

fumbling	머뭇거리는	respect	관심
in an instant	즉시	compel	강요하다
		precise	정확한
47		retaliate	응수하다
fuse	연결선	garrison	수비대
cape	망토	hold out	저항하다
shot	쏘아 올리다	aviator	비행사
platform	단상	consent	동의하다
misty	안개 낀	utterly	완전히
patch	조각	grimly	잔인하게
eddy	소용돌이치다	preferable	선호되는
flash	섬광	dump	넣다
detonation	폭발		
dismay	실망	**49**	
prearranged	미리 준비된	magnificence	웅장함
reverberate	떠나갈 듯한	ember	불빛
lurid	번쩍이는	sturdy	기운찬
situated	위치한	timorous	겁먹은
cinder	재	thunderous	우레같은
smoulder	불타다	until any chance	혹시라도
intent on	~에 열중한	annihilate	전멸하다
		sharply	급격하게
48		ascend	오르다
shell	포격하다	garter	끈
portico	지붕	wooded	우거진
asunder	산산이	yet	혹시
geyser	간힐직인	gully	도랑
colonnade	돌기둥		
fragment	파편		
hurled	던져진		
prewar	전쟁 나기 전의		

LONG AFTER midnight John's body gave a nervous **jerk**, and he sat suddenly **upright**, staring into the veils of **somnolence** that **draped** the room. Through the squares of blue darkness that were his open windows, he had heard a **faint** far-away sound that died upon a bed of wind before identifying itself on his memory, clouded with uneasy dreams. But the sharp noise that had succeeded it was nearer, was just outside the room—the click of a turned **knob**, a footstep, a whisper, he could not tell; a hard **lump** gathered in the pit of his stomach, and his whole body ached in the moment that he **strained** agonizingly to hear. Then one of the veils seemed to **dissolve**, and he saw a vague figure standing by the door, a figure only faintly **limned** and blocked in upon the darkness, **mingled** so with the folds of the **drapery** as to seem distorted, like a reflection seen in a dirty **pane** of glass.

With a sudden movement of **fright** or resolution John pressed the button by his bedside, and the next moment he was sitting in the green sunken bath of the **adjoining** room, waked into **alertness** by the shock of the cold water which half filled it.

He **sprang out**, and, his wet pajamas scattering a heavy **trickle** of water behind him, ran for the **aquamarine** door which he knew led out onto the ivory **landing** of the second floor. The door opened noiselessly. A single **crimson** lamp burning in a great dome above lit the magnificent **sweep** of the carved stairways with a **poignant** beauty. For a

자정이 상당히 지난 뒤에/ 존의 몸은 **움찔**거렸다,

그리고 그는 갑자기 **곧게** 앉았다,

비몽사몽의 장막 안으로 노려보면서/저것(비몽사몽의 장막)은 그 방을 **가렸**

다. 푸른 어둠의 사각형을 통해/ 그의 열린 창문인 (사각형), 그는 멀리서

5 **희미한** 소리를 들었다/ 그것은 마루의 바람으로 사라졌다/

그것을 확인하기 전에/ 그의 기억에서, 불안한 꿈으로 멍해진,

하지만 날카로운 소리가 (그것이

더 가까이 계속 일어났다), 바로 그 방의 밖에 있었다—**손잡이**가 돌아가는

딸깍 소리, 발걸음, 속삭임, 그는 말할 수 없었다; 딱딱한 **덩어리**가

10 그의 복부 구멍에 모였다, 그리고 몸 전체는 아파졌다/

그 순간 그가 괴로울 정도로 **긴장했다**/ 듣기 위해서.

그리고 나서 장막 중 하나가 **사라지는** 듯 보였다, 그리고 그는

흐릿하게 문 옆에 서 있는 형체를 봤다, 그 형체는 오직 희미하게

그려지고 가려져 있었다/ 그 어둠에서, 그렇게 **섞였다**/

15 **휘장**이 접히며/ 일그러져 보이는 듯하게 했다, 마치 더러운

판유리에 반사된 것처럼 보였다.

갑작스러운 **섬뜩함** 또는 결단의 움직임으로/ 존은

버튼을 침대 옆의 버튼을 눌렀다, 그리고 다음 순간 그는

앉아있었다/ **인접한** 방의 푹 꺼진 초록색의 욕조에,

20 **정신이 번쩍** 깨게 됐다/ 차가운 물의 충격에/ 그것에

절반 정도 차 있던.

그는 **일어섰다**, 그리고, 그의 젖은 파자마는 많은

물**방울**을 흩뿌렸다/ 그의 뒤에, **남옥**으로 된 문으로 달려갔다/

그는 알았다/ 그 문이 2층의 상아로 된 **마루**로 이끌 것이라고.

25 문은 소리 없이 열렸다. **진홍색** 전등이

거대한 지붕에서 계단의 아름다운 **길**을 밝혔다/

사무치는 아름다움으로 조각된.

moment John hesitated, **appalled** by the silent splendor **massed** about him, seeming to envelop in its gigantic **fold**s and **contours** the solitary drenched little figure shivering upon the **ivory** landing. Then **simultaneously** two things happened. The door of his own sitting-room swung open, precipitating three naked negroes into the hall—and, as John **sway**ed in wild terror toward the stairway, another door slid back in the wall on the other side of the **corridor**, and John saw Braddock Washington standing in the lighted lift, wearing a fur coat and a pair of **riding boots** which reached to his knees and displayed, above, the glow of his rose-colored pajamas.

On the instant the three negroes—John had never seen any of them before, and it flashed through his mind that they must be the professional **executioner**s—paused in their movement toward John, and turned **expectantly** to the man in the lift, who **burst out** with an imperious command:

"Get in here! All three of you! Quick as hell!"

Then, within the instant, the three negroes **darted** into the cage, the **oblong** of light was **blotted out** as the lift door slid shut, and John was again alone in the hall. He **slumped** weakly down against an ivory stair.

It was apparent that something **portentous** had occurred, something which, for the moment at least, had **postponed** his own **petty** disaster. What was it? Had the negroes risen in **revolt**? Had the aviators forced aside the iron bars of the grating? Or had the men of Fish **stumbled** blindly through the hills and gazed with **bleak**, joyless eyes upon the **gaudy** valley? John did not know. He heard a faint **whir** of air as

잠시 동안 존은 주저했다, **오싹해지면서**/ 그에게

집중된 조용한 장관에, 감싸는 모양으로 거대한 **집단과**

윤곽으로 / 혼자서 젖은 작은 형체는 떨고 있었다/

상아 마루에서. 그리고 나서 **동시에** 두 가지 일이

벌어졌다. 그가 있던 거실의 문이 흔들려 열리며,

세 명의 벗은 흑인을 복도로 **거꾸러트리면서**—그리고,

존은 흔들렸다/ 계단을 향한 주체할 수 없는 두려움으로, 또 다른

문이 미끄러졌다/ 다른 쪽의 **복도**의 벽에서,

그리고 존은 브래독 워싱턴을 봤다/ 밝혀진

승강기 속에 서 있는, 동물 가죽 코트를 입고, **승마용 장화**를 신고 있었다/

그것은 그의 무릎까지 닿았다/ 그리고 붉은색을 드러냈다, 그 위에, 그의

장밋빛-색깔의 파자마가.

그 순간/ 세 흑인들은—존은 전에 그들 중에 누구도 본 적이 없었다,

그리고 그의 마음에 번쩍였다/ 그들이

사형 집행 전문가임이 분명하다고—정지했다/ 존을 향한 그들의

움직임을, 그리고 (다른 이유가 생긴 듯) **기대하며**/ 승강기에 있는 남자에

게 향했다, 그는 갑자기 긴급한 명령으로 **소리를 질렀다**:

"여기 있어! 너네 세 명 전부! 지독히 빠르게!"

그리고 나서, 그 순간에, 세 흑인은 **쏜살같이 갔다**/

그 감옥으로, **직사각형**의 불빛은 **덮어졌다**/ 승강기 문이

미끄러져 닫힐 때, 그리고 존은 다시 복도에서 혼자가 됐다. 그는 힘없이 **주저**

앉았다/ 상아 계단에 기대어.

어떤 **불길한** 일이 일어났음이 분명했다,

그것은, 적어도 잠시 동안, **미뤄지게 했다**/

그의 **하찮은** 재앙을. 그것이 뭘까? 흑인들이

반란을 일으켰을까? 비행사들이

쇠창살을 밀쳐냈을까? 아니면 피쉬 남자들이 무턱대고 **실수한** 것일까/

언덕에서/ 그리고 **암울하고**, 기쁨 없는 눈으로 **화려한** 계곡을 보고?

존은 몰랐다, 그는 흐릿한 공중의 **날개 도는 소리**를 들었다/

리츠 호텔만 한 다이아몬드

the lift whizzed up again, and then, a moment later, as it descended. It was probable that Percy was hurrying to his father's assistance, and it occurred to John that this was his opportunity to join Kismine and plan an immediate escape. He waited until the lift had been silent for several minutes; **shivering** a little with the night cool that **whipped** in through his wet pajamas, he returned to his room and dressed himself quickly. Then he mounted a long **flight of stairs** and turned down the corridor carpeted with Russian sable which led to Kismine's **suite**.

The door of her sitting-room was open and the lamps were lighted. Kismine, in an angora kimono, stood near the window of the room in a listening attitude, and as John entered noiselessly she turned toward him. "Oh, it's you!" she whispered, crossing the room to him. "Did you hear them?"

"I heard your father's slaves in my….."

"No," she **interrupted** excitedly. "Aeroplanes!"

"Aeroplanes? Perhaps that was the sound that woke me."

"There're at least a dozen. I saw one a few moments ago **dead** against the moon. The guard back by the cliff fired his rifle and that's what roused father. We're going to open on them right away."

"Are they here on purpose?"

"Yes…it's that Italian who got away….."

Simultaneously with her last word, **a succession of** sharp cracks **tumbled in** through the open window. Kismine uttered a little cry, took a penny with **fumbling** fingers from a box on her dresser, and ran to one of the electric lights. **In an instant**

승강기가 다시 윙윙거릴 때, 그러고 나서, 잠시 후에, 그것이

내려왔을 때. 그것은 분명히 퍼시가 그의 아버지를 도우려고 서두르는 것

이었고, 이 일이 존에게 일어난 것은 합류할

기회였다/ 키스민에게/ 그리고 즉각적인

5　탈출을 계획할. 그는 기다렸다/ 승강기가 조용해질 때까지 몇(4~5)

분 동안; 약간 **떨면서**/ 밤의 시원함에/ 그것은 그의 젖은 파자마를 빠르게 **채**

찍질했다, 그는 그의 방에 돌아와서/

빠르게 갈아입었다. 그러고 나서 그는 길게 **이어진**

계단을 올라가서/ 복도를 돌아 내려갔다/ 러시아산

10　흑 족제비 털이 깔려진/ 키스민의 **스위트룸으로** 이끄는.

그녀의 거실문은 열려있었고/ 불빛은

켜있었다. 키스민은, 앙고라 토끼털로 만든 기모노를 입고,

방의 창문 근처에 서 있었다/ 듣고 있는 자세로, 그리고 존이

소리 없이 들어왔을 때/ 그녀는 그를 향해 몸을 돌렸다. "오, 너였구나!"

15　그녀는 속삭였다, 방 건너편에 있는. "그것들 들었어?"

"나는 들었어/ 너의 아버지의 노예가 내 (방에서)…"

"아니야," 그녀는 흥분해서 **끼어들었다.** "비행기들!"

"비행기라고? 아마 그것이 나를 깨웠나 보네."

20　"적어도 12개 정도가 있었어. 나는 조금 전에 1개를 봤는데/

　정확히 달을 향했지. 절벽 뒤쪽의 경비는 그의

　총을 쐈어/ 그리고 저것이 아버지를 깨웠지. 우리는

　그것들에게 (포문을) 열꺼야/ 당장."

"그들이 무슨 목적으로 왔는데?"

25　"그래…저 도망쳤던 이탈리아인…."

　그의 마지막 말과 **동시에, 일련의** 날카롭게

　찢어지는 소리가 열린 창문으로 **끼어들었다.** 키스민은 소리 냈다/

　작은 울음을, **머뭇거리는** 손가락으로 찬장의 상자에서 동전을 가져갔다,

　그리고 전등 중 하나로 달려갔다. **즉시**

the entire château was in darkness—she had blown out the **fuse**.

"Come on!" she cried to him. "We'll go up to the roof garden, and watch it from there!"

Drawing a **cape** about her, she took his hand, and they found their way out the door. It was only a step to the tower lift, and as she pressed the button that **shot** them upward he put his arms around her in the darkness and kissed her mouth. Romance had come to John Unger at last. A minute later they had stepped out upon the star-white **platform**. Above, under the **misty** moon, sliding in and out of the **patch**es of cloud that **eddi**ed below it, floated a dozen dark-winged bodies in a constant circling course. From here and there in the valley **flashe**s of fire leaped toward them, followed by sharp **detonation**s. Kismine clapped her hands with pleasure, which, a moment later, turned to **dismay** as the aeroplanes at some **prearranged** signal, began to release their bombs and the whole of the valley became a panorama of deep **reverberate** sound and **lurid** light.

Before long the aim of the attackers became concentrated upon the points where the anti-aircraft guns were **situated**, and one of them was almost immediately reduced to a giant **cinder** to lie **smouldering** in a park of rose bushes.

"Kismine," begged John, "you'll be glad when I tell you that this attack came on the eve of my murder. If I hadn't heard that guard shoot off his gun back by the pass I should now be stone dead⋯."

"I can't hear you!" cried Kismine, **intent on** the scene before her. "You'll have to talk louder!"

전체의 성은 어두워졌다—그녀는

연결선을 꺼트렸다.

"이리와!" 그녀는 그에게 외쳤다. "우리는 천장의 정원으로 올라갈 거야,

그리고 거기서 그것을 볼 거야!"

5 그녀 주변의 **망토**를 잡아당기면서, 그의 손을 잡았고, 그들은

문 밖으로 나가는 길을 찾았다. 그것은 탑의 승강기로 가는 유일한 계단이었

다, 그리고 그녀는 그들을 위쪽으로 **쏘아 올리는** 버튼을 눌렀다/

그는 어둠 속에서 그의 팔을 그녀에게 감고/ 그녀의

입에 키스했다. 사랑이 끝내 존 웅거에게 왔다. 1분

10 뒤에/ 그들은 걸어 나갔다/ 하얀-별의 **단상**에.

위에는, **안개 낀** 달 아래에서, 미끄러져 내려갔다가/

구름 **조각** 밖으로 나오면서/ 그 아래에서 **소용돌이쳤다**, 12개의 어두운-

날개의 몸체들이 떠 있었다/ 끊임없이 원을 그리는 항로로. 계곡의 이곳

저곳에서 발포의 **섬광**이 그들을 향해 날아갔다,

15 날카로운 **폭발**이 뒤따르면서. 키스민은 기쁨에 손뼉 쳤다,

그것은, 잠시 뒤에, **실망**으로 바뀌었다/

비행기들이 **미리 준비된** 신호에서,

그들의 폭탄을 떨어뜨리기 시작했고/ 그 계곡 전체는

극심하고 **떠나갈 듯한** 소리와 **번쩍이는** 빛의 모습이 되었다.

20 오래되기 전에/ 그 공격자들의 목표는

그 지점으로 집중됐다/ 비행기를-막기 위한 총들이

위치한 지점으로, 그리고 그들 중 하나는 거의 만들었다/

거대한 **재**가 **불타면서** 눕도록/ 장미 덤불의 공원에서.

"키스민," 존이 애원했다, "너는 기쁠 거야/ 내가 말했을 때/

25 이 공격이 내가 살해당하기 전날 왔다고. 내가

듣지 못했다면/ 저 경비가 통로 근처에서 총 쏘는 것을/ 나는

지금 완전히 죽었을 것…."

"안 들려!" 키스민이 소리쳤다, 그녀 앞의 장면에 **열중해서**.

"너는 더 크게 말해야 해!"

"I simply said," shouted John, "that we'd better get out before they begin to **shell** the château!"

Suddenly the whole **portico** of the negro quarters cracked **asunder**, a **geyser** of flame shot up from under the **colonnade**s, and great **fragment**s of jagged marble were **hurled** as far as the borders of the lake.

"There go fifty thousand dollars' worth of slaves," cried Kismine, "at **prewar** prices. So few Americans have any **respect** for property."

John renewed his efforts to **compel** her to leave. The aim of the aeroplanes was becoming more **precise** minute by minute, and only two of the antiaircraft guns were still **retaliating**. It was obvious that the **garrison,** encircled with fire, could not **hold out** much longer.

"Come on!" cried John, pulling Kismine's arm, "we've got to go. Do you realize that those **aviator**s will kill you without question if they find you?"

She **consented** reluctantly.

"We'll have to wake Jasmine!" she said, as they hurried toward the lift. Then she added in a sort of childish delight: "We'll be poor, won't we? Like people in books. And I'll be an orphan and **utterly** free. Free and poor! What fun!" She stopped and raised her lips to him in a delighted kiss.

"It's impossible to be both together," said John **grimly**. "People have found that out. And I should choose to be free as **preferable** of the two. As an extra caution you'd better **dump** the contents of your jewel box into your pockets."

Ten minutes later the two girls met John in the dark corridor and they descended to the main floor of the château.

"간단히 말할게," 존이 소리쳤다, "우리는 나가는 게 좋아/

그들이 성에 **포격하기** 전에!"

갑자기 흑인 구역의 **지붕** 전체가

산산이 부서졌고, **간헐적인** 불꽃이 쏘아 올려 졌다/ **돌기둥** 아래에서,

5 그리고 들쭉날쭉한 대리석의 거대한 **파편들이 던져졌다**/

호수 경계쯤의 거리에서.

"5만 달러(현재의 7억 5천만 원 정도)짜리 노예가 간다,"

키스민이 외쳤다, "**전쟁 나기 전의** 가격으로. 그래서 적은 수의 미국인들

만 재산에 **관심**을 가졌지."

10 존은 다시 노력을 기울였다/ 그녀가 떠나도록 **강요하기** 위해.

비행기의 목적은 시시각각 더욱더 **정확해**졌다,

그리고 오직 두 개의 방공포가 여전히

응수하고 있었다. 그것은 분명했다/ **수비대**가, 불길에 둘러싸여서,

더 길게 **저항할** 수 없는 것은.

15 "이리와!" 존은 소리쳤다, 키스민의 팔을 밀면서, "우리는

가야만 해. 너는 알고 있니/ 저 **비행사**들이 거리낌 없이 너를 죽이리라는

것을/ 너를 찾는다면?"

그녀는 마지못해 **동의했다.**

"우리는 재스민을 깨워야 해!" 그녀는 말했다, 그들이 승강기로 서둘러 갔

20 을 때. 그리고 나서 그녀는 어떤 유치한 기쁨을 더했다:

"우리는 가난할 기야. 그렇지? 책에 나온 사람들처럼. 그리고 나는

고아가 될 거야 **완전히** 자유롭게. 자유롭지만 가난하게! 재밌겠다!" 그녀는

멈춰서 입술을 올려/ 그에게 기쁨의 키스를 했다.

"자유와 가난이 함께하는 것은 불가능해," 존이 **잔인하게** 말했다.

25 "사람들은 저것을 알아냈지. 그리고 나는 자유롭게 되기를 선택할 거야/

그 둘 중에 **선호되는**. 비상시를 대비해/ 너는 주머니에

넣는 게 좋겠어/ 그 보석함의 내용물을."

10분 후/ 두 소녀는 존과 만났다/ 그 어두운 복도에서/

그리고 그들은 그 성의 중앙 바닥으로 내려갔다.

문법&용법

It was obvious
that the
garrison,
encircled with
fire, could not
hold out much
longer
it~that 구문.
원래의 문장은
That the
garrison
(encircled with
fire) could not
hold out much
longer was
obvious

It's impossible
to be both
together
it~ to~ 구문.
원래의 문장
은 To be both
together is
impossible.

Passing for the last time through the **magnificence** of the splendid halls, they stood for a moment out on the terrace, watching the burning negro quarters and the flaming **ember**s of two planes which had fallen on the other side of the lake. A solitary gun was still keeping up a **sturdy** popping, and the attackers seemed **timorous** about descending lower, but sent their **thunderous** fireworks in a circle around it, **until any chance** shot might **annihilate** its Ethiopian crew.

John and the two sisters passed down the marble steps, turned **sharply** to the left, and began to **ascend** a narrow path that wound like a **garter** about the diamond mountain. Kismine knew a heavily **wooded** spot half-way up where they could lie concealed and **yet** be able to observe the wild night in the valley—finally to make an escape, when it should be necessary, along a secret path laid in a rocky **gully**.

마지막으로 **웅장하고**

아름다운 현관을 지나, 그들은 잠시 밖의 테라스에 섰다,

불타는 흑인 지역들을 보면서, 그리고 2개의 비행기의 불타는 **불빛**은/

호수의 다른 편으로 떨어졌다.

5　한 개 남은 대공포는 여전히 **기운차게** 터지고 있었다, 그리고

공격자들은 **겁먹어** 보였다/ 낮게 내려오는 것에 대해서, 하지만

그들은 **우레같은** 불꽃을 보냈다/ 선회하며, **혹시라도**/

발포가 에티오피아(흑인) 일당을 **전멸할**지도 모른다며.

존과 두 명의 자매는 대리석 계단을 내려갔다,

10　**급격하게** 왼쪽으로 돌아서, 좁은 길을 **오르기** 시작했다/

그 길은 다이아몬드 산 주변에 (매달린) **끈** 같았다.

키스민은 알았다/ 무성하게 **우거진** 지점을 절반쯤 올랐을 때/ 그곳에서

그들이 누워서 숨은 채/ **혹시** 그 계곡의 사나운 밤을 목격할 수도 있다고

—마침내 도망갈 수 있다고,

15　그것이 꼭 필요할 때는, 암석이 깔린

도랑 안에 놓인 숨겨진 길을 따라.

원어민 MP3
bit.ly/
3zk7kf

50

attain	이르게 되다
obliging	친절한
trunk	(나무의) 몸통
ebb	사그라지는 것
ruin	폐허
clanging	쨍그랑거리는
go out of action	작동을 멈추다
swift	빠른
make certain	확인하다
beleaguered	포위된
reign	통치
cessation	중단
ember	불빛
crouching	웅크리는
rattle	덜컹거림
receding	줄어드는
perceive	감지하다
sound	깊이
vantage	좋은
stir	흔들리다
origin	발생
dawn would break	동이 틀 것이다

51

inaudible	안 들리는
summit	꼭대기
saddle	봉우리 사이
warned	위험을 느낀
boulder	바위
gradually	서서히
silhouetted against	~을 배경으로 윤곽을 드러낸

lend	더하다
solitary	혼자인
insignificant	보잘것없는
inscrutable	불가사의한
signal	신호를 보내다
crouch	쭈그리다
upright	똑바로
innumerable	무수한
chiselled	깎아놓은
kindle	불타기 시작했다
fragment	조각
stagger	비틀거리다
rippling	물결진
hardened	단단해진
shine	광택
defiant	반항하는

52

ponderously	무겁게
inextinguishable	억제할 수 없는
uplift	들다
strain	힘을 주다
bare	없는
mocking	조롱하는 듯한
antithetical	정반대되는
forlorn	허망한
condescension	오만한
breathlessly	숨을 죽이고
argumentative	시비 거는 듯한
conviction	확신
spray	뿌려짐
artery	동맥
bribe	뇌물
advance sample	뽑은 견본

53

thread	맥락
obsolete	쓸모없는
discourse	담화
divinity	성스러움
deign	나타나 주시다
plague	전염병
myrrh	몰약
captive	사로잡힌
beast	짐승
harvest	농작물
offered up	바쳐진
appeasal	달래는 것
meed	보상
alleviation	완화하는 것
arbiter	결정권자
suppliance	간청
specification	세부적인 것
facet	면
dome	반구 모양의 건물
beaten gold	금박 입혀진
crusted	딱딱한 표면인
preside	거느리다
iridescent	다양한 색으로 빛나는
radium	라듐(물질)
worshipper	숭배자

54

slain	살해된
benefactor	후원자
absurdly	터무니없이
and well	건재하도록
rare	희귀한
consume	소멸하다

vulgar	천박한	impendency	임박함	dusk	땅거미
assertion	행사	slope	경사	tempting	먹음직스러운
imply	암시하다	clamber	기어오르다	eagerly	열렬히
providence	(신의) 섭리	skirmishing	싸우려는	obediently	고분고분하게
strain	안간힘을 쓰다	engross	몰두하다	enthusiastically	열광적으로
gradually	서서히	ledge	절벽에 튀어나온 바위	declining	저무는
magnificently	장대하게	stoop	몸을 굽히다	matter	중요한 것
giddy	아찔한	trap-door	바닥의 작은 문	by golly	어머나
		tip	끝부분	startled	놀란

55

		engulf	삼키다	rhinestone	라인석
phenomenon	현상	clutch	움켜잡다	in exchange for	~를 교환해서
gust	돌풍			precious	귀중한
rustle	바스락거리는 것				

57

59

round about	주변의	hysterically	발작적으로	wistfully	아쉬운 듯
dull	흐릿한	shield	가리다	gloomily	침울하게
resume	재개하다	dazzling	눈부시는	incredulous	믿을 수 없는
bough	나뭇가지	turf	잔디	liable	~하기 쉬운
fairyland	요정 나라	intolerable	참을 수 없는	take in	~로 돈을 벌다
triumph	승리	extinguished	불이 꺼진	innocently	천진스럽게
flutter	흔들리다	waste	쓰레기	astonishment	놀람
alighting	불타는	carry off	얻어내다	somberly	엄숙하게
boulder	바위	vegetation	초목	abolished	파괴된
clump	숲	consumed	소멸된	supper	저녁 식사
spring to one's feet	일어서다	concussion	진동		
jingling	딸랑거리는	literally	말 그대로		

60

instinct	직감	fragment	조각	penniless	무일푼의
seize	꽉 쥐다	tumble	무너지다	shabby	허름한
thread	빠져나가다	mingle	섞이다	the usual	평상시의 일
		powdery	미세한 가루의	shiver	떨다
		featureless	특징이 없는	pneumonia	폐렴

56

peacock	공작			consciousness	자의식
undertone	조용한				

58

turn around	돌아보다	dominion	영지
mountainside	산비탈	tranquil	평온한

IT WAS THREE O'CLOCK when they **attained** their desti-
nation. The **obliging** and phlegmatic Jasmine fell off to sleep
immediately, leaning against the **trunk** of a large tree, while
John and Kismine sat, his arm around her, and watched
the desperate **ebb** and flow of the dying battle among the
ruins of a vista that had been a garden spot that morning.
Shortly after four o'clock the last remaining gun gave out
a **clanging** sound and **went out of action** in a **swift** tongue
of red smoke. Though the moon was down, they saw that
the flying bodies were circling closer to the earth. When the
planes had **made certain** that the **beleaguered** possessed no
further resources, they would land and the dark and glitter-
ing **reign** of the Washingtons would be over.

With the **cessation** of the firing the valley grew quiet. The
embers of the two aeroplanes glowed like the eyes of some
monster **crouching** in the grass. The château stood dark
and silent, beautiful without light as it had been beautiful
in the sun, while the woody **rattle**s of Nemesis filled the air
above with a growing and **receding** complaint. Then John
perceived that Kismine, like her sister, had fallen **sound**
asleep.

It was long after four when he became aware of foot-
steps along the path they had lately followed, and he
waited in breathless silence until the persons to whom they
belonged had passed the **vantage**-point he occupied. There
was a faint **stir** in the air now that was not of human **origin**,
and the dew was cold; he knew that the **dawn would break**

3시였다/ 그들이 목적지에 **이르게 된** 것은.

친절하고 침착한 재스민은 즉시 잠에 빠졌다,

큰 나무의 **몸통**에 기대면서,

존과 키스민이 앉았을 때, 그의 팔은 그녀를 감고,

자포자기하며 봤다/ **사그라지는 것을**/ 그리고

폐허 광경에서 사라지는 전투의 흐름을/ 아침에 정원이었던 곳에서.

잠시 후 4시에/ 마지막 남은 대공포가

쨍그랑거리는 소리를 냈다/ 그리고 **작동을 멈췄다**/ 붉은 연기의 **빠른** 불

길 속에서. 달은 졌지만, 그들은 봤다/

비행하는 것들이 선회하며 지면에 가까워지는 것을.

비행기들이 **확인했을** 때/ **포위된** 사람들과

더 나아갈 (공격할) 자원들을 갖지 않은 것을, 그들은 착륙하려 했고/ 어둡고

화려했던 워싱턴 가의 **통치**는 끝나려고 했다.

발포가 **중단**되며/ 그 계곡은 조용해졌다.

두 비행기의 **불빛**은 빛났다/ 어떤 괴물의 눈 같은/

잔디에 **웅크린**. 성은 어둡지만

조용하고 아름답게 서 있었다, 빛이 없는/ 그것이 태양 빛에서 아름다웠던

것처럼, 나무의 **덜컹거리는** 네메시스(복수의 여신)가 위의 대기를 채운 동

안/ 자라나고 **줄어드는** 불만과 함께. 그러고 나서 존은

감지했다/ 키스민은, 그녀의 언니처럼, **깊이**

잠에 빠진 것을.

4시가 꽤 지난 뒤에/ 그는 발자국을 알아챘다/

그 길을 따라서 난/ 그들이 최근에 쫓아온, 그리고 그는

조용히 숨죽이고 기다렸다/ 사람들이 (그들에게

속해있던) 그가 가진 **좋은**-위치를 지나갈 때까지.

지금 공기가 희미하게 **흔들렸고**/ 그것은 인간이 **발생한** 것이 아니었다,

그리고 이슬은 차가웠다; 그는 곧 **동이 트리라**는 것을 알았다.

soon. John waited until the steps had gone a safe distance up the mountain and were **inaudible**. Then he followed. About half-way to the steep **summit** the trees fell away and a hard **saddle** of rock spread itself over the diamond beneath. Just before he reached this point he slowed down his pace, **warned** by an animal sense that there was life just ahead of him. Coming to a high **boulder**, he lifted his head **gradually** above its edge. His curiosity was rewarded; this is what he saw:

Braddock Washington was standing there motionless, **silhouetted against** the gray sky without sound or sign of life. As the dawn came up out of the east, **lending** a cold green color to the earth, it brought the **solitary** figure into **insignificant** contrast with the new day.

While John watched, his host remained for a few moments absorbed in some **inscrutable** contemplation; then he **signalled** to the two negroes who **crouched** at his feet to lift the burden which lay between them. As they struggled **upright**, the first yellow beam of the sun struck through the **innumerable** prisms of an immense and exquisitely **chiselled** diamond—and a white radiance was **kindled** that glowed upon the air like a **fragment** of the morning star. The bearers **staggered** beneath its weight for a moment—then their **rippling** muscles caught and **hardened** under the wet **shine** of the skins and the three figures were again motionless in their **defiant** impotency before the heavens.

After a while the white man lifted his head and slowly raised his arms in a gesture of attention, as one who would call a great crowd to hear—but there was no crowd, only the

존은 기다렸다/ 발자국이 그 산으로 안전한 거리만큼 가서/

소리가 **안 들릴** 때까지. 그러고 나서 그는 따라갔다.

가파른 **꼭대기**까지/ 중도에 나무들은 쓰러져 있었고/

딱딱한 **봉우리 사이**의 바위는 그것 스스로 뻗어 나갔다/ 바로 아래의 다이아

5 몬드 위로. 그가 이 지점에 도달하기 바로 전에/ 그는

속도를 늦췄다, 동물적 감각에 의해 **위험을 느꼈다**/ 바로

앞에 생명체가 있었다. 높은 **바위**에 와서, 그의

서서히 머리를 들었다/ 그것의 가장자리 위에서. 그의 호기심은 보상받았다;

이것이 그가 본 것이다:

10 브래독 워싱턴은 거기에서 움직이지 않고 서 있었다,

회색 하늘을 **배경으로 윤곽을 드러냈다**/ 소리나 생명의 신호 없이.

동쪽부터 동이 텄을 때, 추운 녹색을 지면에 **더하면서**,

그것은 그 **혼자인** 모습을

보잘것없는 모습의 대비로 만들었다/ 새로운 날과 함께.

15 존이 보는 동안, 그의 주인은 잠시동안 남아있었다/

어떤 **불가사의한** 사색에 빠져; 그러고 나서 그는

두 흑인에게 **신호를 보냈다**/ 그들 두 명은 그의 발에 **쭈그렸다**/

그들 사이에 있는 짐을 들기 위해. 그들이

똑바로 (설려고) 기를 쓸 때, 태양의 첫 번째 노란 광선이 쏟아졌다/

20 **무수한** 프리즘(분광기)을 통해서/ 거대하고 아름답게 **깎아놓은**

다이아몬드의—그리고 하얀 빛은 **불타기 시작했다**/

그것은 샛별(금성)의 **조각**처럼 대기에서 번쩍였다. 운반인들은

그것의 무게 밑에서 잠시 **비틀거렸다**—그러고 나서 그들의

물결진 근육들이 (자리) 잡히고 **단단해졌다**/ 피부의 젖은 **광택** 아래에서/

25 그리고 세 명은 다시 움직이지 않았다/ 그들의

반항하는 무력감에/ 전국 앞에서.

잠시동안 그 백인은 그의 머리를 들고/ 느리게

팔을 올렸다/ 집중하라는 몸짓으로, 누군가

큰 집단이 들으라고 부를 때—하지만 어떤 집단도 없었다, 오직 산과 하늘의

vast silence of the mountain and the sky, broken by faint bird voices down among the trees. The figure on the saddle of rock began to speak **ponderously** and with an **inextinguishable** pride.

"You out there····." he cried in a trembling voice. "You··· there···!" He paused, his arms still **uplifted**, his head held attentively as though he were expecting an answer. John **strained** his eyes to see whether there might be men coming down the mountain, but the mountain was **bare** of human life. There was only sky and a **mocking** flute of wind along the tree-tops. Could Washington be praying? For a moment John wondered. Then the illusion passed—there was something in the man's whole attitude **antithetical** to prayer.

"Oh, you above there!"

The voice was become strong and confident. This was no **forlorn** supplication. If anything, there was in it a quality of monstrous **condescension**.

"You there····."

Words, too quickly uttered to be understood, flowing one into the other····. John listened **breathlessly**, catching a phrase here and there, while the voice broke off, resumed, broke off again—now strong and **argumentative**, now **colored** with a slow, puzzled impatience. Then a **conviction** commenced to dawn on the single listener, and as realization crept over him a **spray** of quick blood rushed through his **arteries**. Braddock Washington was offering a **bribe** to God!

That was it—there was no doubt. The diamond in the arms of his slaves was some **advance sample**, a promise of more to follow.

엄청난 침묵만 있었다, (그 침묵은) 나무의 희미한
새소리에 부서졌다. 그 사람은 바위의 산등성이에서
무거운 목소리로 말하기 시작했다/ 그리고
억제할 수 없는 우월감으로.

5 "거기 너…." 그는 떨리는 목소리로 소리쳤다. "너…
거기…!" 그는 멈췄고, 그의 팔을 여전히 **든 채로**, 그의 머리를
조심스럽게 유지한 채 그가 대답을 기대하는 것처럼. 존은
눈에 **힘을 주었다**/ 산에서 남자들이 내려올지도 모르는 것을 보기 위해,
하지만 산에 사람의 생명은 **없었다.**

10 오직 하늘과 나무 꼭대기를 따라 **조롱하는 듯한** 바람의 플루트 소리가 있
었다. 워싱턴은 기도하는 중이었을까? 순간
존은 궁금했다. 그리고 나서 그 착각은 지나갔다—그곳에
인간의 전체적인 모습이 있었다/ 기도와 **정반대되는.**

"아, 너 거기 위에!"

15 음성은 강해지고 자신감 있게 되었다. 이것은
허망한 애원이 아니었다. 이것이 어떤 것이었다면, 그 안에
괴물 같은 **오만한** 특성이 있었다.

"너 거기…."

말은, 아주 빠르게 발언 되어서 이해할 수 없었다, 하나에서

20 다른 하나로 흘러가면서…. 존은 **숨을 죽이고** 들었다, 그 말을
여기저기서 잡으면서, 목소리가 멈추고, 재개되고, 다시 멈추고
—이제 강하고 **시비 거는 듯하게**, 이제 **조금** 느리고,
어리둥절한 조바심에 영향을 받은 듯하게. 그러고 나서 강한 **확신으로**
여명을 향해 시작했다/ 단 하나뿐인 청자(신)에게, 그리고 깨달음이 그에게

25 다가왔을 때/ 빠르게 피가 (몸속에서) **뿌려지며** 그의 **동맥**이 달려갔다. 브
래독 워싱턴은 신에게 **뇌물**을 바치고 있었다!
바로 그것이었다—의심할 여지가 없었다. 그의 노예의 팔의 다이아몬드들
은 어떤 **뽑은 견본**이었다,
더 많이 생길 것이라는 약속으로써.

That, John perceived after a time, was the **thread** running through his sentences. Prometheus Enriched was calling to witness forgotten sacrifices, forgotten rituals, prayers **obsolete** before the birth of Christ. For a while his **discourse** took the form of <u>reminding God of this gift</u> or that which **Divinity** had **deigned** to accept from men—great churches if he would rescue cities from the **plague**, gifts of **myrrh** and gold, of human lives and beautiful women and **captive** armies, of children and queens, of **beast**s of the forest and field, sheep and goats, **harvest**s and cities, whole conquered lands that had been **offered up** in lust or blood for His **appeasal**, buying a **meed**'s worth of **alleviation** from the Divine wrath—and now he, Braddock Washington, Emperor of Diamonds, king and priest of the age of gold, **arbiter** of splendor and luxury, would offer up a treasure such as princes before him had never dreamed of, offer it up not in **suppliance**, but in pride.

He would give to God, he continued, getting down to **specifications**, the greatest diamond in the world. This diamond would be cut with many more thousand **facets** than there were leaves on a tree, and yet the whole diamond would be shaped with the perfection of a stone no bigger than a fly. Many men would work upon it for many years. It would be set in a great **dome** of **beaten gold**, wonderfully carved and equipped with gates of opal and **crusted** sapphire. <u>In the middle would be hollowed out a chapel</u> **presided** over by an altar of **iridescent**, decomposing, ever-changing **radium** which would burn out the eyes of any **worshipper** who lifted up his head from prayer—and on this

저것은, 존은 잠시 후에 인지했던, **맥락**이었다/

그의 문장에 흐르고 있었던. 부유한 프로메테우스는 증인으로 삼고 있었

다/ 잊혀진 제물을, 잊혀진 종교 절차를, 기도를/

예수의 탄생 이전에는 **쓸모가 없었던**. 잠시동안 그의 **담화**는

5   형태를 취했다/ 신에게 이 선물을 생각나게 하는/ 또는 어떤

성스러움이 받아들이기 위해 사람들로부터 **나타나 주신** 것처럼—위대한 교

회들을 그가 도시를 **전염병**으로부터 구했다면, **몰약**과

금 선물을, 사람의 목숨과 아름다운 여성과 **사로잡힌**

군사들, 아이들과 여왕들, 숲과 들의 **짐승들**,

10   양과 염소, **농작물**과 도시들, 모든 정복된

땅/ 그 땅은 **바쳐졌다**/ 그가 **달래기** 위한 욕망 또는 핏속에서,

가치의 보상을 완화하는 값을 치르면서/

천상의 분노로부터—그리고 지금 그는, 브래독 워싱턴, 다이아몬드의 황제

이자, 금의 시대의 왕이자 사제이자, 화려함과 호화로움의 **결정권자**는,

15   보물을 바치려고 했다/

그의 전의 왕자들은 절대 꿈꾸지 않은 방식으로,

간청에서가 아니라 오만심에서 바치려고.

그는 신에게 주려고 했다, 계속해서,

세부적인 것들에 이르기까지, 세상에서 가장 거대한 다이아몬드를. 이

20   다이아몬드는 천 개보다 많은 **면**으로 잘렸다/

그곳의 나무의 잎보다 많은 수로, 하지만 전체의 다이아몬드는

완벽한 돌의 모양이었다/ 파리보다 크지 않은.

수많은 남자가 수년간 공을 들였다.

그것은 놓였다/ 거대한 **반구 모양의 건물** 속에/ **금박 입혀져서**, 놀랍게

25   새겨지고 갖춰진 문으로/ 오팔과 **딱딱한 표면의**

사파이어로. 예배당의 중앙은 속이 파여졌고/

거느려졌다/ 다양한 색으로 빛나는 제단의, 부패물이자,

절대-변하지 않는 **라듐**에 의해/ 그것은 어떤

숭배자의 눈이든 태워버렸다/ 기도로부터 머리를 드는—그리고 이

문법&용법

reminding God of this gift
remind A of B로 A에게 B가 생각 나게 하다. 준동 사로(remind->reminding) 되어도 구조는 그대로 가져간다.

In the middle would be hollowed out a chapel
도치되기 전의 문 장은 A chapel would be hollowed out in the middle.

altar there would be **slain** for the amusement of the Divine **Benefactor** any victim He should choose, even though it should be the greatest and most powerful man alive.

In return he asked only a simple thing, a thing that for God would be **absurdly** easy—only that matters should be as they were yesterday at this hour and that they should so remain. So very simple! Let but the heavens open, swallowing these men and their aeroplanes—and then close again. Let him have his slaves once more, restored to life **and well**.

There was no one else with whom he had ever needed to treat or bargain.

He doubted only whether he had made his bribe big enough. God had His price, of course. God was made in man's image, so it had been said: He must have His price. And the price would be **rare**—no cathedral whose building **consumed** many years, no pyramid constructed by ten thousand workmen, would be like this cathedral, this pyramid.

He paused here. That was his proposition. Everything would be up to specifications and there was nothing **vulgar** in his **assertion** that it would be cheap at the price. He **implied** that **Providence** could take it or leave it.

As he approached the end his sentences became broken, became short and uncertain, and his body seemed tense, seemed **strained** to catch the slightest pressure or whisper of life in the spaces around him. His hair had turned **gradually** white as he talked, and now he lifted his head high to the heavens like a prophet of old—**magnificently** mad.

Then, as John stared in **giddy** fascination, it seemed to him

제단에서 **살해되어야** 했다/ 신성한

후원자(신)의 즐거움을 위해 / 그가 선택하는 어떤 희생이든, 심지어 그것

이 살아있는 사람 중 가장 위대하고 힘 있는 사람이라고 할지라도.

보답으로/ 그가 요구하는 것은 단순한 것이었다. 신에게는

5 **터무니없이** 쉬운 것일 것이다—오직 중요한 것은/

그들이 이 시간에 어제처럼 있는 것이다/ 그리고 그렇게 남아있는 것이다.

그렇게 아주 쉽게! 하지만 천국이 열리도록 해서,

이 사람들과 비행기들을 삼키고—그러고 나서 다시 닫히는 것이다.

그가 그의 노예를 다시 한번 갖고, 그의 삶을 되찾아 **건재하도록**.

10 (하지만) 누구도 없었다/ 그가

대접하거나 흥정하기를 필요로 하는.

그는 의심스러웠다/ 오직 그가 만든 뇌물이

충분히 큰지. 신은 그가 (제시하는) 가격이 있다, 물론. 신은

사람의 모습으로 만들어졌다, 그래서 그것이 말해졌다: 누구나 자신만의 가치

15 를 가져야 한다고. 그리고 그 가치는 **희귀하다**고—어떤 성당도 그 건물이 오랜

시간 동안 **소멸하지** 않았고, 어떤 피라미드도 건설되지 않았다/

1만 명의 일꾼으로, 이 성당, 이

피라미드처럼.

그는 여기서 멈췄다. 저것이 그의 제안이었다. 모든 것이

20 계획대로였다/ 어떤 **천박한** 것도 없었다/

그의 행사에는/ 그것은 싼 가격이었다. 그는

암시했다/ (신의) **섭리**가 그것을 가져가거나 남겨둘 것이라고.

그가 끝에 다다랐을 때/ 그의 말은 부서졌고,

짧고 불분명했으며, 그의 몸은 긴장한 듯 보였다,

25 **안간힘을 쓰는** 듯 보였다/ 가장 작은 압력이나 삶의 속삭임을 잡기 위해서/

그를 눌러싼 공간에서. 그의 머리는 **서서히**

하얗게 변했다/ 그가 말할 때, 그리고 지금 그는 머리를 높게 들어

천국을 향했다/ 마치 늙은 선지자처럼—**장대하게** 미쳤다.

그러고 나서, 존이 **아찔한** 매혹에 빠져 봤을 때, 그것은 그에게

 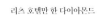 리츠 호텔만 한 다이아몬드

that a curious **phenomenon** took place somewhere around him. It was as though the sky had darkened for an instant, as though there had been a sudden murmur in a **gust** of wind, a sound of far-away trumpets, a sighing like the **rustle** of a great silken robe—for a time the whole of nature **round about** partook of this darkness; the birds' song ceased; the trees were still, and far over the mountain there was a mutter of **dull**, menacing thunder.

That was all. The wind **died along** the tall grasses of the valley. The dawn and the day **resumed** their place in a time, and the risen sun sent hot waves of yellow mist that made its path bright before it. The leaves laughed in the sun, and their laughter shook the trees until each **bough** was like a girl's school in **fairyland**. God had refused to accept the bribe.

For another moment John watched the **triumph** of the day. Then, turning he saw a **flutter** of brown down by the lake, then another flutter, then another, like the dance of golden angels **alighting** from the clouds. The aeroplanes had come to earth.

John slid off the **boulder** and ran down the side of the mountain to the **clump** of trees, where the two girls were awake and waiting for him. Kismine **sprang to her feet**, the jewels in her pockets **jingling**, a question on her parted lips, but **instinct** told John that there was no time for words. They must get off the mountain without losing a moment. He **seized** a hand of each and in silence they **threaded** the tree-trunks, washed with light now and with the rising mist. Behind them from the valley came no sound at all, except

흥미로운 **현상**이 그의 주변 어딘가에서 발생한 듯했다.

그것은 하늘이 순간 어두워진 것 같았다,

돌풍 속에서 갑작스러운 속삭임이 있는 것 같았다,

멀리-떨어진 트럼펫 소리나, 한숨 소리 같았다/ 거대한 실크 옷의 **바스락거리**

5 **는 것** 같은—잠시 그 모든 **주변의** 자연이

이 어둠에 먹혔다; 새들의 노래는 중지되고; 나무들은

고요했고, 산 멀리에서/

흐릿한 중얼거림이 있었다, 위협하는 번개로.

그게 다였다. 바람은 계곡의 높은 풀을 **따라 잦아들었다.**

10 새벽과 날은 시간에 따른 그들의 위치를 **재개했다,**

그리고 떠오른 태양은 뜨거운 노란 안개의 파도를 보냈다/

그것은 그것 앞의 길을 밝게 만들었다. 나뭇잎들은 햇빛 속에서 웃었다, 그리

고 그들의 웃음은 나무들을 흔들었다/ 각각의 **나뭇가지가**

요정 나라의 여학교인 것처럼. 신은 그 뇌물을 받기를 거절했다.

15

또 다른 때에/ 존은 그날의 **승리**를 지켜봤다.

그리고 나서, 몸을 돌려 그는 호수에서 **흔들리는** 것을 봤다,

그리고 나서 또 다른 흔들림을, 다음으로 또 다른 흔들림을,

마치 금빛 천사들의 춤 같았다/ 구름에서부터 **불타는**. 그 비행기들은

20 지면에 왔다.

존은 **바위**를 미끄러져서/ 달려서 내려갔다/ 산의 옆쪽을/

나무의 **숲**까지, 그곳에서 두 소녀는

깨어서 그를 기다리고 있었다. 키스민은 **일어섰고,**

그녀의 주머니 속의 보석들은 **딸랑거렸다**, 그녀의 나뉜

25 입술에 질문이 있었지만, **직감**은 존에게 말했다/ 말할 시간이 없다고.

그늘은 그 산을 떠나야 했다/ 시간을 낭비하지 않고.

그는 각각의 손을 **꽉 쥐었다**/ 그리고 조용히 나무의-몸통을 **빠져나갔다,**

씻겨졌다/ 지금 빛과 떠오르는 안개로.

그들 뒤에 계곡에서부터/ 어떤 소리도 들리지 않았다,

the complaint of the **peacock**s far away and the pleasant **undertone** of morning.

When they had gone about half a mile, they avoided the park land and entered a narrow path that led over the next rise of ground. At the highest point of this they paused and **turned around**. Their eyes rested upon the **mountainside** they had just left—oppressed by some dark sense of tragic **impendency**.

Clear against the sky a broken, white-haired man was slowly descending the steep **slope**, followed by two gigantic and emotionless negroes, who carried a burden between them which still flashed and glittered in the sun. Half-way down two other figures joined them—John could see that they were Mrs. Washington and her son, upon whose arm she leaned. The aviators had **clambered** from their machines to the sweeping lawn in front of the château, and with rifles in hand were starting up the diamond mountain in **skirmishing** formation.

But the little group of five which had formed farther up and was **engross**ing all the watchers' attention had stopped upon a **ledge** of rock. The negroes **stoop**ed and pulled up what appeared to be a **trap-door** in the side of the mountain. Into this they all disappeared, the white-haired man first, then his wife and son, finally the two negroes, the glittering **tip**s of whose jeweled head-dresses caught the sun for a moment before the trap-door descended and **engulf**ed them all.

Kismine **clutch**ed John's arm.

"Oh," she cried wildly, "where are they going? What are they going to do?"

멀리서 (들리는) **공작새**의 불평과/ 아침의 기쁘고

조용한 목소리를 제외하고는.

그들이 0.5마일 정도 갔을 때, 그들은

공원의 땅을 피해서/ 좁은 길로 들어갔다/ 그 길은 땅의 다음 오르막으로

5 이끌었다. 이것의 가장 높은 위치에서/ 그들은 멈춰서

돌아봤다. 그들의 시선은 **산비탈**에 머물렀다/

그들이 방금 떠난—어떤 비극이

임박한 어두운 느낌으로 억압당한.

하늘을 배경으로 또렷하게/ 부서진, 흰-머리의 남자가

10 느리게 가파른 **경사**를 내려오고 있었다, 거대하고

감정이 없는 흑인 두 명이 따라오면서, 그들은 짐(보석)을 나르고 있었다/

그들 사이에서/ 여전히 햇빛에서 빛나고 반짝이는. 절반쯤

내려왔을 때/ 다른 두 명이 그들과 함께했다—존은 볼 수 있었다/

그들은 워싱턴 부인과 그녀의 아들이었다, 아들의 팔에 그녀는

15 기댔다. 비행사들은 **기어올랐다**/ 그들의 기계에서

쓸려진 잔디까지/ 성 앞에 있는, 그리고 손에 총을 들고/

다이아몬드 산에서 시작하고 있었다/ **싸우려는**

형태로.

하지만 5명의 작은 집단은 더 멀리 대형을 이뤄서

20 **몰두하고 있었다**/ 모든 지켜보는 사람들의 관심이 멈추도록/

절벽에 튀어나온 바위에. 흑인들은 **몸을 굽혀서** 당겼다/

산 옆에서 나타난 것은 **바닥의 작은-문**이었다.

이것 안쪽으로 그들 모두는 사라졌다, 하얀-머리의 남자가 먼저,

다음으로 그의 아내와 아들, 마지막으로 두 명의 흑인들이,

25 그들의 보석으로 입힌 두건의 반짝이는 **끝**이 잠시 햇빛을 잡았다/

작은 문이 내려가고 그들 모두를 **삼키기** 전에.

키스민은 존의 팔을 **움켜잡았다**.

"이런," 그녀는 흥분해서 소리쳤다, "그들이 어딜 가는 거야?

그들은 뭘 하려고 하는 거야?"

"It must be some underground way of escape."

A little scream from the two girls interrupted his sentence.

"Don't you see?" sobbed Kismine **hysterically**. "The mountain is wired!"

Even as she spoke John put up his hands to **shield** his sight. Before their eyes the whole surface of the mountain had changed suddenly to a **dazzling** burning yellow, which showed up through the jacket of **turf** as light shows through a human hand. For a moment the **intolerable** glow continued, and then like an **extinguished** filament it disappeared, revealing a black **waste** from which blue smoke arose slowly, **carrying off** with it what remained of **vegetation** and of human flesh. Of the aviators there was left neither blood, nor bone—they were **consumed** as completely as the five souls who had gone inside.

Simultaneously, and with an immense **concussion**, the château **literally** threw itself into the air, bursting into flaming **fragment**s as it rose, and then **tumbling** back upon itself in a smoking pile that lay projecting half into the water of the lake. There was no fire—what smoke there was drifted off **mingling** with the sunshine, and for a few minutes longer a **powdery** dust of marble drifted from the great **featureless** pile that had once been the house of jewels. There was no more sound and the three people were alone in the valley.

"그것은 땅속의 도망가는 길일 거야"

두 소녀의 작은 비명이 그의 문장을 방해했다.

"저거 보여?" 키스민이 **발작적으로** 흐느꼈다. "

산이 이상해!"

5 그녀가 말하는 순간/ 존은 그의 손으로 그의 시야를 **가렸다.**

그들의 눈 앞에서/ 그 산 전체의 표면이

갑자기 바뀌었다/ **눈부시게** 타는듯한 노란색으로, 그것은

나타났다/ 덮여있는 **잔디** 사이로/ 빛이 보여줄 때/

인간의 손을 통해서. 잠시 **참을 수 없는** 불빛이 계속됐고,

10 그리고 나서 (전구의) **불이 꺼진** 필라멘트처럼 사라졌다,

검은 **쓰레기를** 드러내면서/ 그것에서 푸른 연기가 느리게 발생했다,

얻어내면서/ 그것과 함께 남아있던 **초목과**

인간의 육체를. 항해사 중에서도 누구의 피나,

뼈가 남아있지 않았다―그들은 완벽히 **소멸되었다/** 다섯

15 영혼이 안에 남도록.

동시에, 엄청난 **진동으로,** 그

성은 **말 그대로** 그것 자체가 대기가 되었다, 폭발하면서

불타는 **조각들로/** 그것이 보였을 때, 그러고 나서 뒤로 **무너지면서/**

연기 나는 더미에서/ 그것이 누워서 절반을 비추면서/

20 호수의 물 안에. 어떤 불길도 없었다―연기는

떠내려갔다/ 햇빛에 **섞이면서,** 그리고 몇(2~3)

분 동안 그 대리석의 **미세한 가루의** 먼지가

거대하고 **특징이 없는** 더미에서 날라왔다/ 저것은 한때

보석의 집이었다. 더 이상 어떤 소리도 없었다/ 그 계곡에는 오직 3명만

25 남아 있었다.

AT SUNSET John and his two companions reached the high cliff which had marked the boundaries of the Washingtons' **dominion**, and looking back found the valley **tranquil** and lovely in the **dusk**. They sat down to finish the food which Jasmine had brought with her in a basket.

"There!" she said, as she spread the table-cloth and put the sandwiches in a neat pile upon it. "Don't they look **tempting**? I always think that food tastes better outdoors."

"With that remark," remarked Kismine, "Jasmine enters the middle class."

"Now," said John **eagerly**, "turn out your pocket and let's see what jewels you brought along. If you made a good selection we three ought to live comfortably all the rest of our lives."

Obediently Kismine put her hand in her pocket and tossed two handfuls of glittering stones before him.

"Not so bad," cried John, **enthusiastically**. "They aren't very big, but—Hello!" His **expression** changed as he held one of them up to the **declining** sun. "Why, these aren't diamonds! There's something the **matter**!"

"**By golly**!" exclaimed Kismine, with a **startled** look. "What an idiot I am!"

"Why, these are **rhinestone**s!" cried John.

"I know." She broke into a laugh. "I opened the wrong drawer. They belonged on the dress of a girl who visited Jasmine. I got her to give them to me **in exchange for** diamonds. I'd never seen anything but **precious** stones before."

일몰 때/ 존과 두 동료는 높은

절벽에 도착했다/ 그곳은 워싱턴가

영지의 경계를 표시했다, 그리고 뒤를 돌아보면서 알았다/ 그 계곡이 **평온하**

고 사랑스럽다는 것을/ **땅거미** 질 때. 그들은 앉아서 음식을 마저 먹었다/

그것은 재스민이 바구니에 가져온 것이었다.

"거기!" 그녀는 말했다, 그녀가 식탁보를 펼 때/ 그리고

샌드위치를 그것 위에 가지런히 쌓았다. "저것들 **먹음직스럽게** 보이지 않니?

나는 항상 밖에서 더 맛있다고 생각해."

"저 말과 함께," 키스민이 언급했다, "재스민은

중산층에 들어간다."

"이제는," 존은 **열렬히** 말했다, "주머니를 뒤집어봐/ 그리고

무슨 보석을 가져왔는지 보자. 네가 좋은 선택을 했다면/

우리 셋은 편안히 살 수 있어/ 우리의 여생을."

키스민은 **고분고분하게** 주머니에 손을 넣어서/

던졌다/ 존 앞에 두 줌의 반짝이는 돌을.

"나쁘진 않네," 존은 **열광적으로** 외쳤다. "그것들은

아주 크진 않지만,—이런!" 그의 **표정**은 바뀌었다/

그것 중 하나를 들었을 때/ **저무는** 태양을 향해. "왜, 이것들은

다이아몬드가 아니잖아! **중요한 물질**도 있을 거야!"

"어머나!" 키스민이 외쳤다, **놀란** 모습으로.

"나 바본가 봐!"

"왜, 이것들은 **라인석**(모조 다이아몬드)이잖아!" 존은 외쳤다.

"나도 알아." 그녀는 웃음을 터뜨렸다. "나는 잘못된

서랍을 열었어. 그것들은 어떤 소녀의 드레스에 있던 건데/ 재스민의 초대를

받고 왔던. 나는 그녀가 그것들을 나에게 달라고 했어/ 다이아몬드**를 교환해**

서. 나는 이렇게 **귀중한** 돌을 전에 본 적이 없어서."

"And this is what you brought?"

"I'm afraid so." She fingered the brilliants **wistfully**. "I think I like these better. I'm a little **tired of** diamonds."

"Very well," said John **gloomily**. "We'll have to live in Hades. And you will grow old telling **incredulous** women that you got the wrong drawer. Unfortunately your father's bank-books were consumed with him."

"Well, what's the matter with Hades?"

"If I come home with a wife at my age my father is just as **liable** as not to cut me off with a hot coal, as they say down there."

Jasmine spoke up.

"I love washing," she said quietly. "I have always washed my own handkerchiefs. I'll **take in** laundry and support you both."

"Do they have washwomen in Hades?" asked Kismine **innocently**.

"Of course," answered John. "It's just like anywhere else."

"I thought—perhaps it was too hot to wear any clothes."

John laughed.

"Just try it!" he suggested. "They'll run you out before you're half started."

"Will father be there?" she asked.

John turned to her in **astonishment**.

"Your father is dead," he replied **somberly**. "Why should he go to Hades? You have it confused with another place that was **abolished** long ago."

After **supper** they folded up the table-cloth and spread their blankets for the night.

"그래서 이게 네가 가져온 거라고?"

"미안하지만 그래." 그녀는 **아쉬운 듯** 그 보석을 더듬었다. "내 생각엔
  이게 더 좋아. 다이아몬드는 좀 **질렸**거든."

"퍽이나 좋겠네," 존이 **침울하게** 말했다. "우리는

5 하데스에 살 거야. 그리고 너는 늙게 되겠지/ **믿을 수 없는** 여성에 대해 말
  하면서/ 잘못된 서랍을 갖고 있었던. 운이 없게도/ 너의 아버지의
  은행-책은 그와 함께 없어졌어."

"글쎄, 하데스가 어때서 그런데?"

"내 또래의 아내와 집에 가면/ 나의 아버지는 딱

10 나를 뜨거운 석탄으로 뜯어내지 않기가 **쉽겠지**, 그들이 거기 아래 지역에
  서 하는 말로."

  재스민은 말했다.

"나는 빨래하는거 좋아해," 그녀는 조용히 말했다. "나는 항상
  내 손수건을 빨았어. 나는 빨래 **일로 돈을 벌며** 너희

15 둘을 돌볼게."

"빨래를 직업으로 하는 여자들이 하데스에 있어?" 키스민이
  천진스럽게 물었다.

"물론이지," 존이 대답했다. "그것은 딱 다른 곳과 비슷해."

"내 생각에는-아마도 너무 더워서 어떤 옷도 입지 않을 거야."

20 존은 웃었다.

"그냥 해봐!" 그는 제안했다. "그들은 네가 뛰쳐나가도록 할 거야/
  네가 (잘하게 되는) 궤도에 절반도 오르기 전에."

"아버지가 거기에 있을까?" 그녀가 물었다.

  존은 **놀라서** 그녀에게 몸을 돌렸다.

25 "너의 아버지는 죽었어," 그는 **엄숙하게** 대답했다. "왜
  그가 하데스에 가겠어? 너는 다른 장소와 혼동하고 있어/
  오래전에 **파괴된**."

  저녁 식사 후에/ 그들은 식탁-보를 접고/
  밤을 대비해서 그들의 이불을 폈다.

"What a dream it was," Kismine sighed, gazing up at the stars. "How strange it seems to be here with one dress and a **penniless** fiancé!

"Under the stars," she repeated. "I never noticed the stars before. I always thought of them as great big diamonds that belonged to some one. Now they frighten me. They make me feel that it was all a dream, all my youth."

"It was a dream," said John quietly. "Everybody's youth is a dream, a form of chemical madness."

"How pleasant then to be insane!"

"So I'm told," said John gloomily. "I don't know any longer. At any rate, let us love for a while, for a year or so, you and me. That's a form of divine drunkenness that we can all try. There are only diamonds in the whole world, diamonds and perhaps the **shabby** gift of disillusion. Well, I have that last and I will make **the usual** nothing of it." He **shivered**. "Turn up your coat collar, little girl, the night's full of chill and you'll get **pneumonia**. His was a great sin who first invented **consciousness**. Let us lose it for a few hours."

So wrapping himself in his blanket he fell off to sleep.

"얼마나 꿈 같았는지," 키스민은 한숨 쉬었다, 별을 응시하면서.

"얼마나 이상한지/ 내가 여기에 드레스 한 벌과

무일푼의 약혼자와!"

"별 아래에서," 그녀는 반복했다. "전에는 별을 전혀 몰랐어.

5 항상 그것들에 대해 거대하고 큰 다이아몬드라고 생각했지/

누군가에게 속한. 이제 그것들이 날 두렵게 해. 그것들은

내가 모든 것이 꿈이었다고 느끼게 만들어, 나의 모든 어린 시절이."

"그건 꿈이었어," 존이 조용히 말했다. "모든 사람의 어린 시절은

꿈이야, 화학적인 정신이상의 형태인."

10 "아주 기뻤다가 미치게 변하지!"

"그렇게 내가 들었어," 존이 우울하게 말했다. "나는 그 이상은 몰라.

어느 정도까지, 우리가 서로 사랑할지, 일 년 정도나 될까,

너와 나는, 저것이 일종의 성스러운 것에 취한 것이지/ 그것이 우리가 시도

할 수 있는 모든 것이고. 모든 세상에는

15 다이아몬드만 있었지, 다이아몬드와 아마도 환멸의 **허름한** 선물만. 글쎄,

나는 저것을 마지막으로 가졌고/ 나는 그것 없이 **평상시의 일**을 할 거야."

그는 **떨었다.** "코트의 깃을 올려야 해, 어린 소녀들이니, 밤의

가득한 추위로 너는 **폐렴**에 걸릴지도 몰라. 사람이 가진 가장 큰 죄는

처음으로 **자의식**을 만들어낸 것이야. 그것을 몇(2~3) 시간 동안 잊도록 하

20 자."

그래서 그는 자신을 담요로 싸고 잠에 빠졌다.

문법&용법

His was a
great sin who
first invented
consciousness.
도치되기 전
의 문장은 A
great sin who
first invented
consciousness
was his.

리츠 호텔만 한 다이아몬드

F. 스콧 피츠제럴드 (1896~1940, 미국) 지음
1922년 출간된 Tales of the Jazz Age에 5번째로 수록

노팅힐의 부잣집

저서 <8문장으로 끝내는 유럽여행 영어회화>의 후속작을 만들려고 2달가량 다시 유럽을 여행했는데, 영국의 애든버러 페스티벌과 노팅힐 페스티벌을 시작으로 잡았다.

노팅힐 페스티벌은 영국으로 이주해 온 흑인들이 주관하는 공연으로, 엄청 많은 밀가루와 페인트가 퍼레이드에서 뿌려지고, 시끄러운 음악이 울려 퍼진다. 공중화장실이 부족해서 어떤 화장실이든 길게 줄을 서있고, 또는 아무데나 볼 일을 보고, 혹은 돈을 받고 개인의 집에서 볼일을 보게 된 곳도 있었다.

노팅힐에는 부자들이 많이 사는데, 붙어있는 여러 집이 안쪽의 큰 정원을 공유한다. 한두 달에 한 번쯤 특별한 날, 타지역 사람들이 들어올 수 있도록 정원을 열어 놓기도 하지만, 보통은 사유지로 닫혀있다. 그래서 영화 <노팅힐>에서 줄리아 로버트의 데이트에서 담장을 넘어 부잣집 정원에 들어가는 장면이 나온다.

'에어비앤비(airbnb.co.kr)'를 이용해서 노팅힐의 부잣집에 묵을 수 있었다. 집 입구의 좁은 통로를 지나면 넓은 거실이 나오는데, 주방의 모든 것(식기세척기부터 오븐, 냉장고까지) 빌트인(붙박이)으로 되어 있었다. 그리고 거실에는 다른 문이 있었는데, 그 문으로 공유된 정원으로 나갈 수 있었다.

무엇보다 인상적이었던 것은 욕실이었는데, 지면보다 낮은 욕조가 있었다. 안으로 들어가기는 불편해도, 욕조의 외부가 드러나지 않아서 땅 위에 있는 것보다 청소하기는 더 쉬울 것 같았다.

소설에서 가장 인상 깊었던 장면은 누구도 상상하기 어려운 방법으로 욕조에 들어가는 장면이었다. sliding two yards farther down a fleecy incline he plumped gently into water the same temperature as his body. (2미터의 폭신한 경사를 내려가, 그의 몸 온도와 같은 물에 부드럽게 빠졌다) 그 외에 인상깊은 구절은 It's impossible to be both together(자유와 가난이 함께 하는 것은 불가능하다). Everybody's youth is a dream 등이 있었다.

나는 누가 먹여주는 것도 싫어하고(자꾸 흘리므로), 저런 방식으로 욕조에 들어가는 것도 싫어한다. 비데도 찝찝해서 평생 사용하지 않았다. 하지만 미래에는 저런 장치가 개발되지 않을까?

삶을 보다 편리하게 해줄 많은 것들이 10~20년 이내에 개발되리라고는 확신한다. 일일이 빨래통에 넣고, 널어서, 개고, 쌀을 씻어서 밥을 짓고, 설거지 하는 것은 너무 원시적이다. 더 자세한 내용은 <TOP10 돈꿈사>에 담겨있다.

Mike의 감상

대부분의 작품이 정말 재미있는 작가가 토마스 하디, 셔우드 앤더슨, 그리고 F. 스콧 피츠 제럴드였다. 비슷한 느낌의 소설로는 <위대한 개츠비>가 훨씬 유명하지만, 나는 이 작품이 더 인상 깊었다.

처음엔 '정말 그런 다이아가 존재할까?'가 궁금했고, 이후에는 주인공 목숨의 행방과 사람 욕심의 끝이 궁금했다. 내 점수는 4.1. 그런데 바다 밑 어디엔가 정말 그런 다이아몬드가 존재하지 않을까?

이 소설을 재미있게 읽었다면 앞서 소개한 <위험한 게임 (4.3)>도 분명히 재미있게 읽을 것이다. <리츠 호텔만 한 다이아몬드>보다 교훈적인 부분은 부족하지만, 재미있는 부분은 확대해 놓은 느낌이다. 그리고 F. 스콧 피츠 제럴드가 상류층의 사랑을 다룬 단편소설 <겨울 꿈(4.05) Winter Dreams>도 추천한다.

Thomas Hardy

To Please His Wife, 1893

TOP 9

아내를 위해

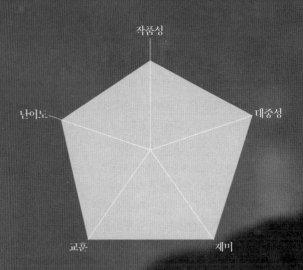

원어민 MP3
bit.ly/
3zk7kf

1

interior	내부
close	빽빽한
service	예배
parson	주임 목사
pulpit	연단
congregation	신도들
stillness	고요함
surging	밀려오는 것
assembly	집회
doorway	출입구
from without	외부에서
garb	(특이한) 옷
step aside	옆으로 비켜서다
nave	신도석
parish	교구
intruder	불청객
distinctly	구분되게
narrow escape	구사일생
given to understand	이해하게 된
objection	반대
hesitatingly	머뭇거리며

2

particular	까다로운
thereupon	곧
rector	목사
word by word	말한 대로
distinct	분명한
agape	형제애의
mechanically	기계적으로
regard	보기
precise	정확한

unconscious	의식하지 않은
emerge	나오다
inhabitant	주민
townsman	도회지 사람
native	태어난
providentially	신의 도움으로
gale	돌풍
draw	다가가다
churchyard	교회 경내
nave	신도석

3

slight	가냘픈
deliberative	진지한
maid	아가씨
recollect	기억나다
genially	친절하게
beaming	기쁜
look straight	똑바로 바라보다
kindred	친척
narrate	들려주다
nod	끄덕임
part	갈라져서 가다
errand	심부름
accountant	회계사
supplemental	추가적인

4

seafaring	항해의
somehow	왠지
tender	다정한
ascend	올라가다
suburb	교외
gallant	용감히

recollect	기억나다
contrive	용케 ~하다
onwards	계속해서
quay	부두
report	말
start for	출발하다

5

intelligence	기밀
reproach	비난하다
covet	탐내다
mate	관계를 맺다
to this end	이것을 위해
renunciation	포기
intend	의도하다
observation	보는 것
pavement	보도
hither	여기에
proprietor	소유자
tastefully	멋있게
article	물건
obscure	보기 어려운
stock-in-trade	재고
pausing	주저하는
absorbed	열중한
contemplation	사색
packet	꾸러미

6

peer	응시하다
ascertain	확인하다
reluctance	내키지 않음
breathe of	~의 느낌이 가득하다
communicated	연결된

parlour	응접실
partition	칸막이
doorway	출입문
sight	보임
all of a sudden	갑자기
hasten	서두르다
fitful	변덕스러운

7

incline	끌리다
backward	더딘
clasp	움켜쥐다
aware	알아채다
out of kindness	친절하게
quiver	떨리다
agitation	불안감

8

break off with	절교하다
miserable	비참한
linger	오래 머무르다
overspread	뒤덮다
indispensable	필수적인
parlour	응접실
thence	거기에서
caress	어루만지다
unwell	아파서
engagement	약혼
lodging	숙소
suspense	긴장감
intolerable	참을 수 없는
call at	들르다
fate	운명

9

distress	괴롭게 하다
own	인정하다
thereupon	그러자
enormity	심각함
pain	화나게 하다
owing to	~때문이다
relief	안심
oral	말로 된
fetch	데려주다
murmur	속삭이다
lineament	얼굴
scrupulous	양심적인
afterwards	그 이후에
convey	전달하다
estimating	추측하다
indifference	무관심

I

The **interior** of St. James's Church, in Havenpool Town, was slowly darkening under the **close** clouds of a winter afternoon. It was Sunday: **service** had just ended, the face of the **parson** in the **pulpit** was buried in his hands, and the **congregation**, with a cheerful sigh of release, were rising from their knees to depart.

For the moment the **stillness** was so complete that the **surging** of the sea could be heard outside the harbour-bar. Then it was broken by the footsteps of the clerk going towards the west door to open it in the usual manner for the exit of the **assembly**. Before, however, he had reached the **doorway**, the latch was lifted **from without**, and the dark figure of a man in a sailor's **garb** appeared against the light.

The clerk **stepped aside**, the sailor closed the door gently behind him, and advanced up the **nave** till he stood at the chancel-step. The parson looked up from the private little prayer which, after so many for the **parish**, he quite fairly took for himself; rose to his feet, and stared at the **intruder**.

"I beg your pardon, sir," said the sailor, addressing the minister in a voice **distinctly** audible to all the congregation. "I have come here to offer thanks for my **narrow escape** from shipwreck. I am **given to understand** that it is a proper thing to do, if you have no **objection**?"

The parson, after a moment's pause, said **hesitatingly**, "I have no objection; certainly. It is usual to mention any such wish before **service**, so that the proper words may be

세인트 제임스 성당의 **내부**는, 헤이븐풀 타운에 있었는데,

천천히 어두워지고 있었다/ 겨울 오후의 **빽빽한** 구름 아래에서.

그것은 일요일이었다: **예배**는 막 끝났고,

주임 목사의 얼굴은/ **연단**에 있는/ 그의 손에 묻혀 있었다, 그리고

5 　**신도들**은, 기분 좋은 안도의 한숨과 함께, 일어나고 있었다/

그들의 무릎이 떠나는 것으로부터.

순간 **고요함**은 아주 완벽해서/

항구 밖에서 바다가 **밀려오는 것**이 들릴 수 있었다.

그러고 나서, 그것은 부서졌다/ 사제의 발소리로/

10 　서쪽 문을 향해 가는/ 그것을 일반적인 방식으로 열기 위해/

집회의 출구를. 그러나, 그가

출입구에 닿기 전에, 걸쇠는 **외부에서** 들어 올려졌다, 그리고

어두운 모습의 남자는 항해사 **옷**을 입고 빛을 등지며 나타났다.

15 　사제는 **옆으로 비켜섰다**, 항해사는 그의 뒤에서 부드럽게 문을 닫고,

올라갔다/ **신도석**으로/ 그가

성단소 계단에 설 때까지. 그 목사는 쳐다봤다/ 그의 사적인 작은

기도를/ 그것은, **교구**를 향한 많은 기도 후에, 그는 꽤 비슷한

시간을 자신을 위헤 (그 기도를) 가졌다; 그의 발을 올려, **불청객**을 노려봤다.

20 　"용서를 구합니다, 사제님," 항해사는 말했다,

목사에게 말을 걸면서/ (다른) 모든 신도들과는 **구분되게** 들리는 목소리로.

"나는 여기 왔습니다/ 감사를 드리기 위해서요/ 난파선에서의 **구사일생**의

탈출 때문에요. 저는 그것이 적절한 행동이라 **이해하게 되었습니다**, 당신

이 **반대**하시지 않는다면요?

25 　목사는, 잠깐 침묵 후에, **머뭇거리며** 말했다,

"나는 반대하지 않습니다; 물론이요. 어떤

그런 소망을 말하는 것은 일반적이지요/ **예배** 전에는, 그래서 적절한 말이

used in the General Thanksgiving. But, if you wish, we can read from the form for use after a storm at sea."

"Ay, sure; I ain't **particular**," said the sailor.

The clerk **thereupon** directed the sailor to the page in the prayer-book where the collect of thanksgiving would be found, and the **rector** began reading it, the sailor kneeling where he stood, and repeating it after him **word by word** in a **distinct** voice. The people, who had remained **agape** and motionless at the proceeding, **mechanically** knelt down likewise; but they continued to **regard** the isolated form of the sailor who, in the **precise** middle of the chancel-step, remained fixed on his knees, facing the east, his hat beside him, his hands joined, and he quite **unconscious** of his appearance in their regard.

When his thanksgiving had come to an end he rose; the people rose also, and all went out of church together. As soon as the sailor **emerged**, so that the remaining daylight fell upon his face, old **inhabitant**s began to recognize him as no other than Shadrach Jolliffe, a young man who had not been seen at Havenpool for several years. A son of the town, his parents had died when he was quite young, on which account he had early gone to sea, in the Newfoundland trade.

He talked with this and that **townsman** as he walked, informing them that, since leaving his **native** place years before, he had become captain and owner of a small coasting-**ketch**, which had **providentially** been saved from the **gale** as well as himself. Presently he **drew** near to two girls who were going out of the **churchyard** in front of him; they had been sitting in the **nave** at his entry, and had watched

사용되면 될 것 같습니다/ 일반적인 추수감사절에 (쓰는). 하지만, 당신이 원

한다면, 우리는 그런 식으로 사용해서 읽을 수 있습니다./ 바다 폭풍 후에도."

"네, 물론입니다; 저는 **까다롭지** 않아요," 항해사가 말했다.

성직자는 **곧** 항해사에게 그 페이지를 안내했다/

5 기도-책에서(추수 감사에 대해 모아진 것이

발견될만한, **목사**는 그것을 읽기 시작했다, 그 항해사는 무릎 꿇었다/

그가 섰던 자리에서, 그리고 반복해서 그가 **말한 대로** 따라서 그것을 읽었다/

분명한 목소리로. 사람들은, (남아 있었던/ **형제애** 속에, 그리고

나가는 것을 멈추고, **기계적으로** 똑같이 무릎 꿇었다;

10 그러나 그들은 지속했다/ 항해사를 고립된 형태로 **보기를**/

항해사는, **정확히** 그 성단소-계단 중간에서, 무릎이 고정된 형태로

남아서, 동쪽을 향해, 그의 모자는 그의 옆에 있었고,

두 손은 모아져있었고, 그는 완전히 **의식하지 않았다**/

그들이 생각하는 그의 모습을.

15 그의 추수감사가 끝에 다다르자 그는 일어났고;

사람들도 일어났다, 그리고 모두는 함께 교회 밖으로 나왔다.

항해사가 **나오자**, 남아있는 햇빛이

그의 얼굴에 떨어졌다, 오래 산 **주민들**은 그를 알아보기 시작했다/ 다름 아닌

샤드락 졸리프라고, 젊은 남자인데/ 보이지 않았었다/

20 4~5간 헤이븐풀에서. 마을의 자식이라 할만했다, 그의 부모님들은

죽었다/ 그가 꽤 어렸을 때, 그 때문에 그는

일찍 바다에 가야 했다, 뉴펀들랜드 무역에서.

그는 이것을 이곳저곳의 **도회지 사람**과 말했다/ 그가 걸을 때,

그들에게 저것을 알려주면서, 수년 전에 그가 **태어난** 지역을 떠난 이래로,

25 그는 선장이 됐고, 작은 연안 무역

-범선을 가졌다, 그것은 **신의 도움으로** ✝해셨다/

돌풍으로부터/ 그가 구원받은 것처럼. 현재 그는 두 소녀에게 **다가갔다**/

그 소녀들은 그의 앞에 있는 **교회 경내**에서 나오는 중이었다; 그들은

그가 들어온 **신도석**에 앉아서,

아내를 위해

his doings with deep interest, afterwards discussing him as they moved out of church together. One was a **slight** and gentle creature, the other a tall, large-framed, **deliberative** girl. Captain Jolliffe regarded the loose curls of their hair, their backs and shoulders, down to their heels, for some time.

"Who may them two **maid**s be?" he whispered to his neighbour.

"The little one is Emily Hanning; the tall one Joanna Phippard."

"Ah! I **recollect** 'em now, to be sure."

He advanced to their elbow, and **genially** stole a gaze at them.

"Emily, you don't know me?" said the sailor, turning his **beaming** brown eyes on her.

"I think I do, Mr. Jolliffe," said Emily shyly.

The other girl **looked straight** at him with her dark eyes.

"The face of Miss Joanna I don't call to mind so well," he continued. "But I know her beginnings and **kindred**."

They walked and talked together, Jolliffe **narrating** particulars of his late narrow escape, till they reached the corner of Sloop Lane, in which Emily Hanning dwelt, when, with a **nod** and smile, she left them. Soon the sailor **parted** also from Joanna, and, having no especial **errand** or appointment, turned back towards Emily's house. She lived with her father, who called himself an **accountant**, the daughter, however, keeping a little stationery-shop as a **supplemental** provision for the gaps of his somewhat uncertain business. On entering Jolliffe found father and daughter about to begin tea.

그가 하는 것을 아주 흥미롭게 봤다, 그런 뒤 그와 함께 대화하며,

교회를 함께 나왔다. 한 소녀는 **가냘프고** 부드러운 사람이고,

다른 소녀는 키가 크고, 거대한-체구에, **진지한**

소녀였다. 선장 졸리프는 봤다/ 느슨하게 곱슬한 그들의 머리를,

5 그들의 등과 어깨, 아래로는 그들의 뒷굽까지, 얼마 동안.

"저 두 **아가씨**는 누구예요?" 그는 자기

이웃에게 속삭였다.

"그 작은 사람은 에밀리 해닝이고; 큰 사람은 조안나

10 피파드에요."

"아! 이제 그들이 **기억나네요**. 확실히요."

그는 그들의 팔꿈치 쪽에 가서, **친절하게** 몰래 그들을 응시했다.

"에밀리, 나 알지 않아요?" 항해사가 말했다, 그의

15 **기쁜** 갈색 눈을 그녀에게 향하며.

"내 생각에 아는 것 같아요, 졸리프 씨지요," 에밀리가 수줍어하며 말했다.

다른 소녀는 그녀의 짙은 눈과 함께 그를 **똑바로 바라봤다**.

"조안나 씨의 얼굴은 잘 기억이 떠오르지 않네요," 그는

지속했다. "하지만 나는 그녀의 어렸을 때와 **친척을** 알아요."

20 그들은 걸으며 함께 대화했다, 졸리프는 자세하게 **들려줬다**/

그의 최근의 구사일생에 대해서, 그들이 도착할 때까지/ 모퉁이의

돛단배 길에, 그곳에서 에밀리 해닝은 거주한다, 그때,

끄덕임과 웃음으로, 그녀는 그들을 떠났다. 곧 항해사는 조안나로부터 **갈라졌**

고, 특별한 **심부름**이나 약속 없이, 돌아서

25 에밀리의 집으로 향했다. 그녀는 아버지와 살고 있었는데,

그는 자신을 **회계사**라 불렀고, 하지만, 그 딸은,

작은 문구-점을 운영했다/ **추가적인** 대비책으로서/

아버지의 다소 불안정한 사업을 메우기 위해.

졸리프가 들어오면서 발견했다/ 아버지와 딸이 차를 마시려고 하는 것을.

"O, I didn't know it was tea-time," he said. "Ay, I'll have a cup with much pleasure."

He remained to tea and long afterwards, telling more tales of his **seafaring** life. Several neighbours called to listen, and were asked to come in. **Somehow** Emily Hanning lost her heart to the sailor that Sunday night, and in the course of a week or two there was a **tender** understanding between them.

One moonlight evening in the next month Shadrach was **ascending** out of the town by the long straight road eastward, to an elevated **suburb** where the more fashionable houses stood—if anything near this ancient port could be called fashionable—when he saw a figure before him whom, from her manner of glancing back, he took to be Emily. But, on coming up, he found she was Joanna Phippard. He gave a **gallant** greeting, and walked beside her.

"Go along," she said, "or Emily will be jealous!"

He seemed not to like the suggestion, and remained. What was said and what was done on that walk never could be clearly **recollected** by Shadrach; but in some way or other Joanna **contrived** to wean him away from her gentler and younger rival. From that week **onwards**, Jolliffe was seen more and more in the wake of Joanna Phippard and less in the company of Emily; and it was soon rumoured about the **quay** that old Jolliffe's son, who had come home from sea, was going to be married to the former young woman, to the great disappointment of the latter.

Just after this **report** had gone about, Joanna dressed herself for a walk one morning, and **started for** Emily's

"오, 차 마시는−시간인지 몰랐어요." 그는 말했다. "아, 제가 컵이 있으면
더욱 즐거울 텐데요."

그는 이후에 남아서 오랫동안 차를 마셨다, 들려주며/ 더 많은

그의 **항해** 인생 이야기를. 4~5명의 이웃이 듣고 싶다고 해서,

들어오라고 했다. **왠지** 에밀리 해닝은

그녀의 마음을 선원에게 **빼앗겼고**/ 저 일요일 밤에, 그리고

1~2주의 기간 동안 **다정한** 소통이

그들 사이에 있었다.

다음 달/ 달이 떠오른 밤에 샤드락은

마을 밖으로 **올라가고** 있었다/ 길고 곧은 동쪽

방향 길옆에, 높은 **교외**에 (올라가면)/ 더 많은 고급

집들이 서 있었다—이 고대의 항구 근처에 어떤 것이라도 있다면

고급이라 불릴 수 있을 것이다—그가 앞에 있는 사람을 봤을 때,

그녀의 뒤를 돌아보는 모습으로부터, 그는 그 사람이 에밀린 줄 알았는데,

모습이 나타나자, 그는 그녀가 조안나 핍파드임을 알아냈다. 그는

용감히 인사를 했고, 그녀 옆에서 걸었다.

"따라와요." 그녀가 말했다. "아니면 에밀리가 질투할 테니까!"

그는 그 제안이 좋지 않은 것 같았지만, 남아있었다.

저 걸음에서 말해진 것과 일어난 일은 절대

명확히 **기억나지** 않았다/ 샤드락에게; 그러나 어떤 방식으로, 또는

다른 (방식으로) 조안나는 **용케도** 그를 단념시켰고/ 그녀의 더 온화하고

어린 경쟁자로부터. 저 주부터 **계속해서**, 졸리프는

더 많이 보였다/ 조안나 피파드와 (밤을 보내며) 깨어있는 것이/ 그리고

덜 보여졌다/ 에밀리의 동료들과 (함께 하는 것이) 그리고 곧

부두에 소문이 퍼졌다/ 늙은 졸리프의 아들이, 그는

바다로부터 왔고, 결혼할 것이라는 말은 이전의 젊은 여성(에밀리)에게,

나중에 큰 실망이 되었다.

이 **말**이 돌아다니자마자, 조안나는 스스로 차려입고

걸었다/ 어느 아침에, 그리고 **출발했다**/ 에밀리의

house in the little cross-street. **Intelligence** of the deep sorrow of her friend on account of the loss of Shadrach had reached her ears also, and her conscience **reproached** her for winning him away.

Joanna was not **altogether** satisfied with the sailor. She liked his attentions, and she **covet**ed the dignity of matrimony; but she had never been deeply in love with Jolliffe. For one thing, she was ambitious, and socially his position was hardly so good as her own, and there was always the chance of an attractive woman **mating** considerably above her. It had long been in her mind that she would not strongly object to give him back again to Emily if her friend felt so very badly about him. **To this end** she had written a letter of **renunciation** to Shadrach, which letter she carried in her hand, **intending** to send it if personal **observation** of Emily convinced her that her friend was suffering.

Joanna entered Sloop Lane and stepped down into the stationery-shop, which was below the **pavement** level. Emily's father was never at home at this hour of the day, and it seemed as though Emily were not at home either, for the visitor could make nobody hear. Customers came so seldom **hither** that a five minutes' absence of the **proprietor** counted for little. Joanna waited in the little shop, where Emily had **tastefully** set out—as women can—**article**s in themselves of slight value, so as to **obscure** the meagreness of the **stock-in-trade**; till she saw a figure **pausing** without the **window** apparently **absorbed** in the **contemplation** of the sixpenny books, **packet**s of paper, and prints hung on a

집을 향해/ 그 작은 길-건너에 있다. 그녀의 친구에 대한 그 깊은 슬픔의 **기밀**
은 (샤드락을 잃은 것 때문에)

도달했다/ 그녀의 귀에도, 그리고 그녀의 양심은 **비난했다**/

그를 자기편으로 끌어들인 것 때문에.

⁵ 조안나는 항해사에게 **완전히** 만족한 것은 아니었다.

그녀는 좋아했다/ 그의 배려를, 그녀는 결혼의 품위를 **탐냈다**;

그러나 그녀는 절대 졸리프를 깊이 사랑하지 않았다.

한가지 때문이었다, 그녀는 야망이 넘쳤고, 사회적으로

그의 위치는 아주 좋다고 하기 어려웠다/ 그녀 자신만큼은, 그리고 그곳에

¹⁰ 는 항상 기회가 있었다/ 그녀보다 매력적이고 상당히 나은 여자와 **관계를 맺**
을 수 있는. 그것은 오랫동안 그녀의 마음에 있었다/

그녀가 강하게 반대하지 않는다는 것이/ 그를 에밀리에게 다시 돌려주는
것에 대해/ 에밀리가 샤드락에 대해 기분이 상했다면.

이것을 위해, 그녀는 (사랑의) **포기**에 대한 편지를

¹⁵ 샤드락에게 썼다, 편지를 그녀의 손으로 배달하며, 그것을 보내려고 **의도했**
다/ 에밀리를 직접 **보는 것**이 확신시킨다면/ 에밀리가

고통받고 있다는 것을.

조안나는 돛단배 길에 들어서서, 걸어 내려갔다/

그 문구-점으로, 그것은 **보도**의 높이보다 낮았다.

²⁰ 에밀리의 아버지는 그 날 그 시간에는 절대 집에 없었고,

에밀리 역시 집에 없는 것 같았다, 왜냐하면

그 방문객(조안나)은 알 수 있었다/ 누구도 듣지 않는다고. 고객들은

아주 드물게 **여기에** 왔고/ **소유자**가 오 분을 비운 것은/ 적게 중요했다(별
로 중요하지 않았다). 조안나는 그 작은 가게에서 기다렸다, 그곳에서

²⁵ 에밀리는 **멋있게** 정리했다—여자들이나 가능한 일인—**물건들**
자체에 적은 가치 있는 것들을, **보기 어렵게** 하려고/ 변변찮은

재고품을; 그녀가 볼 때까지/ 어떤 사람이 **주저하는** 것을/

진열창이 없이/ 분명히 **열중한**/

6페니 (싸구려) 책들에 대한 **사색**과, 종이 **꾸러미들**에, 그리고

string. It was Captain Shadrach Jolliffe, **peering** in to **ascertain** if Emily were there alone. Moved by an impulse of **reluctance** to meet him in a spot which **breathed** of Emily, Joanna slipped through the door that **communicated** with the **parlour** at the back. She had frequently done so before, for in her friendship with Emily she had the freedom of the house without ceremony.

Jolliffe entered the shop. Through the thin blind which screened the glass **partition** she could see that he was disappointed at not finding Emily there. He was about to go out again, when Emily's form darkened the **doorway**, hastening home from some errand. At **sight** of Jolliffe she started back as if she would have gone out again.

"Don't run away, Emily; don't!" said he. "What can make ye afraid?"

"I'm not afraid, Captain Jolliffe. Only—only I saw you **all of a sudden**, and—it made me jump!" Her voice showed that her heart had jumped even more than the rest of her.

"I just called as I was passing," he said.

"For some paper?" She **hastened** behind the counter.

"No, no, Emily; why do ye get behind there? Why not stay by me? You seem to hate me."

"I don't hate you. How can I?"

"Then come out, so that we can talk like Christians."

Emily obeyed with a **fitful** laugh, till she stood again beside him in the open part of the shop.

"There's a dear," he said.

"You mustn't say that, Captain Jolliffe; because the words belong to somebody else."

줄에 걸린 사진들에. 그것은 선장 샤드락 졸리프였는데, 안을 **응시하며**/
확인하기 위해/ 에밀리가 거기에서 외로운지. 조안나는 움직여졌다/
내키지 않은 충동에 의해/ 그를 만나는 것을/ 그 장소에서(그곳은 에밀리에
대한 **느낌이 가득한**), 조안나는 문을 미끄러져 통과했고/ 그 문은 **연결되었**
다/ 응접실의 뒤쪽으로. 그녀는 전에 자주 그렇게 했다,
왜냐하면 에밀리와의 우정 안에서 그녀가 그 집에 (드나드는) 자유를 가졌
다/ 격식 없이.
졸리프는 그 가게에 들어갔다. 얇은 가리개를 통과해서/ 그 가리개는
유리창 **칸막이**를 가렸다/ 그녀는 볼 수 있었다/ 그가
실망한 것을/ 에밀리를 거기에서 찾을 수 없어서. 그는
나가려고 했다/ 다시, 에밀리의 형태가 그 **출입문**을 어둡게 했을 때,
집으로 가길 재촉하면서/ 약간의 심부름으로부터. 졸리프가 **보여서**/
그녀는 돌아가기 시작했다/ 그녀가 다시 나간 것처럼.
"달아나지 말아요, 에밀리; 가지 말아요!" 그는 말했다. "무엇이
당신을 두렵게 하나요?"
"나는 두렵지 않아요, 졸리프 선장님. 오직—오직
갑자기 당신을 봐서, —(놀라서) 내가 도망가게 된 거예요!" 그녀의 목소리는
보여줬다/ 그녀의 마음이 그녀의 몸보다 더 많이 도망간 것을.
"난 그냥 지나가면서 불러본 거예요." 그는 말했다.
"어떤 종이를 사려고 그런가요?" 그녀는 계산대 뒤에서 **서둘렀다**.
"아니, 아니요, 에밀리; 왜 그 뒤에 있는 것인가요? 왜
제 옆에 있지 않나요? 당신은 저를 싫어하는 것 같아요."
"저는 당신을 싫어하지 않아요. 어떻게 제가 그럴 수 있나요?"
"그럼 나와요, 우리가 기독교인처럼 이야기할 수 있게요."
에밀리는 **변덕스러운** 웃음에 따랐고, 그녀가 다시 일어날 때까지
옆에는 가게의 열린 부분이 있었다.
"자기는 거기 있었군요," 그는 말했다.
"당신은 자기라고 말하면 안 돼요, 졸리프 선장님; 그 말은
다른 사람이 가져야 할 말이니까요."

"Ah! I know what you mean. But, Emily, upon my life I didn't know till this morning that you cared one bit about me, or I should not have done as I have done. I have the best of feelings for Joanna, but I know that from the beginning she hasn't cared for me more than in a friendly way; and I see now the one I ought to have asked to be my wife. You know, Emily, when a man comes home from sea after a long voyage he's as blind as a bat—he can't see who's who in women. They are all alike to him, beautiful creatures, and he takes the first that comes easy, without thinking if she loves him, or if he might not soon love another better than her. From the first I **inclined** to you most, but you were so **backward** and shy that I thought you didn't want me to bother 'ee, and so I went to Joanna."

"Don't say any more, Mr. Jolliffe, don't!" said she, choking. "You are going to marry Joanna next month, and it is wrong to—to—"

"O, Emily, my darling!" he cried, and **clasped** her little figure in his arms before she was **aware**.

Joanna, behind the curtain, turned pale, tried to withdraw her eyes, but could not.

"It is only you I love as a man ought to love the woman he is going to marry; and I know this from what Joanna has said, that she will willingly let me off! She wants to marry higher I know, and only said "Yes" to me **out of kindness**. A fine, tall girl like her isn't the sort for a plain sailor's wife: you be the best suited for that."

He kissed her and kissed her again, her flexible form **quivering** in the **agitation** of his embrace.

"아! 무슨 말인지 알아요. 하지만, 에밀리, 제 인생에서

저는 오늘 아침이 될 때까지 몰랐어요/ 당신이 저에 대해 조금이라도 신경

쓰는 것을요, 또는 제가 한 것을 하지 말았어야 했다는 것을요. 저는

조안나에게 최고의 감정을 가지고 있어요, 하지만 저는 처음부터/

5   그녀가 신경 쓰지 않는다는 것을 알았어요/ 저를 친구 이상으로는요;

그래서 저는 보고 있어요/ 제 아내가 되어달라고 요청해야 할 사람을요.

당신은 알지요, 에밀리, 남자가 올 때/ 오랜 항해를 끝내고 바다에서 집으

로/ 그는 눈이 멀어요/ 한 박쥐처럼요—그는 여자 중에 누가 누구인지 알

수 없어요. 그에게 여자들은 모두 똑같이, 아름다운 생명체에요,

10   그는 첫 번째로 쉽게 오는 것을 가질 따름이에요/

그녀가 그를 사랑하는지 생각하지 않고, 또는 그는 곧 다른 사람을 더 사랑

하지 않을지도 몰라요/ 그녀보다. 처음에는 당신에게 가장 **끌렸어요**, 하지만 당

신은 (사랑에 있어) 아주 **더뎠고** 수줍어했어요/ 저는 생각했어요/ 당신은 제가

귀찮게 하기를 원하지 않는다고요, 그래서 저는 조안나에게 갔어요."

15   "더 말하지 마세요, 졸리프씨, 그만 해요!" 그녀는 말했다, 목이 매였다.

당신은 "다음 달 조안나와 결혼할 거에요. 그것은 잘못된 (어떤) 행동이었어요

(제게는)"

"오, 에밀리, 나의 사랑!" 그는 소리쳤다, 그리고 **움켜쥐었다**/

팔로 그녀의 작은 몸을/ 그녀가 (움켜쥐려는 것을) **알아채기도** 전에.

20   커튼 뒤의, 조안나는, 창백해졌다, 그녀의 시선을 돌리려고 했지만,

그럴 수 없었다.

"그것은 당신만이 내가 남자로서 사랑해야 할/

결혼하려는 여자이기 때문이에요; 그리고 나는 조안나가 말해서 알아요,

그녀가 기꺼이 저를 자유롭게 놓아주리라는 것을! 그녀는

25   더 높은 사람과 결혼하고 싶어 해요/ 내가 알기로는, 그리고 오직 "네"라고 **친**

절하게 말할 거예요. 그녀같이 훌륭하고, 키 큰 여자는 보통의 항해사를 위한

종류의 아내가 아니에요: 당신이 가장 잘 어울려요/ 그런 사람을 위해서는."

그는 그녀에게 키스하고 또 키스했다, 그녀의 유연한 몸은

떨렸다/ 그의 포옹(이 만드는) 그 **불안감**에

문법&용법

out of kindness
out of이 from을
의미하는 경우도
있다.

"I wonder—are you sure—Joanna is going to **break off with you**? O, are you sure? Because—"

"I know she would not wish to make us **miserable**. She will release me."

"O, I hope—I hope she will! Don't stay any longer, Captain Jolliffe!"

He **lingered**, however, till a customer came for a penny stick of sealing-wax, and then he withdrew.

Green envy had **overspread** Joanna at the scene. She looked about for a way of escape. To get out without Emily's knowledge of her visit was **indispensable**. She crept from the **parlour** into the passage, and **thence** to the front door of the house, where she let herself noiselessly into the street.

The sight of that **caress** had reversed all her resolutions. She could not let Shadrach go. Reaching home she burnt the letter, and told her mother that if Captain Jolliffe called she was too **unwell** to see him.

Shadrach, however, did not call. He sent her a note expressing in simple language the state of his feelings; and asked to be allowed to take advantage of the hints she had given him that her affection, too, was little more than friendly, by cancelling the **engagement**.

Looking out upon the harbour and the island beyond he waited and waited in his **lodging**s for an answer that did not come. The **suspense** grew to be so **intolerable** that after dark he went up the High Street. He could not resist **calling at** Joanna's to learn his **fate**.

Her mother said her daughter was too unwell to see him, and to his questioning admitted that it was in consequence

"저는 궁금해요—정말 확신하나요—조안나가 당신과 **절교할** 것이라고?
오, 정말로 확신해요? 왜냐하면—"

"저는 알아요/ 그녀가 소망하지 않으리라는 것을/ 우리를 **비참하게** 만들
기를. 그녀는 저를 놓아줄 거예요."

"오, 저는 희망해요—저는 희망해요/ 그녀가 그럴 것을! (여기에) 더 길게 머
물지 마세요, 졸리프 선장님!"

그러나, 그는 **오래 머물렀다**, 한 고객이 왔을 때까지/ 1페니(싸구려)짜리
막대 밀봉용-왁스를 위해, 그리고 그는 물러났다.

시샘이 조안나를 **뒤덮었다**/ 그 장면에서. 그녀는

도망칠만한 길을 둘러봤다. 나가는 것은 (에밀리가 아는 것 없이/
그녀가 방문한 것을) **필수적이었다**. 그녀는 기어갔다/ **응접실**부터 그
통로 안으로, 그리고 **거기에서** 집의 정문까지,
그곳에서 그녀는 소리 내지 않고 길로 들어갔다.
저 **어루만지는** 장면은 그녀의 다짐을 뒤집었다.

그녀는 샤드락이 가도록 할 수 없었다. 집에 다다랐을 때/ 그녀는 그 편지
를 태우고, 그녀의 어머니께 말한 후에/ 졸리프가 전화한다면/
그녀가 너무 **아파서** 그를 볼 수 없다고 하라고.
하지만, 샤드락은, 전화하지 않았다. 그는 그녀에게 메모를 보냈다/
그의 감정의 상태를 표현하는/ 일상어로; 그리고 물었다/

허락하는 것을/ 또한 그 징후들을 이용하는 것을/ 그녀가 그에게 주었던/
그녀의 애정을, (단지) 우정보다 조금 나은 정도인,
약혼을 취소하는 것에 의해.
항구와 저편의 섬을 바라보면서/ 그는
기다리고 또 기다렸다 (그의 **숙소**에서) 대답을/ 그 대답은

오지 않았다. **긴장감**은 자라나서 아주 **참을 수 없게** 되어서/
어둠이 지나고 그는 하이 스트릿트로 올라갔다. 그는 서항할 수 없었다/ **들르
는 것을** 조안나의 (집에) 그의 **운명**을 알기 위해.
그녀의 엄마는 그녀의 딸에게 말했다/ 너무 아파서 그를 볼 수 없다고,
그리고 그의 질문에 자백했다/ 그것은 편지 때문이라고/

of a letter received from himself; which had **distressed** her deeply.

"You know what it was about, perhaps, Mrs. Phippard?" he said.

Mrs. Phippard **owned** that she did, adding that it put them in a very painful position. **Thereupon** Shadrach, fearing that he had been guilty of an **enormity**, explained that if his letter had **pained** Joanna it must be **owing to** a misunderstanding, since he had thought it would be a **relief** to her. If otherwise, he would hold himself bound by his word, and she was to think of the letter as never having been written.

Next morning he received an **oral** message from the young woman, asking him to **fetch** her home from a meeting that evening. This he did, and while walking from the Town Hall to her door, with her hand in his arm, she said:

"It is all the same as before between us, isn't it, Shadrach? Your letter was sent in mistake?"

"It is all the same as before," he answered, "if you say it must be."

"I wish it to be," she **murmur**ed, with hard **lineament**s, as she thought of Emily.

Shadrach was a religious and **scrupulous** man, who respected his word as his life. Shortly **afterwards** the wedding took place, Jolliffe having **convey**ed to Emily as gently as possible the error he had fallen into when **estimating** Joanna's mood as one of **indifference**.

샤드락으로부터 온; 그것은 그녀를 심히 **괴롭게** 했다고.

"당신은 아마도, 그것이 무엇에 대한 것인지 알지요, 피파드 부인?
그는 말했다.

5   피파드 부인은 그녀가 아는 것을 **인정했다**, 더하면서/ 그들을
아주 고통스러운 위치에 놓는 것을. **그러자** 샤드락은, 두려워했다/
그가 심각한 죄를 가졌음을, 설명했다/ 그의
편지가 조안나를 **화나게 했다면**/ 그것은 오해 **때문**이 분명하다고,
그것이 그녀에게 **안심**이 될 것으로 생각했기 때문에.

10   아니라면, 그는 자신을 지속하게 한 것이다/ 그의 말에 묶이도록, 그리고
그녀가 생각하게 했다/ 그 편지가 절대 써지지 말았어야 했다고.
다음 날 아침, 그는 **말로 된** 메시지를 받았다/
젊은 여자로부터, 그에게 요청하면서/ 그녀의 집에 **데려다 달라고**/ 모임
으로부터/ 저 저녁에. 그는 이것을 했다, 그리고 걸어오는 중에/ 마을

15   회관에서부터 그녀의 집까지, 그녀의 손은 그의 팔에 있었다, 그녀는 말했다:
"모든 것은 똑같지요/ 우리 사이는, 그렇죠, 샤드락?
당신의 편지는 실수로 보내진 것이지요?"
"모든 것은 전과 똑같지," 그는 대답했다, "당신이
그래야 한다고 하면."

20   "나는 그래야 한다고 소망해요," 그녀는 **속삭였다**. 단호한 **얼굴**로,
그녀가 생각하면서/ 에밀리에 대해.
샤드락은 종교적이고 **양심적인** 사람이었다, 그는
그의 말을 그의 목숨처럼 지켰다. 곧 **그 이후에** 결혼식은
치러졌고, 졸리프는 **전달했다** (에밀리에게 가능한 한 부드럽게) /

25   그가 빠져들었던 실수를/ 조안나의 기분을 **추측했을** 때에/
무관심이라고.

원어민 MP3
bit.ly/
3zk7kf

10

obliged to	~할 의무를 가진
notion	생각
grocer	식료품 상인
idolatry	우상
lavish	쏟아붓다
forethought	미리 생각함
thrive	번창하다
entertain	품다
attenuated	약화된
schooling	학교 교육
alert	큰 관심을 가진
household	가정
odd	이상한
lurk	숨어있다
obvious	당연한
thriving	부유한
widower	홀아비
prime	최고점

11

declare	선언하다
persevere	인내하다
assent	찬성
prosper	성공적으로 큰
substantial	튼튼한
behold	바라보다
usurp	빼앗다
covetousness	탐욕
comparative	상대적으로
humble	미천한
dusty	먼지투성이
canister	금속 통
preside	맡다

dwindle	줄어들다
gall	분을 품게 하다
mortify	창피하게 하다
beck and call	명령만 하면 달려가는
patronage	후원
compel	강요하다
governess	가정교사
faintly	어렴풋이
clip	꺾다

12

live down	오랫동안 씻어내다
impulsive	충동적인
acquiescence	묵인
contrive	성사시키다
discontent	불만
endowed	믿어지는
shrewdness	상황판단
inquire	묻다
wondrous	놀라운
persevering	인내심이 강한
grimly	무섭게
opposite	건너편
oppressive	숨 막히는
carriage	마차
bring up	기르다
occupation	직업
rub on	근근이 꾸려나가다

13

well off	부유한
Parish School	교회에서 운영하는 학교

humouredly	쾌활하게
warn off	떠나게 하다
simpering	우스꽝스러운
bygones	옛일
stern	심각한
sprawling	자유롭게 뻗어 나가는 것
strike out	독립하다

14

parlour	응접실
brine	소금물
lad	사내
bred	길러진
seafarer	뱃사람
chest	나무상자
nautical	항해용
moth	나방 벌레
quay	부두
formerly	예전에
brig	쌍돛대 범선
appointed	정해진
interval	사이
phase	시기
fond	좋아하는
necessity	생필품
thoroughly	철저히
tutor	개인 교사
algebra	대수학

15

assured	확신하는
uncertain	불확실한
assurance	확언

A month after the marriage Joanna's mother died, and the couple were **obliged** to turn their attention to very practical matters. Now that she was left without a parent, Joanna could not bear the **notion** of her husband going to sea again, but the question was, What could he do at home? They finally decided to take on a **grocer**'s shop in High Street, the goodwill and stock of which were waiting to be disposed of at that time. Shadrach knew nothing of shopkeeping, and Joanna very little, but they hoped to learn.

To the management of this grocery business they now devoted all their energies, and continued to conduct it for many succeeding years, without great success. Two sons were born to them, whom their mother loved to **idolatry**, although she had never passionately loved her husband; and she **lavished** upon them all her **forethought** and care. But the shop did not **thrive**, and the large dreams she had **entertained** of her sons' education and career became **attenuated** in the face of realities. Their **schooling** was of the plainest, but, being by the sea, they grew **alert** in all such nautical arts and enterprises as were attractive to their age.

The great interest of the Jolliffes' married life, outside their own immediate **household**, had lain in the marriage of Emily. By one of those **odd** chances which lead those that **lurk** in unexpected corners to be discovered, while the **obvious** are passed by, the gentle girl had been seen and loved by a **thriving** merchant of the town, a **widower**, some years older than herself, though still in the **prime** of life. At

결혼 후 한 달이 지나고 조안나의 어머니가 죽었다, 그리고 그
부부는 의무를 가졌다/ 그들의 관심을 돌려야 하는/ 아주 현실적인
문제들로. 지금 그녀는 부모님 없이 남겨졌다, 조안나는
그 **생각**을 참을 수 없었다/ 그녀의 남편이 바다에 다시 나가는,
5 그러나 문제는, 그가 집에서 무엇을 할 수 있는가? 였다/ 그들은
끝내 인수하기로 결심했다/ 하이 스트릿의 **식료품** 점을,
슈퍼의 호감도와 재고는 버려지기를 기다리고 있었다/
저 때에. 샤드락은 아무것도 몰랐다/ 가게 보는 것에 대해서는, 그리고
에밀리는 아주 조금 알았다, 그러나 그들은 배우기를 희망했다.
10 이 식료품점 사업을 운영하기 위해서/ 그들은 지금
열정을 다했다/ 그들의 모든 에너지로, 그리고 지속했다/ 그것을 수행하
는 것을/ 계속되는 많은 수년 동안, 큰 성공 없이. 그들에게 두 아들이
태어났다, 그들의 어머니는 그들을 **우상**처럼 사랑했다,
그녀는 절대 그녀의 남편은 열정적으로 사랑하지 않았지만;
15 그녀는 그들에게 **쏟아부었다** / 그녀가 **미리 생각할** 수 있는 모든 것과 돌봄을.
하지만 그 가게는 **번창하지** 않았다, 그리고 그녀는 거대한 꿈을 **품었다**/
아이들의 교육과 경력에 대한/ 그리고 생활은 **약화** 되었다/
현실을 마주하면서. 그들의 **학교 교육**은 가장 평범한 것이었다,
하지만, 바다에 의해서, 그들은 **큰 관심을 갖고** 자랐다/ 그런 모든 바다의
20 예술과 사업은 매력적이었다/ 그들의 나이에는.
졸리프의 결혼 생활에서 가장 큰 관심은,
(그들이 가진 당면한 **가정** 외에는), 놓여있었다/ 에밀리의 결혼에.
이상한 기회 중 한 번에 의해/ 그 기회는 이끌었다/ 저들을
저 **숨어있는** 기대하지 않는 모퉁이에서 발견되도록, 그
25 **당연한** 것이 지나가지는 동안, 온화한 소녀는 보여졌고/
사랑받아졌다/ 어떤 **부유한** 마을 상인에 의해, **홀아비**가 된,
그녀보다 연상인, 여전히 인생의 **최고점**에 있지만.

first Emily had **declared** that she never, never could marry any one; but Mr. Lester had quietly **persevered**, and had at last won her reluctant **assent**. Two children also were the fruits of this union, and, as they grew and **prospered**, Emily declared that she had never supposed that she could live to be so happy.

The worthy merchant's home, one of those large, **substantial** brick mansions frequently jammed up in old-fashioned towns, faced directly on the High Street, nearly opposite to the grocery shop of the Jolliffes, and it now became the pain of Joanna to **behold** the woman whose place she had **usurped** <u>out of pure **covetousness,**</u> looking down from her position of **comparative** wealth upon the **humble** shop-window with its **dusty** sugar-loaves, heaps of raisins, and **canisters** of tea, over which it was her own lot to **preside**. The business having so **dwindled**, Joanna was obliged to serve in the shop herself; and it **galled** and **mortified** her that Emily Lester, sitting in her large drawing-room over the way, could witness her own dancings up and down behind the counter at the **beck and call** of wretched twopenny customers, whose **patronage** she was driven to welcome gladly: persons to whom she was **compelled** to be civil in the street, while Emily was bounding along with her children and her **governess**, and conversing with the genteelest people of the town and neighbourhood. This was what she had gained by not letting Shadrach Jolliffe, whom she had so **faintly** loved, carry his affection elsewhere.

Shadrach was a good and honest man, and he had been faithful to her in heart and in deed. Time had **clipped** the wings of his love for Emily in his devotion to the mother of

처음에 에밀리는 **선언했다**/ 그녀는 절대 누구와도 결혼할 수 없다고; 그
러나 레스터씨는 조용히 **인내했고,**

결국 얻어냈다/ 그녀의 꺼려하는 **찬성**을. 두 아이는 또한

이 결합의 열매였다, 그리고, 그들은 자라서 **성공적으로 컸고,** 에밀리는

말했다/ 그녀가 절대 예상할 수 없었다고/ 이렇게 많이 행복하게 살 수 있
을 것이라.

그 부유한 상인의 집은, 저 큰 집 중에서도, **튼튼한**

벽돌 저택인데/ 여기저기 빽빽한 유행이-지난

마을에서, 하이스트릿트를 바로 마주했다, 거의 맞은편이었다/

졸리프 가족의 식료품 가게의, 그리고 그것은 이제 고통이 되었다/

조안나가/ 그 여자를 **바라보게** 돼서/ 그녀의 장소를 **빼앗은**/

완전한 **탐욕**으로부터, 그녀의 내려보면서/

상대적으로 부자인 위치에서/ **미천한** 가게의-창문에서/

그것의 **먼지투성이** 설탕-빵 덩어리, 건포도 더미들, 그리고 차가 담긴 **금속**

통들, 저것 위로도 그녀가 **맡아야** 할 것들이 많았다. 그 사업은 아주 많이

줄어들어서, 조안나는 어쩔 수 없이 가게를 스스로 봐야 했다;

그리고 그것은 그녀가 **울분을 품게** 하고, **창피하게** 했다/ 에밀리 레스터는,

그 길 너머 그녀의 큰 그림-방에 앉아서, 목격할 수 있었다/ 조안나가 하는 춤

(일)을 위아래로/ 계산대 뒤에서/ (누군가의) **명령만 하면 달려가는** 비참

한 2페니(짜리, 현재의 750원) 손님들의, 그들의 **후원**에/ 조안나가 움직여

졌다/ 기쁘게 환영하도록 (그 후원을): 사람들에게 그녀는

강요당했다/ 예의 바르도록/ 그 거리에서, 에밀리가 튀어 오르는 동안/

그녀의 아이들과 그녀의 **가정교사**를 따라, 그리고 대화하는 동안/

가장 온화한 사람들과/ 그 마을과 이웃 중에서.

이것은 그녀가 얻은 것이다/ 샤드락 졸리프를 허락하지 않은 것에 의해서,

그녀는 그를 **어렴풋이** 사랑했고, 그의 애정을 다른 곳으로 옮겼다.

샤드락은 좋고 정직한 사람이었고, 그는

정말 마음으로 그녀에게 충실했다. 시간은 **꺾었다**/

에밀리에 대한 그의 사랑의 날개를/ 열정은 그의 아이들의 엄마에게

문법&용법
out of pure
covetousness
out of이 from을
의미하는 경우도
있다.

447   아내를 위해

his boys: he had quite **lived down** that **impulsive** earlier fancy, and Emily had become in his regard nothing more than a friend. It was the same with Emily's feelings for him. Possibly, <u>had she found the least cause for jealousy</u>, Joanna would almost have been better satisfied. It was in the absolute **acquiescence** of Emily and Shadrach in the results she herself had **contrived** that her **discontent** found nourishment.

Shadrach was not **endowed** with the narrow **shrewdness** necessary for developing a retail business in the face of many competitors. Did a customer **inquire** if the grocer could really recommend the **wondrous** substitute for eggs which a **persevering** bagman had forced into his stock, he would answer that "when you did not put eggs into a pudding it was difficult to taste them there"; and when he was asked if his 'real Mocha coffee' was real Mocha, he would say **grimly**, "as understood in small shops."

One summer day, when the big brick house **opposite** was reflecting the **oppressive** sun's heat into the shop, and nobody was present but husband and wife, Joanna looked across at Emily's door, where a wealthy visitor's **carriage** had drawn up. Traces of patronage had been visible in Emily's manner of late.

"Shadrach, the truth is, you are not a business-man," his wife sadly murmured. "You were not **brought up** to shopkeeping, and it is impossible for a man to make a fortune at an **occupation** he has jumped into, as you did into this."

Jolliffe agreed with her, in this as in everything else.

"Not that I care a rope's end about making a fortune," he said cheerfully. "I am happy enough, and we can **rub on** somehow."

있었다: 그는 꽤 **오랫동안 씻어냈다**/ 예전의 **충동적인** 욕망을,

그리고 에밀리는 (그가 여기기에는) 친구 이상의 어떤 것도 되지 않았다.

그것은 에밀리가 그를 향한 감정도 마찬가지였다. 아마도,

그녀가 질투의 가장 작은 원인을 찾아냈다면, 조안나가

5 거의 더 만족했을 수도 있다. 에밀리와 샤드락은 절대적으로 **묵인했기에**/

조안나가 스스로 (용케)

성사시킨 결과에서/ 그녀의 **불만**이 영양분을 찾았다.

샤드락은 **믿어지지** 않았다/ 제한된 **상황판단**이

꼭 필요하다고/ 소매 사업을 발전시키기 위해/ 많은

10 경쟁자의 면전에서. 고객은 **물었다**/ 그 식료품점이

추천할 수 있는지/ 진짜 **놀라운** 계란 대체품을 (그 계란들을

어떤 **인내심이 강한** 판매상이 강요했다/ 상점의 품목에 넣도록), 그는

대답하곤 했다/ "당신이 계란 (대체품)을 푸딩에 넣지 않는다면/ 그것은

어려울 거에요/ 거기서 맛을 (알기는)"; 그리고 그가 물어졌을 때/ 그의

15 '진짜 모카 커피'가 진짜 모카인지를, 그는 **무섭게** 대답했다/ "알 수 있을

거라고/ 작은 가게들에 (가면)."

여름날, 그 큰 벽돌집의 **건너편**이

반사하고 있을 때/ 가게로 **숨 막히는** 햇볕을, 그리고

누구도 나타나지 않을 때/ 남편과 아내를 빼고는, 조안나는 봤다/

20 건너편의 에밀리네 문을, 그곳에서 부자 방문객의 **마차**가 섰다.

후원의 자취가 보였다/

에밀리의 최근의 태도에서.

"샤드락, 진실로, 당신은 사업-가는 아니에요," 그의

아내가 슬프게 속삭였다. "당신은 **길러지지** 않았어요/ 가게를

25 보도록, 그리고 남자가 (큰) 재산을 버는 것은 불가능해요/

그가 뛰어는 **직업**에서, 당신이 이것에 뛰어든 것처럼요."

졸리프는 그녀에게 동의했다, 이것에도, 그 밖의 모든 것에서도.

"난 신경 안써/ 재산을 만드는 것에 대한 (고난의) 밧줄 채찍이라도," 그는 쾌활하게

말했다. "나는 충분히 행복해, 그리고 우리는 어떻게든 **근근이 꾸려나갈** 수 있잖아."

문법&용법

<u>had she found</u>
<u>the least cause</u>
<u>for jealousy</u>
가정법 과거에서
if를 생략하고 도
치시킨 것. 원래
의 문장은 If she
had found the
least cause for
jealousy

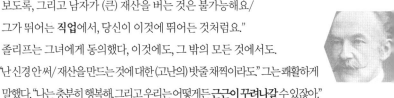

She looked again at the great house through the screen of bottled pickles.

"**Rub on**—yes," she said bitterly. 'But see how **well off** Emmy Lester is, who used to be so poor! Her boys will go to College, no doubt; and think of yours—obliged to go to the **Parish School**!"

Shadrach's thoughts had flown to Emily.

"Nobody," he said good-**humouredly**, "ever did Emily a better turn than you did, Joanna, when you **warned** her **off** me and put an end to that little **simpering** nonsense between us, so as to leave it in her power to say 'Aye' to Lester when he came along." This almost maddened her.

"Don't speak of **bygones**!" she implored, in **stern** sadness. 'But think, for the boys' and my sake, if not for your own, what are we to do to get richer?"

"Well," he said, becoming serious, "to tell the truth, I have always felt myself unfit for this business, though I've never liked to say so. I seem to want more room for **sprawling**; a more open space to **strike out** in than here among friends and neighbours. I could get rich as well as any man, if I tried my own way."

"I wish you would! What is your way?"

"To go to sea again."

She had been the very one to keep him at home, hating the semi-widowed existence of sailors' wives. But her ambition checked her instincts now, and she said: 'Do you think success really lies that way?"

"I am sure it lies in no other."

"Do you want to go, Shadrach?"

그녀는 다시 그 멋진 집을 봤다/ 피클이 담긴 병의 가리개를 통해.

"**근근이 꾸려나간다**—맞아요," 그녀는 씁쓸하게 말했다. 하지만 보는 것은/ 에미 레스터가 얼마나 **부유한지**, 그녀는 아주 명청하곤 했는데! 그녀의 아이들 은 대학에 갈 것이, 틀림없어요; 그리고 당신의 것(아이)을 생각해보면—어쩔 수 없이 **교회에서 운영하는 학교**에 다니니까요!

샤드락의 생각은 에밀리에게 날아갔다.

"누구도," 그는 **쾌활하게** 말했다, "절대 에밀리는 당신보다 더 좋은 선행을 하지 못해, 조안나, 당신은 그녀가 나를 **떠나게** 하고/ 좀 **우스꽝스러운** 말도 안 되는 사이로 우리를 끝냈잖아, 남겨두기 위해서/ '네'라고 말할 수 있는 그녀의 힘을/ 그(부자)가 나타났을 때." 이것은 그녀를 거의 미치게 했다.

"**옛일**은 그만 말해요!" 그녀는 애원했다, **심각한** 슬픔으로.

"하지만 생각해봐요, 아이들과 나를 위해서, 당신을 위해서가 아니라면, 우리는 무엇을 해야 더 부자가 될 수 있을까요?"

"글쎄," 그는 말했다, 진지해지면서, "사실을 말하자면, 나는 항상 나 자신이 맞지 않게 느껴졌지/ 이 사업에는, 내가 그렇게 말하기를 절대 좋아하지 않았지만. 나는 더 많은 공간을 원하는 것 같아/ **자유롭게 뻗어 나가 기** 위한; 더 많이 열린 공간을/ 안에서 **독립할 수 있는**/ 친구들과 이웃들이 있는 여기보다. 나는 부유해질 수 있어/ 다른 남자들만큼, 내가 노력한다면/ 나 자신만의 방식으로."

"저는 당신이 그랬으면 해요! 무엇이 당신 방식인데요?"

"바다에 다시 나가는 거지."

그녀가 바로 그 사람이었다/ 그를 집에 있도록 한, 반쯤과부가 된 존재를 싫어하기에/ 항해사의 아내라는. 하지만 그녀의 야망 은 확인시켰다/ 지금 그녀의 본능들을, 그리고 그녀는 말했다: "당신은 성공이 정말 그 길에 놓여있다고 생각하나요?"

"난 그것이 있다고 확신해/ 다른 건 없어."

"당신은 가기를 원하나요, 샤드락?"

"Not for the pleasure of it, I can tell 'ee. There's no such pleasure at sea, Joanna, as I can find in my back **parlour** here. To speak honest, I have no love for the **brine**. I never had much. But if it comes to a question of a fortune for you and the **lad**s, it is another thing. That's the only way to it for one born and **bred** a **seafarer** as I."

"Would it take long to earn?"

"Well, that depends; perhaps not."

The next morning Shadrach pulled from a **chest** of drawers the **nautical** jacket he had worn during the first months of his return, brushed out the **moth**s, donned it, and walked down to the **quay**. The port still did a fair business in the Newfoundland trade, though not so much as **formerly**.

It was not long after this that he invested all he possessed in purchasing a part-ownership in a **brig**, of which he was **appointed** captain. A few months were passed in coast-trading, during which **interval** Shadrach wore off the land-rust that had accumulated upon him in his grocery **phase**; and in the spring the brig sailed for Newfoundland.

Joanna lived on at home with her sons, who were now growing up into strong **lad**s, and occupying themselves in various ways about the harbour and quay.

"Never mind, let them work a little," their **fond** mother said to herself. 'Our **necessities** compel it now, but when Shadrach comes home they will be only seventeen and eighteen, and they shall be removed from the port, and their education **thoroughly** taken in hand by a **tutor**; and with the money they'll have they will perhaps be as near to gentlemen as Emmy Lester's precious two, with their **algebra** and their Latin!'

"그것의 기쁨 때문이 아니라고, 나는 당신에게 말할 수 있어. 거기에 그런
　　기쁨은 없어/ 바다에는, 조안나, 나의 **응접실**에서 찾을 수 있는 것처럼은.
　　솔직히 말해, 나는 **소금물**을 향한 사랑이 없어. 나는 (그것을) 절대
　　많이 가지지 않았지. 하지만 재산의 질문에 대해서라면/ 당신과
5　**사내**(자식들)를 위한, 그것은 다른 것이야. 저것이 유일한 길이지/
　　누군가에게 태어나고 **길러진 뱃사람**인/ 나처럼."
　　"(돈) 버는데 오래 걸릴까요?"
　　"글쎄, 상황에 달렸지; 아마 (오래 걸리지) 않을 거야."
　　다음 아침 샤드락은 꺼냈다/ **나무상자** 서랍에서.
10　**항해용** 상의를/ (그가 입었었던/ 그가 돌아온 첫 달에),
　　나방 벌레를 털어내고, 그것을 입었다, 그리고 걸어서 내려갔다/
　　그 **부두**로. 항구는 여전히 괜찮은 사업이었다/ 뉴펀들랜드
　　무역에서, **예전**처럼 아주 많이는 아니었지만.
　　이것 이후에 그것은 오래걸리지 않았다/ 그가 가진 모든 것을 투자하는데/
15　부분-소유권을 사려고/ **쌍돛대 범선**에 대한, 그것에서 그는
　　정해졌다/ 선장으로. 몇(2~3) 개월이 지나고/ 연안-무역에서,
　　그 **사이**의 시간 동안/ 샤드락은 차츰 없었다/ 땅의-녹을/
　　그것은 그에게 축적됐다/ 식료품점 **시기**에서; 그리고
　　봄에 범선은 항해했다/ 뉴펀들랜드로.
20　조안나는 그녀의 아들들과 살았다/ 집에서, 그들은 지금
　　건강한 **사내**들로 자랐다, 그리고 그들 스스로 일을 가졌다/
　　다양한 방법으로/ 항구와 부두에 대해.
　　"절대 신경 쓰지 말자, 그들이 약간 일하게 하자." 그들이 **좋아하는** 엄마는
　　그녀 자신에게 말했다. '우리의 **생필품**이 지금 그것을 강요하지만, 샤드락
25　이 집에 오면/ 그들은 단지 열일곱, 열여덟일 뿐이야, 그리고
　　그들은 항구로부터 떨어져야 해, 그리고 그들의 교육은 **철저히**
　　개인 교사에 의해 되어야 해; 그들이 가질 돈으로
　　그들은 아마도 교양있는 사람들에 가깝게 될 거야/ 에이미
　　레스터의 소중한 두 자녀처럼, 그들의 **대수학**과 라틴어 (공부)로!'

The date for Shadrach's return drew near and arrived, and he did not appear. Joanna was **assured** that there was no cause for anxiety, sailing-ships being so **uncertain** in their coming; which **assurance** proved to be well grounded, for late one wet evening, about a month after the calculated time, the ship was **announced** as at hand, and presently the slip-slop step of Shadrach as the sailor sounded in the passage, and he entered. The boys had gone out and had missed him, and Joanna was sitting alone.

As soon as the first emotion of **reunion** between the couple had passed, Jolliffe explained the delay as owing to a small **speculative** contract, which had produced good results.

"I was determined not to disappoint 'ee," he said; "and I think you'll own that I haven't!"

With this he pulled out an enormous **canvas** bag, full and **rotund** as the money-bag of the giant whom Jack **slew**, untied it, and shook the contents out into her **lap** as she sat in her low chair by the fire. A mass of **sovereign**s and guineas (there were guineas on the earth in those days) fell into her **lap** with a sudden **thud**, weighing down her gown to the floor.

"There!" said Shadrach **complacently**. "I told 'ee, dear, I'd do it; and have I done it or no?"

Somehow her face, after the first excitement of **possession**, did not **retain** its glory.

"It is a lot of gold, indeed," she said. "And—is this all?"

"All? Why, dear Joanna, do you know you can count to three hundred in that **heap**? It is a fortune!"

"Yes—yes. A fortune—judged by sea; but judged by land—"

However, she **banished** considerations of the money

샤드락의 것(범선)이 다가와서 도착해야 할 날에,

그는 나타나지 않았다. 조안나는 **확신했다**/ 거기에는

걱정할 이유가 없다고/ 항해하는-배들은 아주 **불확실하기에**/

오는 것이; 그 **확언**은 늦는 정당한 이유가 있는 증명 했다/

5 　비 오는 저녁, 한 달쯤 계산된 시간이 지나고,

그 배는 **알려졌다**/ 가까이에 있다고, 그리고 곧

터덜터덜한 걸음의 샤드락이/ 항해사로서 소리 냈다/ 그

통로에서, 그리고 그는 들어왔다. 아이들은 나가서,

그를 그리워했다. 그리고 조안나는 혼자 앉아있었다.

10 　부부 사이의 **재결합**의 첫 번째 감정이

지나가자, 졸리프는 설명했다/ 늦춰진 것을/ 작은

투기적인 계약 때문에, 그것은 좋은 결과를 만들었다.

"나는 **당신을** 실망시키지 않기로 결심했지," 그는 말했다; "그리고

나는 생각했어/ 당신은 내가 갖지 못한 것을 가질 것이라고!"

15 　이것과 함께/ 그는 거대한 **돛천** 자루를 뽑아냈다, 가득 찼고

통통했다/ 거인의 돈 가방처럼/ 잭(잭과 콩나무)이 **사냥한**,

그것을 풀어서, 흔들었다/ 내용물이 나오도록/ 그녀의 **허벅지** 위에/ 그녀가

앉아있을 때/ 그녀의 난로 옆 낮은 의자에. 가득한 **금화**와 다른종류의 금화가

(저 시대에는 땅에 그 금화가 있었다) 떨어졌다/ 그녀의 **허벅지**에/

20 　갑작스러운 **쿵 소리**와 함께, 짓눌렀다/ 그녀의 드레스를 땅바닥으로.

"거기!" 샤드락이 **만족스럽게** 말했다. "내가 당신에게 말했지, 자기, 내가 해

낼 거라고; 그리고 내가 해냈을까 아닐까?"

어째서인지 그녀의 얼굴은, 첫 흥분의 **소유물** 이후에,

그것의 기쁨을 **유지하지** 않았다.

25 　"그것은 많은 금이네요, 정말로," 그녀는 말했다. "그런데—이게 다인가요?"

"다냐고?" 왜 그래, 조안나, 당신은 셀 수 있어/

삼백 개를/ 저 **더미** 안에서? 그건 재산이라(할만하다)고!"

"맞아요—맞아. 재산이지요—바다가 판단한; 하지만 땅의 판단은—"

그러나, 그녀는 **제거했다**/ 돈에 대한 생각들을/

for the nonce. Soon the boys came in, and next Sunday Shadrach returned thanks to God—this time by the more ordinary **channel** of the *italics* in the General Thanksgiving. But a few days after, when the question of investing the money arose, he remarked that she did not seem so satis- ⁵ fied as he had hoped.

"Well you see, Shadrach," she answered, "We count by hundreds; they count by thousands" (nodding towards the other side of the Street). 'They have set up a **carriage** and pair since you left." ¹⁰

"O, have they?"

"My dear Shadrach, you don't know how the world moves. However, we'll do the best we can with it. But they are rich, and we are poor still!"

The greater part of a year was **desultorily** spent. She **moved** ¹⁵ sadly **about** the house and shop, and the boys were still **occupying** themselves in and around the harbour.

"Joanna," he said, one day, 'I see by your movements that it is not enough."

"It is not enough," said she. 'My boys will have to live ²⁰ by **steering** the ships that the Lesters own; and I was once above her!"

Jolliffe was not an **argumentative** man, and he only murmured that he thought he would make another voyage.

He **meditated** for several days, and coming home from ²⁵ the **quay** one afternoon said suddenly:

"I could do it for 'ee, dear, in one more trip, for certain, if—if—"

"Do what, Shadrach?"

당분간은. 곧 소년들이 들어왔고, 다음 일요일에

샤드락은 돌아갔다/ 신께 감사드리려고—이번에는 더욱

일반적인 **수단**의 *이탤릭체*로 된 보통의 추수 감사에 의해서였다.

그러나 몇(2~3) 일 후에, 돈의 투자에 대한 질문이 생겼을 때,

5   그는 말했다/ 그녀가 아주 만족해 보이지 않는다고/

그가 소망했던 것만큼은.

"글쎄 당신도 알지요, 샤드락," 그녀는 대답했다, "우리는

수백 개를 세지요; 그들은 수천 개를 세고요" (끄덕이면서/

그 거리의 다른 쪽을 향해). "그들은 **마차**와 말 한 쌍을 마련했어요/

10   당신이 떠난 이후에."

"오, 그들이?"

"내 사랑하는 샤드락, 당신은 어떻게 세상이

움직이는지 몰라요. 하지만, 우리는 할 수 있는 최선을 다할 거예요. 그래도

그들은 부자이고, 우리는 여전히 가난하지요!"

15   일 년 중에 더 멋진 부분은 **산만하게** 쓰였다. 그녀는 **돌아다녔다**/

슬프게/ 집과 가게 주변을, 그리고 아이들은 여전히 **바쁘게 일했다**/

그들 스스로/ 항구 안이나 주변에서.

"조안나," 어느 날, 그는 말했다, "당신의 움직임에서 알겠어,

그것은 충분하지 않아."

20   "그것은 충분하지 않아요," 그녀는 말했다. "나의 아이들은 살아야만 해요/

그 배들을 **조종하면서**/ 레스터들이 가진; 그리고 나는 예전에

그녀보다 나았었고요!"

졸리프는 **따지기 좋아하는** 남자가 아니었다, 그래서 그는 오직 중얼거렸다/

그가 생각했다고/ 그가 또 한 번의 항해를 만들어야 할 것 같다고.

25   그는 **숙고했다**/ 몇(4~5) 일 동안, 그리고 집에 오면서/ 그

부두로부터/ 어느 날 오후 갑자기 말했다:

"나는 자기를 위해 그것을 할 수도 있어, 한 번 더 여행으로, 틀림없이, 만

약—만약—"

"무엇을 해요, 샤드락?"

"Enable 'ee to count by thousands instead of hundreds."

"If what?"

"If I might take the boys."

She turned pale.

"Don't say that, Shadrach," she answered **hastily**.

"Why?"

"I don't like to hear it! There's danger at sea. I want them to be something **genteel**, and no danger to them. I couldn't let them risk their lives at sea. O, I couldn't ever, ever!"

"Very well, dear, it shan't be done."

Next day, after a silence, she asked a question:

"If they were to go with you it would make **a great deal of** difference, I suppose, to the profit?"

"'Twould **treble** what I should get from the venture single-handed. Under my eye they would be as good as two more of myself."

Later on she said: "Tell me more about this."

"Well, the boys are almost as clever as master-**mariners** in **handling** a craft, upon my life! There isn't a more **cranky** place in the Northern Seas than about the **sandbank**s of this harbour, and they've practised here from their **infancy**. And they are so **steady**. I couldn't get their steadiness and their **trustworthiness** in half a dozen men twice their age."

"And is it very dangerous at sea; now, too, there are rumours of war?" she asked **uneasily**.

"O, well, there be risks. Still…."

The idea grew and magnified, and the mother's heart was crushed and **stifled** by it. Emmy was growing too **patronizing**; it could not be **borne**. Shadrach's wife **could not help nagging**

"당신이 세는 것이 가능하다면 수천까지/ 수백 대신에."

"만약 무엇을요?"

"내가 아이들을 데려간다면."

　그녀는 창백해졌다.

5　"그렇게 말하지 마세요, 샤드락." 그녀는 **급하게** 대답했다.

"왜?"

"듣기 싫어요! 바다는 위험해요. 나는 원해요/ 그들이

　어떤 **고상한** 사람이 되기를요, 그들에게 어떤 위험이 없는. 나는

　그들의 삶에서 바다의 위험을 허락할 수 없어요. 오, 나는 못 해요, 절대!"

10　"잘 알겠어, 자기, 그것은 꼭 되지 않아도 돼."

　다음날, 침묵 후에, 그녀는 질문했다:

"그들이 당신과 함께 간다면/ 그것은 **많은**

　차이를 만들겠지요, 제 생각에는, 그 수익에요?"

　그것은 **세 배**가 되겠지/ 내가 얻는 것보다/ 모험에서 한-

15　손으로. 내가 보기에 그들은 두 명의 나만큼 좋은

　나니까."

　나중에 그녀는 말했다: "나에게 더 말해줘요/ 이것에 대해"

"글쎄, 그 아이들은 거의 전문-**뱃사람**들만큼 똑똑하지/

　배를 **다루는** 데에는, 놀랍게도! (배가 잘) 고장나는

20　장소는 없어/ 북쪽 해안에서는/ 이 항구의 **모래 언덕** 주변보다,

　그리고 그들은 여기서 연습했지/ 그들의 **유아기**부터. 그리고

　그들은 아주 **착실해**. 나는 얻을 수 없을 거야/ 그들의

　착실함과 **신뢰**를/ 그들 나이의 두 배인 사람 6명에서."

"그리고 바다는 아주 위험하잖아요; 지금, 역시,

25　소문들이 있잖아요/ 전쟁에 대한?" 그녀는 **걱정하며** 물었다.

"오, 글쎄, 위험이 있지. 여전히…."

　그 생각은 자라나서 확대됐고, 그 엄마의 마음은

　뭉개지고 **억눌렸다**/ 그것(욕심)에 의해. 에미는 너무 **잘나 보이게** 변해갔다;

　그것은 **타고날** 수 없었다. 샤드락의 아내는 **잔소리를 그만둘 수 없었다**/

him about their comparative **poverty**. The young men, **amiable** as their father, when spoken to on the subject of a **voyage** of enterprise, were quite willing to embark; and though they, like their father, had no great love for the sea, they became quite **enthusiastic** when the proposal was detailed. 5

Everything now hung upon their mother's **assent**. She **withheld** it long, but at last gave the word: the young men might **accompany** their father. Shadrach was unusually cheerful about it: Heaven had preserved him **hitherto**, and he had **uttered** his thanks. God would not **forsake** those 10 who were faithful to him.

All that the Jolliffes possessed in the world was put into the enterprise. The grocery stock was **pared** down to the least that possibly could afford a bare **sustenance** to Joanna during the **absence**, which was to last through the usual 15 'New-f'nland spell.' How she would endure the **weary** time she hardly knew, for the boys had been with her **formerly**; but she **nerved** herself for the **trial**.

The ship was **laden** with boots and shoes, ready-made clothing, fishing-**tackle**, butter, cheese, **cordage**, sailcloth, 20 and many other **commodities**; and was to bring back oil, furs, skins, fish, cranberries, and what else came to hand. But much trading to other ports was to be **undertaken** between the voyages out and **homeward**, and **thereby** much money made. 25

그에게/ 그들의 상대적인 **가난**에 대해. 그 젊은 남자들은, **쾌활했다**/

아버지처럼, 말해졌을 때/ 그 **항해**

사업에 대한 사안이, 아주 기꺼이 승선했다; 그리고 그들은,

그들의 아버지처럼, 어떤 사랑도 없었다/ 바다를 향한, 그들은 상당히

5   **열정적이** 됐다/ 제안이 상세해졌을 때.

모든 것은 이제 그들의 어머니의 **찬성**에 달려있었다. 그녀는

주지 않았다/ 그것을 오랫동안, 하지만 결국 그 말을 주었다: 젊은 아들들

이 그들의 아버지와 **동행해도** 된다고. 샤드락은 대단히

기뻐했다/ 그것에 대해: 하늘은 그를 **그때까지** 보호했다, 그리고

10   그는 감사를 **말했다**. 신은 **져버리지 않을** 것이다/

그에게 충실한 저 사람들을.

졸리프 가정이 세상에서 가진 모든 것들은 쏟아졌다/

그 사업에. 식료품 재고는 최소한으로 **긴축되었다**/

가장 기본적인 **생명 지속을 할** 수 있을 정도로/ 조안나에게/

15   **(가족들이) 없는** 동안, 그것은 지속되어야 했다/ 보통의

'뉴-펀들랜드 활동을.' 어떻게 그녀는 참아냈을까/ 그녀가 거의 모르는 **지치**

는 시간을, 왜냐하면 그 아이들이 **이전에** 그녀와 함께했기 때문이다;

그러나 그녀는 스스로 **용기를 냈다**/ 시련을 위해.

배는 **가득했다**/ 부츠와 신발로, 기성품의

20   옷들, 낚시-**도구**, 버터, 치즈, **밧줄**, 돛천,

그리고 많은 다른 **물품**들: 그리고 (식료품점에) 돌려줄 기름,

모피, 가죽, 물고기, 크랜베리, 그리고 그 밖의 것들이 손에 들어왔다.

하지만 많은 교역은/ 다른 항구들에서의/ **착수돼야** 한다/

바깥 항해와 **집으로 향하는** 사이에서, 그리고 **그렇게 해서** 많은

25   돈이 만들어진다.

19

brig	범선
witness	목격하다
means	수단
bustling	부산한
hasten	서두르다
nerve	용기내다
behold	보다
sloping	비스듬한
hastily	급하게
rim	가장자리
mast	돛대
burst	터뜨리다
gleam	빛
thin	야윈
anticipated	예상했던
thraldom	노예의 신분
assumption	추정
figment	꾸며낸 일
luxurious	고급스러운
conceal	감추다
endeavour	노력하다

20

lapse	지나가 버리다
meagrely	변변찮게
sting	쓰라림
uncritical	비판 없는
patron	후원
donor	기부
dreary	음울한
bureau	책상
rub out	지워지다
glance	훑어보다

subsist	근근이 살아가다
submerged	극빈한
quondam	이전의
anxious	걱정스러운
rustle	바스락거리다
dumb	어리석은
squeeze	간신히 들어가다
parlour	응접실
bear	참다

21

misfortune	불행
grief	슬픔
vehemently	격렬하게
muddle on	그럭저럭 살다
brig	범선
channel	해협
uneasy	불안한
gust	돌풍
detest	혐오하다
treacherous	신뢰할 수 없는
slimy	끈적한
recall	상기시키다
crown	완성하다
shipwreck	난파
sincere	진심 어린
deliverance	구조
pew	신도석
mostly	주로
bloom	꽃다운
manhood	남자다움
inch	인치

22

bulky	덩치 있는
shaped	자세를 가지다
hallucination	환각
worn	몹시 지친
nevertheless	그런데도
pleased	기뻐하는
purgation	정죄
approach	다가가다
due	예정날
whence	그곳에서
obtained	얻어진
eternally	끝없이
truck	화물차
mainmast	큰 돛대
shout	외침
visionary	환각
hollow	텅 빈
apathy	무관심
cease	중단하다

23

strait	궁핍
afflicted	괴로워하는
repulse	거절
hoarsely	쉰 목소리로
bereaved	사별 당한
dismal	음울한
afford to	~할 수 있는
assured	자신하는
vain	헛된
consent	허락하다
gaunt	수척한
morosely	침울하게

revenged	복수당한

24

reproach	비난
vessel	배
given up as lost	헛수고라고 포기된
glance	흘낏 보다
flickering	깜박이는
damp	축축한
mist	안개
mop	닦아내다
flannel	혼방 천
fervour	열정
drag	끌고 가다
bolt	빗장
hinder	방해하다
wretch	불쌍한
wildly	미친듯이
admitted	받아들여진
elapse	(시간이) 흐르다
baseless	근거 없는

III

The **brig** sailed on a Monday morning in spring; but Joanna did not **witness** its departure. She could not bear the sight that she had been the **means** of bringing about. Knowing this, her husband told her overnight that they were to sail some time before noon next day hence when, awakening at five the next morning, she heard them **bustling** about downstairs, she did not **hasten** to descend, but lay trying to **nerve** herself for the parting, imagining they would leave about nine, as her husband had done on his previous voyage. When she did descend she **beheld** words chalked upon the **sloping** face of the bureau; but no husband or sons. In the **hastily**-scrawled lines Shadrach said they had gone off thus not to pain her by a leave-taking; and the sons had chalked under his words: 'Good-bye, mother!"

She rushed to the quay, and looked down the harbour towards the blue **rim** of the sea, but she could only see the **mast**s and bulging sails of the Joanna; no human figures. "'Tis I have sent them!" she said wildly, and **burst** into tears. In the house the chalked 'Good-bye' nearly broke her heart. But when she had re-entered the front room, and looked across at Emily's, a **gleam** of triumph lit her **thin** face at her **anticipated** release from the **thraldom** of subservience.

To do Emily Lester **justice**, her **assumption** of superiority was mainly a **figment** of Joanna's brain. That the circumstances of the merchant's wife were more **luxurious** than Joanna's, the former could not **conceal**; though whenever the two met, which was not very often now, Emily **endeavoured**

범선은 항해했다/ 월요일 아침의 봄에; 하지만 조안나는

목격하지 않았다/ 그것의 출발을. 그녀는 보는 것을 **견딜** 수 없었다/

그녀가 (이 일이) 일어나도록 **수단**이 되어왔다는 것을. 이것을 알면서,

그녀의 남편은 밤새 그녀에게 말했다/ 그들이 언젠가는 항해해야 한다고/

⁵ 다음날 정오가 되기 전에/ 이런 이유로 그때, 다음 날 아침 5시에 깨어나

면서, 그녀는 들었다/ 그들이 아래층에서 **부산한** 것을,

그녀는 내려가기를 **서두르지** 않았다, 하지만 누워서 시도했다/

그녀가 **용기 내도록**/ 이별을 위해, 그들이

9시쯤 떠날 것이라고 상상하면서, 그녀의 남편이 했던 것처럼/ 이전의

¹⁰ 항해에서. 그녀가 내려갔을 때/ 그녀는 메모를 **봤다**/ 분필로

책상의 **비스듬한** 표면에; 하지만 남편도

아이들도 없었다. **급하게**-휘갈겨 쓴 문장에서 샤드락은 말했다/ 그들이

자리를 뜬다고/ 이처럼 그녀를 고통스럽게 하지 않는 작별로; 그리고 아

들들은 분필로 썼다/ 이 말로: '안녕히 계세요, 엄마!'

¹⁵ 그녀는 부두로 달려갔다, 그리고 항구를 내려다봤다/

바다의 푸른 **가장자리**를, 하지만 그녀는 오직 볼 수 있었다/ 그

돛대와 조안나의 튀어나온 돛들을: 사람의 모습은 없었다.

"이렇게('tis=it's) 내가 그들을 보냈어!" 그녀는 거칠게 말했다, 그리고 눈물을

터뜨렸다. 집에 분필로 씨진 '안녕히 계세요'는 그녀의 마음을 거의 무너트렸

²⁰ 다. 하지만 그녀는 다시-들어갔다/ 앞 방에, 그리고 봤다/

건너편의 에밀리네 집을, 승리의 **빛**이 밝혔다/ 그녀의 **야윈** 얼굴을/ 그녀

가 **예상했던** 해방을/ 노예의 신분의 복종으로부터.

에밀리 레스터에 대해 **다툴** 때, 그녀의 우월함에 대한 **추정**은

주로 조안나의 뇌에서 **꾸며낸 일**이었다.

²⁵ 상인의 아내라는 상황이/ 더욱 **고급스러웠다**/

조안나의 것(남편)보다, 그 앞에 일컬은 사람(에밀리)는 **감출** 수 없었다; 언제

그 둘이 만나든, 지금은 아주 자주 있는 일은 아니지만, 에밀리는 **노력했다**/

to subdue the difference by every means in her power.

The first summer **lapsed** away; and Joanna **meagrely** maintained herself by the shop, which now consisted of little more than a window and a counter. Emily was, in truth, her only large customer; and Mrs. Lester's kindly readiness to buy anything and everything without questioning the quality had a **sting** of bitterness in it, for it was the **uncritical** attitude of a **patron**, and almost of a **donor**. The long **dreary** winter moved on; the face of the **bureau** had been turned to the wall to protect the chalked words of farewell, for Joanna could never bring herself to **rub** them **out**; and she often **glanced** at them with wet eyes. Emily's handsome boys came home for the Christmas holidays; the University was talked of for them; and still Joanna **subsisted** as it were with held breath, like a person **submerged**. Only one summer more, and the 'spell' would end. Towards the close of the time Emily called on her **quondam** friend. She had heard that Joanna began to feel **anxious**; she had received no letter from husband or sons for some months. Emily's silks **rustled** arrogantly when, in response to Joanna's almost **dumb** invitation, she **squeezed** through the opening of the counter and into the **parlour** behind the shop.

"You are all success, and I am all the other way!" said Joanna.

"But why do you think so?" said Emily. "They are to bring back a fortune, I hear."

"Ah! will they come? The doubt is more than a woman can **bear**. All three in one ship—think of that! And I have not heard of them for months!"

억누르기 위해/ (부의) 차이들을/ 그녀의 할 수 있는 모든 수단으로.

첫 여름은 **지나가 버렸다**; 그리고 조안나는 **변변찮게**

유지했다/ 그녀 자신을 가게(수입으)로, 가게는 이제

이보다 약간 더하게 구성됐다/ 과부와 계산대로. 에밀리는,

사실, 그녀의 하나뿐인 큰 고객이었다; 그리고 레스터의 친절하게

준비됨은 (사기위해/ 어떤 것이든 또는 모든 것을/

품질을 묻지 않고) 가졌다/ 그 안에 비통한 **쓰라림**을, 왜냐하면 그것이

비판 없는 (무조건적인) 후원의 태도였고, 거의 **기부**였다.

긴 **음울한** 겨울은 계속됐다; **책상**의 표면은

벽으로 바뀌었다/ 보호하기 위해/ 분필로 써진

작별인사를, 왜냐하면 조안나는 절대 그것들이 **지워지도록** 할 수 없었기

때문이다; 그리고 그녀는 종종 **훑어봤다**/ 그것들을 젖은 눈으로. 에밀리의

잘생긴 소년들은 집에 왔다/ 크리스마스 휴일 동안;

그들에게 대학에 대해 이야기했다; 그리고 여전히 조안나는 **근근이 살아**

갔다/ 숨을 참아야 할 정도로, **극빈한** 사람처럼. 오직

여름이 한번 더 가고, 그 '활동'은 끝나려 했다.

그 시간이 닫힐 즈음/ 에밀리는 요청했다/ **이전의** 친구에게.

그녀가 들었다/ 조안나가 시작했다고/ **걱정**을 느끼기를; 그녀는

어떤 편지도 받지 못했다/ 남편과 아이들로부터/ 몇 달 동안.

에밀리의 비단은 거만하게 **바스락거렸다**/ 그때, 조안나의

거의 **어리석은** 초대에 응답해서, 그녀가 **간신히 들어갔을 때**/

계산대를 여는 것을 통해서/ 그리고 **응접실로** 그

가게 뒤의.

"너는 모두 성공했고, 나는 완전히 그 반대네!" 조안나가 말했다.

"하지만 왜 그렇게 생각하는데?" 에밀리가 말했다. "그들은 가져올 거잖

아/ 재산을, 나는 들었어."

"아! 그들이 올까? 그 의심은 그 이상이야/ 여성이

참을 수 있는. 세 명 모두 한 배 안에 있다고—생각해 봐! 그리고 난 듣지 못

했어/ 수 개월 동안!"

"But the time is not up. You should not meet **misfortune** half-way."

"Nothing will repay me for the **grief** of their absence!"

"Then why did you let them go? You were doing fairly well."

"I made them go!" she said, turning **vehemently** upon Emily. "And I'll tell you why! I could not bear that we should be only **muddling on**, and you so rich and thriving! Now I have told you, and you may hate me if you will!"

"I shall never hate you, Joanna."

And she proved the truth of her words afterwards. The end of autumn came, and the **brig** should have been in port; but nothing like the Joanna appeared in the **channel** between the sands. It was now really time to be **uneasy**. Joanna Jolliffe sat by the fire, and every **gust** of wind caused her a cold thrill. She had always feared and **detested** the sea; to her it was a **treacherous**, restless, **slimy** creature, glorying in the griefs of women. "Still," she said, "they must come!"

She **recalled** to her mind that Shadrach had said before starting that if they returned safe and sound, with success **crowning** their enterprise, he would go as he had gone after his **shipwreck**, and kneel with his sons in the church, and offer **sincere** thanks for their **deliverance**. She went to church regularly morning and afternoon, and sat in the most forward **pew**, nearest the chancel-step. Her eyes were mostly fixed on that step, where Shadrach had knelt in the **bloom** of his young **manhood**: she knew to an **inch** the spot which his knees had pressed twenty winters before; his

"하지만 시간이 다 된 것은 아니잖아. 너는 중간에 **불행**을 만나지 말아야

해.

어떤 것도 보상할 수 없어/ 그들이 없다는 **슬픔**을!"

"그렇다면 왜 그들이 가게 했는데? 너는 꽤

잘살고 있었잖아."

"내가 그들을 가게 만들었어!" 그녀는 말했다, **격렬하게**

에밀리에게 맞서며. "그리고 내가 왜 그런지 말할게! 나는 참을 수 없었어/

우리가 오직 **그럭저럭 살아야 하는** 것에, 그리고 너는 부자에 잘살잖아!

지금 나는 말했고, 너는 나를 싫어해도 돼/ 네가 그럴 거라면!"

"나는 절대 널 싫어하지 않아, 조안나."

그리고 이후에 그녀는 자기 말의 진실함을 증명했다.

가을의 끝이 왔을 때, 그 **범선**은

항구에 와야 했다; 하지만 조안나 외에 어떤 것도 그 **해협**에 나타나지 않았

다/ 그 모래 사이에 있는. 그것은 이제 정말로 **불안할** 때가 된 것이다.

조안나 졸리프는 앉았다/ 난로 옆에, 그리고 모든 **돌풍**은 일으켰다/

그녀에게 차가운 전율을. 그녀는 항상 바다를 두려워했고, **혐오했다**;

그것은 **신뢰할 수 없고**, 쉬지 않고, **끈적한** 생물이었고,

여성들의 슬픔에서 기뻐했다. "여전히," 그녀는 말했다. "그들은

와야만 해!"

그녀는 **상기시켰다**/ 그녀의 마음에/ 샤드락이 떠나기 전에 말했던 것을/

그들이 돌아온다면/ 안전하고 건강하게, 성공과 함께

그들의 사업을 **완성하며**, 그는 갈 것이라고/ (예전에) 갔던 것처럼/

그의 **난파** 이후에, 그리고 그의 아들들과 무릎 꿇고 교회에서,

그리고 제공할 것이라고/ **진심 어린** 감사를/ 그들의 **구조** 때문에. 그녀는

교회에 갔다/ 정기적으로 아침과 점심에, 그리고 앉았다/

가상 앞쪽에/ **신도석**의, 성단소-계단과 가장 가까운 곳에. 그녀의 눈은 **주로**

고정되어 있었다/ 저 계단에, 그곳에서 샤드락은 무릎을 꿇었다/

꽃다운 그의 젊은 **남자다움** 속에서: 그녀는 알았다/ **1인치**의 그 지점에

서/ 그의 무릎이 눌렀다/ 이전의 20번의 겨울을; 그의

outline as he had knelt, his hat on the step beside him. God was good. Surely her husband must kneel there again: a son on each side as he had said; George just here, Jim just there. By long watching the spot as she worshipped it became as if she saw the three returned ones there kneeling; the two slim outlines of her boys, the more bulky form between them; their hands clasped, their heads shaped against the eastern wall. The fancy grew almost to an hallucination: she could never turn her worn eyes to the step without seeing them there.

Nevertheless they did not come. Heaven was merciful, but it was not yet pleased to relieve her soul. This was her purgation for the sin of making them the slaves of her ambition. But it became more than purgation soon, and her mood approached despair. Months had passed since the brig had been due, but it had not returned.

Joanna was always hearing or seeing evidences of their arrival. When on the hill behind the port, whence a view of the open Channel could be obtained, she felt sure that a little speck on the horizon, breaking the eternally level waste of waters southward, was the truck of the Joana's mainmast. Or when indoors, a shout or excitement of any kind at the corner of the Town Cellar, where the High Street joined the Quay, caused her to spring to her feet and cry: "'Tis they!"

But it was not. The visionary forms knelt every Sunday afternoon on the chancel-step, but not the real. Her shop had, as it were, eaten itself hollow. In the apathy which had resulted from her loneliness and grief she had ceased to take in the smallest supplies, and thus had sent away her last customer.

윤곽은 그가 무릎을 꿇고, 그의 모자는 옆의 계단에 있었다. 신은
선하시다. 분명히 그녀의 남편이 다시 그곳에 무릎 꿇어야 한다: 아들을
양쪽에 한 명씩 두고/ 그가 말할 때; 조지는 바로 이곳에, 짐은 바로 저곳에.
오랫동안 그곳을 보는 것에 의해/ 그녀가 경배할 때/ 그것은 마치 그녀가
본 것처럼 되었다/ 세 명이 돌아와서 거기에서 무릎 꿇고 있는 것을; 두
날씬한 **윤곽**은 그녀의 아이들이고, 더 큰 **덩치 있는** 형태가 있었다/
그들 사이에; 그들의 손은 움켜쥐었고, 그들의 머리는 **자세를 가졌다**/
동쪽 벽을 마주하고. 그 환상은 커져갔다/ 거의 **환각**으로:
그녀는 절대 돌릴 수 없었다/ 그녀의 **몹시 지친** 눈을/ 그 계단에서/ 거기
의 그들을 보지 않고는.

그런데도 그들은 오지 않았다. 하늘은 자비로웠지만,
그것은 충분히 **기뻐하지** 않았다/ 그녀의 영혼을 달랠 만큼. 이것은 그녀의
정죄(죄를 없애기 위한 것)이다/ 그들을 그녀의 야망의 노예로 만든 죄 때
문인. 하지만 그것은 곧 정죄 이상의 것이 되었고, 그녀의
기분은 절망에 **다가갔다**. 수개월이 지나갔다/
범선의 **예정 날** 이래로, 하지만 그것은 돌아오지 않았다.
조안나는 항상 듣거나 봤다/ 그들의 도착의 증거들을.
언덕에 있을 때/ 항구 뒤쪽에서, **그곳에서** 보는 것이
(열린 해협을) **얻어질** 수 있다, 그녀는 확신을 느꼈다/
지평선의 작은 얼룩이, (부수면서 그 **끝없이** 평평한 물의 낭비들을/
남쪽으로), **화물차**였다/ 조안나의 **큰 돛대**를 가진. 또는
실내에 있을 때, 어떤 **외침**이나 흥분이 셀라 마을의 모퉁이에서,
하이 스트릿트와 부두가 만나는 곳에서, 그녀가 뛰쳐나가도록
야기했다/ 그녀의 발로/ 그리고 외쳤다: "그것은('Tis=It's) 그들이에요!"
하지만 그들이 아니었다. **환각**의 형태들은 무릎을 꿇었다/ 매 일요일
오후/ 성단소 계단에서, 하시만 실제가 아니었다. 그녀의 가게는,
말하자면, 그것 스스로가 **텅 비도록** 먹혔다. **무관심** 속에서 (무관심의 원인
은/ 그녀의 외로움과 슬픔으로부터였다) 그녀는 **중단했다**/ 가장 작은 물
품들을 섭취하는 것을, 이렇게 해서 그녀의 마지막 고객을 쫓아 보냈다.

In this **strait** Emily Lester tried by every means in her power to aid the **afflicted** woman; but she met with constant **repulse**s.

"I don't like you! I can't bear to see you!" Joanna <u>would whisper</u> **hoarsely** when Emily came to her and made advances.

"But I want to help and soothe you, Joanna," Emily would say.

"You are a lady, with a rich husband and fine sons! What can you want with a **bereaved** crone like me!"

"Joanna, I want this: I want you to come and live in my house, and not stay alone in this **dismal** place any longer."

"And suppose they come and don't find me at home? You wish to separate me and mine! No, I'll stay here. I don't like you, and I can't thank you, whatever kindness you do me!"

However, as time went on Joanna could not **afford to** pay the rent of the shop and house without an income. She was **assured** that all hope of the return of Shadrach and his sons was **vain**, and she reluctantly **consented** to accept the **asylum** of the Lesters' house. Here she was allotted a room of her own on the second floor, and went and came as she chose, without contact with the family. Her hair greyed and whitened, deep lines channeled her forehead, and her form grew **gaunt** and stooping. But she still expected the lost ones, and when she met Emily on the staircase she would say **morosely**: "I know why you've got me here! They'll come, and be disappointed at not finding me at home, and perhaps go away again; and then you'll be **revenged** for my taking Shadrach away from 'ee!"

이 **궁핍** 속에서/ 에밀리 레스터는 노력했다 (그녀가 가진

힘의 모든 수단을 동원해서) **괴로워하는** 여인을 도우려고; 그러나 그녀는 겪

었다/ 계속되는 **거절**.

"나는 네가 싫어! 널 보는 것을 참을 수 없어!" 조안나는 속삭이곤 했다/

5   **쉰 목소리로**/ 에밀리가 그녀에게 와서 접근할 때.

"하지만 나는 너를 돕고 달래고 싶어, 조안나," 에밀리는

말하곤 했다.

"너는 부자 남편과 좋은 아들이 있는 여자잖아! 무엇을

원하는데/ 나같이 **사별 당한** 노인네에게."

10   "조안나, 나는 이것을 원해: 네가 우리 집에 와서 살기를 원해,

혼자서 이런 **음울한** 곳에서 더 이상 살 필요 없어.

"그러면 혹시나 그들이 와서 나를 찾지 못한다면?

너는 떨어트리기를 원하잖아/ 나와 내 가족들을! 아니야, 난 여기서 살 거야.

나는 네가 싫고, 너에게 감사할 수 없어. 네가 어떤 호의를 베풀든 말이야!"

15

하지만, 시간이 감에 따라/ 조안나는 지불**할 수** 없었다/

가게와 집을 빌리는 비용을/ 수입 없이는. 그녀는

자신했다/ 샤드락과 그의 아들들이 돌아온다는 모든 소망은

헛된 것이라는 것을, 그녀는 꺼리며 **허락했다**/

20   **망명**을 받아들이기로/ 레스터네 집에서의. 여기서 그녀는 혼자 쓰는 한 방

을 할당받았다/ 2층에, 그리고 그녀가 원할 때면 나가고 들어올 수 있었다,

마주침 없이/ 그 가족들과. 그녀의 머리는 회색이 됐고/

하얗게 됐고, 깊은 선들의 길(주름)이 그녀의 이마에 있었고, 그녀의 몸은

수척했고, 굽어졌다. 하지만 그녀는 여전히 잃어버린

25   것들을 기대했다, 그녀가 에밀리를 계단에서 만났을 때/ 그녀는

침울하게 말하곤 했다: "나는 왜 네가 나를 여기에 뒀는지 알아! 그들이

오면, 날 찾지 못해서 실망하겠지/ 집에서는, 그리고

다시 떠나버릴 거야; 그렇게 너는 **복수를 갚을거야**/ 내가

너로부터 샤드락을 뺏어간 것 때문에!"

문법&용법
<u>would whisper</u>
would가 '~하곤 했
다'를 의미할 수도
있다.

Emily Lester bore these **reproach**es from the grief-stricken soul. She was sure—all the people of Havenpool were sure—that Shadrach and his sons could not return. For years the **vessel** had been **given up as lost**.

Nevertheless, when awakened at night by any noise, Joanna would rise from bed and **glance** at the shop opposite by the light from the **flickering** lamp, to make sure it was not they.

It was a **damp** and dark December night, six years after the departure of the brig Joanna. The wind was from the sea, and brought up a fishy **mist** which **mop**ped the face like moist **flannel**. Joanna had prayed her usual prayer for the absent ones with more **fervour** and confidence than she had felt for months, and had fallen asleep about eleven. It must have been between one and two when she suddenly started up. She had certainly heard steps in the street, and the voices of Shadrach and her sons calling at the door of the grocery shop. She sprang out of bed, and, hardly knowing what clothing she **dragg**ed on herself; hastened down Emily's large and carpeted staircase, put the candle on the hall-table, unfastened the **bolt**s and chain, and stepped into the street. The mist, blowing up the street from the Quay, **hindered** her seeing the shop, although it was so near; but she had crossed to it in a moment. How was it? Nobody stood there. The **wretched** woman walked **wildly** up and down with her bare feet—there was not a soul. She returned and knocked with all her might at the door which had once been her own—they might have been **admitted** for the night, unwilling to disturb her till the morning.

에밀리 레스터는 이런 **비난**을 참았다/ 그 슬픔에-고통받는

영혼으로부터. 그녀는 확신했다—헤이븐풀의 모든 사람은 확신했다—

샤드락과 그의 아들들은 돌아올 수 없다는 것을. 수년 동안

그 배는 헛수고라고 포기되었다.

그런데도, 밤에 어떤 소리에 깨면,

조안나는 침대에서 일어나서 가게를 **흘낏 봤다**/ 그 반대편의 가게를/

깜박이는 전등 불빛에 의해, 그들이 아니라는 것을 확인하기 위해.

축축하고 어두운 겨울 밤이었다, 6년이 됐다/

조안나 범선이 출발한 후에. 바닷바람은,

데려왔다/ 생선 냄새나는 **안개**를/ 그것은 얼굴을 **닦아냈다**/

촉촉한 **수건**처럼. 조안나는 기도했다/ 평상시의 기도를/

없는 사람들(남편과 아이들)을 위해/ 더 많은 **열정**과 자신감과 함께/ 그녀가

몇 달 동안 느꼈던 것보다, 그리고 잠들었다/ 열한 시쯤에.

한 시에서 두 시 사이였다/ 그녀가 갑자기 시작한 것은.

그녀는 확실히 들었다/ 거리의 발걸음을, 그리고

샤드락과 그녀의 아들이 부르는 목소리를/

식료품점 문에서. 그녀는 뛰쳐나갔다/ 침대에서, 그리고, 거의 몰랐다/

무슨 옷을 그녀가 **끌고 갔는**지/ 그녀 스스로;

에밀리의 크고 카펫이 깔린 계단을 급히 내려갔다, 양초를 놓았다/

복도-탁자에, **빗장**과 사슬을 끌렀다, 그리고 거리로 걸어갔다.

안개는, 거리에서 불고 있었다/ 부두로부터,

그녀가 그 가게를 보는 것을 **방해했다**, 그것이 아주 가까웠어도; 그러나

그녀는 그것으로 바로 건너갔다/ 어땠냐고? 아무도

거기에 서 있지 않았다. **불쌍한** 여인은 **미친 듯이** 위아래로

걸었다/ 그녀의 맨 발로—혼이 빠진 것처럼. 그녀는 돌아와서

두드렸다/ 그 문을 그녀의 모든 힘으로/ 한때 그녀가

가졌던 (문을)—그들이 **받아들였**을지도 모른다/ 밤에는,

그녀를 방해하기를 꺼리며/ 아침까지는.

It was not till several minutes had **elapsed** that the young man who now kept the shop looked out of an upper window, and saw the skeleton of something human standing below half-dressed.

"Has anybody come?" asked the form.

"O, Mrs. Jolliffe, I didn't know it was you," said the young man kindly, for he was aware how her **baseless** expectations moved her. "No; nobody has come."

몇 분까지 시간이 **흐르고**/ 젊은

남자는 (그 남자는 지금 그 가게를 운영한다)/ 위쪽 창문 밖에서 내다봤다,

그리고 봤다/ 인간 같은 해골이 서 있는 것을/

절반-정도만 입고.

5 "누가 왔나요?" 그 형태는 물었다.

"오, 졸리프 부인, 당신인지 몰랐어요," 젊은

남자가 친절하게 말했다, 왜냐하면 그는 알기 때문이다/ 어떻게 그녀의 **근거**

없는 기대가 그녀를 움직였는지. "아니에요; 누구도 안 왔어요."

아내를 위해

토마스 하디 (1840~1928, 영국) 지음
1891년 출간된 Life's Little Ironies에 수록

**아내를 위해
했는데**

결혼하기 전 아내에게, 나는 1번이 하나님, 2번이 당신, 3번이 나라고 했다. 나보다 아내를 더 챙겼다. 설거지와 청소, 빨래 개는 것은 내 담당이었고, 종종 빨래도 했다. 밥도 내가 차리는 경우가 많았고, 평일 오후 6시 이후에는 아이도 항상 봤다.

아내가 유기농 먹을 때 나는 시장에서 사 먹었다. 아내가 반조리된 것들 먹을 때, 나는 직접 요리해서 먹었다. 내 휴대폰을 산 적은 한 번도 없고, 항상 아내 휴대폰을 물려받아 썼다.

신혼 때 별다른 혼수도 못 해줘서, 보석 사라고 200만 원 정도를 주기도 했다. 반면에 아내는 아이를 낳으면서 손이 부었다며 결혼반지를 끼지 않았다. 수년 동안 끼지 않길래 물어 보니 반지가 마음에 안 든다며 새로운 것으로 사줘야 끼겠다고 했다.

다단계에 빠지면서 욕심이 커졌고, 마음공부를 하면서 가족보다는 자신이 원하는 것을 더 많이 봤다. 나를 우습게 보고 함부로 대했다. 툭하면 신혼 초에 생활이 어려워 아내의 퇴직금 300만원을 쓴 것 가지고 뭐라고 했고, 나중에는 돈도 못 벌면서 왜 아이는 낳게 했냐고 불평했다. 참고로, 그때 매월 400정도 지출 했었다.

이혼하기 전에 아내가 말한 내 문제는 이런 것들이다. 내가 바쁜데다가 종교적으로 믿는 것들 때문에 남들과 어울리기 어렵다는 것이다. 그리고 아내를 위해 쓰는 돈보다 십일조가 더 크기에, 십일조를 아까워했다. 토요일에 안식일을 지키며 집에서 쉬는 것은 자유가 없다고 생각했다. 그렇게 성경대로 사는 모습이 '이기적'이라고 했다. 그리고 잘못을 짚고 넘어가는게 불편하다고 했다.

경험상 세상의 절반 정도는 악인이다. 결혼하면 둘 중에 한 사람이 끌려가게 되는데, 사람이 악하게 되기는 쉬워도 선하게 변하기는 정말 어렵다. 둘 중 한 명이라도 더 이상 상대방에게 맞추며

bit.ly/3zk7kf

살지 않겠다고 하는 순간 이혼하게 된다. 만약 아담이 하와가 권한 선악과를 먹지 않았다면, 자신의 신념은 지켰겠지만, 하와와 헤어져야 했을 것이다.

결혼도 내 마음대로 할 수 있었던 것이 아니고, 이혼 역시 내 의지로 막을 수 있는 것이 아니었다. 이혼 후 60%는 재혼한다고 하는데, 나는 평생 혼자 살게 될까? 아니면 맞는 여자를 찾게 될까?

Mike의 감상

<아내를 위하여, 4.45>가 모든 막장 드라마를 종합해서 담고 있다고 한다. 조안나는 마음에 들지 않는 샤드락을 질투 때문에 결혼하고, 자식을 바다에 내보낸다. 슬픈 사실은, 내가 아는 대부분의 여자는 정도 차이가 있을 뿐 조안나와 비슷한 성격을 갖고 있었다.

욕심을 내면 항상 불행하다. 사람들은 월급이 올라도, 그때만 기쁠 뿐 다시 몇 달 지나면 그 수준에 만족하지 못하게 된다. 만족하면서 현재를 사는 사람이 흔하지 않다.

성경에서는 '욕심이 죄를 낳고, 죄가 장성한즉 사망이 되느니라'라고, '네 이웃의 것을 탐내지 말지니라'라고 말씀하신다. 그 말씀이 하나님을 위한 것일까? 지켜서 좋은 것은 본인이라고 생각한다.

멋진 표현이 많지만, 가장 기억에 남는 것은 조안나가 꼬시는 것을 성공했을 때였다. Joanna contrived to wean him away from her gentler and younger rival (조안나는 용케도 그를 더 온화하고 어린 경쟁자로부터 단념시켰다).

토마스 하디의 작품은 불륜 이야기가 많다. 그리고 대부분 참 재미있다. 그중에서 <우울한 독일 경비병 3.9>, <오그라든 팔 3.75>, <어머니와 아들 3.7>을 추천한다.

Virginia Woolf

Kew Gardens, 1919

TOP 10

큐 국립 식물원

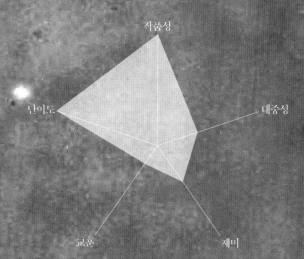

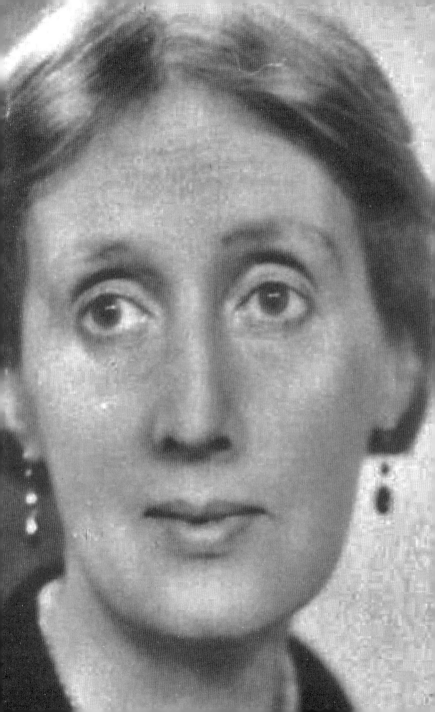

원어민 MP3
bit.ly/
3zk7kf

1

stalk	줄기
unfurling	펼쳐져서
petal	꽃잎
gloom	그늘
clubbed	곤봉 모양으로 된
voluminous	큰
stain	얼룩지게 하다
intricate	복잡한
pebble	조약돌
vein	결
expand	넓어지다
intensity	강렬함
flesh	살
fibre	섬유
illumination	빛
dome	지붕
briskly	활기차게
flash	빛나다
straggled	뿔뿔이 흩어진
irregular	불규칙한
turf	잔디
stroll	거닐다

2

bore on	관련된
now and then	이따금
purposely	일부러
unconsciously	무심결에
go on with	~을 계속하다
all through	내내
buckle	장식
impatiently	성급하게
mind	싫어하다

3

easel	(그림의) 삼각대
wart	사마귀
abreast	나란히
diminish	줄어들다
transparent	투명한
swim	유영하다
irregular	불규칙한
or so	쯤
shell	껍데기
crumb	부스러기
in this respect	이런 점에서
angular	앙상한
antennæ	더듬이
deliberation	신중함
step off	나아가다
hollow	움푹 꺼진 곳
blade	칼날
boulder	바위
texture	질감

4

stalk	줄기
circumvent	피해 가다
breast	오르다
come past	지나 가다
wear an expression	표정을 짓다
raise his eyes	눈을 치켜뜨다
fix	지 않게 하다
directly	~하자 마자
pause	머뭇거림
uneven	일정하지 않은
jerk	빠르게 움직이다

throw up	들어 올리다
impatient	(기다림에) 안달 난
irresolute	우유부단한
incessantly	끊임없이
odd	이상한
ancient	고대인
jerk	빠르게 움직이다
insulate	전기를 끊다
skip	건너뛰다
in short	요약하면

5

mahogany	마호가니
apply	사용하다
summon	소환하다
catch sight	발견하다
hurry	서두르다
gesticulate	몸짓하다
divert	방향을 바꾸게 하다
confusion	헷갈림
uruguay	우루과이
murmuring	중얼거리는
blanketed	짙게 드리워진
petal	꽃잎
drowned	익사한
stoical	금욕주의적인
stout	통통한
nimble	날렵한
station	신분
eccentricity	별난 행동
well-to-do	부유-층
eccentric	별난
genuinely	진짜로
scrutinise	세심히 살펴보다

6

queer	기묘한
piecing together	이어나가다
dialogue	대화
ponderous	덩치 큰
brass	놋쇠
unfamiliar	낯선
broad awake	완전히 잠에서 깨어
standstill	멈춤
flower bed	화단
sway	흔들다
vibrate	떨리다
alarming	놀라운
horn	각질
creep	기어가다

7

admit	들여보내다
insert	끼워 넣다
stock	거리
come past	통과하다
turf	잔디
prime	전성기
precede	앞서가는
season	기간
gummy	끈끈한
sixpence	6펜스
remark	말
utter	말하다
stand still	가만히 있다
parasol	양산
insignificant	하찮은
inadequate	부적절한

awkwardly	어색하게
inexperienced	미숙한
precipice	절벽

8

loomed	어렴풋이 닥친
mist	안개
piece	동전
assure	확인하다
jerk	갑자기 움직이다
impatient	어서 하고 싶은
oddest	가장 드문
vaguely	막연히
drawn	끌려가진
trail	질질 끌다
orchid	난초
crane	두루미
pagoda	탑
enveloped	뒤덮인
vapour	수증기
substance	실체
dissolved	녹아내린
thrush	개똥지빠귀(새)

9

mechanical	기계로 된
ramble	퍼져나가다
shifting	이동하는
shattered	부서진
palm	야자나무
drone	웅웅거리는 소리
fierce	격렬한
spotted	발견된
breadth	폭

waver	흔들리다
dissolve	녹다
faintly	희미하게
gross	역겨운
huddled	모인
loll	늘어지다
waxen	양초의
contentment	만족
desire	욕망
omnibus	연속해서 지나가는
wrought steel	단련된 철
aloud	크게
myriads of	무수히 많은

483

FROM THE OVAL-SHAPED flower-bed there rose perhaps a hundred **stalk**s spreading into heart-shaped or tongue-shaped leaves half way up and **unfurling** at the tip red or blue or yellow **petal**s marked with spots of colour raised upon the surface; and from the red, blue or yellow **gloom** of the throat emerged a straight bar, rough with gold dust and slightly **clubbed** at the end. The petals were **voluminous** enough to be stirred by the summer breeze, and when they moved, the red, blue and yellow lights passed one over the other, **staining** an inch of the brown earth beneath with a spot of the most **intricate** colour. The light fell either upon the smooth, grey back of a **pebble**, or, the shell of a snail with its brown, circular **vein**s, or falling into a raindrop, it **expanded** with such **intensity** of red, blue and yellow the thin walls of water that one expected them to burst and disappear. Instead, the drop was left in a second silver grey once more, and the light now settled upon the **flesh** of a leaf, revealing the branching thread of **fibre** beneath the surface, and again it moved on and spread its **illumination** in the vast green spaces beneath the **dome** of the heart-shaped and tongue-shaped leaves. Then the breeze stirred rather more **briskly** overhead and the colour was **flashed** into the air above, into the eyes of the men and women who walk in Kew Gardens in July.

The figures of these men and women **straggled** past the flower-bed with a curiously **irregular** movement not unlike that of the white and blue butterflies who crossed the **turf** in zig-zag flights from bed to bed. The man was about six inches in front of the woman, **strolling** carelessly, while

타원-형의 화단에서/ 약

백 개의 장미 **줄기**가 퍼져/ 하트-모양이거나 또는 혀-

모양의 나뭇잎들이 절반 정도 열리고, **펼쳐져서**/ 끝부분이 빨강

파랑 노랑 **꽃잎**들이 표시되었다/ 색깔의 점들로/

5 표면에 올라온; 그리고 빨강, 파랑 또는 노랑이 그 목구멍의 **그늘**에서 드러

냈다/ 올곧은 줄기 하나를, 거친 금색 가루와 함께/ 그리고

끝이 다소 **곤봉 모양으로** 됐다. 꽃잎들은 흔들리기에 충분히 **컸다**/

여름의 산들바람에, 그리고 그것들이

움직일 때, 그 빨강, 파랑 노랑 불빛들이 지나갔다/ 하나에서

10 다른 것으로, **얼룩지게 하면서**/ 바로 밑의 갈색 땅 1인치(2.54cm)를/

가장 **복잡한** 색의 한 점으로. 그 빛은 떨어졌다/

매끄러운, 회색의 **조약돌** 뒤쪽에, 또는, 그 달팽이의 껍데기에/

그것의 갈색의, 나선형 **결**에, 또는 빗방울 안에 떨어지면서, 그것은

넓어졌다/ 그런 빨강, 파랑 노랑의 **강렬함**으로/

15 얇은 물의 벽은 (누군가가 기대했던) 그것들이 폭발하고

사라질 것이라. 대신에, 그 방울은 남아있었다/ 두 번째로 은회색으로

한 번 더, 그리고 그 빛은 지금 머물렀다/ 잎**살**에,

뻗은 **섬유**의 줄기를 드러내면서/ 표면 바로 아래에,

그리고 다시 그것은 계속해서 움직여서/ 퍼트렸다/ 그것의 **빛**을/

20 거대한 녹색의 공간에서/ 하트-모양과 혀-모양의 나뭇잎들의 **지붕** 바로

밑에서. 그리고 나서 산들바람이 휘저었다/

활기차게 머리 위로/ 그리고 그 색깔은 **빛났다**/

그 위의 대기로, 남자들과 여자들의 눈으로/

그들은 걸었다/ 7월의 큐 국립 식물원에서.

25 이 남자들과 여자들의 모습은 **뿔뿔이 흩어져있었다**/ 그

화단을 지나/ 한 호기심 낳고 **불규칙한** 움직임은

하얗고 푸른 나비와 다르지 않았다/ 그것들은 **잔디**를 건너갔다/

지그-재그로 날아/ 화단에서 화단으로. 남자는 약

6인치(15.24cm) 정도 여자의 앞에 있었다, 조심스럽게 **거닐면서**,

she **bore on** with greater purpose, only turning her head **now and then** to see that the children were not too far behind. The man kept this distance in front of the woman **purposely**, though perhaps **unconsciously**, for he wished to **go on with** his thoughts.

"Fifteen years ago I came here with Lily," he thought. "We sat somewhere over there by a lake and I begged her to marry me **all through** the hot afternoon. How the dragonfly kept circling round us: how clearly I see the dragonfly and her shoe with the square silver **buckle** at the toe. All the time I spoke I saw her shoe and when it moved **impatiently** I knew without looking up what she was going to say: the whole of her seemed to be in her shoe. And my love, my desire, were in the dragonfly; for some reason I thought that if it settled there, on that leaf, the broad one with the red flower in the middle of it, if the dragonfly settled on the leaf she would say 'Yes' at once. But the dragonfly went round and round: it never settled anywhere—of course not, happily not, or I shouldn't be walking here with Eleanor and the children–Tell me, Eleanor. D'you ever think of the past?"

"Why do you ask, Simon?"

"Because I've been thinking of the past. I've been thinking of Lily, the woman I might have married···. Well, why are you silent? Do you **mind** my thinking of the past?"

"Why should I mind, Simon? Doesn't one always think of the past, in a garden with men and women lying under the trees? Aren't they one's past, all that remains of it, those men and women, those ghosts lying under the trees,··· one's happiness, one's reality?"

그녀가 **관련된** 동안 더 큰 목적과 함께, 오직 돌리면서/ 그녀의 머리를

이따금 보기 위해/ 아이들이 너무 멀리 뒤처지지 않았는지를.

남자는 유지했다/ 그 거리를/

일부러 여자 앞에서, 아마도 **무심결에**, 왜냐하면 그의 생각을

5   **계속하기**를 소망했기에.

"15년 전에 저는 릴리랑 여기에 왔어요," 그는 생각했다.

"우리는 앉아서 저기 어딘가 호수 옆에서/ 저는 그녀에게

청혼했어요/ 제게 결혼해달라고요/ 더운 오후 **내내**. 어떻게 그 잠자리가

계속 빙글빙글 우리 주변을 돌았는지: 아주 생생하게 저는 봤어요/ 잠자리와

10   그녀의 구두를요/ 정사각형의 은색 **장식**이 구두코에 있었어요. 항상

저는 말했지요/ 제가 그녀의 구두를 봤다고/ 그것이 **성급하게** 움직였을 때/

저는 알았어요/ 올려 보지 않고도요/ 무엇을 그녀가 말할 것이었는지요:

그녀의 모든 것은 보였어요/ 그녀의 구두에서요. 그리고 나의 사랑, 나의

욕망은, 그 잠자리 안에 있었지요; 왜냐하면 어떤 이유로 나는 생각했거든요/

15   그것이 거기에 앉는다면, 저 나뭇잎에, 빨간 꽃에 있는 그 넓은 것에/

그것의 중앙에, 잠자리가 그 나뭇잎에 앉는다면/

그녀는 말할 것이라고요 '좋아요'라고/ 단번에. 하지만 잠자리는 빙글빙글

돌았지요: 그것은 절대 앉지 않았어요/ 어디에도—물론 아니었어요, 행복하

지 않았겠지요, 아니면 저는 여기서 걷지 않고 있을 거예요/ 엘리너와

20   아이들과 함께—제게 말해줘요, 엘리너. 과거에 대해 생각해본 적 있나요?"

"왜 묻는 것인가요, 사이먼?"

"왜냐하면 나는 과거에 대해 계속 생각해왔어요. 나는 생각해왔어요/

릴리에 대해, 그 내가 결혼할뻔한 여인에 대해…. 글쎄요, 왜

당신은 조용한가요? 당신은 내가 과거에 대해 생각하는 것이 **싫은**가요?"

25   "왜 제가 싫어하겠어요, 사이먼? 누구든 항상

과거에 대해 생각하지 않을까요, 남자 여자가 함께/ 성원의

나무 밑에 누워서? 그들은 누군가의 과거일까요, 저 모두는 그것의 부분으로

남아있고, 저 남자들과 여자들과, 저 유령들은 그 나무 밑에 누워,…

누군가의 행복으로, 누군가의 현실로요?"

"For me, a square silver shoe buckle and a dragonfly–"

"For me, a kiss. Imagine six little girls sitting before their **easel**s twenty years ago, down by the side of a lake, paint-ing the water-lilies, the first red water-lilies I'd ever seen. And suddenly a kiss, there on the back of my neck. And my hand shook all the afternoon so that I couldn't paint. I took out my watch and marked the hour when I would allow myself to think of the kiss for five minutes only–it was so precious–the kiss of an old grey-haired woman with a **wart** on her nose, the mother of all my kisses all my life. Come, Caroline, come, Hubert."

They walked on the past the flower-bed, now walking four **abreast**, and soon **diminished** in size among the trees and looked half **transparent** as the sunlight and shade **swam** over their backs in large trembling **irregular** patches.

In the oval flower bed the snail, whose shell had been stained red, blue, and yellow for the space of two minutes **or so**, now appeared to be moving very slightly in its **shell**, and next began to labour over the **crumb**s of loose earth which broke away and rolled down as it passed over them. It appeared to have a definite goal in front of it, differing **in this respect** from the singular high stepping **angular** green insect who attempted to cross in front of it, and waited for a second with its **antennæ** trembling as if in **deliberation**, and then **stepped off** as rapidly and strangely in the opposite direction. Brown cliffs with deep green lakes in the **hollow**s, flat, **blade**-like trees that waved from root to tip, round **boulder**s of grey stone, vast crumpled surfaces of a thin crackling **texture**--all these objects lay across the snail's

"제게는, 한 정사각형 장식의 구두와 잠자리로요-"

"제게는, 입맞춤이에요. 상상해봐요/ 6명의 작은 소녀들이 앉아서/ 그들의
삼각대 앞에/ 20년 전에요, 아래의 한 호수 옆에서요, 그림을 그리면서/
수련들을, 첫 붉은 수련들을/ 제가 처음 본.

그리고 갑자기 입맞춤이, 저의 목 뒤편에 있었어요. 그리고 제
손은 떨렸어요/ 오후 내내/ 그래서 저는 그릴 수 없었지요. 저는 손목시계
를 꺼내서 시간을 확인했어요/ 제가 스스로 그 키스에 대해
생각하도록 허락했던 때를요/ 단 5분 정도만—그것은 아주
소중했어요—그 입맞춤은 어떤 나이든 회색-머리의 여자가 했고/ 코에 **사마**
귀가 있었는데, 어머니라 할 수 있지요/ 모든 입맞춤의/ 저의 모든 인생에서.
오세요, 캐롤라인, 오세요, 휴버트."

그들은 걸었다/ 화단을 지나서, 지금 걷고 있다/
넷이서 **나란히**, 그리고 곧 크기가 **줄어들었다**/ 나무들 중에서/
그리고 보였다/ 반**투명하게**/ 그 햇빛과 그림자가 **유영했다**/
그들의 등에서/ 크게 떨리는 **불규칙한** 조각들로.
타원의 화단에서 달팽이는, 그것의 등껍질이
얼룩졌다/ 빨강, 파랑, 그리고 노랑으로/ 2분
쯤의 공간을 위해, 지금 움직이는 것처럼 보였다/ 그것의 **껍데기**가 아주 조금,
그런 다음 애쓰기 시작했다/ 헐거운 흙의 **부스러기** 위로/
흙은 부서져서 굴러갔다/ 달팽이가 흙 부스러기를 지나갈 때.
그것은 보였다/ 명확한 목표를 가진 것처럼/ 그것 앞에서,
이런 점에서 다르게 하면서/ 두드러지게 높이 걷는 **앙상한** 초록
곤충과는/ 그 곤충은 가로질러 가려고 했다/ 그것 앞에서, 그리고
잠시 기다렸다/ 그것의 **더듬이**들이 흔들리면서/ **신중한** 것처럼, 그러고
나서 **나아갔다**/ 빠르고 이상하게 반대
방향으로. 갈색 절벽의 짙은 초록빛 호수는 **움푹 꺼진** 곳에 있었고,
고르게, **칼날**-같은 나무들이 흔들렸다/ 뿌리부터 위의 끝부분까지,
회색의 둥근 **바위**들, 광활하고 뒤틀린 표면이 얇고
무늬가 있는 **질감**으로—이 모든 대상들이 놓여있었다/ 그 달팽이의

progress between one **stalk** and another to his goal. Before he had decided whether to **circumvent** the arched tent of a dead leaf or to **breast** it there **came past** the bed the feet of other human beings.

This time they were both men. The younger of the two **wore an expression** of perhaps unnatural calm; he **raised his eyes** and **fixed** them very steadily in front of him while his companion spoke, and **directly** his companion had done speaking he looked on the ground again and sometimes opened his lips only after a long **pause** and sometimes did not open them at all. The elder man had a curiously **uneven** and shaky method of walking, **jerking** his hand forward and **throwing up** his head abruptly, rather in the manner of an **impatient** carriage horse tired of waiting outside a house; but in the man these gestures were **irresolute** and point-less. He talked almost **incessantly**; he smiled to himself and again began to talk, as if the smile had been an answer. He was talking about spirits—the spirits of the dead, who, according to him, were even now telling him all sorts of **odd** things about their experiences in Heaven.

"Heaven was known to the **ancient**s as Thessaly, William, and now, with this war, the spirit matter is rolling between the hills like thunder." He paused, seemed to listen, smiled, **jerked** his head and continued:-

"You have a small electric battery and a piece of rubber to **insulate** the wire-isolate?-insulate?-well, we'll **skip** the details, no good going into details that wouldn't be understood-and **in short** the little machine stands in any convenient position by the head of the bed, we will say, on

가는 건너편에/ 그의 목표로 향하는 **줄기**와 다른 줄기 사이에.

그가 **피해 갈지** 결심하기 전에/ 아치 모양의

죽은 잎의 천장을/ 또는 그것을 **오를지를**/ 그 화단에 다른 사람들의 발이

지나갔다.

5 이번에는 둘 다 남자였다. 둘 중에 더 젊은 사람은

표정을 지었다/ 어쩌면 부자연스럽게 조용한; 그는

눈을 치켜뜨고/ 그것들을 아주 한결같이 **움직이지 않게 했다**/ 그 남자 앞에

서/ 그의 동행이 말하는 동안, 그리고 그의 동료가 말을 끝내**자마자**/

그는 땅을 다시 바라봤다/ 그리고 때로는

10 그의 입술을 열었다/ 긴 **머뭇거림** 후에만/ 때로는

입술을 전혀 열지 않았다. 더 나이든 남자는 기묘하게 **일정하지 않고**

불안한 모습으로 걸었다, 그의 손을 앞으로 **빠르게 움직이며**

그의 머리를 불쑥 **들어 올렸다**, 오히려 마차의

(기다림에) 안달 난 말 같은 모양으로/ 집 밖에서 기다리는 것에 지쳐서;

15 하지만 그 남자의/ 이런 몸짓은 **우유부단하**고 무의미했다.

그는 거의 **끊임없이** 말했다; 그는 혼자 웃고

다시 떠들기 시작했다, 마치 그 웃음이 (말의) 대답인 것처럼.

그는 말하고 있었다/ 영혼에 대해서―죽은 자들의 영혼들에 대해서, 그 영

혼들은, (그의 말에 따르면), 심지어 지금도 말하는 중이었다/ 모든 종류의

20 **이상한** 것들을/ 천국에서 그들의 경험에 대해.

"천국은 알려졌어/ **고대인**들에게 테살리아라고, 윌리엄,

그리고 지금은, 이 전쟁으로, 그 영혼 물질은 구르고 있지/

번개처럼 그 언덕들을." 그는 멈춰서, 귀 기울이는 것 같았고, 웃었고,

빠르게 머리를 **움직인 뒤** 계속했다:-

25 "너는 작은 전지와 고무 조각을 가진다고 해봐/

전기를 끊기 위한 (진)신의-격리였나?-질연?-어쨌든, 우리는 세세한 건 **신너**

뛰고, 세세해서 좋을 게 없으니/ (어차피) 저것은 이해되지 않을 것이니까-

그리고 **요약하면** 그 작은 기계는 서 있어/ 어떤

편리한 위치에/ 침대 머리맡 옆에, 우리는 말한다면,

a neat **mahogany** stand. All arrangements being properly fixed by workmen under my direction, the widow **applie**s her ear and **summon**s the spirit by sign as agreed. Women! Widows! Women in black–"

Here he seemed to have **caught sight** of a woman's dress in the distance, which in the shade looked a purple black. He took off his hat, placed his hand upon his heart, and **hurried** towards her muttering and **gesticulating** feverishly. But William caught him by the sleeve and touched a flower with the tip of his walking-stick in order to **divert** the old man's attention. After looking at it for a moment in some **confusion** the old man bent his ear to it and seemed to answer a voice speaking from it, for he began talking about the forests of **Uruguay** which he had visited hundreds of years ago in company with the most beautiful young woman in Europe. He could be heard **murmuring** about forests of Uruguay **blanketed** with the wax **petal**s of tropical roses, nightingales, sea beaches, mermaids, and women **drowned** at sea, as he suffered himself to be moved on by William, upon whose face the look of **stoical** patience grew slowly deeper and deeper.

Following his steps so closely as to be slightly puzzled by his gestures <u>came two elderly women of the lower middle class</u>, one **stout** and ponderous, the other rosy cheeked and **nimble**. Like most people of their **station** they were frankly fascinated by any signs of **eccentricity** betokening a disordered brain, especially in the **well-to-do**; but they were too far off to be certain whether the gestures were merely **eccentric** or **genuinely** mad. After they had **scrutinised** the

단정한 **마호가니** 원목 스탠드에. 모든 배치는 노동자들에 의해 적절히

고정되지/ 나의 지시에 따라, (그러면) 그 과부는 그녀의 귀를 **사용하고**

그 영혼을 **소환하는** 거야/ 약속한 신호를 써서. 여자들!

과부들! 검은 옷을 입은 여자들"

5 여기서 그는 여성의 옷을 **발견한** 것 같았다/

저 멀리에서, 그것은 그늘에서 보랏빛 검은색으로 보였다.

그는 모자를 벗고, 손을 가슴에 놓은 뒤,

서둘러 향했다/ 그녀의 중얼거리며 흥분해서 **몸짓하는** 곳으로.

하지만 윌리엄은 그의 소매를 붙잡고/ 꽃을 건드렸다/

10 그의 지팡이 끝으로/ 노인의 주의를 **다른 곳으로 돌리려고**.

잠시 동안 **헷갈리는** 듯 그것을 본 후에/ 노인은

귀를 그것(꽃)에 구부렸다/ 그리고 목소리에

대답하는 듯했다/ 꽃이 말하는 것에, 왜냐하면 그는 말하기 시작했기 때문이

다/ **우루과이**의 숲에 대해/ 그가 수백 년 전에 방문했던/

15 유럽에서 가장 아름다운 젊은 여인과 함께.

그는 들을 수 있었다/ **중얼거리는** 소리를/

우루과이의 숲에 대해/ **짙게 드리워진**/ 밀랍 같은 열대 장미의 **꽃잎으로**,

나이팅게일(새), 해변, 인어, 그리고 바다에서

익사한 여성들로, 그가 스스로 고통받을 때/

20 윌리엄에 의해 움직여져서, 그의 얼굴에 **금욕주의적인** 인내가 자라났다/

천천히 깊게, 더 깊게.

그의 걸음을 너무 가깝게 따라가서 다소 당황스러웠다/

그의 몸짓 때문에/ 두 명의 나이든 중하층의 여성이 왔는데,

한 명은 **통통하고** 컸으며, 다른 사람은 장밋빛 뺨에

25 **날렵했다**. 그들 **신분**의 사람들 대부분이 그렇듯/ 그들은 노골적으로

매료되었다/ 뇌에 장애를 나타내는 어떤 **별난 행동**에,

특히 **부유-층**에; 하지만 그들은

너무 멀어서/ 확신할 수 없었다/ 노인의 거동이 단지 **별난** 것인지/

진짜로 미친 것인지를. 그들이 그 늙은 남자의 뒷모습을 **세심히 살펴본** 후/

문법&용법

came two elderly women of the lower middle class

도치되기 전의 문장은 two elderly women of the lower middle class came 1형식(주어-동사) 문장의 경우 본동사를 도치할 수 있다.

old man's back in silence for a moment and given each other a **queer**, sly look, they went on energetically **piecing together** their very complicated **dialogue**:

"Nell, Bert, Lot, Cess, Phil, Pa, he says, I says, she says, I says, I says, I says–"

"My Bert, Sis, Bill, Grandad, the old man, sugar,

Sugar, flour, kippers, greens,

Sugar, sugar, sugar."

The **ponderous** woman looked through the pattern of falling words at the flowers standing cool, firm, and upright in the earth, with a curious expression. She saw them as a sleeper waking from a heavy sleep sees a **brass** candlestick reflecting the light in an **unfamiliar** way, and closes his eyes and opens them, and seeing the brass candlestick again, finally starts **broad awake** and stares at the candlestick with all his powers. So the heavy woman came to a **standstill** opposite the oval-shaped **flower bed**, and ceased even to pretend to listen to what the other woman was saying. She stood there letting the words fall over her, **swaying** the top part of her body slowly backwards and forwards, looking at the flowers. Then she suggested that they should find a seat and have their tea.

The snail had now considered every possible method of reaching his goal without going round the dead leaf or climbing over it. Let alone the effort needed for climbing a leaf, he was doubtful whether the thin texture which **vibrated** with such an **alarming** crackle when touched even by the tip of his **horn**s would bear his weight; and this determined him finally to **creep** beneath it, for there was a point where the leaf

조용히 잠시동안/ 그리고 서로에게

기묘하고, 음흉하게 보고, 그들은 열정적으로 **이어나갔다/**

그들의 아주 복잡한 **대화**를:

"넬, 버트, 랕, 쎄쓰, 필, 파, 그는 말하고, 내가 말하나, 그녀가 말하고,

5　내가 말하은, 내가 말하서-"

"나의 버트, 시스, 빌, 할아버지, 노인, 설탕,

　설탕, 밀가루, 훈제청어, 채소,

　설탕, 설탕, 설탕."

덩치 큰 여성은 단어들이 내려가는 반복된 구조를 살펴봤다/

10　꽃들이 지면에 차분하고, 단단하고, 올곧게 서 있는 곳에서/

호기심 어린 표정으로. 그녀는 그것들을 봤다/

몽유병에 걸린 것처럼/ 깊은 잠에서부터 **놋쇠** 촛대를 보고/

(그 촛대는) 빛을 반사했다/ **낯선** 방식으로, 그리고 그는 눈을 감았다가

떴다, 그리고 놋쇠 촛대를 다시 보고,

15　마침내 **완전히 잠에서 깨기** 시작했다/ 그리고 온 힘으로 그 촛대를 쳐다봤

다. 그래서 그 무거운 여인은 **멈추게 됐다/**

그 타원형의 **화단** 반대편에, 그리고 중단했다/

듣는 척하는 것도/ 무엇을 그 다른 여성이 말하고 있는지를. 그녀는

거기 서서 놔뒀다/ 그 단어가 그녀에게 떨어지는 것을, **흔들며/**

20　그녀 몸의 윗부분부터 천천히 뒤쪽으로 앞쪽으로,

꽃들을 보면서. 그러고 나서 그녀는 제안했다/ 그들이 자리를 찾아서/

차를 마셔야 한다고.

그 달팽이는 지금 고민했다/ 모든 가능한 방법들을/

그의 목표에 도달하기 위한/ 그 죽은 잎 주변을 가지 않고/ 또는 그 위로

25　오르지 않고. 혼자서 노력을 쏟게 했다/ 하나의 잎을 오르기 위한, 그는

의심스러웠다/ 얇은 질감이 (그 표면은 **벌렸다**

어떤 **놀라운** 무늬로/ 만져졌을 때/

그의 **각질의 끝이**) 그의 무게를 견디는 것이; 그리고 이것은 결정하게 했다/

그가 끝내 **기어가는** 것을/ 그것 바로 아래로, 왜냐하면 거기에 한 지점이 있었

curved high enough from the ground to **admit** him. He had just **insert**ed his head in the opening and was taking **stock** of the high brown roof and was getting used to the cool brown light when two other people **came past** outside on the **turf**. This time they were both young, a young man and a young woman. They were both in the **prime** of youth, or even in that season which **precede**s the prime of youth, the **season** before the smooth pink folds of the flower have burst their **gummy** case, when the wings of the butterfly, though fully grown, are motionless in the sun.

"Lucky it isn't Friday," he observed.

"Why? D'you believe in luck?"

"They make you pay **sixpence** on Friday."

"What's sixpence anyway? Isn't it worth sixpence?"

"What's 'it'—what do you mean by 'it'?"

"O, anything—I mean—you know what I mean."

Long pauses came between each of these **remark**s; they were **uttered** in toneless and monotonous voices. The couple **stood still** on the edge of the flower bed, and together pressed the end of her **parasol** deep down into the soft earth. The action and the fact that his hand rested on the top of hers expressed their feelings in a strange way, as these short **insignificant** words also expressed something, words with short wings for their heavy body of meaning, **inadequate** to carry them far and thus alighting **awkwardly** upon the very common objects that surrounded them, and were to their **inexperienced** touch so massive; but who knows (so they thought as they pressed the parasol into the earth) what **precipices** aren't concealed in them, or what slopes of ice don't

는데/ 그 나뭇잎은 땅에서부터 충분히 높게 휘어졌다/ 그를 **들여보내기**에.
그는 단지 **끼워 넣었다**/ 그의 머리를/ 구멍 안으로/ 그리고 높은 갈색 천
장의 **거리**를 가늠하면서/차분한 갈색빛에 익숙해졌다/
두 명의 다른 사람들이 **통과했을 때**/ 잔디 바깥에서.

⁵ 이번에 그들은 젊었다, 젊은 남자와 젊은
여자였다. 그들 둘 다 젊을 때의 **전성기**였다, 아니면 그 젊을 때의 전성기가
앞서가는 기간에 있었다, 그 **기간**에, 꽃(봉오리)의
부드러운 분홍색의 주름이 폭발하기 전에/ 그들의 **끈끈한**
덮개를, (또는) 나비의 날개가, 완전히 자랐지만,
¹⁰ 태양 빛에 움직이지 않을 때.
"금요일이 아니라 운이 좋네요," 그는 말했다.
"왜요? 당신은 운을 믿나요?"
"그들은 금요일에 **6펜스**(현재의 약 2500원)를 내게 하거든요."
"6펜스가 뭐 어때서요? 그게 6펜스 가치가 안 되나요?"
¹⁵ "'그게' 라니요―'그게'라는 말이 무슨 뜻이지요?"
"아, 아니에요―제 말은―당신도 무슨 소린지 알잖아요."
이 **말**들 사이에 침묵이 왔다; 그것들은
말해졌다/ 생기 없고 단조로운 어조로. 커플은
가만히 있었다/ 화단 가에서, 그리고 함께 그녀의
²⁰ **양산**을 깊이 아래로 눌렀다/ 부드러운 지면 안쪽으로.
그 행동과 사실(그의 손이 그녀의 손 위에 얹은 것)은
표현했다/ 그들의 감정을/ 낯선 방식으로, 이 짧고
하찮은 말은 또한 무언가를 표현했다,
짧은 날개 달린 단어들은 그들의 무거운 몸의 의미에 비해,
²⁵ 그들을 멀리 데려가기에는 **부적절했다**/ 그리고 그러므로 **어색하게** 빛났다/
그들을 둘러싼 아주 흔한 것들에, 그리고 그들의
미숙한 접촉은 아주 거대했다; 하지만 누가 알까? (그렇게 그들은 생각했
다/ 그들이 그 양산을 눌렀을 때/ 지면 안쪽으로) 무슨
절벽이 그들에게 감춰있는지도 모른다고, 또는 무슨 얼음 언덕이

shine in the sun on the other side? Who knows? Who has ever seen this before? Even when she wondered what sort of tea they gave you at Kew, he felt that something **loomed** up behind her words, and stood vast and solid behind them; and the **mist** very slowly rose and uncovered--O, Heavens, what were those shapes?--little white tables, and waitresses who looked first at her and then at him; and there was a bill that he would pay with a real two shilling **piece**, and it was real, all real, he **assured** himself, fingering the coin in his pocket, real to everyone except to him and to her; even to him it began to seem real; and then--but it was too exciting to stand and think any longer, and he pulled the parasol out of the earth with a **jerk** and was **impatient** to find the place where one had tea with other people, like other people.

"Come along, Trissie; it's time we had our tea."

"Wherever does one have one's tea?" she asked with the **oddest** thrill of excitement in her voice, looking **vaguely** round and letting herself be **drawn** on down the grass path, **trailing** her parasol, turning her head this way and that way, forgetting her tea, wishing to go down there and then down there, remembering **orchid**s and **crane**s among wild flowers, a Chinese **pagoda** and a crimson crested bird; but he bore her on.

Thus one couple after another with much the same irregular and aimless movement passed the flower-bed and were **enveloped** in layer after layer of green blue **vapour**, in which at first their bodies had **substance** and a dash of colour, but later both substance and colour **dissolved** in the green-blue atmosphere. How hot it was! So hot that even the **thrush**

빛나지 않을 수 있을까/ 태양의 반대편에서? 누가 알까? 누가

이것을 전에 본 적이 있을까? 심지어 그녀는 궁금해했을 때/ 큐 가든에서

그들이 당신에게 어떤 종류의 차를 파는지, 그는 느꼈다/ 어떤 것이 **어렴풋이**

닥치는 것을 그녀의 말 뒤에, 그리고 서 있는 것을/ 거대하고 딱딱한 것이 그

5 말 뒤에; 그리고 **안개**는 아주 느리게 올라와 걷어냈다―오, 천국이여, 무엇이

저런 모양일까?―작고 하얀 식탁들, 그리고 여종업원들은 (그들은

그녀를 먼저 보고 그를 봤다); 그리고 계산서가 있었다/

그가 내야 할/ 진짜 2실링 **동전**으로, 그리고 그것은 진짜였다, 모두

진짜였다, 그는 스스로 **확인했다**, 손가락으로 더듬으면서/ 주머니 안의 그 동

10 전을, 모두에게 진짜인/ 그와 그녀에게만 빼고; 심지어 그에게 그것은

진짜처럼 생각됐다; 그리고 나서―너무 흥분돼서 서서

생각할 수 없었다/ 더는, 그래서 그는 지면 밖으로 양산을 당겼다/

갑자기 움직이며/ 장소를 **어서** 찾고 **싶어서**/

다른 사람과 한잔 마실만 한 곳을, 다른 사람들처럼.

15 "따라와요, 트리 씨; 우리가 차를 마실 시간이에요."

"어디서 누군가 마실 수 있는 곳이 있나요?" 그녀는 물었다/

가장 드문 흥분의 설렘을/ 그녀의 목소리에서, 주변을 **막연히** 보면서/

그리고 그녀 자신이 **끌려가게** 하면서/ 잔디 길 아래로,

양산을 **질질 끌면서**, 그녀의 머리를 이쪽저쪽으로 돌리며,

20 그녀는 차 마시는 것을 잊었다, 거기서 아래로 가기를 소망하며,

더 아래로 가기를, 기억하면서/ 야생 꽃 사이의 **난초**와 **두루미**를,

중국식 **탑**과 진홍색 볏의 새들 사이에; 하지만

그는 그녀에게 관계가 있었다.

이 커플은 (또 다른 비슷하지만 불규칙하고

25 방향을 잃은 움직임 이후에) 그 화단을 지났다/ 그리고

뒤덮였다 층층이 쌓인 청록색의 **수증기**에, 그 안에서

처음에는 그들의 몸이 **실체**와 약간의 색깔을 갖게 됐다, 하지만

나중에 실체와 색깔 둘 다 **녹아내렸다**/ 그 청-록색의

대기에. 얼마나 뜨거웠는지! 너무 뜨거워서 **개똥지빠귀(새)**마저

chose to hop, like a **mechanical** bird, in the shadow of the flowers, with long pauses between one movement and the next; instead of **rambling** vaguely the white butterflies danced one above another, making with their white **shifting** flakes the outline of a **shattered** marble column above the tallest flowers; the glass roofs of the **palm** house shone as if a whole market full of shiny green umbrellas had opened in the sun; and in the **drone** of the aeroplane the voice of the summer sky murmured its **fierce** soul. Yellow and black, pink and snow white, shapes of all these colours, men, women, and children were **spotted** for a second upon the horizon, and then, seeing the **breadth** of yellow that lay upon the grass, they **wavered** and sought shade beneath the trees, **dissolving** like drops of water in the yellow and green atmosphere, staining it **faintly** with red and blue. It seemed as if all **gross** and heavy bodies had sunk down in the heat motionless and lay **huddled** upon the ground, but their voices went wavering from them as if they were flames **lolling** from the thick **waxen** bodies of candles. Voices. Yes, voices. Wordless voices, breaking the silence suddenly with such depth of **contentment**, such passion of **desire**, or, in the voices of children, such freshness of surprise; breaking the silence? But there was no silence; all the time the motor **omnibuses** were turning their wheels and changing their gear; like a **vast** nest of Chinese boxes all of **wrought steel** turning ceaselessly one within another the city murmured; on the top of which the voices cried **aloud** and the petals of **myriads of** flowers flashed their colours into the air.

뛰어다니게 했다, 마치 **기계로 된** 새처럼, 그 꽃들의 그림자에서,

한 움직임에서 다른 움직임 사이의 긴 정적으로;

희미하게 **퍼져나가는** 것 대신에/

하얀 나비들이 춤췄다 하나가 다른 하나 위에서, 만들면서 (그들에게서 **이동**

5   **하는** 하얀 가루들과 함께) **부서진** 대리석 기둥의 윤곽을/

가장 키가 큰 꽃들 위로; **야자나무** 온실의 유리 천장들은 빛났다/

빛나는 녹색 우산으로 가득 찬 시장 전체가 열린 것처럼/

양지에서; 그리고 비행기의 **웅웅거리는 소리** 속에서/

여름 하늘의 목소리는 속삭였다/ 그것의 **격렬한** 영혼을. 노랗고

10   검은, 분홍빛과 순백색, 이 모든 색깔의 형태들,

남자들, 여자들, 그리고 아이들은 **발견됐다**/ 잠깐동안/

그 수평선에서, 그러고 나서, 노란색의 폭을 보면서

(잔디에 놓여있는), 그들은 **흔들렸고**/ 나무 바로 아래에서 그늘을 찾았다,

물방울이 **녹는 것처럼**/ 노랗고 초록색의

15   대기에서, 그것에 **희미하게** 붉고 푸른 얼룩을 남기며. 그것은 보였다/

모든 **역겹고** 무거운 몸뚱이가 가라앉는 것처럼/ 뜨거운

부동 상태에서/ 그리고 바닥에 깔려서 **모였다**, 하지만 그들의

목소리는 흔들렸다/ 그것들로부터/ 그것들은 마치 불꽃들이

늘어진 것처럼/ 두꺼운 **양초의** 몸체로부터. 목소리들. 그렇다,

20   목소리들이었다. 말이 없는 목소리들은, 갑자기 정적을 깨고 /

그런 **만족**의 깊이로, 그런 **욕망**의 열정으로, 또는,

아이들의 목소리 속에서, 그런 놀람의 생생함으로;

정적을 깬다니? 하지만 (실제로) 정적은 없었기에; 항상

연속해서 지나가는 자동차들은 돌리고 있었다/ 그들의 바퀴를/ 그리고 그들

25   의 기어를 바꾸고 있었다; 중국 상자들의 **거대한 둥지처럼**/ 모든 **단련된 철**은

잇따라 돌고 있었디/ 하나 안에 또 하나가/ 도시는 속삭였다;

(하지만) 도시의 맨 위에서/ 그 목소리는 **크게** 소리 질렀다/ 그리고

무수히 많은 꽃잎은 그들의 색깔을 대기 중에서 번쩍였다.

큐 국립 정원

버지니아 울프 (1882~1941, 영국) 지음
1919년 개인적으로 출간했고(좌측 사진),
1921년 출간된 Monday or Tuesday에 7번째로 수록

**음악과 영어
그리고 디자인**

학교에서 시를 배울 때, 종종 '공감각'이 나온다. 한 감각이 다른 감각에 영향을 끼치는 것을 말하는데, 실제로 들리는 소리에 따라 다른 색상을 떠올리는 사람도 있다.

<괴델, 에셔, 바흐>는 전혀 다른 3가지 분야(수학, 미술, 음악) 사이에 어떤 공통점이 존재한다고 말한다. 깊게 들어가 보면 각각 분야의 신호체계에서는 어떤 가닥들이 일련의 큰 의미(영원한 황금 노끈, 자아)를 형성하고 있다고 한다.

나는 20년 넘게 음악을 했다. 현재 영어 교육(특히 책 집필)이 내 인생을 이끌고 있듯, 당시에는 음악이 내 인생을 이끌고 있었다. 돈이나 즐거움이 목적은 아니었다. 굳이 따져본다면 '수련'과 비슷했다. 반복해서 연습하고, 더 멋진 작품을 '새롭게 만들기' 위해 노력했다. 더 오래 참으며 작품을 고도화하는 과정에서 다음 단계의 정신 수준을 익힌다고나 할까.

음악 이후에는 10년 넘게 영어와 북디자인을 했다. 작곡을 오래한 경험이 영어와 디자인에도 도움이 됐다. 영어를 가르칠 때는 상대방의 입장에서 이해할 수 있도록 '새로운 설명을 만들어'야 했다. 디자인에서는 설명하지 않아도 독자의 본능이 인지할 수 있도록 '새롭게 만들어'야했다.

어찌 보면 작은 발상들에 체계를 만들고(악상, 디자인 요소, 작은 문법들), 그 체계를 이어서 하나의 커다란 다음 단계의 신호체계(곡, 디자인 시안, 단원), 그리고 그다음 체계(앨범, 브랜딩, 책의 시리즈)만든다는 점에서 그때 익혔던 '작품에 대한 안목, 창의력, 끈기'가 지금 활동하는 분야에서도 유효하다고 생각한다.

bit.ly/3zk7kf

Mike의
감상

장자가 '나비 꿈을 꿨는데, 내가 나비 꿈을 꾼 것인지, 아니면 나비가 꿈을 꾸고 지금의 내가 됐는지 모른다'고 했다. 큐 국립 정원을 보면 꽃, 달팽이, 정원, 다양한 사람 등으로 계속 시선이 이동한다. 마치 꿈을 꾸는 것처럼, 자유로운 생각의 흐름 속에서 독자가 큐 국립 정원에 실제 다녀온 것처럼 느끼게 한다.

일기의 가장 진화된 형태는 아마도 버지니아 울프의 스타일이라고 생각했다. 이렇게 쓰면 적어도 본인에게는 그때 느꼈던 감정을 그대로 다시 느끼게 해줄 것이다.

어떤 소설보다도 극단적으로 호불호가 갈릴 것 같았다. 그런데도 넣은 이유는 이런 새로운 맛(?)을 꼭 소개하고 싶었기 때문이다. 내 점수는 3.8.

인상적인 구절은 'Sugar, sugar, sugar. (설탕, 설탕, 설탕)' 글 쓰다가 잘 안 풀렸는지, 화나서 아무렇게나 오타를 친 것처럼 생뚱맞은 구절이 들어가 있다. 영상의 편집된 부분 같기도 하고, 개꿈처럼 다른 장면으로 잠시 넘어간 듯 보이기도 한다. 사람의 예쁜 부분보다는, 못생긴 부분이 기억에 오래 남듯, 좋게 보면 저 부분 때문에 이 글이 훨씬 인상적으로 되었다.

큐 국립 정원을 재미있게 읽었다면, 버지니아 울프의 다른 소설도 대부분 재미있게 읽을 것이다. 남성보다는 여성분들이 더 재미있게 읽을 것 같다. 특히 음악을 글로 표현한 <현악 사중주(The String Quartet, 3.6)>, 반전이 인상적인 <공작부인과 보석상인(The Duchess and the Jeweller, 3.6)>, 키치(kitsch)한 감성의 <래핀과 래피노바(Lappin and Lapinova 3.1)>를 추천한다.

원어민 MP3
bit.ly/
3zk7kf

TOP11
숨겨진 단편소설

? 지음
1966년 출간된 ?에 첫 번째로 수록

리뷰를
써 주시면
모든 분께
드립니다!

퇴근길 버스에 누가 치킨을 갖고 타면 그 향에 군침이 돈다. 나는 대학생 때 거의 매일 그런 경험을 했다. 수업이 끝나고 지하철역으로 가는 길에는 치킨 맛집이 있었다. 장사 수완이었을까? 조리실의 환풍구를 대로변 쪽으로 해놔서 지나갈 때면 어쩔 수 없이 그 냄새를 맡아야 했다.

당시 나는 집에서 교통비만 겨우 받아서 생활하던 때라, 치킨을 사 먹을 수 없었다. 특히 그 집 치킨은 단체로 갈 때가 아니면 거의 맛보지 못했다. 6년 정도 대학을 다니면서 거기에서 먹은 적은 약 10번 정도였다.

대학 졸업 후에 여기저기 전전하다가(주로 영어학원 강사), 국비지원 북디자인 수업을 듣게 됐다. 그때도 풍족하지 않았다. 매일 도시락을 싸서 다녔으며, 나라에서 지원해주는 식비와 교통비(합쳐서 하루에 약 4천 원)로 생활했다. 집에 8시쯤 돌아오면, 새벽까지 영어 과외로 학자금 이자와 통신비를 냈다(자세한 내용은 <TOP10 돈꿈사>에 수록).

하루는 같이 배우는 학생들과 치킨집에 갔다. 회식은 선생님께서 사 주시는 경우가 많았다. 치킨집에서 40대 중반의 남자가 혼자 와서 치킨을 먹고 있는 것이 눈에 띄었다. 치킨이 먹고 싶으면 보통은 시켜먹지, 밤 늦게 치킨집에서, 그것도 남자 혼자서 치킨을 먹는 일은 드물기에 눈길이 갔다.

회식이 끝나고 나가는데, 10분 넘게 주인에게 혼나고 있었다. 주인은 경찰서에 신고한다고 했다. 돈이 없는데 치킨을 먹었기 때문이다. 얼마나 먹고 싶었으면 그랬을까? 그 마음은 대학생 때 치킨집 앞을 지나갈 때의 마음과 비슷했을 것이다. 그래서 당시 끝까지 읽어주셔서 고맙습니다.
2025년에 새로운 영한대역 원서 시리즈를 출간합니다.

bit.ly/3zk7kf

에 가진 돈 전부인 2만 원으로 치킨과 음료숫값을 대신 냈다.

주인에게 혼날 때는 냉정하던 사람이 갑자기 눈물을 펑펑 쏟으며 고맙다고 절까지 했다. 절을 받으려고 한 것은 아니었지만, 정말 돈이 없는 사람이었기에 대신 내주기를 잘했다고 생각했다. 내겐 평생 잊을 수 없는 일이다.

소설에서처럼 처음 보는 아이의 자존감을 위해 50만 원을 손해 볼 수 있는 사람이 얼마나 있을까? 아마도 '부모님 불러와서 사라'든지, 실제 가격을 알려줬을 것이다. 하지만 그 배려를 경험한 아이와 아이의 부모는 평생 잊지 못하고 감사하며 살아갔을 것이다.

예수님께서는 베풀었을 때 돌려받지 못할 선행을 하라고 말씀하신다. 왜냐하면 돌려받지 못할 선행은 하나님께서 갚아주시기 때문이다.

Mike의 감상

쉽게 해석되고, 내용이 감동적이라 꼭 넣고 싶었지만, 소설이 아니라 막판에 뺐다. 실제 있었던 일이기 때문에, 소설보다는 '전기문'이나 '에세이'에 가깝다.

현재 30대 중반~40대 중반이라면 교과서에서 이 글을 읽었을 수도 있다. 다만 오래전이라 나도 소설이 끝나갈 때쯤에야 예전에 읽었던 것임을 알게 됐다. 내 점수는 3.85.

글에는 끝날 때까지 감동하지 않은 사람을 위한 결정타가 준비되어 있다. "지금도 그 젤리 사탕 향이 나는 것 같아." 이 부분을 읽고도 눈물을 흘리지 않는 사람이 있을까?

꾸준히 영어책을 출간할 수 있도록 열정, 건강, 시간, 환경, 지혜를 주신 여호와께, 예수께 감사드립니다.

또 내 이름을 위하여 집이나 형제나 자매나 부모나 (아내나) 자식이나 전토를 버린 자마다 여러 배를 받고 또 영생을 상속하리라 (마태복음 19: 29)

읽고 집필할 때 삶의 고통을 잊게 해준 11명의 소설 작가들께 감사드립니다.

소설의 음성을 녹음하신 원어민들, 이전에 번역하신 분들, 작가들의 사진을 찍으신 분들, 소설과 관련된 자료가 있는 wikipedia.org와 librivox.org 관계자분들께 감사드립니다.

단어를 녹음해주시고, 관련된 질문을 답변해주신 Daniel Neiman (01077119447, 과외, 녹음 가능)께 감사드립니다.

영어와 디자인을 가르쳐 주신 선생님들(강수정, 김경환, 김태형, 문영미, 박태현, 안광욱, 안지미)께 감사드립니다.

깐깐하게 부탁해도 요구를 들어주신 북크림 박규동(01048065510) 대표님, 보관과 배송에 힘써주시는 출마로직스 윤한식(01052409885) 대표님께 감사드립니다.

책을 소개, 판매해주시는 교보문고(김효영, 장은해, 허정범), 랩스토어(김선희, 박혜진, 한광석), 리디북스, 북센(송희수, 이선경), 북파트(홍정일) 반디앤루니스(박병찬, 김은진), 세원출판유통(강석도), 알라딘(김채희), 영풍문고(임두근, 장준석), 인터파크(김지현, 김희진), 한성서적(문재강), YES24(김태희, 박숙경, 신은지) 그리고 오프라인의 모든 MD분들께 감사드립니다.

판매에 도움을 주시는 북피알미디어(bookprmedia.com) 여산통신(ypress.co.kr 조미영, 조영관), 콜롬북스 (01022947981 이홍열), 네이버 카페, 블로그, 사진, 블로거분들, 잡지사 관계자분들, 신문사 관계자분들께 감사드립니다.

꾸준히 마이클리시 책을 구매해주시고, 응원해 주시는 독자분들께 진심으로 감사드립니다. 즐겁게 영어 공부하실 수 있도록 최선을 다해 돕겠습니다.

TOP10 영한대역 단편소설

1판 1쇄	2018년 8월 14일
1판 6쇄	2024년 12월 14일
지은이	F. 스콧 피츠제럴드, 버지니아 울프, 셔우드 앤더슨, 에드거 앨런 포, 에블린 워, 오 헨리, 윌리엄 서머셋 모옴, 윌리엄 위마크 제이콥스, 잭 런던, 토마스 하디
옮김	Mike Hwang
발행처	Miklish
전화	010-4718-1329
홈페이지	miklish.com
e-mail	iminia@naver.com
ISBN	979-11-87158-21-9

국립중앙도서관 출판예정도서목록(CIP)

Top10 영한대역 단편소설 : 토플·편입영어·공무원 영어단어 빨리 외우는 법 / 지은이: F. 스콧 피츠제럴드, 버지니아 울프, 셔우드 앤더슨, 에드거 앨런 포, 에블린 워, 오 헨리, 윌리엄 서머셋 모옴, 윌리엄 위마크 제이콥스, 잭 런던, 토마스 하디 ; 옮김:Mike Hwang
서울 : Miklish, 2018   512p. ;   12.7cm X 18.8cm

기타표제: After 20 years / 원표제: Diamond as big as the Ritz / 원표제: Kew gardens / 원표제: Egg / 원표제: Tell-tale heart / 원표제: Mr. Loveday's little outing / 원표제: After twenty years / 원표제: Red / 원표제: Monkey's paw / 원표제: To build a fire / 원표제: To please his wife /
원저자명: F. Scott Fitzgerald, Virginia Woolf, Sherwood Anderson, Edgar Allan Poe, Evelyn Waugh, O. Henry, William Somerset Maugham, William Wymark Jacobs, Jack London, Thomas Hardy
색인수록

영어 원작을 한국어로 번역 ; 영한대역본임
ISBN 979-11-87158-21-9 04190 : ₩23000
ISBN 979-11-87158-06-6 (세트) 04190

영어 학습[英語學習]
영한 대역[英韓對譯]
단편 소설[短篇小說]

843.5-KDC6
813.5-DDC23   CIP2018021184